1. Auflage
Deutsche Erstausgabe August 2020

Umschlaggestaltung & Satz: Rayko Moritz
Korrektorat & Lektorat: Dipl.-Ing. Jonas-Philipp Dallmann
Druck und Bindung: booksfactory

Zusätzliche Informationen und Bilder zum Buch
finden Sie unter www.lomo-expedition.de.

Impressum
Rayko Moritz, Mittelpromenade 30, 15738 Zeuthen
mo@lomo-expedition.de
www.lomo-expedition.de
ISBN: 978-3-00-065060-4

Das kommt mir doch Chinesisch vor.

Eine spektakuläre Motorradreise bis ans andere Ende der Welt

Dieses Buch ist meinen Eltern gewidmet,
die immer an mich geglaubt
und mich stets unterstützt haben.

Inhalt

Prolog

Teil 1

Teil 2

Teil 3

Prolog

Drei Freunde

Ein dunkler, schwerer Mantel liegt über der Siedlung. Nur vereinzelt glühen Lichter wie Stecknadelköpfe in der unheimlich wirkenden Finsternis. Hundegebell zerreißt die Stille. Der fahle Schein der einzigen Straßenlaterne taucht die Gasse in diffuses Licht. Nur das Knirschen des Sandes unter den Fahrradreifen verrät meine Anwesenheit. Der Duft frisch gemähten Rasens, versetzt mit einer Essenz modrig feuchter Erde, dringt mir in die Nase. Die kühle Abendluft legt sich wie ein unsichtbarer Film auf meine Haut. Mich fröstelt. Ein lauter werdendes Bellen erklingt. Erst, als ich vor dem Sichtschutz des Eingangstores meinen Drahtesel abstelle, verwandelt sich das angsteinflößende Kläffen und Knurren in ein herzzerreißendes Quietschen und Winseln.

»Na das hat ja gedauert«, flüstere ich durch den Zaun. Lautlos schiebe ich den Riegel beiseite, öffne vorsichtig das Tor und zwänge mich hindurch. Sofort toben zwei gefährliche Bestien um mich herum und kuscheln mich zu Boden.

»Hey, Cessy! Hast du mich vermisst? Aunja, du Schmusemonster, nicht so stürmisch!«

Abgelenkt durch die Willkommenszeremonie, merke ich kaum, wie vor mir der Schatten einer Männergestalt größer wird.

»Du kommst spät«, höre ich eine vertraute Stimme.

»Wieso? Willst du schon ins Bett?«

Der intensive Blick und der stets eine Idee zu starke Schlag auf den Rücken bilden eine Art Ritual zwischen Freunden. Mein Blick fällt unwillkürlich auf den Tisch mit den zwei brennenden Kerzen auf der Veranda. Daneben stehen eine angefangene Flasche Tullamore Dew und ein leeres Whiskeyglas.

»The same procedure then everytime?«

Ohne eine Antwort abzuwarten, verschwindet Henning im Haus. Ich setze mich und betrachte den funkelnden Sternenhimmel. Der leichte Schimmer der Milchstraße zieht sich quer über das Firmament. Dann verliert sich mein Blick im hinteren Teil des Gartens. Ruhig, fast verlassen wirkt die Umgebung; mystisch verschwimmen die Konturen der nahen Gehöfte in der Dunkelheit.

»Hast du dich verfahren oder warst du vorher noch beim Frisör?« Ich schrecke hoch.

»Mann, hast du mich erschreckt! Bist du verrückt?«

Seitab des flackernden Kerzenscheins sitzt noch eine dritte Person auf der Veranda. Amüsiert beobachtet Martin meine Reaktion. Beide Arme auf die Lehnen gelegt, fläzt er sich im Schaukelstuhl und hält ein Whiskeyglas in der lässig herabhängenden Hand. Nur die rötlich schimmernden Stoppeln seines Dreitagebartes reflektieren das Kerzenlicht.

Der vertraute Klang zusammenstoßender Bierflaschen durchdringt die Nacht.

»Prost! Auf die Freundschaft!«, verkündet Henning mit bedeutungsvoller Miene.

»Ja, ja. Immer bereit!«, kommentiert Martin den zweideutig formulierten Toast, denn zu sehr erinnert uns der überstrapazierte Begriff an alte Zeiten. Geschwind füllt sich die Glasplatte des Tisches mit Utensilien: volle Gläser, leere Flaschen, Bierdeckel, Untersetzer, Zigarettenanzünder. Ab und an schallt lautstarkes Gelächter über die mittlerweile im Tiefschlaf versunkene Siedlung.

»Warum bist du eigentlich nicht mit dem Motorrad gekommen?«, fragt Henning auf einmal.

»Die drei Meter fahre ich doch nicht mit der Trude! Außerdem bräuchte ich für den Rückweg wahrscheinlich zwei davon, um mich senkrecht zu halten!«

»Allesch kein Problem«, meldet sich Martin mit gespielt lallendem Ton, »wenn ihr misch nachher zu den Krads tragen könntet, würde isch disch noch nach Hause fah'n!« Erneut erschallt Gelächter.

»Weißt du noch, wie wir auf dem Gelände von diesem Kloster in

Rumänien deine Karre komplett auseinanderschrauben mussten?«, erinnert Henning mich an meine letzte große Panne.

»Ich kann mich nur noch an den Abend mit den trinkfesten Mönchen entsinnen. Die haben uns doch glatt unter den Tisch gesoffen!«, erwidere ich.

»Unglaublich, wie die drauf waren! Und könnt ihr euch noch an das starke Gewitter in Italien erinnern? Mann, mir wäre fast das Zelt weggeflogen!«, ergänzt Martin. Wir brauchen uns nicht länger aufheizen, denn bald steht fest: Der nächste Sommerurlaub wird wieder eine Motorradtour.

»Ich würde ja gern mal durch die Wüste kurven«, schlägt Henning vor. »Am besten durch die Sahara. Aber das schaffen wir in vierzehn Tagen nicht.«

»Wie wär's mit Schottland?«, fragt Martin.

»Da waren wir doch schon«, wiegelt Henning ab.

»Zentralasien oder Russland würde mich reizen«, meine ich. Doch schnell wird klar, dass die Reiseziele für einen 14-Tage-Urlaub an einer Hand abzuzählen sind, denn bei jedem neuen Vorschlag gibt es ein Gegenargument: Nordkap, Sizilien, Istanbul oder Andalusien – alle Ideen verlaufen im Sande. Ratlosigkeit verfinstert die Mienen.

»Dann müssen wir die Urlaubszeit eben einfach verlängern!«, schlägt Martin vor.

»Wie meinst du das?«, will Henning wissen.

»Was haltet ihr davon, wenn wir eine richtig große Tour planen?«

»Ich bin dabei!«, stimme ich sofort zu. »Aber mit welchem Ziel?«

»Shanghai!«

»Was? Shanghai? Warum denn ausgerechnet Shanghai?«

»Warum nicht?«

Teil 1

01. Abschied

Schwerfällig ruckt der Zeiger über die messingfarbenen Ziffern. Das Ticken der klobigen Uhr an der Wand durchdringt den Raum bis in den letzten Winkel. Unaufhaltsam marschieren die Sekunden.

Verdammt! Schon zwei Uhr! Widerwillig schalte ich den Computer aus. Ich habe noch längst nicht alles erledigt, doch jetzt fällt der Hammer endgültig. Nichts geht mehr. Mir dröhnt der Kopf. Wie Brausepulver im Wasserglas lösen sich meine Gedanken auf. Ein Grummeln im Bauch lässt mich nicht zur Ruhe kommen. Die Spannung der letzten Tage sitzt mir wie ein Kloß im Hals. Ich zwinge mich noch drei Stunden auf die Couch, doch das halbherzige Schließen der Augen versetzt mich nicht einmal ansatzweise in einen schlafähnlichen Zustand. Das Pochen in meinen Schläfen läuft einen Augenblick synchron zum Ticken der Uhr. Ein Gedanke nach dem anderen jagt mir durch die Gehirnwindungen. Was haben wir uns bloß dabei gedacht? Wir können doch unmöglich mit unseren Motorrädern mal eben so nach China düsen! Was passiert, wenn man uns überfällt? Was machen wir, wenn eine Maschine irreparabel kaputtgeht? Oder wenn es uns nicht gelingt, nach China einzureisen?

Der Sonnenaufgang verspricht einen wunderschönen 1. Mai. Martin ist schon hellwach und emsig damit beschäftigt, seine Ausrüstungsgegenstände platzsparend in seinen Kisten zu verstauen. Immer noch beherrscht von meiner inneren Unruhe, werfe ich alles Wichtige kopflos in meine Alubehälter. Erstaunlicherweise bleibt am Ende nichts liegen. Dann befestigen wir alle Kisten, Taschen und Reifen an dafür vorgesehenen Halterungen, alles wird irgendwie am Motorrad fixiert. Zum Schluss bleibt nur meine Gitarre übrig. Wohin damit? Es gibt keinen Platz mehr, aber meine Gitarre muss mit! Nur über dem Berg von Gepäck hinter meinem Sitz gibt es noch eine Möglichkeit, sie einigermaßen sicher festzuschnüren. Ein Blick zu Martins Maschine beruhigt mich: Er überzeugt ebenso mit einer sonderbar gen Himmel ragenden Konstruktion. Auf seiner Toppkiste prangen drei Ersatzreifen. So wanken am frühen 1. Mai 2003 zwei Türme zu Babel zum vereinbarten Treffpunkt.

Wie gut, dass man Freunde hat! Um hundertprozentig sicherzugehen, dass wir auch wirklich abfahren, wollen uns einige Kumpels bis zum Grenzübergang in Frankfurt / Oder begleiten. Die Motorräder werden bestaunt und Fotoapparate für das gemeinsame Abschiedsfoto durchgereicht. Wir fühlen uns geschmeichelt über so viel Sorge um unsere Abreise.

Dann endlich ist es soweit: Alle starten ihre Maschinen.

Langsam rollen wir durch unseren Heimatort in Richtung Autobahn. Ich fühle mich unsicher. Meine Hände klammern sich am Lenker fest. Alles wackelt und schwankt. Nervös kontrolliere ich ständig die technischen Anzeigen und beobachte das ungewohnte Fahrverhalten meines Motorrades. Zwischendurch wandert mein Blick immer wieder zu Martin, der mir mit Kopfnicken ein ähnlich unsicheres Fahrgefühl bestätigt. Nur mit Mühe gelingt es uns, die Zweiräder im Gleichgewicht zu halten. Das Bullern der Maschinen gleicht eher dem Tuckern zweier Traktormotoren als dem natürlichen Klang neu gekaufter Enduros.

Die ersten Kilometer spulen sich problemlos ab. Die Jungs haben ständig einen kontrollierenden Blick auf meine rechte Seitenkiste. Auf einer Testfahrt vor ein paar Tagen hatten sich durch die Vibration die nur handfest angezogenen Flügelmuttern der Alubox vom Gewinde gedreht, und mit ohrenbetäubendem Scheppern war der leere Behälter auf den Asphalt gekracht.

Vor der Oderbrücke stehen zwei Fotografen am Straßenrand und knipsen unser Näherkommen. Nanu? Paparazzi? Wer hat denn die Presse eingeladen? Als wir langsam heranrollen, merke ich plötzlich, dass ich die Paparazzi kenne: Es sind meine Eltern, die uns

Lebewohl sagen wollen und für Beweisfotos sorgen. Wir bringen unsere Ungetüme vor ihren Füßen zum Stehen. Für sie ist dieser Abschied ein schwerer Augenblick. Aber auch den Freunden fällt es schwer, während der Verabschiedungszeremonie die Fassung zu bewahren.

Ich mag das gar nicht, mit Tränen und so, denke ich. Mein Gott, Leute, wir kommen doch wieder! Aber Mama tut mir wirklich leid. So viel Sorgen um ihren Sohnemann hat sie nicht verdient. Doch Mamas sind ja grundsätzlich dazu da, sich Sorgen zu machen. So gesehen, darf Mama das.

Die Umarmungen der Freunde sind so intensiv wie nie. Ich bekomme kein Wort heraus. Inmitten verheulter Augenpaare sind auch Martin und ich mittlerweile den Tränen nahe.

»Ich hätte euch nicht allein fahren lassen sollen! Wer passt jetzt auf euch auf?«, bemerkt Henning mit feuchten Augen, als wir uns in einer letzten Umarmung die Rücken weichklopfen. Er hatte sich während der Vorbereitung auf die Tour leider dagegen entschieden, mit uns zu kommen und scheint seine Entscheidung in diesem Moment zu bereuen.

»Du bist im Geiste immer bei uns«, versuche ich ihn zu trösten, bevor mir abermals die Stimme versagt.

Nach endlosen Schulterklopfern und Glückwünschen steigen wir ergriffen auf die Maschinen und ordnen uns in die Warteschlange vor dem Schalter ein. Nach der Ausweiskontrolle und einem Plausch mit dem Grenzbeamten können wir es kaum glauben: Wir sind in Polen, wir sind unterwegs! Noch einmal geht der Blick zurück. Diese Bilder werden wir für immer in Erinnerung behalten. Ein Jahr lang werden wir unsere Partnerinnen, Verwandten und Freunde nicht sehen. Langsam rückt das Abschiedskomitee außer Sicht. Dann rollen wir über die Oderbrücke. Plötzlich ruckt es in meiner Brust, und mit einem lauten Plumpsen fällt ein großer Stein direkt aus meinem Herzen in die zügig dahinfließende Oder.

02. Polnische Gastfreundschaft

Wir sind frei! Endlich frei! Ein Jahr lang haben wir Routen geplant, Reiseländer recherchiert und sind in To-do-Listen ertrunken. Scheinbar unlösbare Organisations- und Ausrüstungsprobleme raubten uns die Zuversicht, tatsächlich irgendwann einmal abfahren zu können. Dieser Moment ist die Belohnung für all die Mühen. Schmetterlinge tanzen in meinem Bauch und lassen mich auf meinem Sitz hin- und herhüpfen. Ich fühle mich leicht und beschwingt. Ein unbändiger Drang, zu erleben, zu erforschen und zu erfahren, bemächtigt sich meiner. Wir haben es tatsächlich geschafft, uns aus dem Griff der Gesellschaft zu lösen. Alle Barrieren sind beseitigt, alle Ungewissheit der vergangenen Wochen hat sich in Luft aufgelöst, alles fühlt sich auf einmal so einfach an. Was empfindet Martin wohl in diesem Augenblick? Es muss ihm ähnlich gehen. Ich mustere die Motorradsilhouette vor mir: Kein Jubel, kein übermütiges Am-Gas-Drehen, kein übertriebener Schlenker verrät seinen Gemütszustand. Kühl und pragmatisch zieht er durch die Kurven.

Vorbei an bestellten Feldern, meditierenden Kühen und verschlafenen Dörfern, fahren wir ruhig und gelassen der Nase nach. Eine Landkarte besitzen wir noch nicht. Die Sonne steht rechts am wolkenlosen Himmel, was bedeutet, dass wir uns grob geschätzt nach Osten bewegen – Richtung Asien! Hinter jeder Kurve zeigt sich ein neues Panorama. Langsam gewöhnen wir uns an das Fahren mit den vollbepackten Maschinen. Keine erdrückenden Sorgen wegen Morgen und keine wehmütigen Gedanken an Gestern trüben meine Stimmung. Ich atme tief ein und genieße das Gefühl von Freiheit. Es duftet nach Wald und Wiese. Wie lange habe ich solche Gerüche schon nicht mehr bewusst wahrgenommen! Ich spüre den Fahrtwind und lasse mich vertrauensvoll in die Kurven fallen. Mir ist, als schwebe ich über den Asphalt.

So vergeht der erste Reisetag wie im Flug. Die Sonne steht bald nur noch zwei Fingerbreit über dem Horizont, und langsam wird es Zeit für die Rastplatzsuche.

»Hallo? Hallo, ist jemand zu Hause?«, rufen Martin und ich durch das offenstehende Tor eines Bauernhofes, ohne eine Ahnung zu haben, ob unser Englisch überhaupt verstanden wird.

Kurz darauf knarrt eine Tür, und ein großer, dicker Mann in grauer Kutte und mit dunkelgrünen Gummistiefeln watschelt über den Hof auf uns zu; dabei verliert er sich in endlosen Wortgirlanden. Sein Polnisch ist gespickt mit Zischlauten, die mich an Geräusche des Vogelverscheuchens aus Kindertagen erinnern. Mit Worten, Händen und Füßen bringen wir unser Anliegen vor. Der Bauer vermittelt einen gemütlichen, wohlwollenden Eindruck; einige Male höre ich das Wort »Dobsche« (gut) aus seinem Wortpotpourri heraus, und Augenblicke später sitzen zwei angehende Weltenbummler irgendwo auf einem polnischen Bauernhof mit ihrem Gastgeber in ein gestenreiches Gespräch vertieft.

* * *

Die nächsten Tage meiden wir die Transitstrecken und tuckern mit unseren Dreißigtonnern auf dünnen Landstraßen durch kurvenreiches Terrain. Die hügelige Landschaft bietet viel Abwechslung: Frühlingswiesen, mattbraunes Ackerland, kleine Brücken und dazwischen malerisch eingebettete Ortschaften erinnern mich an das Auenland der Hobbits. Auf üppig wuchernden Wiesen weiden wohlgenährte Kühe, Butterblumen verpassen dem Straßenrand fette Gelbkleckse, Bienen summen in den blühenden Zweigen der Bäume und Sträucher. Das frische Grün der Saat bedeckt weite Flächen, und stellenweise verdichtet sich gepunktetes Rot zu einem purpurfarbenen Mohnblumenteppich. Hie und da pflügt ein Traktor den Acker und übertönt mit seinem Bullern das sonore Knattern unserer Maschinen.

Die Dörfer fließen an uns vorbei, während sie miteinander in Originalität und Urigkeit zu wetteifern scheinen. Gehöft reiht sich an Gehöft, Strommast an Strommast, Schlagloch an Schlagloch. Manche Grundstücke sehen verlassen aus: Dichtes Gras wuchert zwischen halb zerfallenen Lattenzäunen. Die Fenster einiger Katen sind vernagelt, die Dächer anderer auf halber Länge eingestürzt. Hühner stolpern kamikazegleich knapp vor unseren Rädern über das Pflaster.

Am Abend lernen wir Bauer Darek kennen. Nachdem er uns bereitwillig einen Rastplatz zur Verfügung gestellt hat, schaut er uns interessiert beim Zeltbau zu. Seine zwei Söhne, vier und sechs, stehen neben ihm.

»Das hier ist Alexander und der kleine heißt Oleg«, wendet er sich uns zu und legt seinen Söhnen nacheinander eine Hand auf die Schulter. Lächelnd schaue ich in ihre Gesichter: Ihre Augen funkeln vor Neugier. So komische Gäste hatten sie wahrscheinlich noch nie auf ihrem Hof. Der Große steht wie angewurzelt vor meiner Maschine und kann sich gar nicht sattsehen. Da hilft nur eins: Ohne zu fragen, hebe ich unseren ersten Fan mit sanftem Schwung in den Motorradsattel. Er braucht einen Moment, um zu begreifen, was da gerade geschehen ist; dann werden seine Augen groß und beginnen zu glänzen. Weit nach vorn gebeugt, schafft er es gerade einmal, den Lenker zu umfassen. Er plappert unentwegt auf seinen Vater ein, der daneben steht und ihm die Instrumente erklärt. Ungeduldig springt sein kleiner Bruder hin und her, um mit hochgerecktem Kopf auch etwas sehen zu können. Plötzlich verliert auch er den Boden unter den Füßen und landet im hohen Bogen auf dem Sitz der zweiten Maschine. Nachdem beide virtuell ein paar Runden gedreht haben, hüpfen sie neben ihrem Vater aufgeregt schwatzend zurück zum Haus.

Inzwischen ist es dunkel geworden; der matte Schein einer Laterne erhellt den vorderen Teil des Hofes. Hunde bellen und gelegentlich fährt ein Auto die Dorfstraße entlang.

Ein Abendspaziergang durch das Dorf ist jetzt genau das Richtige! Leise verriegle ich hinter mir das Hoftor und gehe in Richtung Zentrum. Mutterseelenallein schlendere ich gedankenversunken die Dorfstraße entlang. Plötzlich spüre ich eine Hand auf meiner Schulter. Erschrocken drehe ich mich um und schaue in ein großes, rundes Gesicht. Vor mir steht ein Pole mit gut genährter Statur. Mit freundlicher Mimik und Gestik lädt er mich zu einem Bierchen in seine Kneipe ein. Erst jetzt bemerke ich das kleine Wirtshaus gegenüber, aus dem leise Musik auf die Straße dringt.

»Nein!«, beteuere ich, »ich mache nur einen Abendspaziergang. Außerdem habe ich gar kein Geld bei mir.« Dabei unterstreiche ich meine Worte, indem ich meine leeren Hosentaschen nach außen wende.

Daraufhin grinst der Wirt und gestikuliert abermals in die Richtung seiner Dorfkneipe. Nun gehen mir die Argumente aus, denn wenn ich ehrlich bin, habe ich gegen ein kühles Blondes gar nichts einzuwenden. Und so sitze ich, ehe ich Hopfenblütentee sagen kann, an der Theke inmitten anderer Kneipengänger.

Mirek, so der Name des Wirtes, überhört jede meiner Erklärungen zur Zahlungsunfähigkeit und will mir auch nicht verraten, was das Bier kostet. Ein bisschen Englisch und Russisch reichen, um sich über Gott und die Welt zu verständigen. Mit einer unüberhörbaren Portion Stolz in der Stimme berichtet er mir von seiner Heimat. Sein Lieblingsgericht sei Borschtsch, eine regionaltypische Suppe aus Roter Bete. Ich müsste unbedingt einmal Bigos, einen Schmoreintopf aus Sauerkraut und Weißkohl, probieren! Kurz darauf verschwindet er durch die Schwenktür in der Küche. Nur mit Mühe schaffe ich es, ihn zurückzupfeifen und davon abzuhalten, mir eine Portion des polnischen Nationalgerichts aufzutafeln, denn zu sehr plagt mich das schlechte Gewissen wegen meiner Mittellosigkeit.

Schnell wechsle ich das Thema und erfahre, dass Polen, ähnlich wie die sechzehn deutschen Bundesländer, aus ebenso vielen Verwaltungseinheiten besteht, die sich Woidwodschaften nennen. Doch mein Interesse gilt mehr der Natur, und auch diesbezüglich weiß Mirek Interessantes zu berichten: Polen sei eines der seenreichsten Länder der Welt und besitze im ältesten Nationalpark des Landes sogar den letzten noch unberührten europäischen Urwald. Wisente, Elche, Luchse, ja sogar Wölfe und Braunbären sollen in den Weiten der polnischen Flora ihr Unwesen treiben. Insgeheim hoffe ich, dass die letzten beiden Faunavertreter phantasievolle Übertreibungen Mireks sind und auf seinen übermäßigen Wodkakonsum zurückzuführen sind. Dann stellt mich der Wirt einigen Stammgästen vor.

»So, so, du bist also auf Weltreise! Und wohin soll es gehen?«, fragt mich ein älterer Herr mit schütterem Haar; sein graumelierter Schnurrbart versteckt ein Schmunzeln.

»Nach China. Nach Shanghai.«

Sofort zieht er die Augenbrauen hoch und gibt ein erstauntes »Oh« von sich; dann überlegt er kurz und runzelt die Stirn.

»Warum fährst du mit dem Motorrad nach Shanghai?«

»Ich habe zwei Hobbys: das Reisen und das Motorradfahren«, erkläre ich kurz und knapp auf eine eigentlich nicht leicht zu beantwortende Frage.

Noch lange sitze ich am Tresen und unterhalte mich mit den

Leuten. Dann versinke ich in Trance; die lautstarke Geräuschkulisse des Wirtshauses rückt in den Hintergrund. Zum zweiten Mal in meinem Leben begreife ich, was es bedeutet, frei zu sein. Damals, 1989, als die Mauer fiel, überkam mich ein Gefühl von Leichtigkeit. Einem Vogel gleich hob ich ab und flog in Gedanken über all die Grenzen, die in der Vergangenheit unüberwindbar schienen. Ich wollte reisen, die Welt kennenlernen. Das Gefühl, plötzlich alles in meinem Leben erreichen zu können, entfachte in mir eine ungeahnte Euphorie.

Vierzehn Jahre später erlebe ich diese Begeisterung nun erneut, doch diesmal ist es eine Befreiung aus den Fängen der Gesellschaft. Erst jetzt verstehe ich meine Integration in der Gesellschaft als Gefangenschaft hinter virtuellen Mauern, da ich ohne Zeitungen, Fernsehen und Internet auskomme. Versicherungen sind gekündigt oder ausgesetzt. Steuern muss ich ohne Einkommen nicht zahlen; die Kfz-Steuer für mein Motorrad einmal außen vor gelassen. Meine Wohnung ist untervermietet und mein Job gekündigt. Es gibt keine Termine, Aufgaben oder Pflichten mehr. Ich lebe nur von den Ersparnissen der letzten Jahre.

Doch das Phänomen Freiheit offenbart sich facettenreicher, als der erste Blick es erkennen lässt: Freiheit ist nicht nur der Wegfall von Grenzen und Zwängen. Sie bedeutet im gleichen Atemzug auch das Entstehen von Einfachheit und Natürlichkeit, von Spontaneität und Kreativität, von Lebensenergie und Lebensfreude. Die damit einhergehende Leichtigkeit fördert in mir ein erstaunlich sorgloses Selbstbewusstsein. Freiheit, so begreife ich jetzt, ist die Abwesenheit von Angst. Nichts scheint mit diesem mächtigen Gefühl von Freiheit unmöglich. Doch wie zerbrechlich ist dieser Zustand! Wie schnell und unbemerkt kann mir diese Kostbarkeit wieder durch die Finger rinnen! Ich wünschte, ich könnte sie konservieren, einsperren, um sie nie wieder zu verlieren.

Seit der Abfahrt schlagen zwei Herzen in meiner Brust. Bisher konnte ich die Gedanken an den Abschied von meiner italienischen Freundin Gianna unterdrücken, doch jetzt plötzlich haftet der Kummer wie ein klebriger Belag an meinen Gedanken. Ein Jahr geht schnell vorüber, doch für eine Liebesbeziehung bedeutet es eine Ewigkeit. Besonders der Abschied von ihr ließ mich ihren Schmerz spüren und erkennen, wie sehr sie mit der Situation zu kämpfen hat.

»Wann kommst du zurück?«, hatte sie mich zum Abschied am

Mailänder Flughafen gefragt, um sich wenigstens an ein Datum klammern zu können.

»In einem Jahr kannst du mich wieder in die Arme schließen«, hatte ich geantwortet und mich dabei ein bisschen wie Patrick Swayze, Tom Cruise und Brad Pitt in einer Person gefühlt, während ich winkend durch die Glastür hinter dem Check-In-Schalter verschwunden war. Wenn ich an sie denke, würde ich am liebsten umkehren. Doch irgendetwas, eine innere Stimme, der Ruf der Ferne, die Anziehungskraft des Fremden, hält mich auf Kurs und wird mich die nächsten Tage immer weiter in Richtung Osten fahren lassen.

»Piwo?« (Bier?), ertönt die mir schon vertraute Stimme des Wirtes. Ich hatte gar nicht bemerkt, dass mein Glas schon wieder leer war.

»Tak, dzienkuje!« (Ja, Danke!)

Glas schlägt gegen Glas.

»Na zdrowje!« (Prost!)

Die herzliche Art Mireks und das spontan wieder einsetzende Gespräch heben meine Laune. Trotzdem bleibt ein bitterer Beigeschmack. Wie stark ist die Bindung zwischen Gianna und mir? Wird unsere Beziehung diese Belastungsprobe bestehen? Werden Martin und ich es wirklich schaffen, pünktlich zum 1. Mai in einem Jahr wieder zurück zu sein?

Zu allem Überfluss schleppen wir eine große Unbekannte mit im Gepäck: Die offiziellen Einreisebestimmungen für die Volksrepublik China sind alles andere als touristenfreundlich. Um mit eigenen Fahrzeugen ins Reich der Mitte zu gelangen, bräuchten wir eigentlich einen chinesischen Führerschein, ein chinesisches Nummernschild und einen chinesischen Reiseführer, der dann die Aufgabe hätte, uns durch das gesamte Land zu begleiten. Darüber hinaus wären wir verpflichtet, ihm ein Fahrzeug zur Verfügung zu stellen und obendrein die Verpflegung und Unterkunft zu bezahlen. Zu guter Letzt müssten wir die Fahrt durch das Land im Voraus planen, um die Reiseroute von den Behörden genehmigen zu lassen und Hotels vorzubestellen, in denen wir nie nächtigen würden. Nach unseren Berechnungen würde China so viel Geld kosten, wie wir für die gesamte Reise veranschlagt hatten. Nach den ersten Recherchen stand bereits fest, dass wir einen anderen Weg in die Volksrepublik würden finden müssen. Doch bis zur Abfahrt hatte sich leider nicht der geringste Hoffnungsschimmer ergeben, eine Sondergenehmigung oder ein Umschiffen der praktisch unerfüllbaren Einreisebestimmungen zu erwirken.

Natürlich will mein neuer Freund auch bei unserer Verabschiedung nichts von Bezahlung hören. Über eine Postkarte aus Shanghai würde er sich aber freuen. Der Deal gefällt mir, abgemacht!

Am Morgen darauf erreichen wir die heimliche Hauptstadt Polens. Mit ihren 130.000 Studenten und elf Hochschulen zählt Krakau zu den ältesten Universitätsstädten Europas; dadurch liegt der Altersdurchschnitt der Krakauer deutlich unter dem der Gesamtbevölkerung, was sich mit einem Blick auf die Straßen sofort bestätigt. In den Gassen und Fußgängerpassagen der Altstadt tummeln sich unzählige junge Leute. Neben Studenten prägen aber auch Touristen das Stadtbild. Von der Zerstörungswut der Deutschen während des Zweiten Weltkriegs weitgehend verschont geblieben, bietet die schöne Krakauer Altstadt, mittlerweile zum Weltkulturerbe der Unesco zählend, einen riesigen Marktplatz mit vielen historischen Gebäuden und Gassen, die zum Bummeln einladen.

Wir parken die Maschinen in einer schattigen Seitenstraße und schlendern in Richtung Zentrum. Es ist es warm, und die Eisverkäufer haben alle Hände voll zu tun. Das gleißende Licht der Mittagssonne prallt auf Häuserwände und Pflastersteine und wird in hellen Pastelltönen reflektiert; die kurzen Schatten in den Ecken und Winkeln zeichnen dazu einen scharfen Kontrast. Ich muss die Augen zusammenkneifen, um den Trubel auf dem Marktplatz verfolgen zu können: Kinder mit Luftballons rennen an mir vorbei, ihr Kreischen mischt sich mit dem Gemurmel der Passanten. Manche geben sich geschäftig und hasten an uns vorbei, andere stehen ruhig inmitten des Geschehens und beobachten uns, während wir sie beobachten. Die Menschentrauben an Souvenirständen und Imbissbuden schwellen zur Mittagszeit erheblich an. Wir flanieren über den Marktplatz, schlendern durch die gepflasterten Gassen, und schießen hier und da ein Foto.

Bald wird uns das Betrachten der unzähligen Schaufenster und das Anstehen beim Eismann in sengender Hitze zu anstrengend. Uns fehlt schlichtweg die Geduld für die Rolle des Touristen.

Auf dem Rückweg zu den Krads leuchten uns die roten Benzinkanister an Martins Maschine schon von weitem entgegen, auch das Blau der Verkleidungen sticht sofort ins Auge. Alles glänzt und strahlt noch wie neu. Doch das wird sich bald ändern.

03. Da hilft nur ein Subotnik

Einige Tage später stehen wir vor der ukrainischen Grenze. Die Grenzformalitäten nehmen nicht viel Zeit in Anspruch. Die Beamten interessieren sich mehr für unsere Maschinen als für den ordnungsgemäßen Zustand der Reisepapiere. Da es schon dämmert, suchen wir uns sofort im ersten Dorf nach der Grenze eine ukrainische »Gastfamilie.«

Erstaunlich schnell verwandelt unser Lächeln die anfängliche Skepsis der Dorfbewohner in Wohlwollen. Meine Gitarre spielt dabei oft eine entscheidende Rolle, nach dem Motto: Wer Musik macht, sündigt nicht!

Im Gespräch mit Oleg, dem Familienoberhaupt, stellt sich heraus, dass hier fünf Köpfe unter einem Dach leben. Die neunjährige Olessja, Jüngste der Familie, bekundet deutlich ihre Neugier und Begeisterung. Sie lebt hier zusammen mit ihrem Vater und den Großeltern. Ihre Mutter studiert in Heidelberg Deutsch und Jura, um der Familie später ein besseres Leben bieten zu können. Die Großmutter lehrt im Grenzort Rava-Ruska Deutsch.

»Waren sie denn schon mal in Deutschland?«, fragt Martin die betagte Deutschlehrerin beim Abendessen.

»Nein, ich war noch nie da. Das Geld würde für eine so weite Reise nicht reichen. Mit meinen einundachtzig Jahren träume ich aber immer noch davon, einmal nach Deutschland zu fahren«, erklärt sie ihm mit einem Hauch Sehnsucht in der Stimme. Nach einem Moment fügt sie hinzu: »Ihr seid die ersten Deutschen, die ich treffe. Und es ist für mich eine besondere Ehre, euch heute in unserem Haus bewirten zu dürfen.«

Synchron klappen Martin und mir die Kinnladen runter. Das gibt es doch gar nicht: Die Frau unterrichtet ihr Leben lang in der Dorfschule eine Fremdsprache, ohne je die Gelegenheit bekommen zu haben, ihre hervorragenden Sprachkenntnisse im Gespräch mit Muttersprachlern anwenden zu können! Jetzt wendet sich Olessja an uns: »Könnt ihr nicht noch bis zum nächsten Wochenende bleiben?«

Während ihre Großmutter dolmetscht, ergänzt sie: »Am Wochenende kommt meine Mama aus Deutschland zu Besuch. Sie würde sich bestimmt freuen, euch kennenzulernen.«

Nicht zum ersten Mal versuchen wir in einer solchen Situation unsere Verlegenheit zu verbergen. Seit dem Beginn der Reise können wir im Prinzip tun und lassen, wonach uns der Sinn steht. Doch nähmen wir jede Einladung von Einheimischen an, länger zu bleiben, bräuchten wir für die gesamte Reise vermutlich mehr als zwei Jahre. Außerdem müssen wir das Zeitfenster unserer bereits besorgten Visa im Auge behalten. Noch dazu ist der sibirische Sommer ungewöhnlich kurz. Diese Gründe wiegen schwer genug, um uns gegen die Einladung Olessjas auszusprechen. Ein Jahr in der Ukraine zu verbringen wäre eine feine Sache, doch dieses Jahr haben wir schon etwas anderes vor.

Es ist früh am Morgen. Das Flammrot des sich ankündigenden Sonnenaufgangs lässt mich kurz meine Müdigkeit vergessen und innehalten. Der Nebel meines Atems wabert vor meinen Augen umher. Auf dem Bauernhof herrscht bereits reger Betrieb. Martin tapst schlaftrunken aus dem Zelt. Er gähnt und streckt sich derart laut und ungeniert, dass die Hühner erschrocken auseinanderstieben.

»Oh, wie charmant, interessante Verteidigungsstrategie«, kommentiere ich die Szene. »Morgen!«

»Guten Moaahgen!«, gähnt mir der Siebenschläfer entgegen.

»Das hat schon was Gruseliges. Nimm doch mal das Kissen aus dem Gesicht! Komm, ich hab Hunger. Lass uns die Toppkisten für den Frühstückstisch nebeneinander stellen!«

»Das wird in der Tat höchste Zeit.«

»Wieso?«

»Na schau mal!« Er deutet mit dem Zeigefinger auf den Weg zum Haus, wo die Oma und Olessja mit voll beladenen Frühstückstellern und dampfenden Teetassen in den Händen auf uns zu spazieren.

»Wir wollten doch nur ein paar Quadratmeter für unser Zelt«, lässt Martin sein schlechtes Gewissen sprechen. Doch unser Bärenhunger schiebt alle Bedenken zunächst beiseite.

»Was machen wir jetzt bloß?«, wendet sich Martin hilfesuchend an mich. »Wir können doch nicht zusehen, wie diese Familie uns von früh bis spät mit Leckereien vollstopft! Die überrollen uns ja förmlich mit ihrer Gastfreundschaft.«

»Da hilft nur ein Subotnik[1]«, erwidere ich grinsend. Martins Mimik signalisiert Zustimmung. Ihm scheint der Begriff aus früheren Zeiten noch geläufig. Es gibt immer viel Arbeit auf einem Bauernhof, und mit etwas Beharrlichkeit beschaffen wir uns eine Arbeitserlaubnis.

Minuten später ist Martin damit beschäftigt, bereits gehackte und auf einem Haufen liegende Holzscheite zu stapeln, während ich der Großmutter mit zwei geschulterten Eimern das Wasser vom Brunnen auf das Feld schleppe. Während sich mein schlechtes Gewissen Stück für Stück in Rückenschmerzen verwandelt, meldet sich zur Mittagszeit der Hunger wieder. Doch unsere Gastgeber lassen sich jetzt erst recht nicht lumpen: Das gemeinsame Mittag- und Abendessen sorgt für kugelrunde Bäuche.

Doch tags darauf wird es endgültig Zeit für uns, die Segel zu setzen. Schon nach einem Tag bei der Familie fällt uns der Abschied schwer. Wir haben sie sofort ins Herz geschlossen und sind ihnen für die gemeinsame Zeit unendlich dankbar.

Mit den Gedanken noch bei der Familie, gondeln wir kurz darauf über ukrainischen Asphalt. Auf dem breiten, unbefestigten Seitenstreifen längs der Straße überholen wir ein klappriges Pferdefuhrwerk. Während Opa auf der Deichsel die Peitsche schwingt, sitzen vier Kopftuchomas mit knapp über der Fahrbahn baumelnden Beinen rücklinks auf der Ladepritsche und beobachten interessiert unser Näherkommen. Am Straßenrand stehen Gemüsehändler und warten auf Kundschaft; die Auslagen bieten nicht viel Abwechslung: Kartoffeln, Karotten, Zwiebeln und anderes Wurzelgemüse. Tomaten, Kohl, Auberginen oder gar Zucchini sind zu dieser Jahreszeit Mangelware und, wenn überhaupt, nur in schlechter Qualität zu bekommen. Auf den Feldern wird schon emsig gearbeitet. Bataillone von Feldarbeitern bestellen in mühevoller Handarbeit die fruchtbaren ukrainischen Äcker. Das Fehlen landwirtschaftlicher Maschinen führt den katastrophalen Zustand der ukrainischen Wirtschaft vor Augen. Doch auch in der nächsten Stadt L'Viv ist dieses Dilemma nicht zu übersehen. Graue, kahle Häuserwände zeichnen ein tristes Ambiente. Ein verblichenes Schild mit der Aufschrift *Magasin* hängt auf halb sieben über einem unscheinbaren Tante-Emma-Laden. Gelangweilt sitzt Tante

1 Freiwilliger Arbeitseinsatz ohne Bezahlung

Emma vor ihrem Konsum und taxiert die zwei merkwürdig anmutenden, langsam näherkommenden Motorradsilhouetten. Neben ihr liegt ein Straßenköter im Schatten und blinzelt uns entgegen. Sein graues Fell hebt sich kaum ab von der gleichfarbigen Häuserwand.

Straßenbahnen quietschen in den Schienen und rütteln die vor sich hinstarrenden Fahrgäste durch. Alte Ladas, Wolgas und Moskwitschs übertrumpfen einander mit klappernden und röhrenden besorgniserregenden Geräuschen. An der Mauer einer Kfz-Werkstatt stehen schief gestapelte, profillose Lkw-Reifen. Überall liegen verrostete Karosserieteile herum. Vor dem Werkstatttor wartet ein museumsreifer, halb auseinandergeschraubter W50 auf seine Wiederbelebung. Angesichts der reparaturbedürftigen Vehikel freue ich mich, mit einem so zuverlässigen Gefährt wie meiner Yamaha XT-600 unterwegs zu sein – nicht ahnend, dass dieses vermeintliche Sicherheitsgefühl schon in Kürze einen Dämpfer bekommen soll.

Siebziger-Jahre-Mode wackelt über die Straße, die Hackenschuhe bleiben zwischen den Pflastersteinen stecken. Unwillkürlich läuft mir ein Schauer tiefster DDR-Nostalgie über den Rücken. Die spartanisch bestückten Regale der Lebensmittelgeschäfte verstärken den Eindruck. Es gibt nichts Neues. Alles Grau in Grau, alles alt, alles zusammengebastelt, sodass es irgendwie funktioniert. In der Ukraine gibt es fünfzig Prozent Arbeitslosigkeit auf dem Land und etwas weniger in den Städten. Langsam offenbart sich mir ein unsichtbarer Zusammenhang: Ökonomie und Sozialkompetenz beeinflussen einander. Je schlechter die Wirtschaft eines Landes, desto intensiver das menschliche Miteinander.

* * *

Mit großen Schritten nähern wir uns den Karpaten. Die schlechte Ausschilderung der Straßen bereitet Martin Kopfzerbrechen. Unentwegt studiert er die Landkarte, die wir uns in Rava Ruska zugelegt haben. Als wir im Zentrum der Stadt Kalusch nach dem Weg fragen, gesellen sich mehr und mehr Leute zu uns. Alle wollen helfen, doch jeder weiß es besser.

»Ihr müsst da vorn rechts, dann den Schienen folgen und nach dem

Bahnübergang links!«, meint ein gesetzter Herr, dessen weit vorn auf der Nase sitzende Brille die Aussagekraft seiner Worte unterstreicht.

»Nein!«, widerspricht ein anderer. »Der Asphalt auf der Bahnhofsstraße besteht nur noch aus Schlaglöchern. Das ist nicht gut für eure Maschinen. Fahrt lieber nach dem Bahnübergang geradeaus bis zur Tankstelle und folgt dann den Hinweisschildern!«

Darauf mischt sich eine ältere Dame in die Unterhaltung; ihr Kopftuch verleiht ihr das Aussehen einer ukrainischen Babuschka: »Warum schickt ihr die armen Jungs denn in diese Richtung? Die Straße ist doch vor dem Bahnübergang gesperrt! Sie müssen hier geradeaus und hinter dem Marktplatz rechts fahren, dann ...«

Der Herr mit der Brille unterbricht sie, und schon entsteht eine lebhafte Diskussion zwischen den Dreien. Weitere Passanten bleiben stehen, diskutieren mit und geben uns Ratschläge. Die Situation verselbstständigt sich, bekommt einen komischen Charakter, und am Ende fangen alle an, laut zu lachen. Wir bedanken uns für die vielen gutgemeinten Wegbeschreibungen, auch wenn wir nun genauso schlau sind, wie vorher.

04. Die Gedanken sind frei

Wir verlassen uns einfach auf unsere Intuition und werden nicht enttäuscht. Bald erreichen wir die ersten Ausläufer der Karpaten. Vereinzelte Hügel verdichten sich, bis uns beidseits der Straße ganze Hügelketten begleiten. Fichten stehen dicht an dicht, so dass wir sie gut als Wald durchgehen lassen könnten. Dazwischen lichtet sich in regelmäßigen Abständen das Dickicht und gibt den Blick frei auf üppig wuchernde Wiesen. Längst ist der Asphalt verschwunden; Schotterwege führen tiefer in die Gebirgswelt hinein. Mit der einsetzenden Abenddämmerung legt sich Nebel auf die Felder und Haine, und die im Untergehen begriffene Sonne färbt den Teppich der Schäfchenwolken über uns rosa. Bald schauen nur noch die Spitzen der Fichten aus dem Nebel. Eine unendlich sanfte und friedvolle Stimmung legt sich über die Natur. Funkelnde Vorboten zeigen sich bereits am dunkler werdenden Abendhimmel. Stunden später zieht sich ein atemberaubendes Sternenmeer über das Firmament. Sein Anblick lässt uns ehrfürchtig staunen und schweigen.

Zu Hause würde ich in so einem Moment vermutlich vor dem Fernseher sitzen, mit Freunden telefonieren oder im Internet surfen. Was in aller Welt hat mich dazu gebracht, meine vertraute Umwelt aufzugeben, um inmitten einer fremden Gebirgslandschaft vor einem Zelt fröstelnd auf einen glitzernden Sternenhimmel zu starren?

Der abrupte Szenenwechsel vom deutschen Arbeitsalltag zu einem ungebundenen Nomadenleben macht mir plötzlich klar, wie sehr mich das Arbeiten von früh bis spät betäubt hat. Nach Feierabend hatte ich gar keine Energie mehr, etwas Außergewöhnliches zu unternehmen, geschweige denn, über den Tellerrand zu schauen und meinen Blick auf den Horizont zu richten. Ich hab mir nicht mehr die Frage gestellt, wer ich bin und ob das, was ich mache, mich in ganzer Bandbreite repräsentiert.

Wenn man das eine hat, interessiert man sich naturgemäß für das andere. So wuchs meine Neugier auf das Fremde. Es fasziniert mich, neue Leute kennenzulernen. Es fasziniert mich, zu erfahren, wie andere Völker leben, denken und glauben. Es fasziniert mich, andere Städte zu erkunden, neue Landschaften zu erleben und fremde Vegetationszonen zu durchqueren.

Natürlich steckt in der Idee dieser Reise auch eine gehörige Portion Abenteuerlust: Morgens nicht zu wissen, wo man abends nächtigen wird, täglich neue Erfahrungen machen, wie sie abwechslungsreicher nicht sein können, sich in schwierige Situationen hinein- und aus ihnen wieder herausmanövrieren – all dies lässt mich einen wichtigen Aspekt des Lebens besser erkennen: Ich erfahre, wer ich bin.

Mit jedem Tag im Motorradsattel entsteht eine neue Perspektive. Parallel zur größer werdenden Entfernung zur Heimat entsteht ebenso eine innere Distanz zu meinem bisherigen Leben. Ich schaue mit Abstand auf meine Lebenssituation. Dieser Blickwinkel hilft mir, meinen Lebensweg neu zu justieren, mich umzuorientieren. Mache ich in meinem Leben wirklich das, was ich will? Oder eher das, was andere von mir erwarten? Schöpfe ich das Potential, das in mir steckt, vollends aus, oder gebe ich mich mit weniger zufrieden? Gehe ich den Weg in meinem Leben, den ich gehen will oder liegt hinter mir der Weg des geringsten Widerstandes? Und welcher Weg ist überhaupt meiner? Die Suche nach Antworten auf all diese Fragen hat einen immer stärker werdenden inneren Ruf erzeugt, einen Ruf, der letzten Endes Hauptgrund für diese Reise ist.

Da, eine Sternschnuppe! Für einen Sekundenbruchteil zeichnet sie lautlos eine helle Linie durch den Großen Wagen. Dann ist es wieder dunkel. Absolute Stille umgibt uns. Der Waldrand gegenüber der Koppel malt einen schwarzen Streifen unter den Horizont. Direkt darüber leuchtet der Polarstern. Die Milchstraße zieht einen matten, kaum sichtbaren Schimmer über unsere Köpfe. Martin verkriecht sich im Schlafsack, während mir immer noch Fragen über Gott und die Welt durch den Kopf gehen.

Mit dem Blick in den Nachthimmel komme ich innerlich endlich zur Ruhe. Ohne zu wissen, woher die Eingebung kommt, bin ich mir plötzlich sicher, dass alles so sein muss, wie es ist. Alles ist richtig und erscheint mir in diesem Moment so unfassbar einfach. Wir werden unser Reiseziel erreichen. Wir werden die *LoMo-Expedition*[1] erfolgreich zu Ende bringen. Eine innere Stimme sagt mir, dass alles

---

1 *LoMo-Expedition*: Da Martin und ich im Freundeskreis nur Lo und Mo genannt werden, stand der Name für die Tour schnell fest.

so sein soll. Dass ich mir keine Sorgen machen muss. Das Universum umgibt uns wie eine fürsorgliche Mutter und lässt mich spüren, dass wir wohlbehütet sind. Mit einem Mal empfinde ich ein so außergewöhnlich starkes Gefühl von Liebe, dass es mir Tränen ins Gesicht drückt.

Woher kommt plötzlich diese starke Emotion? Ich kann mich des Eindrucks nicht erwehren, dass diese Gedanken nicht von mir selbst ausgehen; mir scheint, sie werden mir gegeben. Natürlich kann ich mir das auch einbilden, aber warum nehme ich dabei so ein intensives, allumfassendes Liebesgefühl wahr? Habe ich heute zu lange auf dem Motorrad gesessen? Fehlt mir Gianna schon so sehr, dass ich anfange zu fantasieren?

Ich glaube im Grunde nur an das, was ich sehe. Und doch muss ich zugeben, dass es Dinge gibt, die ich nicht sehen kann, die aber trotzdem existieren. Für mich besteht zwischen Religion und Spiritualität ein großer Unterschied. Meine Skepsis gegenüber diesen Themen lässt mich solche Momente stets kritisch betrachten. Doch manchmal finde ich auf bestimmte Fragen keine rationale Antwort und begreife: Rationalität ist kein Allheilmittel. Seit der Aufklärung herrscht in der westlichen Hemisphäre die als alternativlos angesehene Auffassung, wir könnten den Schlüssel »Rationalität« in jedes Schloss stecken, um mit ihm alle Türen zu öffnen. Wir haben vergessen, dass dieser Schlüssel einst an einem großen Schlüsselbund hing. Zugegebenermaßen hat die Wissenschaft es mit dem Anlegen der rationalen Schablone sehr weit gebracht. Doch statt sich immer nur aus dem Fenster zu lehnen und die große weite Welt da draußen logisch und pragmatisch in kleinste sich gegenseitig erklärende Sinneinheiten zu zerlegen, wäre es ab und an vielleicht sinnvoll, den Blick nach innen zu richten und das Unsichtbare dort als einen wertvollen Türöffner zu begreifen, den wir in das eigene Weltbild integrieren können. Warum spüre ich eine so intensive Naturverbundenheit? Weshalb kann ich stundenlang in die Flammen eines Lagerfeuers starren oder auf einen sternenübersäten Nachthimmel? Wieso erlebe ich Augenblicke wie diesen, in denen ich der Überzeugung bin, mit dem Universum zu kommunizieren? Die Rationalität wäre für diese Fragen ein jämmerlicher Ratgeber.

Es ist kühl geworden. Der Große Wagen steht schon fast kopfüber, und der halbrunde Mond wandert in Riesenschritten auf die düsteren

Baumwipfel zu. Ich räume die Töpfe und Alukisten ins Vorzelt. Alles ist mit einer Tauschicht überzogen. Der feine Tropfenteppich auf der Zeltplane glänzt im fahlen Schein des Mondes wie ein Netz aus Perlen.

* * *

In den Karpaten bekommen wir mehr als einmal die Gastfreundschaft der Ukrainer zu spüren. Wir müssen nie lange nach einer Zeltstatt suchen. Oft erhalten wir mit dem ersten Anlaufversuch die Erlaubnis, bei einem Bauern zu zelten. Eines Abends, wir sind gerade dabei, unsere Mahlzeit zuzubereiten, ist die Bäuerin wieder einmal schneller und serviert uns leckere Spezialitäten der Region. Oma Petrovitsch gibt sich redlich Mühe, uns nach einem anstrengenden Fahrtag nicht verhungern zu lassen.

»Ihr müsst doch etwas Ordentliches essen, Jungs!«, meint sie, als sie mit mehreren Tellern auf dem Arm aus der Küche kommt. Neben gebratenen Spiegeleiern und überbackenen Kartoffelhälften wird uns Borschtsch alla Petrovitsch serviert. Danach findet sich auf dem Bauernhof die gesamte Verwandtschaft ein, um mit uns bis tief in die Nacht zu feiern. Unsere Esstischkisten stehen überfüllt mit Tellern, Töpfen und Wodkaflaschen.

»Sto Gramm! (hundert Gramm!)«, ruft uns Wassily, der Sohn der Petrovitschs zu, und das altbekannte »Nasdarowje!« (Auf die Gesundheit!) lässt uns die Hundertmillilitergläser in einem Zug leeren. Doch egal, wie lange wir zum Trinken brauchen: Jedes Mal, wenn wir die Wodkagläser wieder abgesetzt haben, lässt eine fürsorgliche Seele erneut die Luft aus den Gläsern, und schon heißt es gleich wieder »Nasdarowje!« Dieses Tempo halten wir nicht lange durch.

Dann wird die große Landkarte der Ukraine ausgebreitet, und alle geben uns Tipps, wo es in den Karpaten am schönsten sei. Während Martin und ich mit unseren Stirnlampen bewaffnet für Licht sorgen, sitzt der alte Petrovitsch mit einer Sechs-Volt-Batterie unter dem Arm neben uns. Von ihr aus führt ein armlanges Kabel zu einer handflächengroßen Lampe, die aussieht wie aus der Vorkriegszeit. Modernste Technik neben nostalgisch anmutendem Equipment lässt hier die Gegensätze aufeinander prallen.

Die Schönheit der Karpaten verwandelt uns in ehrfürchtige Bewunderer. Ein langgezogenes Tal, umgeben von hohen, dicht bewaldeten Hügelketten, führt uns tief in die Bergwelt. Üppige Wiesen und frisch gezimmerte Blockhütten am Waldrand fließen an uns vorbei. Wenn uns auf den nächsten Metern, unvermutet aus dem Dickicht stolpernd, Rotkäppchen und der Wolf fragen würden, wo es hier denn zum Pfefferkuchenhaus ginge, fiele uns noch nicht einmal auf, dass da etwas nicht stimmen kann.

Da das Tal in einer Sackgasse endet, kommt uns auf dem Schotterweg kein einziges Fahrzeug entgegen. Kühe am Wegesrand, hier und da ein Grasbüschel abrupfend, bummeln seelenruhig nach Hause. Ein junger Fluss teilt das Tal in zwei Hälften. Wenn wir die Uferseite wechseln, rollen wir über alte, robuste Holzbrücken. Ein Blick und ein Nicken genügen, um uns zu verständigen: Hier bleiben wir einige Tage!

Vor einem großzügigen Grundstück mit einer frisch gemähten, weichen Wiese steigen wir von den Krads. Das aus dicken Bohlen gezimmerte Blockhaus vermittelt Gemütlichkeit. Gegenüber befinden sich zwei Scheunen, und daneben steht ein noch im Bau befindliches Gebäude. Die Hütten stehen eng beieinander und umschließen einen kleinen Innenhof. An den Wänden sind ringsum Holzscheite bis unters Dach gestapelt. Der gesamte Innenhof ist von einem hohen Bretterzaun umgeben, der als Abgrenzung und Sichtschutz fungiert. Alles hier besteht aus Holz, selbst ein Tisch mit Sitzbank dahinter, nur der darauf sitzende Bauer nicht. Die Frage nach einer Aufenthaltserlaubnis beantwortet er mit einer ausladenden Armbewegung in Richtung seiner Bilderbuchwiese, als würden täglich ausländische Motorradfahrer sein Grundstück in einen Campingplatz verwandeln.

05. Schrauber- und Gesangeskunst

Kaum haben wir unser Zelt aufgeschlagen, schlägt das Wetter um. Dauerregen begleitet uns zwei Tage lang. Das Tal gleicht einem Trichter, in dem sich die Regenwolken fangen und abregnen. Am dritten Morgen beschließen wir, den Rückzug anzutreten.

Als ich meine Maschine starten will, redet diese keinen Ton mit mir – die Batterie scheint sich entladen zu haben. Erst ein Fremdstarten entlockt dem Motorrad den gewohnten Sound. Auch die folgenden Tage müssen wir meine Yamie[1] mehrmals mit Hilfe ihrer Schwester überreden, ihr Liedchen zu singen. Wenn ich zum Tanken den Zündschlüssel abziehe, um das Tankschloss zu entriegeln, heißt es danach wieder Kabel raus und mit der Batterie der anderen Maschine starten. Die Starthilfekabel nun ganz oben im Gepäck, quälen wir uns einige Tage von einem Rastplatz zum nächsten. Doch das Problem verschwindet nicht von selbst, eine Lösung muss her! In der nächstgrößeren Ortschaft namens Kamjanez-Podilskyj suchen wir uns eine Kfz-Werkstatt. Dunkle, ölverschmierte Gesichter mustern unsere Maschinen, als wir versuchen, den Schraubern das Problem verständlich zu machen.

Diese Jungs haben noch nie eine Sechshunderter-Enduro auseinandergeschraubt, geschweige denn wieder richtig zusammengebastelt, geht es mir durch den Kopf. Vielleicht war die Idee doch nicht so gut, fremde Finger an mein Motorrad zu lassen!

Doch ich habe die Rechnung ohne das Improvisationstalent, die Neugier und die Hilfsbereitschaft der Mechaniker gemacht. Hier werden normalerweise Fahrzeuge der Marken Lada, Moskwitsch oder Wolga repariert, die mit viel komplexeren Wehwehchen in die Werkstatt rollen. Außerdem erliegen die Männer schnell dem Charme unserer exotischen Geschosse. Wie kleine Kinder, die ihre Begeisterung linkisch zu verbergen suchen, prüfen sie die Elektrik der XT. Doch ohne Schaltpläne gestaltet sich die Fehleranalyse schwierig.

Es ist warm in Kamjanez. Meine schwere Motorradjacke baumelt

1 Abkürzung für Yamaha.

am Lenker der intakten Maschine. Mir perlt der Schweiß von der Stirn. Dösend sitze ich auf dem Bordstein und kaue resigniert auf einem Grashalm herum. Lustlos und desinteressiert starre ich auf die Häuserwand gegenüber. Die Hitze, so ahne ich, gibt uns einen kleinen Vorgeschmack auf den bevorstehenden Sommer …

»Houston, wir haben ein Problem«, meldet sich Martin nach ausgiebiger Besprechung mit den Schraubern, während er sich zu mir auf den Bordstein setzt.

»Ach nee, lass mich raten: Ein kleines grünes Männchen hat den Stromfluss von der Batterie meiner Maschine zu seinem Raumschiff umgeleitet?«

»Genaugenommen, haben wir sogar zwei Probleme.«

»Klar, wie Kloßbrühe, es sind zwei grüne Männchen.«

»Problem Numero eins: Deine Batterie hat die Hufe hochgeklappt.«

»Keine grünen Männchen?«

»Problem Numero zwei: Das Starterrelais ist auch im Arsch.«

»Na super! Dann fahren wir beide ab jetzt mit deiner Maschine weiter. Ich könnte auch zwei Fahrräder organisieren.«

»Hast du heute einen Clown gefrühstückt? Die Batterie ist nicht das Problem! Mit etwas Glück finden wir eine Zwölf-Volt-Batterie auf dem Markt oder in einem Kfz-Laden. Ein neues Relais zu bekommen wird schon kniffliger.«

»Dann müssen wir eins in good old Germany bestellen und mit DHL einfliegen lassen«, schlage ich vor.

»Das wäre die teuerste und langwierigste Lösung. Mal sehen, welche Pfeile der Meister noch im Köcher hat!«

Mit einem Schwung erhebt sich Martin vom Boden und begibt sich wieder in die Werkstatt. Langsam verwandelt sich meine Resignation in Neugierde. Ich beginne die Situation zu akzeptieren: Momentan besteht unsere Aufgabe nicht darin, Kilometer zu schrubben, sondern eine pragmatische Lösung zu finden.

Der Chef der Reparaturbude schlägt uns vor, das hühnereigroße Relais gegen ein anderes zu tauschen. Er lotst uns in eine Reparaturkammer, gerade mal vier Quadratmeter, wobei die Hälfte eine große Werkbank und ein schmaler Spind ausfüllen. Von den Regalen hängen alle möglichen Arten von Kabeln und Drähten herab. Überall liegt Werkzeug herum. Er kramt kurz im Schrank, während er sich mit sich selbst unterhält. Dann zieht er eine alte

Kupferspule in der Größe eines Nudelholzes hervor und hält sie uns triumphierend unter die Nasen.

»Nein! Das kann er auf keinen Fall ernst meinen!«, kommentiere ich den rustikalen Lösungsvorschlag.

Lachend müssen wir sein gut gemeintes Provisorium ablehnen. Das zweite Ersatzrelais, das er hervorholt, ist nur noch halb so groß, hat aber immer noch die Größe einer Bierflasche.

»Wo sollen wir so ein Bauteil nur schützend hinter der Motorradverkleidung unterbringen?«, fragt Martin. Amüsiert geben wir ihm zu verstehen, dass ein Ersatzrelais nicht größer sein dürfe als eine Glühbirne.

»Das ist mit russischer Technik nicht möglich«, gibt er lächelnd zurück. »Aber ich habe eine andere Idee!«

Er nimmt das kaputte Relais in die Hand und sägt die Plastikummantelung auf. Während wir versuchen, ihm hilfreiche Tipps zu geben, hat er die hauchdünnen Drähte der Spule schon wieder zusammengelötet. Triumphierend hält er uns die reparierte Blackbox vor die Augen. Verblüfft, aber Hoffnung schöpfend beeilen wir uns mit dem Einbau. Leider gelingt uns nur ein erfolgreicher Startversuch, denn kurz darauf hören wir ein leises Puffen und wissen sofort, was es bedeutet.

Ratlosigkeit verfinstert unsere Mienen, doch unser Experte ist mit seinem Latein noch nicht am Ende. Er faselt etwas von Brücke, Starten und Relais und verschwindet abermals in seiner Schrauberbude. Wir verstehen nicht richtig, was er meint, doch als er nach geraumer Zeit wieder erscheint, hält er uns auf ein Neues das verflixte Relais entgegen. Nachdem wir es wieder eingebaut haben, startet der Meister die Maschine mit Hilfe des Batteriekabels direkt durch Kontakt mit einer Relaisschraube. Wir staunen nicht schlecht: Ohne ein Stottern oder Rucken springt die Yamie sofort an.

»Das Relais habe ich einfach überbrückt. Du brauchst nur dieses Kabel an die Schraube der Blackbox halten und kannst deine Maschine problemlos starten«, erklärt er mir sichtlich zufrieden. Doch unser Lieblingsschrauber hat keinen blassen Schimmer, wie viele Kilometer wir noch auf seine Erfindung angewiesen sind.

»Und wie weit kommen wir damit? Schaffen wir es bis zur Krim?«

Er nickt.

»Auch bis nach Sibirien?«

»Auch bis nach Shanghai?«

»Da, da! Kanjetschno!« (Ja, ja! Natürlich!)

Erleichtert atmen wir auf. Nach vier Tagen Boxenstopp können wir unsere Europa-Asien-Reise endlich fortsetzen. Was wäre gewesen, wenn der Kfz-Mechaniker den Schaden nicht behoben hätte? Vielleicht wäre es unmöglich gewesen, mit einem Ersatzteil aus Deutschland die Maschine flott zu machen. Mir wird plötzlich klar, dass unsere Reise auf tönernen Füßen steht. Auf jedem Kilometer könnte etwas Unvorhergesehenes passieren. Auch, wenn wir mit der Technik der Maschinen kein gravierendes Problem bekommen, hängen nach wie vor die unerfüllbaren chinesischen Einreisebestimmungen wie ein Damoklesschwert über unseren Köpfen. Ein Gefühl von Unsicherheit erfasst mich. Werden wir mit unseren Motorrädern je Shanghai erreichen? Dieses Ziel erscheint mir nach jetzt gerade einmal zweitausend gefahrenen Kilometern noch unerreichbar weit. China! Mit dem Motorrad bis nach China! Das ist der blanke Wahnsinn!

Weit kommen wir an diesem Tag nicht mehr. Doch das liegt nicht am technischen Zustand unserer Vehikel. In einem Dorfkonsum treffen wir Großvater Michailowitsch. Er spricht fließend Deutsch, und als er erfährt, dass wir aus Deutschland kommen, fangen seine Augen an zu leuchten.

»Ich habe von 1963 bis 1974 in Neustrelitz gedient«, berichtet er uns mit einer unüberhörbaren Nuance Stolz in der Stimme. Die vielen sowjetischen Militärstützpunkte in der ehemaligen DDR sind mir noch gut in Erinnerung. Oft legten die Militärkonvois kurz den Verkehr lahm, wenn sie mit einer nicht enden wollenden Fahrzeugkolonne eine Kreuzung passierten. Uniformierte gehörten damals zum Stadtbild. Doch nie hatte ich zu einem der sowjetischen Soldaten Kontakt. Jetzt, fast fünfzehn Jahre später, holt uns die Vergangenheit ein.

Natürlich müssen wir unbedingt auf der Wiese neben seiner Datscha campieren, doch im Gespräch versunken, vergessen wir, vorsorglich das Zelt aufzubauen, das wir zum Trocknen auf der Wiese ausgebreitet haben. Stattdessen sitzen wir zusammen beim Abendbrot und schwelgen in guten, alten Zeiten. In den seltenen

Gesprächspausen dringt leise Musik aus dem Dorf zu uns herüber. Leute jubeln und klatschen.

»Heute gibt es eine Hochzeit«, erklärt Großvater Michailowitsch. »Ich fahre nachher hin, um zu gratulieren. Ihr könnt ruhig mitkommen. Das ist bestimmt eine Abwechslung für euch!«

»Das geht nicht. Wir haben ja gar keine Einladung, und außerdem kennt man uns doch gar nicht!«, versucht Martin, die verlockend klingende Einladung abzulehnen.

»Ach was. Das Hochzeitspaar wird sich über euren Besuch bestimmt freuen«, widerspricht er, und schon sitzen wir wenig später zusammen mit unserem neuen Freund in einem alten Moskwitsch auf dem Weg zur Dorfschule, wo sich die Hochzeitsgesellschaft für das Wochenende einquartiert hat. Bis dorthin sind es nur wenige Kilometer, aber diese Fahrt werden wir nicht vergessen. Wann sind wir das letzte Mal in einem Moskwitsch mitgefahren? Das russische Fabrikat ist vor allem für seine weiche Federung bekannt, und die Straße zum Dorfzentrum gleicht einer Kraterlandschaft. Schlagloch reiht sich an Schlagloch, und doch schaukeln wir so elegant über die holprige Piste, als segelten wir bei schwerem Seegang die nahegelegene Schwarzmeerküste entlang.

In der Abenddämmerung wirkt das alte Schulhaus gespenstisch. Putz bröckelt von den Wänden, und in einigen Fenstern fehlt sogar das Glas. Doch im Innenhof des u-förmigen Gebäudes tanzen unbekümmert die Hochzeitsgäste. In einer Ecke spielt eine kleine Combo traditionelle Melodien. Leute in Abendgarderobe stehen neben der Tanzfläche und unterhalten sich, bemüht, mit ihren Stimmen die Musik zu übertönen.

Großvater Michailowitsch kämpft sich mit uns im Schlepptau durch die Massen und stellt uns dem Hochzeitspaar vor. Braut sowie Bräutigam sind noch nicht einmal fünfundzwanzig. Wir gratulieren den beiden und geben ihnen zu verstehen, welche Ehre es für uns ist, an einer original ukrainischen Hochzeitsfeier teilnehmen zu dürfen.

Zusammen mit alten Babuschkas sitzen wir an einer langen Tafel in der Schulaula und staunen über das reichhaltige Angebot der Teller und Platten. Doch Großvater Michailowitsch gibt uns nicht die Gelegenheit, davon zu kosten.

»Ihr müsst dem Hochzeitspaar einen Toast aussprechen«, ruft er uns zu, und noch ehe wir Widerspruch einlegen können, erhebt er sich und schlägt mit dem Löffel hörbar gegen sein Sektglas. Sofort verstummt der Saal.

»Liebes Hochzeitspaar, liebe Hochzeitsgäste, es freut mich ganz besonders, dass wir heute Abend zwei Freunde aus Deutschland begrüßen dürfen. Sie sind mit ihren Motorrädern bis hierher gefahren und wollen zu diesem freudigen Anlass ein paar Worte an das Hochzeitspaar richten.«

Kaum hat er den Satz beendet, wirft er mir einen auffordernden Blick zu und gleitet wieder auf seinen Stuhl. Nun gibt es kein Zurück mehr. Mir ist heiß und kalt zugleich, und das Herz schlägt mir bis zum Hals. Widerwillig schiebe ich mich in die Senkrechte und suche hastig nach angemessen feierlich klingenden Worten.

»Liebes Brautpaar, liebe Gäste, wir, Martin und Rayko, sind mit unseren Motorrädern vor gut einem Monat in Berlin gestartet und jetzt auf dem Weg nach Shanghai.«

Nachdem Michailowitsch übersetzt hat, geht ein deutliches Raunen durch die Menge.

»Einer der Gründe für diese Reise ist unser Wunsch, fremde Länder und Leute kennenzulernen.« Während des Dolmetschens schnappe ich nach Luft. »Diese ukrainische Hochzeit ist für uns etwas ganz Besonderes. Wir bedanken uns herzlich für die Ehre, heute dabei sein zu dürfen und wünschen dem Hochzeitspaar eine glückliche, kinderreiche Zukunft.«

Länger hätten mich meine butterweich gewordenen Knie nicht gehalten. Erleichtert sinke ich auf meine Bank zurück und ernte einen anerkennenden Blick meines Leidensgenossen. Nachdem die Worte des Dolmetschers verklungen sind, hagelt es Applaus und wohlwollende Blicke und alle erheben die Gläser.

Dann wird es gemütlich und feuchtfröhlich. Endlich wird die Tafel eröffnet und wir dürfen nach Herzenslust schmausen. Kaum haben wir die ersten Leckerbissen probiert, hebt neben uns ein Ukrainer in traditionellem Gewand mit auffällig breitem Kreuz und mächtigen Pranken sein Wodkaglas und prostet uns zu. Mich beschleicht das ungute Gefühl, dass ein Ablehnen seiner Trinkaufforderung ein Todesurteil nach sich ziehen würde. Seine Gesichtsfärbung verrät mir, dass er im Wodkaschlürfen schon Übung hat.

»Auf einen Zug, sonst wär's Betrug«, übersetzt uns Großvater Michailowitsch den Trinkspruch. Das Kopftuchbataillon gegenüber nickt uns aufmunternd zu und wartet nur darauf, dass sich unsere Sto-Gramm-Gläser leeren. Kaum stehen sie auf dem Tisch, greift eine der betuchten Damen zur Wodkaflasche, um sie schnell wieder zu füllen, und im gleichen Atemzug fordern sie uns erneut zum Trinken auf.

»Ich glaub, ich hab ein Déjà-vu«, sage ich zu Martin auf Deutsch.

»Nur mit dem Fehler in der Matrix, dass die Babuschkas nicht Petrovitsch heißen«, fügt er hinzu.

Verzweifelt versuchen wir, den Lauf der Dinge aufzuhalten. Alle Umhersitzenden beobachten uns mit größtem Interesse.

»So viel Wodka ist gar nicht gut«, versucht Martin sich zu erklären. Alle lachen.

»Wir brauchen morgen einen klaren Kopf«, bemerke ich. »Außerdem sind wir so ein Kampftrinken nicht mehr gewohnt.«

Wieder hallt Gelächter durch die Aula, und mein Trinkkumpan stellt mir das Wodkaglas noch dichter vor die Nase. Es hilft alles nichts: Die Hundert-Milliliter-Gläser leeren sich abermals. Wir hangeln uns von *sto Gramm* zu *sto Gramm* und können nur mit der Ausrede, auf Toilette zu müssen, eine Zwangspause einlegen.

»Mein Ruschisch ischon richtsch gut«, rufe ich Martin zu, nachdem ich gefühlt das zehnte Mal vom Lokus komme.

»Wirklisch? Sag mal dasch Woht Sehnschwürdischkeitn auf Russch!« Der obligatorische Russischunterricht in der ehemaligen DDR war vielen ein Gräuel, aber diese besonders lange Vokabel konnte jeder im Schlaf herunterbeten.

»DASCH-DA-PRI-ME-DSCHA-TJEL-NOSCH-TI.«

Die Kopftuch-Omas applaudieren.

»Nasdarowje!«

Die Wodkagläser zerspringen fast beim Aneinanderschlagen. Neben uns scharrt ein Stuhl. Ivan, der Wodkaflüsterer, steht auf, hebt sein Glas in Richtung der Vermählten und stimmt eine mir unbekannte, aber wunderschöne alte ukrainische Melodie an. Begeistert setzen auch andere ein, bis der ganze Saal wie ein Don-Kosaken-Chor aus voller Kehle die wehmütig anmutende Volksweise singt. Der voluminöse Bass der Männer mischt sich mit dem warmen Alt der Kopftuchbrigaden; dabei wirkt die Akustik der Aula wie ein Lautstärkebooster: Der intensive Ton prallt gegen die glatten Wände, kehrt verstärkt zurück und droht sich zu überschlagen.

Ich bekomme Gänsehaut, als sich die Melodie in immer höhere Lagen aufschwingt und die Stimmen anschwellen. Der A-cappella-Klang überwältigt mich. So etwas hat mein Ohr trotz mehrjähriger Musikerlaufbahn noch nicht gehört. Mein Ivan-Rebroff-Double bemüht sich, besonders laut zu trällern. Arm in Arm singen wir die leicht zu lernende Melodie. Martin und ich schauen uns an. Lächelnd, glücklich und mit Tränen in den Augen empfinden wir eine tiefe Verbundenheit mit all diesen herzlichen Menschen.

Es ist schon spät, als wir mit unserem quietschenden Hochseedampfer die marode Piste zurückwanken. Am Horizont beginnt bereits die Morgendämmerung. Das allmählich heller werdende Blau, versetzt mit einem Hauch Rosa, verspricht einen Bilderbuchsonnenaufgang. Das Zelt hat noch niemand aufgebaut. Dazu wären wir im Moment auch nicht in der Lage. Stattdessen kippen wir mit schwerer Schlagseite in die Schlafsäcke, die auf der ausgebreiteten Zeltplane auslüften sollten und zersägen bald mit überzeugender Gleichtönigkeit die jungfräuliche Morgenluft.

06. Deutschunterricht zum Anfassen

Die ukrainische Gastfreundschaft setzt uns schwer zu. Egal, wo wir am Abend landen, überall fordert man uns zum Bleiben auf. Die Bauern geben bereitwillig das Wenige, was sie haben: Hier einen Eimer Kartoffeln, da einen Sack voll Zwiebeln, hier eine Tüte Karotten, da eine Schale mit Eiern. Bald wissen wir nicht mehr wohin mit den Gastgeschenken.

In Knjaginin repariert uns ein Schuster unsere zerfledderten Campinghocker. In Stavky sitzen wir abends bei einer Familie mit Gitarre am Lagerfeuer und singen lautstark zusammen *Kalinka* und *Katjuscha*. In Petrivka sterbe ich auf dem Soziussitz eines Mopeds fast den Heldentod, weil mir ein übermotivierter Dorf-Niki-Lauda unbedingt seine halsbrecherischen Fahrkünste zeigen will.

Überall blüht es. Der intensive Duft fremder Blumen dringt mir in die Nase. Unzählige Frühlingsblüher verwandeln die kargen Wiesen in Farbenmeere. In den Dörfern thronen Storchennester auf alten Strommasten. Wo wir hinschauen, läuft uns Meister Adebar über den Weg. Mal stolziert er auf den Feldern umher, mal fliegt er über den azurfarbenen Himmel, mal steht er sich mit Frau Störchin im Nest gegenüber und klappert ihr verliebt mit seinem roten Schnabel zu. Schwalben jagen übermütig neben uns her, als wollten sie ihre Flugkünste zur Schau stellen. Im Gebälk einer Scheune finden sie ideale Nistmöglichkeiten. Eine Katze, die sich zu weit an die halbfertigen Nester heranwagt, wird von zwei Kamikazeschwalben attackiert. Sie reckt den Hals und holt mit der Pfote zum Schlag aus, doch die Flugartisten sind schneller. Am Ende bleibt ihr nur der Rückzug. Dorfköter wackeln die Straße entlang und schnüffeln an Gartenzäunen und Laternenpfählen. Gelegentlich stoppt Martin vor mir, wenn ihm eine Weggabelung eine Entscheidung abverlangt. Der Junge hat es schwer, weil er auf seinem Tankrucksack permanent ein Auge auf die Karte haben muss.

Ein Schulbus schießt aus dem Nichts an uns vorbei und befördert uns fast in den güllegefüllten Straßengraben. Die Kinder drücken sich an den Fenstern die Nasen platt. In einiger Entfernung hält das Ungetüm und spuckt eine Schar kreischender Kinder aus, die begeistert auf uns zu rennen. Während die Jungs interessiert technische Details der Maschinen in Augenschein nehmen, fragt uns ein Mädchen, wo wir herkommen und wo wir hinwollen. Dann erzählt sie etwas von zu Hause und von ihren Eltern: Der Papa arbeite noch auf dem Feld, doch es wäre kein Problem, wenn wir auf der Wiese vor dem Haus unser Zelt aufschlagen würden. Dabei deutet sie auf das Gehöft gegenüber.

Unschlüssig stehen wir neben den Maschinen. Wir warten lieber auf den Vater. Bald steht er mit Gummistiefeln, Hacke und Spaten bewaffnet vor uns. Freundlich lächelnd bestätigt er uns die Einladung seiner zwölfjährigen Tochter Danja.

Den Abend verbringen wir mit den Nachbarkindern, die uns von ihrem Leben auf dem Land erzählen. Danja, Sveta, Ljuba und noch einige andere sind zwischen zwölf und fünfzehn, Kolja ist schon zwanzig. Ihnen ist anzusehen, dass sie sich über unseren Besuch freuen. Mir scheint, sie verstehen sich sehr gut miteinander und verleben in ihrem Dorf eine glückliche Kindheit.

Am nächsten Morgen sitzen wir beim Frühstück, als sie mit ihren Schultaschen an uns vorbeischlendern.

»Dobroe Utro!« (Guten Morgen!), ertönt es fröhlich aus ihren Mündern, bevor sie sich in Richtung Dorfzentrum entfernen. Wenig später steht Kolja mit zerzaustem Haar vor uns: Er hat verschlafen. Einige Minuten hastet er auf dem Hof umher und sucht seine Sachen zusammen. Anschließend eilt er in dieselbe Richtung davon.

Als wir uns gerade mit ersten Handgriffen zur Weiterfahrt rüsten, nähert sich vom Dorf ein Grüppchen. Wie sich herausstellt, hat Danja ihrer Deutschlehrerin stolz von unserem Besuch erzählt, worauf diese spontan eine Schuldelegation mit einer Handvoll Deutschschülern zusammengetrommelt hat. In gut verständlichem Deutsch übersetzt uns die eifrige Lehrerin alle Fragen der umherstehenden Schüler: »Wo wohnt ihr in Deutschland?«

»Wir kommen aus einem Ort südlich von Berlin.«

Mit Berlin können die Kinder besser etwas anfangen. Sie nicken bestätigend und tuscheln aufgeregt. Dann wendet sich ein kleines, schüchternes Mädchen an uns: »Warum seid ihr so weit mit dem Motorrad gefahren?«

Martin schmunzelt.

»Weil wir auf dem Motorrad die Natur intensiver erleben können als mit Auto oder Zug.«

»Wo wollt ihr hin? Was ist das Ziel eurer Reise?«, fragt mich ein schmächtiger, lausbubenhaft dreinblickender Junge, dessen Gesicht mit Sommersprossen übersät ist.

»Wir sind unterwegs nach Shanghai. Das liegt in China.«

Ein Raunen geht durch die Runde.

»Das hört sich zwar ziemlich weit weg an, aber wenn wir jeden Tag ein Stückchen fahren, erreichen wir irgendwann unser Ziel.«

Alle nicken zustimmend.

»Übernachtet ihr immer im Zelt? Habt ihr keine Angst vor wilden Tieren?«, will der Älteste wissen.

»Natürlich haben wir Angst. Besonders der da.« Martin zeigt mit dem Finger auf mich und grinst. »Aber nachts, wenn es am gruseligsten ist, reden wir uns einfach ein, dass die wilden Tiere vor unserem großen Zelt und den unheimlich wirkenden Motorrädern noch viel mehr Angst haben.«

Das scheint ihnen eine einleuchtende Erklärung.

»Wie lange seid ihr schon unterwegs?« »Habt ihr keine Sehnsucht nach eurer Familie?« »Wie verständigt ihr euch in den fremden Ländern?«

Die Fragen nehmen kein Ende. Wir fühlen uns geschmeichelt bei so viel Interesse an unserer LoMo-Expedition. Am Ende ergreift die Lehrerin das Wort und dankt uns für die geduldige Beantwortung der Fragen. Es sei eine willkommene Abwechslung für ihre Schüler. Verbeugend und knicksend verabschiedet sich der Deutschkurs und lässt uns allein auf dem Bauernhof zurück.

»Deutschunterricht zum Anfassen! Wer weiß, vielleicht schaffen wir es mit der Nummer ja sogar ins Fernsehen?«, kommentiert Martin schmunzelnd das unerwartete Interview und kümmert sich wieder um das Einpacken der Ausrüstungsgegenstände.

07. Ausreise mit Hindernissen

Ein großes, bläulich ausgeblichenes Schild rauscht an uns vorbei. In weißen, kyrillischen Lettern lesen wir darauf die Worte *Autonome Republik Krim*.

Die kurz darauf folgende Straßensperre verstehen wir als einen dezenten Hinweis auf die vor uns liegende geopolitisch sensible Region: Die zur Ukraine gehörende Schwarzmeerhalbinsel, auf der sechzig Prozent Russen, fünfundzwanzig Prozent Ukrainer und zwölf Prozent Krimtataren leben, soll unser letzter Anlaufpunkt auf unserer Reise durch das gastfreundliche Land sein.

Vor allem die turbulente Geschichte der Halbinsel macht mich neugierig. Die strategisch günstige Lage, das milde Klima und die schöne Landschaft waren der Grund für viele Eroberungskriege. So stand das Gebiet schon unter römischer, gotischer, byzantinischer, mongolischer, venezianischer und osmanischer Herrschaft. Seit 1783 wähnten sich die Russen in ihrem Besitz, wobei im Zuge der Auflösung des Ostblocks 1991 mit der Unabhängigkeitserklärung der Ukraine die etwa 27.000 Quadratkilometer der Krim der Ukraine zugesprochen wurden.

Doch das war nur möglich, weil sich die beiden Länder auf einen Deal geeinigt hatten: Russland hat bis 2042 einen Großteil Sewastopols und den für Russland strategisch wichtigen Hafen an der Schwarzmeerküste gepachtet. Im Gegenzug erhält die Ukraine dringend benötigte vergünstigte Erdgaslieferungen. Dadurch liegt die russische Schwarzmeerflotte heute friedlich neben den Schiffen der ukrainischen Marine in einem Hafen – wie zwei bockige Kinder, die, weil sie sich nicht einigen konnten, beide im Doppelstockbett oben schlafen dürfen.[1]

Getreidefelder in sanftem Beige begleiten uns, soweit das Auge reicht. Feldwege ziehen dünne Linien in die Ebene. Der Wind frischt auf und biegt die zarten Halme mal in die eine, mal in die andere

1 Der Text beschreibt die politische Situation zum Zeitpunkt der Reise 2003. Seit der Annexion 2014 steht die Krim wieder unter russischer Verwaltung, allerdings ohne klare völkerrechtliche Legitimation.

Richtung. Hoch über unseren Köpfen kreisen Habichte, den konzentrierten Blick auf den Boden gerichtet. Ab und zu überholen wir einen klapprigen W50 oder einen rußenden *Ikarus*-Linienbus.

In einem langgezogenen Dorf steht ein verrosteter Moskwitsch am Wegesrand. Den muss wohl jemand hier pflegeleicht entsorgt haben, geht es mir durch den Kopf, als just in diesem Moment ein älterer Mann in Trainingshosen und Unterhemd aus dem Tante-Emma-Laden nebenan tritt, sich in die Rostlaube setzt und den Motor aufheulen lässt. Ich schließe zu Martin auf, der ebenso erstaunt zu sein scheint.

»Hast du gerade den RAR gesehen?«

»Was für einen RAR?«

»Na, den Rost auf Rädern! Der wollte bestimmt zum Autofriedhof!«

Plötzlich überkommt mich eine Welle der Nostalgie. Gedanken an die Zeit in der ehemaligen DDR wecken seltsame Assoziationen. Damals war ich noch jung und fühlte mich wohl in meinem Umfeld. Spartanisch gefüllte Warenregale, Schlangen vor den Kaufhäusern, wenn es etwas Besonderes gab, Autos der Marken Trabant, Lada, Skoda und Wartburg, die monotone Architektur der Plattenbauten – dies alles war mir selbstverständlich und vertraut. Ich kannte es nicht anders und es störte mich nicht. Trotzdem möchte ich heute, nach vierzehn Jahren, nicht mehr mit der Vergangenheit tauschen. Wie ein vergilbter Film mit Kratzern und Schrammen läuft Szene für Szene vor meinem inneren Auge ab, und so wird die Bewegung gen Osten zunehmend zu einer Reise in die Vergangenheit. Es ist mir, als würden wir beim Eintritt in neue Zeitzonen die Uhr nicht um je eine Stunde vorstellen, sondern um Jahre zurückdrehen. Das damalige enge soziale Miteinander unter den Menschen, das sich in den Jahren nach der Wende deutlich abgekühlt hat, ist hier unbeschadet, gleichsam vakuumverpackt, erhalten geblieben.

Kurz vor der Südküste der Krim verwandelt sich die eintönige Felderlandschaft in ein sanftes Hügelpanorama. Die in frisches Grün gekleideten Hügelkuppen zeichnen schwungvolle Kurven in die Umgebung. Vereinzelt stehen prächtig gewachsene Obstbäume am Wegesrand oder inmitten vom Wind gepeitschter Grasmeere. Am Horizont blinzelt ab und an die Skyline von Sewastopol durch die Hügellinie, und mit ihr das vom Dunst getrübte Meeresblau der Schwarzmeerküste. Die blaugraue Horizontlinie verschwimmt in einem Schleier mit dem Azur des wolkenlosen Himmels. Moderne Bettenburgen säumen die Uferlinie, aber auch auffallend viele Ruinen stehen verloren in der Landschaft und zeugen vom Zusammenbruch des Tourismus auf der Krim.

Spektakuläre Felsküsten und schroff emporragende Gebirgsmassive im Landesinneren bestimmen entlang der Südküste das Aussehen der ukrainischen Halbinsel. Das Krimgebirge markiert eine deutlich spürbare Wetterscheide: Während im nördlichen Teil ein gemäßigtes Klima mit kalten Wintern vorherrscht, bildet das mediterrane Klima südlich der Gebirgskette optimale Voraussetzungen für den Anbau von Wein und Südfrüchten. Der legendäre Krimsekt verdankt seine Qualität nicht zuletzt dieser klimatischen Besonderheit.

Als wir uns gegen Abend eine Zeltstatt suchen, sind wir unserem Ziel wieder um zweihundert Kilometer nähergekommen. Nach dem Zeltbau steht für jeden ein heiliges Bier auf dem Tisch, das an keinem Tag fehlen darf. Danach geht es ans Zubereiten der Hauptmahlzeit. Obwohl wir das Kochen nicht erfunden haben und mit dem spärlichen Warenangebot der Läden und Märkte oft improvisieren müssen, werden die Gerichte von Tag zu Tag besser. Die letzten Minuten des Abends verbringen wir je nach Laune noch plaudernd oder schweigend vor dem Zelt. Manchmal allerdings kippen wir vor Erschöpfung freiwillig schon früh in die Schlafsäcke.

Entlang der längsten Trolleybusstrecke der Welt nähern wir uns der Meerenge zwischen dem Schwarzen und dem Asowschen Meer. Mit dem Erreichen der Stadt Kertsch endet unser Besuch auf der Krim. Die Ukraine hat uns mit spielerischer Souveränität jederzeit ihre herzliche Gastfreundschaft spüren lassen. Zu keinem Zeitpunkt hatte ich hier das Gefühl, nicht willkommen zu sein. Das mag manch einem nicht sonderlich bedeutungsvoll erscheinen, doch wenn man Tag für Tag unterwegs ist und sich nirgendwo zu Hause fühlt, bei jeder Begegnung verständlicherweise als Ausländer behandelt wird, ist man umso mehr auf die Freundlichkeit, Hilfsbereitschaft und Gastfreundschaft der Einheimischen angewiesen. Dieses Land war für mich früher immer nur ein Teil der Sowjetunion. Jetzt bedeutet mir die Ukraine eine Vielzahl wunderschöner Erinnerungen im Reisegepäck.

»Die Emigrationskarte bitte!«, fordert eine forsche Stimme hinter der milchigen Glasscheibe.

»Die was bitte?«, fragt Martin verdutzt.

»Die Emigrationskarte«, wiederholt der Zöllner in seinem Ein-Quadratmeter-Kabuff in unverändertem Ton und hält uns kleine, grünliche Kärtchen vor die Nase, auf denen die Personalien der Grenzgänger vermerkt sind.

Wir versichern ihm, dass wir dieses Dokument nie ausgestellt bekommen haben. Daraufhin verzieht sich seine Mimik, als strenge ihn etwas an – wahrscheinlich versucht er nachzudenken. Plötzlich hellen sich seine Gesichtszüge wieder auf, und er greift zum Telefonhörer; dabei bedeutet er uns, neben dem Schalter zu warten.

Nach einigen Minuten stellt sich uns der Vorgesetzte des Grenzbeamten vor. Noch einmal wiederholt sich der Dialog, diesmal jedoch demonstriert uns der Wichtige den Ernst der Lage. Er unterstellt uns, die kleinen Kärtchen für unwichtig erachtet und daher fahrlässigerweise verloren zu haben.

»Beide Karten auf einmal?«, versuche ich zu kontern.

Doch mit Logik lässt sich das Problem nicht lösen. Unser Widersacher geleitet uns in sein Büro. Dort erklärt er in erstaunlich gutem Englisch, dass man Emigrationskarten nicht verlieren dürfe und leider nur eine Strafe von fünf Euro pro Nase die Sache bereinigen könne. Martin und ich wechseln einen kurzen Blick. Nach einem einmonatigen Bootcamp in der Ukraine hat sich bei uns ein Schalter etabliert, der bei Zahlungsaufforderungen von Gesetzeshütern, seien sie auch noch so geringfügig, sofort auf Spielen schaltet. Mit einer Mischung aus Empörung und Wehklagen deklarieren wir unsere chronische Zahlungsunfähigkeit und versuchen mit unserem Kontrahenten zu handeln. Doch unser Gegenangebot von zwei Euro pro Person fällt auf unfruchtbaren Boden und bringt erneut den Telefonjoker ins Spiel.

Nun baut sich der herbeitelefonierte Polizeichef des Ortes vor uns auf und übertrumpft mit seiner Übergewichtigkeit die Wichtigkeit des Grenzchefs. Immerhin haben wir es mittlerweile auf das dritte Spiellevel geschafft! Daher verwundert es keineswegs, dass das großzügige Angebot des Polizeichefs, die Angelegenheit zu vergessen, plötzlich bei fünfzehn Euro pro lästigem Ausländer notiert. Daraufhin schlagen wir dem unverschämten Ordnungshüter vor, seine volatile Strafgebühr bei seinen Kollegen im Grenzort Rava Ruska einzuholen, die uns bei der Einreise die kostbaren Kärtchen vorenthalten haben.

Nach diesem diplomatischen Fauxpas setzt uns der Schwerenöter zur Strafe an die frische Luft. Es dämmert bereits, und eine kühle Brise nötigt uns, die Motorradjacken überzustreifen. Ein Blick zum Hafen lässt mich triumphieren: Die letzte Fähre, die wir schon fast aufgegeben hatten, liegt noch immer seelenruhig am Kai, als warte sie auf uns. Jetzt erst geht uns ein Licht auf: Der Wichtige und der Übergewichtige könnten uns einfach schmoren lassen, bis wir fließend Ukrainisch gelernt haben, doch das Kuckucksei, das ihnen ins Nest gelegt wurde, können sie nur schwerlich ignorieren, denn unsere Pässe haben die Grenzbeamten bereits ordnungsgemäß abgestempelt.

Während wir uns die Füße platttreten, sorgen bis an die Zähne bewaffnete Grenzsoldaten für Abwechslung, indem sie in kurzen Intervallen im Laufschritt an uns vorbeipatrouillieren. Gerade bemühe ich mich, einen Sinn oder Widersinn in dieser Art von Beschäftigungstherapie auszumachen, da fällt geräuschvoll die Bürotür hinter uns ins Schloss, und Bud Spencer und Terence Hill schreiten auf uns zu. Der letzte Versuch, uns ein wenig Bakschisch aus der Tasche zu locken, lässt bereits jeglichen Enthusiasmus vermissen. Dann hält uns der große Übergewichtige noch einen Vortrag über Gefängnisstrafen, bis er uns plötzlich ohne jegliche Erklärung und Bürokratie auf die Fähre entlässt.

Na also, geht doch! Trotzdem atmen wir erleichtert auf, als das Schiff mit uns an Bord endlich die Leinen losmacht.

Diese Reiseerfahrung führt uns einen wichtigen Grundsatz vor Augen, der uns noch unzählige Male in die Karten spielen wird: Entweder haben wir Zeit oder Geld. Natürlich wäre es leicht gewesen, die Geldbörse zu zücken und den Konflikt zügig und unkompliziert zu beenden. Doch einerseits stellt sich die Frage, bis zu welchem Betrag wir bereit wären, diese leider sehr häufige Nebenwirkung bei Ostblockreisen zu vermeiden. Andererseits erzeugen solche Situationen einen negativen Lerneffekt. Hätten wir brav bezahlt, wäre die Hemmschwelle, den nächsten Touristen ebenso abzuzocken, sicher geringer und die Forderung noch höher.

Tiefes Dunkel umgibt uns. Ich stehe an der Reling und lausche in die Stille. Nur das Säuseln der Bugwelle und das monotone Brummen der Schiffsmotoren dringen zu mir herauf. Weit vor uns leuchten Laternen wie Glühwürmchen am Horizont und zeichnen ein Stück Uferlinie ins Nichts.

Russland! Welche Erhabenheit, welche Souveränität, welcher eigentümliche Zauber liegt in diesem Wort. Das riesige Land war mir bislang stets ein Buch mit sieben Siegeln, doch nun schlägt mich die Neugier in ihren Bann. Was wird uns dort erwarten?

Unmerklich werden die Lichter am Ufer größer. Mit lautem Knirschen und Kratzen schiebt sich die Landungsklappe auf den Beton der Slipanlage. Dann starten wir die Maschinen und rollen langsam von der Fähre.

Die russischen Grenzbeamten geben sich gelassen. Ihnen steht die Langeweile ins Gesicht geschrieben. Den ersten und zweiten Posten passieren wir ohne Probleme. Dann müssen wir an einem Übereifrigen vorbei, der unbedingt den Inhalt unserer Kisten sehen will. Wir versuchen ihn abzulenken und mit Humor in ein Gespräch zu verwickeln, doch am Ende kommen wir nicht darum herum, das gesamte Gepäck abzubauen.

Auch beim nächsten Kontrollposten wiederholt sich dieses Spielchen. Über diese unfreundliche Begrüßung sind wir zwar nicht sonderlich erbaut, doch mit der Vorfreude auf Mütterchen Russland lassen wir die Schikanen über uns ergehen. Kurz vor Mitternacht dürfen wir endlich das Grenzgelände verlassen. Orientierungslos fahren wir auf der einzigen Straße, die vom Checkpoint wegführt, in eine alles verhüllende Dunkelheit.

08. Fahrt nicht in den Kaukasus

Russland ist gefährlich, höre ich noch die warnenden Stimmen einiger besorgter Ukrainer. Mal sehen, wie gefährlich Russland wirklich ist. Eine Straßensperre lässt uns einen Moment den Atem anhalten, aber der Polizist stellt sich als echt heraus und kontrolliert nur pflichtbewusst unsere Papiere. Dann fahren wir weiter, suchen uns im Schutz der Dunkelheit ein verstecktes Plätzchen und schlagen übermüdet unser Zelt auf.

Russische Vögel begrüßen uns zwitschernd am nächsten Morgen, während sie über einen mit Schäfchenwolken garnierten Himmel fliegen.

Auf den ersten Kilometern hält sich unsere Begeisterung für das neue Reiseland in Grenzen. Zu sehr haben wir uns bereits an die märchenhaft anmutenden Brunnenanlagen, die gemütlich dahinzuckelnden Pferdefuhrwerke und die maroden ukrainischen Straßen gewöhnt. Die Brunnen haben die Russen durch Pumpen ersetzt, Fuhrwerke sind nur noch vereinzelt zu entdecken und der russische Asphalt wirkt wie geleckt. Die Geschwindigkeit und der Verkehr nehmen deutlich zu. Neben den noch präsenten Ostfabrikaten überholen uns mittlerweile auch zahlreiche Autos westlicher Marken. Hohe Bretter- oder Blechzäune verwehren uns jeglichen Blick auf die Gehöfte. Dahinter hören wir häufig respekteinflößendes Gebell. Die Grundstücke teilen sich meist in Haupthaus, Nebengebäude und Gemüsebeete. Ein Stückchen Wiese finden wir nur selten. In der Ukraine gab es so viele Kleinigkeiten, die unsere Begeisterung stets aufs Neue entfacht haben; hier müssen wir genauer hinsehen, um Kuriositäten zu entdecken.

Die gut ausgebauten Straßen bringen uns zügig voran. Schon wandern unsere Blicke wieder nach links und rechts, um eine eventuelle Übernachtungsmöglichkeit auszumachen, da versperrt uns plötzlich ein Schlagbaum die Weiterfahrt.

Nanu? Ein Schlagbaum quer über einer einspurigen, kaum befahrenen Landstraße? Was hat das zu bedeuten?

Wir müssen nicht lange auf die Antwort warten: Ein großer, kräftig gebauter Mann mit breiten Schultern und runden Gesichtszügen schreitet auf uns zu.

»Was wollt ihr hier? Hier geht's nicht weiter! Ihr müsst umdrehen«, erklärt uns der Hüne und beäugt misstrauisch unsere Motorräder.

»Warum geht es hier nicht weiter?«, fragt Martin den Russen, ohne auf seine Frage einzugehen.

»Das hier ist ein geschlossenes Areal. Die Straße endet in diesem Wald da.« Er deutet mit ausgestrecktem Arm auf den einige Meter entfernten Waldrand. »Wer hier landet, hat sich verfahren. Wo wolltet ihr denn hin?«

»Wir wollen nirgendwo hin. Wir suchen nur einen Platz zum Zelten«, antworte ich, während wir die Maschinen wenden. Martin klappt das Visier herunter, schaltet in den ersten Gang und ist mit einem kurzen Dreh am Gasgriff schon auf und davon.

»Wartet! Wartet!«, ruft der Wächter des Waldes mir plötzlich hinterher. »Wie viel Platz braucht ihr denn zum Zelten?«

»Nur ein paar Quadratmeter für das Zelt und eine kleine Stellfläche für die Maschinen.«

In seinem Kopf beginnt es zu rumoren, dass ich meine, die Relais klicken zu hören.

»Komm! Komm mit! Na los!«

Seine ausladende Hand deutet unmissverständlich auf das Wäldchen hinter der Schranke. Mit einer Kurbelanlage im Wärterhäuschen hievt er den Schlagbaum nach oben und fordert mich auf, zu passieren. Verdutzt schaue ich mich nach Martin um, der gerade das schmale Asphaltband zurücktuckert, um den Grund für mein Fernbleiben zu erkunden.

»Ich heiße Ivan und bin für dieses Waldareal verantwortlich. Normalerweise ist der Zutritt nur Befugten gestattet, aber hier ist eh nichts los«, erklärt er uns, während wir neben ihm durch den Wald auf eine kleine Lichtung zusteuern.

»Wie wär's mit dieser Stelle? Reicht euch der Platz?« Sein Mund verzieht sich zu einem stolzen Grinsen. Wir bleiben wie angewurzelt stehen und starren erstaunt auf eine ideale Campingwiese. Die kreisförmige Fläche hat einen Durchmesser von etwa fünfzig

Metern und die Bäume ringsherum bilden einen hervorragenden Sichtschutz. Die Feuerstelle in der Mitte der Lichtung setzt dem Ganzen das Sahnehäubchen oben auf. Sofort erwacht der Pyromane in uns. Unserer Begeisterung freien Lauf lassend, tanzen wir Arm in Arm wie zwei Rumpelstilzchen um den Feuerplatz.

Mit wenigen routinierten Handgriffen ist die Raststätte hergerichtet. Anschließend sitzen wir mit Ivan und seinem Freund Fjodor beim Abendbrot. Dabei erhellt ein prächtiges Lagerfeuer das inzwischen dunkle Rund, und das russische Nationalgetränk geht reihum. Beide Gastgeber erzählen von ihren Familien. Auf Fotos zeigt Ivan uns seine Herzdame.

»Sie ist in die Stadt gezogen. Das Leben auf dem Land ist nichts für feine Damen«, kommentiert er die Bilder und schaut gedankenverloren ins Feuer. Die Flammen spiegeln sich in seinen feucht gewordenen Augen. Mit einer Statur wie ein Bär zeigt er doch ein sensibles Gemüt. Dieser Kerl war mir auf den ersten Blick sympathisch.

Fjodor züchtet Bienen und wohnt mit seiner Familie in Krasnoi Less.[1] Er ist der einzige Mann im Haus.

»Meine beiden Töchter halten mich ganz schön auf Trab«, berichtet er mit einer Nuance Stolz in der Stimme und einem warmen Blick; dabei stochert er mit einem Stock in der Asche herum.

»Habt ihr eigentlich Kinder? Seid ihr verheiratet?«

Wie oft bei diesem Thema, huscht ein Schmunzeln über unsere Gesichter. In osteuropäischen Gesellschaften ist es üblich, mit Anfang Zwanzig die Familienplanung einzuleiten.

»Nein, wir haben keine Kinder und sind auch nicht verheiratet. Wir haben aber Freundinnen zu Hause, die auf uns warten«, beantworte ich Fjodors Frage und bemühe mich, selbstverständlich und sicher zu klingen, obwohl ich genau weiß, dass nichts diesbezüglich sicher und schon gar nicht selbstverständlich ist.

Keiner sagt mehr einen Ton. Stattdessen starren alle, von einer eigenartigen Melancholie erfasst, in die lodernden Flammen. Irgendwann bricht Fjodor das in Wehmut getränkte Schweigen und erklärt, er müsse jetzt nach Hause. Auch für Ivan wird es Zeit.

»Spakolnoi Notsch!«, klingt es viermal durch den Roten Wald. Wir löschen das Feuer und räumen die Campingstühle ins Vorzelt. Auf der Lichtung ist es still geworden. Nur die Asche des Lagerfeuers

1 Roter Wald.

knackt gelegentlich leise und glimmt schwach vor sich hin. Der Wald wirkt fast gespenstisch; dennoch gibt er mir in diesem Moment ein Gefühl von Geborgenheit.

»Guten Morrrgen!«, hallt es über die Lichtung.

Einen Augenblick wundere ich mich über die deutschen Worte, dann fällt mir ein, dass wir Ivan gestern Abend ein paar deutsche Vokabeln beigebracht haben, die es anscheinend durch den Wodkanebel ans Tageslicht geschafft haben. Stolz hält er uns zur Untermalung seiner Begrüßung ein großes Glas Honig vor die Nase.

Oft haben wir in den vergangenen Tagen von den Ukrainern Geschenke in Form von Naturalien erhalten, aber Honig war noch nicht dabei. Ivan zeigt uns, wie wir die Bienenwabenfragmente im Glas getrost mitessen können. Er bricht sich ein Stück davon ab und schiebt es sich genüsslich in den Mund. Bei dem Versuch, es ihm gleichzutun, bekleckern wir uns allerdings von oben bis unten. Dann haben wir den Dreh raus und schlecken Honig, bis uns schlecht wird.

Als wir uns von Ivan und Fjodor verabschieden, überschlagen sie sich mit Warnungen und Ratschlägen.

»Um Himmelswillen, fahrt auf keinen Fall in den Kaukasus! Dort treiben noch Banditen ihr Unwesen. Überfälle auf Zivilisten stehen da auf der Tagesordnung«, behauptet Fjodor. Die Angst in Augen und Stimme lässt nur erahnen, welche vergangenen Ereignisse ihn zu solch einer intensiven Reaktion veranlassen. Auch Ivan redet ohne Unterlass auf uns ein. Dann gibt es eine herzliche Umarmung für jeden und eine letzte Belehrung: »Fahrt nicht in den Kaukasus!«

Meine Mutter las mir früher oft Geschichten aus einem dicken, alten Märchenbuch mit dem Titel *Die Wunderblume* vor, von denen viele im Kaukasus spielten. Dort sollen noch Hexen, Trolle und Zauberer unerschrockenen Helden das Leben schwer machen. Schenken wir Fjodors und Ivans Worten Glauben, haben wir in den nächsten Tagen vielleicht die Gelegenheit, ein Königreich inklusive der dazugehörigen Prinzessin zu erobern. Wir müssten nur noch klären, wer am Ende was bekommt.

Zurück in der weniger spektakulären Realität, erstrecken sich weitläufige, von Baumreihen durchzogene Felder bis zum Horizont. Sie zeigen noch die Struktur der einstigen Kolchoswirtschaft. Auch heute arbeiten die Bauern noch im Zusammenschluss, doch im Gegensatz zur Ukraine sehen wir hier allerorts modernes landwirtschaftliches Gerät: Nagelneue Traktoren bewirtschaften die Äcker. Kleintransporter westlicher Marken, Luxuslimousinen und neue Firmenschilder über den Läden sind sichtbare Zeichen der Neuordnung. Perestroika und Glasnost liegen zwar schon etwas zurück, haben aber dennoch deutliche Spuren hinterlassen.

Im Gespräch mit den Russen geht es meist um unser Heimatland. Regelmäßig fallen Schlagwörter wie »Mercedes«, »BMW«, »Volkswagen«, »Schuhmacher«, »Beckenbauer«, »Schröder« oder einfach »Deutschland gut«. Die ausnahmslos positive Meinung ausgerechnet über jenes Land, das die Russen vor 62 Jahren hinterrücks überfiel, erstaunt uns. Parallelen zur dunklen deutsch-russischen Vergangenheit werden nur selten gezogen, und kommt es trotzdem vor, dann auf eher merkwürdig humoristische Weise.

Ein Toniwagen mit eingeschaltetem Blaulicht überholt uns in James-Bond-Manier und nötigt uns zum Halten. Während der Fahrer aussteigt und wie John Wayne auf uns zuschreitet, lehnt der Sozius lässig an der Beifahrertür.

»Passport!«, trompetet der Cowboy und hält mir seine Pranke entgegen.

Ich reiche ihm beide Pässe.

»Deutsche«, ruft er seinem Kollegen über die Schulter zu, während er mit den Papieren Daumenkino spielt.

»Deutsch? Ah, Deutschland gut. Hitler kaputt, Hitler kaputt!«, tönt es vom Bereitschaftswagen zu uns herüber. Erschrocken blicken wir zu dem zweiten Polizisten. Daraufhin knallt er die Hacken zusammen, imitiert einen zackigen Hitlergruß und ruft: »Heil Hitler!«

Martin und ich schauen uns entsetzt an.

Stille. Nichts passiert. Wir wissen nicht, wie wir reagieren sollen. Ich wage ein vorsichtiges »Da, da, Hitler kaputt«, und lächle unsicher zu dem Komödianten hinüber.

Plötzlich lachen die beiden Scherzkekse los. Erneut schauen wir uns verwirrt an. Doch das Lachen der Ordnungshüter steckt an. Erleichtert, befreit lachen wir mit ihnen um die Wette. Mit einem freundschaftlichen Schlag auf die Schulter gibt John Wayne mir die Dokumente zurück und wünscht uns noch eine angenehme Weiterfahrt.

Unglaublich, wie locker die Russen mit diesem dunklen Abschnitt ihrer Geschichte umgehen! Seit ich denken kann, wurden wir mit Büchern, Filmen und Berichten über die Schrecken des Zweiten Weltkrieges vollgestopft. Auch heute noch laufen im Fernsehen ständig Dokumentationen über alles, was mit dem »Dritten Reich« zu tun hat, und stets wird von uns Deutschen dabei eine reuevolle, schuldbewusste Einstellung erwartet. Nie käme jemand in Deutschland auf die Idee, über Nazis Witze zu machen und die Thematik locker zu betrachten. Ich muss erst nach Russland reisen, um zu erfahren, dass man diese Zeit auch aus anderer Perspektive betrachten kann. Nur, weil ich deutsch bin, bedeutet das nicht, dass ich für die Gräuel der Nazidiktatur verantwortlich gemacht werden kann. Ich bin eine individuelle Persönlichkeit, die sich mit meinen Charaktereigenschaften und Werten, mit dem, was ich bisher in meinem Leben geschafft habe und was ich noch erreichen will, identifiziert. Es gibt noch so viel, was ich erschaffen und erfahren will, da habe ich zum Deutschsein gar keine Zeit.

***

Tagelang zeigt sich nicht die kleinste Erhebung. Dann wird die Horizontlinie knittrig. Die ersten kaukasischen Gebirgsketten kündigen sich an. Kurven und Steigungen häufen sich, bis wir von Hügeln, Flusstälern und Felsmassiven umgeben sind.

Plötzlich stehen wir vor einer Straßensperre. Wachposten patrouillieren vor dem Schlagbaum. Bis an die Zähne bewaffnet und mit kugelsicheren Westen vermitteln sie uns den Eindruck, dass in Russland noch vereinzelte Wild-Western-Cowboys ihr Unwesen treiben. Die Jungs mahnen uns zu erhöhter Vorsicht auf den vor uns liegenden Kilometern, und sofort fallen mir Ivans und Fjodors warnende Worte ein.

Nach dem Passieren der Barriere verzaubert uns der Kaukasus souverän mit seinem landschaftlichen Charme. Wir durchqueren ausgedehnte Waldabschnitte, die mich schon an die Vegetation der Taiga erinnern. Dann lichtet sich das Dickicht, um einer großflächigen Hügellandschaft Platz zu machen. Ihr dichter Grasbewuchs wirkt beruhigend. Manchmal unterbrechen Felsvorsprünge den geschlossenen grünen Hügelteppich, und ihr fahlbraunes Gestein und die schroff emporragenden Felswände bilden einen reizvollen Gegensatz zu den weichen Rundungen und dem sanften Grün der Hügelkuppen. Der Wind frischt auf und geht über in ein Pfeifen und Rauschen. In der Ferne ziehen grauweiße Flecken von Hügel zu Hügel; aus der Nähe entpuppen sie sich als riesige Schaf- und Ziegenherde.

Kaukasische Schäfer reiten auf Pferden am Rand der Herde entlang und haben alle Hände voll zu tun, ihren löchrigen Wollteppich zusammenzuhalten. Hundegebell lässt uns aufhorchen. Na klar, Schäferhunde dürfen in dieser Szenerie nicht fehlen! Doch es sind nicht irgendwelche Schäferhunde, die hier aufs Wort bzw. auf den Pfiff hören – die kräftige Statur und das wuschelig weiße Fell, vermischt mit dunkelgrauen und bräunlichen Stellen, geben uns Gewissheit: Es sind Kaukasische Schäferhunde! Sofort flammt ein Gedanke voller Wärme in mir auf: Cessy! Aunja! Die beiden Hunde von Henning und seiner Freundin Sabrina sind Kaukasische Schäferhunde. Wie gern würde ich den beiden Fellnasen jetzt ihre Heimat zeigen! Sie würden sich in dieser rauen Bergwelt vermutlich pudelwohl fühlen.

09. Majestäten und Naturgewalten

Irgendwo zwischen den von Steinen übersäten Hügeln finden wir eine ebene Stelle für unser Zelt. Heute muss Chefkoch Martin allein das Abendessen zubereiten, denn mich hält das sagenumwobene Gebirge noch immer in seinem Bann. Nach Aussage eines Schäfers soll der Sandweg, auf dem wir hierher geirrt sind, direkt zum Elbrus, dem höchsten Berg im Kaukasus, führen. Mir fällt es schwer, ihm zu glauben, denn weit und breit sehe ich nur grüne Hügel. So klettere ich auf den höchsten Berg in unmittelbarer Umgebung, um wenigstens die Weite und das Panorama genießen zu können.

Unerwartet belohnt mich der mühsame Aufstieg am Ende doch in vollen Zügen. Als ich die letzten Meter zur Hügelkuppe schwer schniefend emporstapfe, schiebt sich langsam Stück für Stück ein atemberaubendes Panorama vor meinen Augapfel. In weiter Ferne präsentiert sich mir eine auffällig geradlinige Gebirgskette. Eingehüllt in einen Mantel aus Schnee erhebt sich kegelförmig in ihrer Mitte majestätisch ein einziges Massiv. Es gibt keinen Zweifel, das kann nur der Elbrus sein! Überrascht stehe ich auf dem kleinen Hügel und starre ergriffen hinüber zu dem weißen Punkt. Welch ein Anblick, welch ein vollendetes Bild! Noch nie habe ich einen so gleichmäßig geformten, vollständig schneebedeckten und sich so souverän von seiner Umgebung abhebenden Berg gesehen. Kann so etwas Zufall sein? Diese Vollkommenheit kann doch nicht nur das Ergebnis wirkender Naturgesetze sein. Und wenn es doch so sein sollte, muss doch aber eine unbeschreiblich hohe Intelligenz dieses perfekte Regelwerk ersonnen haben. Kann Perfektion ohne Planung aus Zufälligkeit (wie wir sie als Rationalisten definieren) entstehen?

Diese Frage muss sich jeder schon einmal gestellt haben. Egal, welches Gebilde ich in der Natur betrachte, sei es ein intelligenter Mensch oder ein primitives Tier, eine idyllische Landschaft oder der unendliche Sternenhimmel, ein riesiger Berg oder eine winzige Schneeflocke – stets erkenne ich das Absolute, das Vollendete darin. Wenn ich aber selbst in einer Schneeflocke die geniale Handschrift unbeschreiblicher Schönheit entdecke, drängt sich die Schlussfolgerung auf, dass etwas dahintersteckt, das dieses Werk erschaffen hat.

Je mehr ich über diesen Sachverhalt nachdenke, desto weniger kann ich meine rationale Einstellung aufrechterhalten. Früher öffnete ich nicht die Augen. Mein Bewusstsein beschränkte sich auf den Nutzen der Dinge. Ich hatte sie nie hinterfragt. Meine rationale Haltung war Resultat einer oberflächlichen Sicht auf die Welt. Doch durch den kontinuierlichen Kontakt zur Natur und die tägliche Gelegenheit, über alles, was mir widerfährt, nachzudenken, habe ich den Eindruck, langsam einen Schlüssel zu finden, von dem ich keine Ahnung hatte, dass er überhaupt existiert.

Als wäre es der Sensation noch nicht genug, setzt die Hand des unsagbar talentierten Malers noch eins oben drauf: Das sich langsam rötlich färbende Licht der untergehenden Sonne taucht den schneebedeckten Gipfel in ein zartes Rosa.

Mit einem Mal kommen Erinnerungen in mir auf. Der Monte Rosa der Italienischen Alpen formiert sich vor meinem geistigen Auge. Sein Antlitz zeigt bei Sonnenuntergängen dasselbe Farbenspiel, dem er sogar seinen Namen verdankt.

Der plötzliche Gedanke an Italien tröpfelt mir ein wenig Wehmut in meinen Gefühlscocktail. Jedes Mal, wenn ich während der Reise ein besonders schönes Fleckchen Erde entdecke, wünsche ich mir, diesen Ort gemeinsam mit Gianna erobern zu können. Während der Vorbereitungen fiel es mir schwer, mich für die Reise zu entscheiden und die Beziehung ein Jahr auf Eis zu legen, und jedes Mal, wenn ich daran denke, werde ich das Gefühl nicht los, mich für die Reise und gegen die Beziehung entschieden zu haben. Dabei hatte ich nie vor, mich gegen etwas zu entscheiden. Viel lieber hätte ich beide Dinge in Einklang miteinander gebracht. Doch für den, der abfährt, gestaltet sich so etwas einfacher als für denjenigen, der zurückgelassen wird. Wieder und wieder drehen sich meine Gedanken um Gianna. Ich vermisse sie schon jetzt so sehr, dass ich mir nicht ausmalen will, wie sich die Sehnsucht nach dem Dreifachen der Zeit anfühlt. Gleichzeitig schleichen sich Zweifel durch die Hintertür: Wird die Beziehung halten? Was geschieht mit einer Liebesbeziehung, die auf eine derart harte Probe gestellt wird? Werden wir nach einem Jahr da weitermachen können, wo wir beim Abschied aufhören mussten? Die sporadischen Briefe, Mails und seltenen Anrufe sind bereits jetzt geprägt von Schmerz, Vorwürfen und Zweifeln. Die quälende Ungewissheit und das kontinuierliche Verlangen nach der Partnerin zerren an meinen Nerven. Erneut blicke ich zum Elbrus, als lägen dort die Antworten auf alle Fragen verborgen.

Plötzlich höre ich einen schrillen Pfiff, der mich unsanft in die Wirklichkeit zurückholt: Es ist angerichtet und der Chefkoch bittet zu Tisch. Weltliche Alltäglichkeit beendet diesen so ästhetisch perfekten und zugleich sentimental wehmütigen Augenblick, doch mein knurrender Magen entscheidet sich für die profane Realität.

Begeistert berichte ich Martin von meiner Entdeckung, und er spürt meinen Enthusiasmus, bei seiner Majestät, dem Elbrus, um eine weitere Audienz bitten zu wollen.

Noch vor Sonnenaufgang quälen wir uns tags darauf aus den Schlafsäcken und steigen zusammen auf den Gipfel.

Wind fährt durch das Grasmeer zu unseren Füßen. Ich fröstele. Die aufgehende Sonne wird erst in ein bis zwei Stunden ihre wärmenden Strahlen entfalten. Ein Hase meint es uns zeigen zu müssen und versucht nervös Haken schlagend nicht vorhandene Verfolger abzuschütteln. Dann ist es wieder still. Niemand stört den meditativen Augenblick.

Bevor die Sonne uns zu sehr einheizt, treten wir den Rückzug an. Nach einem leckeren Frühstück im Basislager breitet Martin auf dem Boden die Landkarte aus und überschlägt die noch zu bezwingenden russischen Kilometer. Es fällt uns schwer, den zusammengerechneten Zahlen Glauben zu schenken. Wir rechnen hin und her, kommen aber immer zum gleichen Resultat: Um nicht die Härten des sibirischen Winters spüren zu müssen, der bereits Mitte September seine unangenehmen Vorboten schickt, müssen wir das Reisetempo erhöhen. Wir schreiben bereits den 11. Juni 2003. Reicht das schmale Zeitfenster, das uns der sibirische Sommer vorgibt, um ungeschoren durch die Weiten Russlands und die benachbarte Mongolei zu gondeln? Was wäre, wenn ein technischer Schaden unseren Zeitplan über den Haufen wirft?

Auch das Problem mit den chinesischen Einreisebestimmungen bereitet uns immer noch Kopfzerbrechen. Wenn wir von der Mongolei aus nicht nach China einreisen dürfen, müssen wir zwangsweise zurück durch Russland – und einen langen Umweg über Wladiwostok oder Zentralasien in Kauf nehmen.

Wie von Geisterhand entstehen Bilder in meinem Kopfkino: Es schneit. Eisiger Wind schneidet mir ins Gesicht. Der sichere Grip auf dem Asphalt schwindet mit den größer werdenden, festgefahrenen Schneeflecken. Meine durchgefrorenen Finger, die den Lenker umklammern, beginnen zu kribbeln. Wir brauchen unbedingt eine Pause, um uns aufzuwärmen, doch kilometerweit gibt es nur Fichten, Strommasten und die breite Trasse, auf der wir vorsichtig in Schlängellinie die weißen Flecken umfahren. Das Schneetreiben wird dichter und verwandelt die Straße in eine Rodelbahn. In Schrittgeschwindigkeit, die Beine wie zwei Stützräder ausgefahren, rutschen wir unbeholfen vorwärts. Ein Hupen kündigt den nächsten Kamikaze hinter uns an, der mit seinem Vierzigtonner rücksichtslos dicht an meinem Lenker vorbeirauscht.

»... daraus ergibt sich eine durchschnittliche Tagesetappe von ... Rayko? Hallo!« Martin ruckelt an meinem Arm und zerrt meine angefrorenen Finger vom Lenker.

»Wie? Was? Wir brauchen unbedingt eine Pause!«

»Sag mal, welches virtuelle Frauenzimmer hattest du denn gerade auf dem Schoß? Wir sind noch nicht mal losgefahren, und du brauchst schon eine Pause? Die Wanderung vor dem Frühstück war wohl zu viel für das zarte Jüngelchen!«

»Habe wohl gedöst. Sorry! Wo waren wir stehengeblieben?«

»Ich sagte, wenn wir jeden Tag fahren, kommen wir auf eine durchschnittliche Tagesetappe von unter zweihundertfünfzig Kilometern«, erklärt Martin, während er die Landkarte zusammenfaltet.

Mit diesem Fazit fallen wir unerwartet hart aus dem Bett. Die schlaraffenlandähnlichen Tage der vergangenen Wochen sind endgültig vorbei. Ab sofort hat eine Aufgabe höchste Priorität: Wir müssen fahren, fahren und nochmals fahren!

Der dünne Strich auf der Landkarte bringt uns zügig aus dem Kaukasus. Nahe der Grenze zu Kasachstan verwandeln sich die riesigen Getreidefelder mit ihren schmalen Baumlinien in ausgedehntes Grasland. Bis zum Horizont ist nicht die kleinste Erhebung auszumachen. Ungebremst jagt der Wind über die kasachisch anmutende Steppe und drückt gnadenlos gegen die schwer im Gleichgewicht zu haltenden Maschinen. Zeitweise überraschen uns so starke Böen, dass sie uns fast vom Asphalt wehen. Der Kampf gegen den Wind kostet Nerven und Kraft.

Abgekämpft und müde verlassen wir abends die Landstraße, um in der Steppe Zuflucht zu suchen. Da das Grasland nicht den geringsten Sichtschutz bietet, tuckern wir über einen Feldweg möglichst weit in das wogende Meer aus Halmen, bis wir die Straße aus den Augen verlieren. Weichsand erschwert das Vorankommen. Plötzlich sehe ich quer über dem Sandweg mehrere in sich verdrehte Schläuche liegen. Für eine wilde Müllentsorgung scheint mir der Ort ungewöhnlich.

Nanu? Was war das denn? Seit wann bewegen sich Schläuche? Oh nein, bitte nicht! Lieber Gott, lass es nur harmlose, weggeworfene Schläuche sein! Respektvoll bleibe ich fünf Meter vor den sich auseinander windenden Schlangen stehen.

»Warum fährst du nicht weiter? Kommt schon der Bierdurst durch?« Auf mein Zeichen stoppt Martin seine Maschine neben mir.

»Ich habe es nicht so mit dem Märtyrertod«, bemerke ich und nicke in Richtung der possierlichen Tierchen.

Martin scheint eher fasziniert als erschrocken. Irritiert durch die Vibrationen der im Standgas laufenden Maschinen, verschwinden die lebenden Schläuche zügig zwischen den Grasbüscheln am Wegesrand. Während wir, immer noch beeindruckt von der unerwarteten Begegnung, fünfhundert Meter seitab das Zelt aufbauen, schiebt sich eine kleine Gewitterfront lautlos näher. Die Wolkenformation sieht zwar merkwürdig, aber harmlos aus. Eine eigenartige Windstille, die bekannte Ruhe vor dem Sturm, wiegt uns in fälschlicher Sicherheit. Gerade überrede ich unseren bockigen Kocher, die Betriebstemperatur zu halten, da ändert sich schlagartig das Wetter. Wie aus dem Nichts frischt der Wind auf und drückt mit aller Gewalt bedrohlich gegen die Zeltwand. Gleichzeitig geht ein dichter grobkörniger Hagelschauer über uns nieder. Die kirschgroßen Hagelkörner prasseln auf die Topkisten und erzeugen ein rhythmisch-perkussives Geräusch. Verwirrt und überfordert mit der Situation würge ich hastig den Kocher ab und rette mich mit Martin ins Zeltinnere.

»Verdammter Mist!«

Die Zeltwände des Innenzeltes sind durch die Böen so stark zu Boden gedrückt, dass die hintere Zeltstange den Geist aufgegeben hat. Die scharfkantigen Enden haben sich durch die Zeltwand gebohrt und ragen jetzt wie die Zeltstangen eines Indianerwigwams unschön anzusehen in den umwindeten Abendhimmel. Während Martin die umherflatternden Zeltbahnen unbeholfen nach oben hält, lehne ich mich stützend gegen die verbleibenden intakten Zeltstangen, sodass nicht noch mehr Schaden entsteht. Wir sind so mit der Situation beschäftigt, dass wir nur nebenbei die bedrohlich nahe einschlagenden Blitze registrieren. Einige Minuten verharren wir in der unbequemen Haltung wie zwei Schauspieler, welche die Zwölftonmusik von Schönberg in einem pantomimischen Theaterstück ausdrücken wollten. So schlagartig, wie das Unwetter über uns hereingebrochen ist, beruhigt es sich wieder. Erst jetzt bemerken wir, wie ulkig akrobatisch verrenkt wir im Zelt hocken und müssen lachen. Der ganze Platz liegt übersät mit Eisbällchen.

»Tischtennisbälle zu verkaufen! Wer möchte Tischtennisbälle?« Statt sich um unser reparaturbedürftiges Dach über dem Kopf zu kümmern, springt Martin wie ein begeisterter Sechsjähriger über die Wiese und wirft die riesigen Hagelkörner in alle Himmelsrichtungen.

»Pass auf, dass du kein Schlangenei erwischst! Ich glaube, die Nachbarschaft sieht das nicht so gern.«

Etwas Schweres saust an meinem Ohr vorbei.

»Bist du verrückt? Das sind doch keine Schneebälle! Hast wahrscheinlich doch vorhin die Dinger auf den Kopf bekommen. Komm mal wieder zu dir! Wir haben heut Abend noch eine Nähstunde vor uns!«

Unsere Vermutung bestätigt sich: Die Spannleine, welche frontal zur Windrichtung gesetzt war, hatte sich gelöst. Folglich ist durch den fehlenden Halt die Aluminiumstange weggebrochen. Beide Schwachstellen, Stange und Leinenverankerung, geben eine Vorahnung auf die uns noch bevorstehenden Wetterabenteuer. Unsere Flüche auf den Zelthersteller verhallen ungehört in den Weiten der Steppe. Nachdem wir uns beruhigt haben, nähen wir den Riss und schieben ein für den Notfall mitgenommenes Aluminiumröhrchen über die Bruchstelle. Dann wischen wir das Wasser aus dem Innenzelt und gehen zur Tagesordnung über.

Die Steppe lebt. Wer meint, Steppenvegetation wäre die Vorstufe zu lebensfeindlicher Mondlandschaft, täuscht sich. Schon meine schlängelnden Lieblingstiere sind Beweis für die Existenz weiterer, sogar höher entwickelter Wirbeltiere. Hasen, Mäuse und allerlei andere kleinfüßige Steppenbewohner verraten ihre Anwesenheit häufig durch Bauteneingänge, Spuren oder Losungen. Vögel sorgen erstaunlicherweise auch ohne die Existenz irgendeines baumähnlichen Gebildes weit und breit mit ihrem nie verstummenden Gezwitscher für eine angenehme Geräuschkulisse. Ihr Frühstückstisch ist reich gedeckt: Bei näherem Hinschauen bemerken wir zwischen den Halmen ein einziges Kriechen und Krabbeln, Schwirren und Summen.

Das monotone Grasmeer lädt mich täglich dazu ein, die Umgebung für Meditationsübungen zu nutzen. Auch heute sitze ich weitab der Zeltstatt im Gras und versuche meine Gedanken wegzuschieben und einzig und allein dem Rauschen des Windes zu lauschen. Das Jetzt zu bewahren, ist für mich eine enorme Herausforderung. Gewöhnlich verweilen meine Gedanken in der Vergangenheit oder malen sich die Zukunft aus. Um im Jetzt zu bleiben, wäre die rationale Schlussfolgerung, sie ganz wegzulassen. Doch die Besteigung des Mount Everest erscheint mir leichter.

Ich kenne das Problem schon von zu Hause: Der Alltag in der Großstadt geht einher mit permanenter Reizüberflutung, und hinzukommt die enorme Palette an Ablenkungsmöglichkeiten. So erscheint es mir nahezu unmöglich, alles Störende wegzuschieben, geschweige denn, erst einmal ein Bewusstsein für diese Notwendigkeit zu entwickeln. Mir kommt es vor, als würde unser Leben durch eine unsichtbare Kraft gesteuert, und mir scheint sogar ein Prinzip dahinter zu stecken: Ablenkung um jeden Preis. Besinnung auf ein Leben im Jetzt ist gar nicht erwünscht. Die Gesellschaft würde nicht mehr funktionieren, wenn wir alle auf einmal aufwachten und feststellten, dass wir die angepriesenen Werbeartikel zum Glücklichsein gar nicht brauchen. Dass wir mit dem Nachbarn auch ohne Anwalt auskommen, dass wir nicht acht bis zehn Stunden täglich arbeiten müssen, sondern die Hälfte der Zeit ebenso ausreichen würde, um für den nötigen Lebensunterhalt zu sorgen. Es gibt der Beispiele viele, die uns einen Spiegel vor das Gesicht halten, doch wir stehen wie unter Drogen. Der Verstand sagt: Klar, stimmt. Ich muss etwas ändern. Ich möchte mehr im Jetzt leben. Doch Augenblicke später setzt die Lähmung wieder ein. Deutschland liegt unter einer dicken, zähflüssigen Schaumschicht. Wir haben vergessen, wie es darüber aussieht. Schlimmer noch: Uns ist die Neugierde abhandengekommen, einen Blick über den Tellerrand zu wagen.

In der Nähe zwitschert aufgeregt ein Vogel. Wahrscheinlich gilt sein Schimpfen meiner Anwesenheit oder vielleicht will er auch einfach nur meinen Gedankenstrom zum Erliegen bringen. Ich stoppe meine deutschlandkritischen Überlegungen und lausche seiner Tirade. Warum macht der so ein Theater? Hat er einen am Himmel kreisenden Greifvogel entdeckt oder versucht er eine Schlange auf Abstand zu halten? Wieder wird mir bewusst, dass ich immer noch denke. Ich schiebe die tierischen Gedanken beiseite. Es rauscht, es zirpt, es piepst. Ich fühle eine Brise im Gesicht. Die Sonnenstrahlen kribbeln auf meiner Haut ... Vielleicht gibt es doch eine Schlange in der Nähe. Was ist, wenn sie sich für denkende Meditationsanfänger interessiert? Ich werde unruhig. Jetzt reicht es! Die Meditation in einem Terrarium voller Schlangen überlasse ich den Profis. Mit einem Schwung bringe ich mich wieder in die Senkrechte und kehre zurück zum Zelt.

10. Auf den Spuren der Vergangenheit

Am Nachmittag rollen wir über eine leichte Erhebung. Dahinter eröffnet sich ein weites, seichtes Tal, in dem eine größere Stadt verborgen liegt. Wie eine Oase in der Wüste leuchtet uns frisches Grün entgegen. Bäume säumen die Straßenränder, und der Verkehr nimmt schnell zu. Elista zählt keinesfalls zu den gewöhnlichen Städten der Russischen Föderation. Bereits ein flüchtiges Mustern einiger ihrer Bewohner lässt in uns den Verdacht aufkommen, im Geographieunterricht nicht richtig aufgepasst zu haben, denn zwischen dem Schwarzen und Kaspischen Meer hätte ich nie die Mongolei vermutet. Die mandelförmigen Augen mit ihren versteckten Wimpern, die flachen, breiten Nasen, die häufig geröteten Wangen und die runde Kopfform verraten einen eindeutig mongolischen Einschlag in den uns neugierig beobachtenden Gesichtern. Architektur und Farbgebung der an uns vorbeigleitenden Gebäude erinnert eher an fernöstliche Tempelanlagen als an typisch russische Gebäudefronten.

Da! Das war doch gerade eine Buddhastatue! Einige Meter weiter erblicken wir eine großflächige Leinwand, die das Portrait des amtierenden Dalai Lamas zeigt. Nun steht uns endgültig die Verblüffung in die Gesichter geschrieben. Sind wir unbemerkt durch ein Wurmloch nach Tibet gereist, in die Mongolei oder gar in eine Fantasiewelt? Martin traut sich als Erster, die fremdartigen Wesen auf der Straße anzusprechen. Beruhigenderweise können wir uns mit ihnen auf Russisch verständigen und erfahren Wissenswertes: Wir sind im Reich der Kalmücken gelandet, einer Minderheit, die aus dem mongolischen Altaigebirge stammt. Sie sind ein Nomadenvolk, das im 17. Jahrhundert aus seiner alten Heimat auszog, um das Fürchten zu lernen. Doch ihr ständiges Umhergeziehe passte nicht in die damalige sowjetische Siedlungspolitik. Die Machthaber gaben dem tibetisch-buddhistisch geprägten Volk daher ein autonomes Gebiet, zwangen sie im Gegenzug aber, sesshaft zu werden.

Nur in Elista und in einem Umkreis von wenigen Kilometern um die Stadt treffen wir auf Kalmücken. Als wir uns abends weiter nach Norden bewegen, zeigt die Umgebung sofort wieder die gewohnte russische Charakteristik, als hätten wir nur eine Theatervorführung im mongolischen Kulturhaus besucht.

Langsam schummeln sich grüne Felder unter die Weiten der trostlosen Steppe. Vereinzelte Bäume kündigen den endgültigen Wechsel der Vegetationszonen an. Mit dem Erreichen der nächsten großen Stadt werden wir ein zweites Mal unweigerlich mit der deutschen Vergangenheit konfrontiert. Wie die schlanken Kurven einer Frau schmiegt sich das langgestreckte Wolgograd, ehemals Stalingrad, ans Westufer der Wolga.

Geduldig fahren wir die sechzig Kilometer Nord-Süd-Ausdehnung durch zähflüssigen Verkehr. Je länger wir durch die Stadt fahren, umso mehr spüre ich ein subtiles Unwohlsein. Irgendetwas stimmt mit mir nicht. In Gedanken gehe ich die letzten Mahlzeiten durch, doch nichts deutet auf eine Magenverstimmung hin. Es bedrücken mich auch keine Sorgen oder Ängste, was die vor uns liegenden Reiseabschnitte angeht. Abermals versuche ich die kaum greifbare Empfindung zu analysieren. Dann rastet ein Relais ein: Wie ein dunkler Schleier liegt die deutsche Vergangenheit über diesem Ort und steckt mir wie ein giftiger Stachel in der Brust. Obwohl das schwärzeste Kapitel deutscher Geschichte lange vor meiner Geburt geschrieben wurde und ich mich stets vom »Deutschsein« zu emanzipieren versuche, verursacht mir meine Nationalitätenzugehörigkeit ein schlechtes Gewissen.

Bis zu dieser Stadt hat der deutsche Wahn gereicht. Bis zu diesem Punkt und nicht weiter, geht es mir durch den Kopf. Damals, im Winter 1942/43, tobten die erbitterten Kämpfe um Stalingrad. Trotz der aussichtslosen Lage der eingekesselten Sechsten Armee gab Hitler den Befehl zum Weiterkämpfen und Durchhalten. In den Kampfhandlungen von Juli 1942 bis Februar 1943 starben siebenhunderttausend Soldaten und Zivilisten. Von den über hunderttausend deutschen und verbündeten Soldaten, die in Gefangenschaft gerieten, kehrten bis 1956 nur sechstausend Mann nach Hause zurück. Aufgrund der unvorstellbar hohen Verluste und der Vernichtung der Sechsten Armee gilt die Schlacht um Stalingrad als psychologischer Wendepunkt in der Chronologie des Zweiten Weltkrieges und hat sich tief ins kollektive Bewusstsein beider Völker eingebrannt.

Wie werden die Einheimischen auf unser Erscheinen reagieren? Werden sie uns als Erzfeinde beschimpfen, als Besatzer, als Mörder oder gar als Nazis? Mehrmals fragen wir im Stadtzentrum nach Post, Internetcafé und Gemüsemarkt und bekommen ausschließlich freundliche Antworten. Die Leute reißen sich förmlich darum, uns helfen zu dürfen. Ein Russe schwingt sich bereitwillig in seinen Lada, um uns zur Hauptpost zu geleiten, und ein anderer weiß nicht, wo sich das nächste Internetcafé befindet: Daraufhin stürmt er mit mir im Schlepptau in den nächstbesten Laden und bricht mit Kunden und Belegschaft eine Diskussion vom Zaun, wohin der deutsche Internetsucher nun zu schicken sei.

Am Abend statten wir dem Wahrzeichen von Wolgograd einen Besuch ab. Hoch über den Dächern der Stadt thront auf einem parkähnlich angelegten Hügel die Kolossalstatue Mutter Heimat in heldenhafter Pose. Mit ausgestrecktem Arm das siegverheißende Schwert nach oben haltend, steht sie wie ein übergroßer Schutzengel über der Metropole. Die fünfundachtzig Meter hohe Skulptur macht auf mich einen verstörenden Eindruck. Einerseits wirkt ihr Anblick gewaltverherrlichend, andererseits besitzt sie durch die detailreiche Betonung der Brustpartie eine erotische Note. Absurderweise erinnert mich die kolossale Größe in Verbindung mit der heroischen Pose an die Naziplastiken von Arno Breker. Im Gespräch mit russischen Touristen erfahren wir Wissenswertes. Doch dieser Widerspruch scheint den Russen nicht aufzufallen. Stattdessen erzählen sie uns, dass die Dame mit ihren 7.900 Tonnen ein wenig an Übergewicht leide. Die jährliche Neigung der kolossalen Statue erfordere daher eine dringliche Nachbesserung des Fundaments.

Zufrieden und geschafft tuckern wir aus der Stadt. Es ist schon spät. Gemüsehändler seitab der Straße klappen ihre Verkaufsstände zusammen. Die kleinen Lebensmittelläden sind bereits zum größten Teil verriegelt. Vereinzelte Passanten trotten über die nur noch wenig befahrenen Straßen. Die Lücken zwischen den Häuserzeilen werden größer, bis nur noch vereinzelte Gehöfte im Dämmerlicht an uns vorbeigleiten.

Wir folgen dem Lauf der Wolga. Einsetzender Regen und ein spürbarer Temperaturabfall signalisieren den Beginn einer Schlechtwetterperiode. Nasskalte Tristesse, vernebelte Visiere, klamme Kleidung und ständig kalte Hände halten unsere Stimmung auf dem Tiefpunkt und lassen uns in einen trancehaften Stand-by-Modus schalten. Feuchtigkeit und Mief durchdringen die Klamotten. Graue Nebelschwaden hängen wie eine klebrige Masse über den Feldern und vereinigen sich mit den ungewöhnlich tief dahinziehenden Regenwolken. Statt beschwingtem Vogelgezwitscher hören wir nur noch das melancholische »Krah, krah!« der Nebelkrähen vom Waldrand gegenüber.

Tagelang regnet es ohne Unterlass. Um Kleidung und Ausrüstung endlich wieder trocknen zu können, bitten wir den Allmächtigen um Wind. Wenige Stunden später verebbt der Dauerregen tatsächlich und scharfe Böen stellen unsere Nerven auf eine harte Probe. Der Wind weht so stark, dass er uns einige Male fast in den Straßengraben befördert. Abermals bitten wir den Herrn, er möge uns vor den sturmartigen Böen verschonen, vergessen aber, das gewünschte Wetterszenario zu beschreiben. Alsbald lassen die Windschübe nach. Dafür beginnt wieder der zermürbende Dauerregen. Wir fühlen uns verarscht! Zu allem Überfluss endet auch noch das Asphaltband und wir stehen vor einem lehmigen Feldweg. Der Regen vermischt sich mit dem Lehm zu einer matschig rutschigen Schicht. Mir ist, als würde ich unter den Rädern Schmierseife breitfahren. Beide Beine zu Stützen ausgestreckt, bewegen wir uns nur noch im Schritttempo vorwärts. Mit jedem Bodenkontakt klebt mehr Lehm an den Schuhsohlen, bis ich den Eindruck habe, auf Stelzen zu laufen.

Nach einigen Kilometern Schweiß, Mühe und Verzweiflung drehe ich am Gas, doch meine Maschine bewegt sich nicht. Vorsichtig schiebe ich den Gasgriff auf Anschlag. Die Maschine heult auf. Ein paar Zentimeter ruckt mein Motorrad noch vorwärts, dann geht gar nichts mehr.

Fluchend steige ich ab. Mir ist heiß. Ich habe Hunger, bin von innen durchgeschwitzt und von außen nass durch den Regen.

»Diese gottverdammte Lehmpiste!«, schreie ich in Richtung der zurückgelegten Strecke, als ob Schuldzuweisungen die Lösung für das Problem wären. Ein Blick auf das Hinterrad verrät mir die Ursache für das bockige Verhalten meiner Yamie: Der gesamte Radlaufbereich hat sich mit Lehm zugesetzt – und bei Martins Maschine sieht es nicht anders aus. Wie zwei Lausbuben über einer Strafarbeit sitzen wir auf dem Weg und kratzen mit Stöckern den Lehm aus den Krads. Dann geht es weiter. Zwanzig Kilometer können unangenehm lang sein. Wie auf rohen Eiern tippeln wir Meter für Meter voran, steigen erneut ab, kratzen mühsam den Lehm von Motorblock und Rädern und tasten uns die nächsten drei Kilometer weiter, um erneut eine Stöckchenpause einzulegen. Nein, es hat keinen Zweck: Mit der Hoffnung auf Wetterbesserung beschließen wir, an Ort und Stelle unser Zelt aufzubauen.

Regen, Wind und Schlamm, das ist also alles, was Mütterchen Russland zu bieten hat, denke ich trotzig, während wir uns die klammen Sachen vom Leib streifen. Doch wir haben dieses Land noch lange nicht bezwungen. In diesem Moment ahnt keiner von uns, welche Strapazen noch auf uns zukommen …

Am nächsten Morgen hat der Nieselregen aufgehört. Wir warten, bis die Schmierseifenpiste abgetrocknet ist. Dann fahren wir weiter auf sicherem Grund, als wäre nichts gewesen – und fühlen uns wie Könige, die durch erobertes Land reisen.

11. Alexej und seine merkwürdigen Freunde

Die Stadt Samara begrüßt uns mit kaltem Wind, tiefhängenden Wolken und Regenschauern. Lustlos sitze ich am Straßenrand auf meiner Maschine und warte auf Martin, der in einer Bank versucht, einen Traveller-Check in Rubel zu tauschen.

»Woher kommt ihr?«, höre ich eine Stimme hinter mir. Ein junges Gesicht mit typisch russischem Einschlag schiebt sich in meinen Sichtbereich.

»Aus Deutschland.«

»Ah, aus Deutschland. Und wohin wollt ihr?«, fragt mich der Russe weiter.

»Nach Novosibirsk«, entgegne ich, inzwischen wissend, dass Ortschaften, die nicht allzu weit entfernt liegen, besser zu verstehen sind als unser eigentliches Ziel.

»Weswegen fahrt ihr nach Novosibirsk?«

»Wir wollen uns Russland und vor allem Sibirien anschauen«, versuche ich meine Antwort möglichst allgemein zu halten. »Mein Name ist Rayko. Wie heißt du?«

»Ich heiße Alexej. Ich studiere hier in Samara.« Er streckt mir seine Hand entgegen. »Wo übernachtet ihr? Habt ihr schon ein Hotel?« Ich fange an zu lachen.

»Nein, Alexej, wir übernachten nicht in Hotels. Wir haben ein Zelt dabei.«

»Ein Zelt? Aber wo wollt ihr mitten in Samara zelten? Das ist verboten. Ich wohne nicht weit von hier in einer kleinen Studentenwohnung. Wenn ihr wollt, könnt ihr bei mir schlafen.«

Verdutzt schaue ich ihn an. Das Gespräch dauerte noch nicht einmal fünf Minuten, und der junge Mann lädt uns schon zu sich nach Hause ein?

»Du willst wohl mit uns Ausländern dein Englisch trainieren?« Wir lachen. Plötzlich habe ich die Kälte und den Regen vergessen. Russland kommt mir auf einmal gar nicht mehr so rau, unwirtlich und fremd vor.

Nachdem Martin mit dickem Portemonnaie zurückgekehrt ist, zeigt unser neuer Freund uns seine Wohnung: Ein kahler Plattenbau gähnt uns schon von weitem entgegen. Die Glasscheiben der Eingangstür gibt es schon lange nicht mehr, stattdessen stecken dünne Spanplatten in den Fassungen. Der Aufzug ist außer Betrieb. Ein fetter Schrank steht davor, um jedem weiteren Missbrauch der Anlage vorzubeugen.

Wir schleppen die Ausrüstungsgegenstände den schmalen Aufgang hinauf, Treppe für Treppe, Stock für Stock. Es riecht muffig. Die kahlen Wände, die fehlenden Fenster und die mit Graffiti besprühten Türen vermitteln einen maroden, heruntergekommenen Eindruck. Flure und Treppenhäuser liegen im Halbdunkel. Licht fällt nur durch schmale Einlässe in den Mauern ins Innere. Der Wind pfeift durch die Ritzen. Ich stolpere über am Boden liegenden Müll.

Laut hallt das Schließgeräusch der Wohnungstür durch die Gänge. Der Plattenbau erinnert mich an die Wohnsilos der ehemaligen DDR, doch die Wohnqualität dieser spartanischen Ein-Zimmer-Wohnung toppt alles: Im Wohnzimmer stehen nur ein Bett, ein Stuhl und ein Tischchen, auf dem ein Fernseher thront. Das Tapetenmuster aus den siebziger Jahren erinnert mich an meine Kindheit. In der Küche bietet sich uns ein ähnlicher Anblick. Vor speckigen, vergilbten Fliesen stehen ein abgenutzter Herd, eine Spüle und ein Kühlschrank. Darüber ist ein einziger kleiner Hängeschrank befestigt. Im Bad verlaufen wild umeinander verlegte Rohre quer durch den oberen Teil der Nasszelle. Ein Boiler mit freigelegter Elektrik und eine eingebaute Wanne vervollständigen das Interieur.

Trotz der kargen Einrichtung fühlen wir uns sofort wohl. Wir haben ein Dach über dem Kopf, genug zu essen und einen neuen Freund. Alexejs unkomplizierte Art und seine entgegenkommende Gastfreundschaft lassen uns die Schlechtwettertage vergessen.

Am nächsten Tag sind wir mit Alexejs Freundin Tanja im Stadtzentrum verabredet. Beide zeigen uns Samara. Anfangs schlendern wir durch kleine Buchläden. Die Regale sind bis unter die Decke mit Büchern unterschiedlicher Größe vollgestopft. Die langen Gänge und unzähligen Nischen verbinden sich auf drei Etagen zu einem Labyrinth. Überall drängelt sich Buchrücken an Buchrücken. Auf der Erde und auf kleinen Tischen stehen Bücherstapel noch nicht katalogisierter Exemplare. Auf den Covers der Schmöker formen große kyrillische Lettern Buchtitel und Autorenname. In einer Ecke entdecke ich die vollständige Familie der Harry-Potter-Bände. Ich nehme mir einen Band und lese ein paar Sätze. Es bereitet mir einen Riesenspaß, die Namen der Hauptfiguren in kyrillischen Schriftzeichen zu entziffern. Bücherläden und Biergärten haben eines gemeinsam: Sie ziehen mich magisch an.

Als wir nach geschlagenen drei Stunden den Eckladen verlassen, bemerke ich, dass auch hier, im tiefsten Russland, das Bücherladenphänomen zugeschlagen hat: Ein klitzekleiner Harry-Potter-Band hat sich doch tatsächlich in meine Tasche verirrt.

Das Stadtzentrum wirkt hell, geschäftig und freundlich. Kleine Baustellen zeigen, dass hier Veränderung stattfindet. Straßenbahnen quietschen und bimmeln sich durch die Rushhour. Wir flüchten in einen Park, wo es von Denkmälern und historischen Bauten nur so wimmelt. Am Ende wartet eine Uferpromenade entlang der Wolga auf uns, um uns den Abend in der Lada-Stadt zu versüßen. Auf den Bänken seitab sitzen junge Leute, essen getrockneten Fisch und trinken Bier und Wodka. Eine leichte Brise weht den penetranten Fischgestank herüber, der von den zahlreichen Essensresten stammt, die auf dem Boden verstreut liegen.

Damen flanieren an uns vorbei. Trotzdem ich in der russischen Mode die feinen Nuancen vermisse, habe ich den Eindruck, dass Russinnen flirtende Blicke großzügiger verteilen als deutsche Frauen.

Popmusik dröhnt aus den Lautsprechern der Strandbistros. Der harte Klang russischer Textzeilen gibt der Szenerie einen unverwechselbaren Charme. Wir setzen uns auf eine der Bänke und lassen den lauen Sommernachmittag mit einem Bier in der Hand ausklingen. Der farbenprächtige Sonnenuntergang setzt einen würdigen Schlusspunkt hinter einem perfekten Tag an der Wolga.

Dann machen wir uns auf den Heimweg in die Plattenbausiedlung.

»Ich würde euch gern einen meiner Freunde vorstellen. Habt ihr noch Lust, mitzukommen?«, fragt uns Alexej, während wir in einem Kleinbus aneinandergedrängt sitzen. Er lächelt uns vielsagend an.

»Na klar haben wir Lust«, entgegnet Martin, ohne auf meine Zustimmung zu warten.

»Was ist das denn für ein Freund?«, frage ich Alexej neugierig, während der Bus hält und wir leicht deformiert nach draußen purzeln.

»Wartet ab, ihr werdet schon sehen!«

Alexej grinst.

Wenig später stehen wir in einer anderen Plattenbauwohnung, deren Ambiente etwas wohnlicher wirkt. Ein kahlköpfiger, schlanker Mann um die Dreißig begrüßt uns freundlich und geleitet uns ins Wohnzimmer. Martin wird sofort mit Fragen über die LoMo-Expedition bombardiert. Ich nutze die Gelegenheit, um mir die Einrichtung genauer anzuschauen. Der Raum wirkt dunkel: Dicke, schwere Vorhänge an den Fenstern verwehren jeglichen Blick nach draußen. Bunte Teppiche und große schwarze Tücher zieren die Wände. Die Polstermöbel sehen abgenutzt aus. Dann fällt mein Blick auf die Möbel hinter mir: An einer Wand stehen große, längliche Glasschränke, die mit Tüchern abgedeckt sind. Einige sind offenbar von innen beleuchtet. Ich kann nicht erkennen, was sich hinter den Abdeckungen befindet und beginne zu grübeln, was da wohl im Verborgenen schlummert. Plötzlich zieht Alexejs mysteriöser Freund mit Schwung die Abdeckungen von den Schränken und beobachtet amüsiert unsere Reaktion.

Terrarien! Fünf nebeneinander und übereinander gestellte geräumige Behälter bilden eine Wand aus Glas. Faul und träge in einer Ecke zusammengerollt oder über einem Ast hängend, entdecke ich mehrere Schlangen. Meine Begeisterung hält sich in Grenzen. Die Glasscheiben zwischen uns und diesen falschen Apfelverkäufern beruhigen mich nur mäßig.

Was ist, wenn diese Kreaturen den Ausgang ihres Gefängnisses kennen und wissen, dass sie nur die Scheiben hochdrücken müssen, um in der Wohnung nach dem Rechten zu schauen?

Tief versunken in Spekulationen über unerlaubte Fluchtversuche von Kriechtieren spüre ich plötzlich einen Druck auf meinen Schultern: Alexejs Schlangendompteur hat Martin und mir ungefragt klobige Mäntel umgelegt. Hilfesuchend schaue ich zu meinem Weggefährten, doch auch Martin wirkt wie erstarrt. Kurz im Schlafzimmer verschwunden, kehrt der Meister mit einer großen Sporttasche in der Hand zurück und knallt sie vor uns auf das Linoleum.

Nach Aufforderung des Schlangenmannes versuche ich, die Tasche zu heben, bekomme sie aber trotz großer Kraftaufwendung nur ein paar Zentimeter über den Boden.

»Hossa! Was hast du denn da drin? Goldbarren?«, versuche ich zu scherzen. Nanu? Hat sich die Sporttasche gerade bewegt?

Martin und ich treten synchron einen Schritt zurück. Da öffnet der Schlangenflüsterer auch schon den Reißverschluss und hebt mit festem Griff eine mehr als zwei Meter messende Python in die Höhe.

Okay, wir haben sie gesehen. Du kannst sie wieder in die Tasche stecken, denke ich, doch mein Mund bleibt verschlossen. Unglücklicherweise steht Martin der Python am nächsten und hat sie auch schon um den Hals zu hängen.

Jungs, macht keinen Quatsch! Der Name Martin leitet sich nicht von Märtyrer ab! Ich brauche den Kerl noch! Wie soll ich denn ohne meinen Kartenleser die Wüsten durchqueren? Zum Glück setzt mir Mister Slytherin nur ein Chamäleon auf die Schulter. Dann schiebt der Verrückte eine Terrarienscheibe beiseite, hinter der gerade noch eine Schlange mit einer Maus gespielt hat. Das eröffnet die Möglichkeit, dass dieses Exemplar womöglich Hunger haben könnte und noch dazu schlechte Laune, wenn wir es vom Zubereiten seiner Mahlzeit abhalten. Prinzipiell ist es egal, ob uns erst der Hals zugeschnürt wird, das Gehirn aussetzt oder das Blut in den Adern gerinnt.

Doch offenbar sind die Tiere diesen Rummel gewöhnt, denn nach einer spontanen Fotosession verschwinden alle wieder brav in ihren Glaskäfigen. Erleichtert und nun deutlich gesprächiger unterhalten wir uns mit Alexej und dem Schlangenmann, bevor wir uns für die nette Vorstellung bedanken und in den dunklen Straßen Samaras das Weite suchen.

Als wir am nächsten Tag unsere Sachen packen, schlägt Alexej vor, noch bei seinen Eltern im zweihundert Kilometer entfernten Buruguslan vorbeizuschauen.

»Meine Eltern würden sich freuen, euch kennenzulernen. Auch mein Bruder Sascha wäre bestimmt begeistert von eurer Geschichte«, versucht er uns zu überreden. Der Blick auf die Karte verrät, dass der Ort fast auf unserer Strecke liegt. Wir nehmen Alexejs Einladung an und bedanken uns bei ihm für alles, was er für uns getan hat.

»Vielleicht sehen wir uns ja in Berlin«, ruft Martin, als wir bereits auf den Maschinen sitzen.

»Ja, zu einem Besuch im Zoo«, füge ich hinzu. Alexej grinst. Am liebsten würde er gleich mit uns kommen.

12. Ein erleuchtendes Erlebnis

Ohne uns je zuvor gesehen zu haben, bereitet uns die Familie Alexejs in Buruguslan einen herzlichen Empfang. Während Sascha im Hof den Grill anschmeißt, bereitet die Mutter in der Küche das Abendessen. Schon duftet es nach gegrilltem Fleisch und geröstetem Toast. Wir stehen mit Alexejs Bruder am Grill und fühlen uns wie daheim bei Freunden.

»Wart ihr schon mal in einer Banja?«, fragt er beiläufig, ohne seinen Blick von den Schaschlik-Spießen zu wenden.

»Banja? Nein, noch nie«, antworte ich erstaunt.

»Dann müsst ihr sie unbedingt vor dem Essen noch ausprobieren!«

Meine Frage, wo sich denn hier auf dem übersichtlichen Grundstück eine russische Sauna befinden soll, wird schnell beantwortet. Mit einem unmerklichen Wink, uns zu folgen, steuert Sascha auf den unscheinbaren Schuppen zu, der unmittelbar ans Haupthaus grenzt.

Kurz darauf sitzen wir schweißtriefend und nackt in der kleinen Hütte und schlagen uns gegenseitig mit Birkenzweigen die Rücken rot. Anschließend lassen wir uns ermattet auf das Sofa fallen. In einem Fünf-Sterne-Hotel könnte der Service nicht besser sein: Schaschlik, Borschtsch, Pelmeni und allerlei andere Spezialitäten finden den Weg in unsere Mägen. Die letzten Happen zwingen wir uns nur aus Höflichkeit hinunter, so berstend voll sind unsere Bäuche. Dann erzählt jeder einen Schwank aus seinem Leben. Zwischendurch schlagen die Gläser aneinander.

»Nasdarowje!«

»Nasdarowje!«

Selbst gebrannte *sto Gramm* fließen brennend heiß die Kehlen hinunter.

Wollen wir eigentlich wirklich noch nach China? In manchen Momenten geraten wir ins Wanken …

Ja, wir wollen nach China! Doch bevor wir uns wieder auf rollenden Rädern unserem Reiseziel nähern, hat Sascha noch einen Besuch mit Interview bei der regionalen Presse organisiert. Für den

Medienrummel bei der *Buruguslaner Prawda* haben wir ihn sicherheitshalber zu unserem temporären Manager erklärt.

Die Mitarbeiter empfangen uns ungewöhnlich herzlich. Wir fühlen uns geehrt bei so viel Trubel um unser Erscheinen. Eine extra wegen uns eingeladene Deutschlehrerin übersetzt die Fragen, die wir möglichst genau und informativ zu beantworten versuchen. Zum Abschied überhäufen uns die Journalisten mit Gastgeschenken und guten Wünschen.

Augenblicke später wechselt schlagartig die Szenerie: Umgeben von Feldern und Wäldern, kämpfen wir wieder gegen aufgeweichte Pisten, rücksichtslose Lkw-Fahrer und Dauerregen. Wir schlittern, schlingern und rutschen von Fahrpause zu Tankstopp, von Tankstopp zu Reifenwechsel und von Reifenwechsel zu Verkehrskontrolle. Der Einfallsreichtum der Polizisten spottet jeder Beschreibung. Zugegeben, nach der Schlammschlacht heute sehen unsere Maschinen inklusive Fahrer leicht mitgenommen aus. Bei einer abendlichen Kontrolle erbittet sich ein einfallsreicher Ordnungshüter wegen der zur Unleserlichkeit verdreckten Nummernschilder ein Taschengeld. Wir sind momentan vielleicht saumistig, aber nicht saudumm. Die Jungs wissen nicht, dass ihre Kollegen uns landesweit täglich im Abwehren solcher Abzockversuche trainieren. Früh hören wir aus dem russischen Geschwafel das Wort »Djenki« (Geld) heraus, das bei uns automatisch einen Schalter umlegt. Es bedeutet: Wir spielen heute das Stück *Ja nje ponjal*. (Ich verstehe nicht.)

Nach einer halbstündigen erfolglosen Diskussion mit zwei begriffsstutzigen deutschen Vollidioten setzen sich die Beamten wieder in ihr Dienstauto und verschwinden unter dem Vorwand, zu einem Einsatz gerufen worden zu sein.

»Das ging aber schnell«, entrüstet sich Martin und schaut sehnsüchtig dem Toniwagen hinterher. »Meinst du, wir haben sie heute zu sehr zum Narren gehalten?«

»Haben wir doch gar nicht«, entgegne ich grinsend. »Ich glaube, die sind den Umgang mit Analphabeten einfach nicht gewohnt! Was soll's, die nächsten Taschengeldsammler stehen bestimmt schon hinter der nächsten Kurve. Immerhin haben sie uns bei diesem Sauwetter heute wenigstens ein paar Mal zum Lachen gebracht.«

Allmählich wird es hügelig; die ersten Ausläufer des Südurals kündigen sich an. Die legendäre Grenze zwischen Europa und Asien ist eine von Norden nach Süden verlaufende Bergregion, welche aus Hoch- und Mittelgebirgszügen besteht. Im Subpolarural gelegen, darf sich der Berg Narodnaja mit seinen 1895 Metern im Wettkampf um den höchsten Gipfel die Goldmedaillie umhängen. Vom Polarmeer aus erstreckt sich der Ural mit einer Länge von 2400 Kilometern bis nach Nordkasachstan. Im auffallenden Gegensatz dazu beträgt die durchschnittliche West-Ost-Ausdehnung gerade einmal fünfzig Kilometer. Im Süden wirkt die Knautschzone, wie von riesigen Latschen plattgetreten. Leider können wir die höheren Gebirgspanoramen weiter nördlich aufgrund des straffen Zeitplanes nicht besuchen.

Unaufhaltsam geht es tiefer in die Wälder des Urals. Birken und prächtig gewachsene Nadelbäume formieren sich zu Hundertschaften beidseits des Weges. Idyllische Dörfer, meist an kleinen Flüsschen gelegen, vermitteln ländliches Ambiente. Wenn wir über Brücken fahren, knarren die Bohlen unter der Last unserer Maschinen. Aufwendige Holzkonstruktionen zeigen die Bau- und Schreinerfertigkeiten der Russen. Holzhütten in Blockhausbauweise bilden Häuserzeilen entlang der Ortsdurchfahrten. Meist ist der Hauptweg durchs Dorf modrig und durch tiefe Fahrrinnen für die Krads nur schwer passierbar. Oft bleiben wir stecken und hieven die Maschinen mühevoll aus dem Schlamm. Dann trotten Hausschweine grunzend an uns vorbei und fragen sich wahrscheinlich, wie man sich das Leben nur so schwer machen kann.

Die mit feinen Ornamenten verzierten hellblauen Fensterrahmen und Läden, kombiniert mit den leuchtend weißen Fensterkreuzen, zeigen die traditionelle Bemalung der Blockhütten. Gardinen sind Luxus. Dafür sitzt vor fast jeder Hütte eine typisch russische Babuschka: Rund im Antlitz und gut genährt für den nächsten harten Winter, wirken ihre betagten Gesichter gemütlich und warmherzig. Die bunten Kopftücher sind ein Must-have. Oft sitzt gleich ein ganzes Bataillon der sympathischen alten Damen auf einer Bank, versunken in den alltäglichen Dorftalk. Dann geht es um den alten Nikolajew, der seine letzte Kuh verkauft hat und in die Stadt ziehen will, oder um die Frau vom jungen Wassilij, die nun schon das fünfte Kind zur Welt gebracht hat oder um die Wehwehchen der Damen selbst, die, leicht vorstellbar, ganze Bücher füllen könnten. Die Dächer der Häuser und die Zäune davor bestehen ausnahmslos aus Brettern, und mich würde es nicht wundern, wenn selbst die Nägel aus Holz wären.

Dann plötzlich verschwinden die Gehöfte hinter der letzten Biegung, und ein mächtiger Wald verschlingt uns für die nächsten zwanzig Kilometer. In dieser Gegend sind wir besonders auf der Hut, wenn wir rasten oder zur Übernachtung mitten im dunklen Wald unser Zelt errichten, denn die Hexe Babajaga soll hier immer noch ihr Unwesen treiben ... Zweifellos haben viele russische Märchen in den Wäldern des Urals ihren Ursprung, doch das charakteristische Haus der berühmten Berufszauberin, das auf einem Bein steht und sich in alle Himmelsrichtungen drehen kann, entdecken wir leider nicht.

Verführerische Waldwege schlängeln sich durch undurchdringliches Dickicht. Der trockene, griffige Fahrbahngrund bringt uns zügig vorwärts. Zur Mittagszeit zieht sich regelmäßig der Himmel zu und dunkle, sich zu Bergen türmende Wolkencluster lassen kurz darauf einen Schauer nach dem anderen über uns ergehen. Dann verwandelt sich die Piste binnen Minuten in eine Schlammspur. Monstertrucks transportieren Ladungen von Holzstämmen aus dem Wald und zermantschen durch ihr immenses Gewicht die aufgeweichten Wege. In den tiefen Spurrinnen verlieren wir oft das Gleichgewicht und schaffen es nur mit äußerster Kraft und Geschicklichkeit, uns wieder herauszumanövrieren. Manchmal sind die Rinnen so tief ausgefahren, dass wir mit den Seitenkisten auf den Kanten aufsetzen. Zwischen diesen akrobatischen Tanzeinlagen kratzen wir abermals Radläufe und Kühlerfronten vom Lehm frei.

Auf der Anhöhe eines Hügels stellen wir die Maschinen ab, um die Motoren etwas abkühlen zu lassen. Amüsiert schauen wir einem Lada zu, der sich Stück für Stück den Waldweg hochquält; dabei rutscht er unablässig in die tiefste Fahrrinne. Wir können das Elend nicht mit ansehen und bieten dem Fahrer unsere Hilfe an: Während der Fahrer vorsichtig Gas gibt und Meter für Meter die rutschige Piste nach oben driftet, stemmen wir uns mit ausgestreckten Armen von der Seite gegen den Wagen und drücken ihn so in die höhergelegene griffige Fahrspur.

Nachdem wir selber die knifflige Passage gemeistert haben, senkt sich der Schwierigkeitslevel: Wir bewegen uns durch ebenes Terrain. Es lohnt kaum, die Kilometer der heutigen Etappe zu zählen. Trotzdem blicken wir abends zufrieden und dankbar für die außergewöhnlichen Erlebnisse und Erfahrungen dieses Tages in die Flammen des prasselnden Lagerfeuers.

Strahlend blauer Himmel und Vogelgezwitscher begrüßen uns am nächsten Morgen. Mich fröstelt, während ich versuche, mir die Hände an der Kaffeetasse zu wärmen. Über der Lichtung liegt ein zarter Nebelschleier. Noch vor den ersten Sonnenstrahlen zerreißt das Tuckern unserer Maschinen die morgendliche Stille. Es geht bergab: Ein langgezogener Waldweg führt mit unmerklichem Gefälle von den höchsten Erhebungen des Urals in die Westsibirische Tiefebene. Nadelbäume, Unterholz und hochgewachsene Farne verdichten sich beiderseits des Weges zu einer undurchdringlichen grünen Masse. Die kühle Morgenluft streicht mir über das Gesicht. Erste Sonnenstrahlen blinzeln durch das Geäst. Nebel steigt von den Lichtungen auf und wird von einem leichten Luftzug davongetragen.

Nach einer Gabelung werden wir abermals mit einem von Lkws ramponierten Waldweg konfrontiert. Wir balancieren von einer Fahrspur in die nächste und hangeln uns kilometerweise durch die letzten Ausläufer des schmalen Gebirges.

Die Vormittagssonne gewinnt langsam an Höhe und Kraft und heizt die Luft spürbar auf. Erste kleine Quellwolken am Horizont lassen uns bereits das heutige Wetterszenario erahnen. Pünktlich zum Ende der Mittagspause hören wir in der Ferne das erste Grummeln, und bald überzieht ein schnell dunkler werdender Wolkenteppich den Himmel. Dann beginnt es zu tröpfeln. Kurz darauf überredet uns ein kräftiger Regenschauer, begleitet von vereinzelten Blitzen, zu einer Pause.

Erneut schwimmen wir danach über den aufgeweichten Boden, bis uns die nächste Gewitterfront in einer verlassenen Blockhütte am Wegesrand Schutz suchen lässt. Nach dem dritten und vierten Gewitter in Folge sind Kleidung und Nerven hoffnungslos aufgeweicht. Wir wechseln die feuchten Sachen und beschweren uns lautstark über das Mistwetter.

Während ich noch darüber nachdenke, woher die Luftmassen so viel Feuchtigkeit ziehen können, da die Küsten der Meere und Ozeane doch Tausende von Kilometern entfernt liegen, reißt plötzlich der Waldteppich ab, und eine gerade Straße führt in eine endlose, baumlose Ebene. Überrascht durch den abrupten Szenenwechsel bemerkt keiner von uns, wie sich eine dunkle Linie am Horizont unaufhaltsam näherschiebt. Das Band der Piste scheint unlösbar mit dem bedrohlich wirkenden Horizont verbunden zu sein. Schnell schwebt der unheilverkündende Wolkenvorhang heran. Erst, als es über unseren Köpfen dunkel wird, begreifen wir den Ernst der Lage. Weit und breit existiert nicht der Ansatz einer Möglichkeit, Schutz zu suchen! Der Wald liegt bereits kilometerweit hinter uns. Wie Spotlights auf einer Theaterbühne zucken Blitze im Sekundentakt vom Horizont her auf uns zu. Warme Luft strömt uns entgegen. Auf einmal wird es unruhig; der Wind peitscht in Böen heran. Doch eigenartigerweise fällt kein einziger Tropfen Regen ...

Wo bleibt nur der Regen, geht es mir durch den Kopf, als ich in weiter Ferne einen hellgrauen Vorhang über dem Asphalt schweben sehe. Was zum Teufel ist das? Die Antwort lässt nicht lange auf sich warten: Wie ein Wasserfall aus dem Nichts rauscht der Regenvorhang auf uns zu. Dahinter scheint die Welt zu Ende. Wie hypnotisiert fahren wir weiter. Umdrehen wäre ohnehin zwecklos; die Niederschlagsfront ist viel schneller als unsere Maschinen. Außerdem erscheint uns eine Flucht vor einer Wand aus Regen komisch oder gar feige. Gewohnt, nass zu werden, ergeben wir uns stoisch unserem Schicksal.

Wie auf Kommando trommeln die Wassermassen auf die Visiere. Ich bremse. Der Regen lässt die Konturen der Umgebung so stark verschwimmen, dass ich die Orientierung verliere. Nur das Leuchten des Rücklichts der Maschine vor mir gibt mir noch einen schwachen Impuls. Ich klappe den Sichtschutz hoch. Erst jetzt registriere ich das tobende Chaos um uns herum. Der Regen jagt in Strähnen vorbei, und überall gehen Blitze nieder. Ich versuche mir das Prinzip des Faraday'schen Käfigs in Erinnerung zu rufen.

Wie war das nochmal? Eine leitende Hülle war die Bedingung ... Ist ein Motorrad eine leitende Hülle? Mit viel Fantasie vielleicht. Aber wie viel Fantasie hat ein Blitz?

Der Regen wird stärker. Martin verlangsamt das Tempo. Mein Tacho fällt auf zwanzig Kilometer pro Stunde. Nur nicht den Fuß auf den Asphalt setzen, dann muss ich mir über die Wirkungsweise des Faraday'schen Käfigs auch keine Gedanken mehr machen.

Zu meiner Beunruhigung schlagen die Blitze immer häufiger und dichter ein. Jetzt hilft nur noch beten. Lieber Gott, ich will nicht vom Blitz erschlagen werden. Ich will noch nicht sterben! Ich wollte doch noch so viel in meinem Leben erledigen, zum Beispiel, die Definition des Faraday'schen Käfigs auswendig lernen ...

Plötzlich sehe ich rechts vor uns eine helle Zickzacklinie, an deren Ende sich eine leuchtendweiße Kugel bildet, und unmittelbar darauf bricht mit einem hohen Knistern über einem mitteltönigen Scheppern das ohrenbetäubende tiefe Krachen des Donners über uns herein.

Vor Schreck lasse ich fast den Lenker los und schaue wie gelähmt zu dem hundert Meter entfernten Strommast, in den soeben der Blitz eingeschlagen hat. Statt mir in die Hosen zu machen, verspüre ich auf einmal ein aufbrausendes Glücksgefühl. Unbändige Euphorie steigt in mir auf, und alle meine Angst verdampft wie der Tropfen auf dem heißen Stein. Die unerwartete Sinneswahrnehmung hat meinen Geist durchgepustet. In dieser erleuchtenden Sekunde hat sich mir die Vollkommenheit der Natur, die Erhabenheit des Göttlichen, die Genialität des Seins offenbart. Welche brachiale Naturgewalt steckt in diesem Phänomen! Wie klein und unbedeutend sind wir Menschen angesichts solcher Mächtigkeit!

Hellwach fahre ich durch den anhaltenden Regen. Still schicke ich den Wunsch gen Himmel, er möge mir einen weiteren Blitz bescheren; dabei springe ich wie wild auf der Sitzbank meiner Yamie herum. In diesem Augenblick spüre ich intensiv wie nie zuvor die Lebensenergie geballt durch meine Adern fließen. Yeah! Slalom, Baby! Gebt mir mehr! Was kostet die Welt? Ich nehm zwei davon!

* * *

Während am nächsten Morgen die klamme Kleidung auf der Wiese zum Trocknen ausliegt, verdunstet das Wasser in aufsteigenden Nebelschwaden. Durch die extreme Luftfeuchte fällt es uns schwer, Kleidung und Ausrüstungsgegenstände wie Bücher, Tagebücher oder Toilettenpapier trocken zu halten. Auf vereinzelten Buchseiten bilden sich bereits erste Schimmelflecken.

Wir packen zusammen und brechen auf. Der Weg schlängelt sich tiefer in das Flachland. Eine Holzbrücke führt über ein Flüsschen; dahinter steht eine merkwürdige Betonsäule mitten in die Landschaft gesetzt. Das Bremslicht der Maschine vor mir leuchtet auf.

»Was ist? Musst du schon wieder für kleine Jungs?« Ich komme neben Martin zum Stehen.

»Nein. Ich wollte mich nur verabschieden.«

»Ich wusste gar nicht, dass unsere Wege sich hier trennen. Bist du zu weit gefahren? Musst du wieder nach Hause zu Mama?«

Martin schmunzelt und steigt vielsagend von seiner Maschine. Ich tue es ihm nach und trotte hinterher. Dann stehen wir wie Dick und Doof vor dem Betonklotz.

»Hättest du früher im Geografieunterricht aufgepasst, müsste dir der Ural mehr sagen als Gewitter, Schlammschlacht und Hexe Babajaga.« Langsam dämmert es mir.

»Donnerwetter! Der Junge hat heute mal die Lampe an. Du meinst also, dieses Rinnsal neben der Säule nennt sich Ural und der formschöne Betonpfahl hier ist gar kein Denkmal, sondern eine Grenzmarkierung?«

»Exakt! Sherlock Holmes hätte das nicht besser kombinieren können.«

Tatsächlich entdecke ich jetzt am oberen Teil der Säule in kyrillischen Lettern die Aufschrift *Asija*. Nach zwei Monaten Fahrt überqueren wir heute, am 1. Juli 2003, die geografische Grenze zwischen Europa und Asien.

13. Unter Landsleuten und Plagegeistern

Die Westsibirische Tiefebene erstreckt sich von Ost nach West vom Ural bis zum Mittelsibirischen Bergland. Im Norden grenzt sie an die Karasee, einem Teil des Nordpolarmeers, und im Süden an die sogenannte Kasachische Schwelle bzw. das Südsibirische Gebirge. Auf einer Fläche, die siebenmal so groß ist wie Deutschland, wachsen im nördlichen Teil aufgrund des Permafrostbodens keine Bäume, während der Süden hauptsächlich aus Sumpf besteht.

Einerseits freuen wir uns, im Flachland nun deutlich schneller voranzukommen, andererseits wirkt die Monotonie der Umgebung einschläfernd. Die einzige Abwechslung für das Auge besteht zwischen einem Birkenwäldchen mit vorgelagerter Sommerwiese rechter Hand oder einer Sommerwiese mit anschließendem Birkenwäldchen linkerhand. Überhaupt gibt es der Straßen nicht mehr allzu viele. Mit anderen Worten: Es existiert nur eine einzige Trasse, die West mit Ost verbindet.

Wie wir von Einheimischen wissen, eignet sich Birkenrinde hervorragend als Feueranzünder. Nachdem Martin und ich die Pfadfinderprüfung mit voller Punktzahl bestanden haben, brennt an jedem Abend ein kleines Lagerfeuer neben der Zeltstatt.

Nach getaner Arbeit sitzen wir auch diesen Abend an einem Feuer, als in einiger Entfernung eine Kuhherde vorbeizieht. Bis weit in das Birkenwäldchen hören wir das Glockengeläut der weidenden Wiederkäuer. Nachdem der Hirte uns entdeckt hat, kommt er zielstrebig auf uns zugeritten. Wir laden ihn ein, sich mit seinem kleinen Sohn an unser Feuer zu setzen. Die Verständigung ist schwierig, da hier Baskisch gesprochen wird und der Mann Russisch nur mit starkem Dialekt spricht. Während wir uns mit Händen und Füßen verständigen, läuft uns ein kleiner Hund um die Beine und bettelt um Aufmerksamkeit. Ivan, so der Name des Kuhhirten, ist mächtig stolz auf seine Kuhherde. Aus den Eutern seiner Kühe, gibt er uns zu verstehen, fließen täglich sechzig Liter Milch. Für einen Liter bekommt er fünf Rubel. Außerdem besitzt er noch hundert Hühner und dreihundert Kälber. Mit solch enormem Produktionspotenzial kann er sich hier schon recht große Brötchen backen.

Dann wird es Zeit, zu gehen. Beide Gäste erheben sich, doch der Welpe hat sich entschieden, lieber bei mir auf dem Schoß zu bleiben. Das Rufen des Russen verhallt wirkungslos im Wind. Erst ein Peitschenknall lässt ihn zusammenzucken. Plötzlich kommt Ivan ruhigen Schrittes zurück, hebt den Welpen am Halsband hoch und setzt ihn für zwei Sekunden in die Glut des Feuers. Das Tier jault vor Schmerz auf und rennt verwirrt in die Dunkelheit. Wie versteinert sitzen wir vor den fast erloschenen Flammen. Hass steigt in mir auf, und einen Moment spüre ich das Verlangen, diesen Grobian am Schlafittchen zu packen und kräftig durchzuschütteln. Auch Martin schaut dem Russen voller Entsetzen und Verachtung hinterher. Ein zweites Mal hätte dieser Tierquäler keinen Platz an unserem Lagerfeuer angeboten bekommen! Zugegeben, Russland ist berühmt und berüchtigt für seine rauen Sitten, doch müssen wir sie deswegen ja nicht gutheißen …

Meist begegnen wir Schäfern, Kuhhirten oder Fischern, wenn wir uns in den Wäldern oder auf den Wiesen einen Platz zum Zelten suchen. Zum Glück verlaufen diese Begegnungen ausnahmslos freundlich. Wir erhalten viele Informationen über das Leben der Russen in Westsibirien. Bei den abendlichen Gesprächen am Lagerfeuer erzählen die Einheimischen häufig von Wölfen, Bären, Schlangen und anderem gefährlichen Getier. Natürlich werden die wilden Tiere von Schilderung zu Schilderung größer und unheimlicher.

Allerdings begegnet uns in diesen Breiten nur eine einzige blutrünstige Kreatur, die allerdings den Größenbeschreibungen der Russen nicht im Ansatz gerecht wird. Die Culicidae, allgemein besser bekannt als Gemeine Stechmücke, genießt ja schon in heimatlichen Gefilden den Ruf eines Plagegeistes. Doch wer meint, in Deutschland gäbe es gelegentlich eine Mückenplage, sollte seinen Urlaub unbedingt im Sommer in den Birkenwäldern der Westsibirischen Tiefebene planen. Dieser Insider-Tipp steht garantiert in keinem Reiseführer! Der Ärger über die kleinen, fiesen Blutsauger nimmt hier ungeahnte Dimensionen an.

Anfangs nerven uns die Mücken nur zu später Stunde, doch dann durchfahren wir ein weitläufiges Sumpfgebiet, und hier ist für Meister Stecherig zu jeder Tagesstunde Abendbrotzeit.

An einem Tag, als wir kurz vor Sonnenuntergang einen Rastplatz suchen, begleitet uns kilometerweit Morast beiderseits der Trasse. Langsam wird es dunkel. Aufmerksam scannen zwei Augenpaare die Straßenränder, um jeden kleinen Weg jenseits der Piste ausfindig zu machen. Inmitten schwarzer Nacht finden wir endlich einen unauffälligen Abzweig, der zu einem Birkenwäldchen führt. Vor dem Hain steige ich ab, um den Untergrund auf seine Beschaffenheit zu untersuchen. Martin sitzt derweil gelangweilt auf seiner Maschine und beobachtet, wie sich eine dunkle Gestalt dem Waldrand nähert. Plötzlich beginnt das Männchen in der Ferne ausgelassen zu tanzen und Begeisterungsrufe von sich zu geben. Mit einem Mal kehrt es um und rennt olympiaverdächtig, mit den Armen fuchtelnd und schreiend, auf ihn zu.

»Weg! Weg hier! Der Wald wimmelt von Mücken!«

Statt in Handumdrehen das Motorrad zu wenden, bricht Martin in schallendes Gelächter aus. Erst, als ich auf meine Yamie springe, holt das Insektenkampfgeschwader auch ihn ein. Jetzt ist es für mich an der Zeit, über ihn zu lachen. Mit durchdrehenden Reifen schießen wir über den Feldweg zurück zur Trasse.

Leider ist das Birkenwäldchen weit und breit die einzige Übernachtungsmöglichkeit. Zum Glück passen unsere Moskitonetze über die Motorradhelme. Auf diese Weise ist es uns möglich, den Rastplatz zu erobern. Wie zwei Astronauten bereiten wir in voller Montur mit Motorradkombi, Handschuhen, Helmen und Kopfnetzen das Abendbrot zu. Pasta mit Tomatensauce, zubereitet unter freiem Himmel, fällt mitten in Sibirien offenbar unter die Kategorie Fleischgerichte, denn im Lichtkegel der Stirnlampen stürzen die Kamikazeflieger unentwegt in den Pasta-Topf. Atmen ohne Mückennetz führt unweigerlich zu Hustenanfällen, weil wir neben der Luft auch Dutzende von Insekten inhalieren.

»Alter Schwede! Ich glaub, ich spinne!«, entfährt es mir, während ich die Mahlzeit umrühre.

»Was ist? Hast du eine Mücke verschluckt?«

»Schon ein ganzes Dutzend! Aber schau mal auf meinen Arm!«

»Alter Schwede! Das gibt›s doch gar nicht!«

Martin glotzt auf meinen Arm, als wäre mir ein Dritter gewachsen. Er ist vollständig übersät von Mücken. Die Viecher sitzen so eng beieinander, dass ich noch nicht einmal mehr die Farbe der

Motorradjacke erkennen kann. Gut, dass uns einer der Schäfer ein weitaus wirksameres Mittel als das in Deutschland gängige *Autan* zugesteckt hat. Die russische Wundersalbe *Kamar-Ex* liegt seit diesem Abend stets griffbereit im Reisegepäck. Früher hab ich mir Sibirien immer weiß und kalt vorgestellt. Diese Assoziation mag auf den Winter gewiss zutreffen – im Sommer jedoch wird der riesige Landstrich vor allem durch drei Komponenten zusammengehalten: Birken, Sumpf und Mücken.

Obwohl die weiten, morastigen Flächen mit einer leichten Wiesenschicht überzogen sind, signalisieren die abgestorbenen Birkenstämme, hell und kahl in der Gegend stehend, dass der Untergrund dieser Areale besser nicht betreten werden sollte. Kein Wunder, dass die Herrscher vergangener Jahrhunderte ihre Widersacher und Querdenker gern ins Exil nach Sibirien verbannten. Die Weite und Monotonie der Gegend erstickt jegliche Möglichkeit, auf dumme Gedanken zu kommen.

Jeden Tag fahren wir Hunderte von Kilometern eine direkt zum Horizont verlaufende Linie geradeaus. Links Sumpf und Birken, rechts Birken und Sumpf und vor uns der Staub der Trasse. Es kommt mir vor, als wäre der gesamte Globus von diesem nie enden wollenden geradlinigen Band umspannt. Es ist, als stünden wir still – einzig und allein der Kilometerzähler verrät, dass wir uns vorwärts bewegen.

Kurz, bevor wir uns von dieser einschläfernden Landschaft verabschieden, überschlagen sich die Ereignisse. Wochenlang haben wir nicht einen einzigen Langzeitreisenden kennengelernt, nun plötzlich machen wir an einem Tag gleich mehrere Bekanntschaften. Erst treffen wir einen einsamen Schweizer Fahrradfahrer, der mit durchschnittlich hundertfünfzig Kilometern pro Tag unterwegs ist zum Baikal. Wir wären gern ein paar Tage mit ihm gereist, doch sein Tagesrhythmus erscheint uns etwas zu diszipliniert. Dann, einige Stunden später, lernen wir ein tschechisches Pärchen kennen, das auf seinem Motorrad die Ost-West-Verbindung zum Baikal in einem Monat schaffen will. Ihre durchschnittlich sechshundert Kilometer pro Tag sind uns ebenfalls zu ambitioniert. Nach einem ausführlichen Plausch und einer herzlichen Verabschiedung steigen wir wieder auf die Maschinen. Just in diesem Moment rollt eine Kasten-Ente auf den kleinen Parkplatz des Rasthofs. Das merkwürdige

Gefährt wirkt ulkig und fremd für sibirische Breitengrade. Auf der Seitenwand des Aufbaus erblicken wir eine Weltkarte, auf der sich eine dünne rote Linie durch alle Kontinente schlängelt. Silke und Gilbert aus Dortmund fahren seit zwei Jahren kreuz und quer durch die Erdteile. Wir sind begeistert und verstehen uns auf Anhieb. Tief im Gespräch versunken, merken wir kaum, wie die Zeit vergeht.

»... Das war in Ulan-Bator. Da haben wir die beiden kennengelernt. Anton und Anika heißen sie und wohnen in Sachsen. Die sind noch verrückter als wir! Die haben sich da eine alte russische Ural mit Beiwagen gekauft und sind jetzt damit unterwegs nach Dresden. Das Ding ist so anfällig, dass sie mehr reparieren als fahren«, berichtet Gilbert mit Bewunderung in der Stimme.

»Wie kommt man denn auf so eine Idee? Ist dieser Anton Kfz-Mechaniker? Wie schafft der es, so ein altes Motorrad in Schuss zu halten?«, will Martin wissen.

»Er hat im Internet ein Ural-Fan-Forum gefunden, wo die Jungs sich gegenseitig Reparaturtipps geben.«

»Was haltet ihr davon, wenn wir uns zur Feier des Tages zusammen einen Platz zum Zelten suchen?«, unterbricht Silke das Gespräch.

»Das ist eine super Idee. Vorausgesetzt, wir finden in diesen Everglades genügend Quadratmeter festen Untergrund für zwei Zelte, drei Fahrzeuge und vier Quatschtanten«, spiele ich auf unser mittlerweile einstündiges Gespräch an. Auf einer Wiese seitab der Trasse bauen wir uns ein gemütliches Lager.

»Prost!«

Das Feierabendbier schmeckt heute besonders gut.

»Habe ich das richtig verstanden? Ihr wollt mit euren Motorrädern durch die Volksrepublik China fahren?«, erkundigt sich Gilbert bei Martin, während wir am Lagerfeuer sitzen. »Habt ihr euch denn schon die chinesischen Visa besorgen können?«

»Die holen wir uns in Ulan-Bator. Die Visa sind das kleinste Problem bei dem Plan.«

»Wieso? Rechnet ihr noch mit anderen Schwierigkeiten?«

Martin zählt die komplizierten Einreisebedingungen auf, welche Touristen auferlegt werden, die mit eigenem Fahrzeug das Reich der Mitte erkunden wollen.

»Das ist ja reine Schikane!«, entrüstet sich Silke.

»Genau das ist es. Zumindest können wir uns nicht des Eindrucks erwehren, dass hier jemand etwas dagegen hat, dass Ausländer frei und unabhängig durch China reisen können, frei nach dem Motto: Vertrauen ist gut, Kontrolle ist besser«, antworte ich.

»Aber wie wollt ihr all diese Dokumente und Genehmigungen organisieren? Das kostet eine Unmenge an Kohle und nimmt unkalkulierbar viel Zeit in Anspruch«, hakt Gilbert nach.

»Wer sagt denn, dass wir das wollen?«, erwidert Martin schmunzelnd. »Formulieren wir es mal so: Wir wollen es versuchen.«

Martin und ich tauschen einen vielsagenden Blick.

»Seid ihr von allen guten Geistern verlassen?«, wirft Silke besorgt ein. »Was ist, wenn die euch nicht einreisen lassen? Was wird dann? Habt ihr euch schon über Plan B Gedanken gemacht?«

»Sicher haben wir auch Plan B auf der Agenda, aber das ist so eine Sache mit den Gedanken über das Scheitern. Wenn wir ständig über Plan B nachdenken, tritt Plan B auch in Kraft«, versuche ich sie zu beruhigen.

»Dann müssten wir zurück nach Russland und uns nach Wladiwostok durchkämpfen. Und das so schnell wie möglich, weil uns dann der sibirische Winter im Nacken sitzt«, erklärt Martin.

»Das wird schon. Alles wird gut«, höre ich mich sagen und muss an die Sternennacht in den Karpaten denken.

Am nächsten Morgen trödeln wir bei jedem Handgriff, um den Abschied hinauszuzögern. Ständig vertiefen wir uns in Gespräche, schauen den anderen beim Packen zu und kümmern uns nur widerwillig um die eigene Ausrüstung.

»Wollen wir nicht noch einen Tag bleiben? Zum Abfahren ist es jetzt fast zu spät«, schlägt Silke vor und spricht damit aus, was alle denken. »Gegenstimmen? Nein? Hervorragend! Wer möchte noch eine Tasse Kaffee?«

Sofort lassen wir alles stehen und liegen und sitzen wieder schwatzend beisammen. Später fahren Martin und Gilbert ins nächste Dorf, um Lebensmittel zu kaufen, während ich die Gebrauchtwassertaschen repariere, Reiseberichte schreibe und mein Tagebuch vervollständige.

Abends durchdringen Stimmen, Gelächter, Gitarrenmusik, Gesang und das Prasseln des Lagerfeuers die morastige Gegend, und tags darauf spielt sich dieselbe Szene ab: Niemand möchte den Urlaub mit den neuen Freunden beenden. Der Vorschlag, noch einen weiteren Tag im Sumpf zu verweilen, wird freudig angenommen. Erst am dritten Tag schaffen wir es endlich, uns zu verabschieden. Nach herzlichen Umarmungen und Sympathiebekundungen biegen wir aus dem Feldweg auf die Trasse, Gilbert und Silke nach Westen, wir nach Osten.

Erste Wäldchen mischen sich unter die Moorlandschaft. Nadelbäume verdrängen zunehmend die weißen Birken. Am Horizont erheben sich seichte Hügel. Mit dem Ende des sibirischen Sumpfes erwacht die Umgebung aus ihrer monotonen Ohnmacht.

Da! Eine Kelle am Straßenrand! Endlich! Die erste Polizeikontrolle seit Tagen! Ich spüre Vorfreude auf ein Späßchen mit den Ordnungshütern. Leider kümmert sich keiner von ihnen um unser ausgeschaltetes Abblendlicht. Niemand bemerkt unsere bis zur Unleserlichkeit verdreckten Nummernschilder. Die Jungs fordern nur unsere Pässe und entlassen uns kurz darauf wieder in den anschwellenden Verkehrsstrom.

Novosibirsk präsentiert sich selbstbewusst. Mit zahlreichen Fahrspuren, riesigen Werbetafeln und groß angelegten Kreuzungen vermittelt die Stadt spielend leicht den Eindruck einer Millionenmetropole. Hochhäuser schießen wie Pilze aus dem Boden. Paläste, Zwiebelturmkirchen und andere Prachtbauten rauschen an uns vorbei. Der zähflüssige Verkehr drückt sich durchs Stadtzentrum. Hier begegnet uns ein alter Bekannter, der uns während der Reise durch Russland auf Schritt und Tritt verfolgt: Auf einem weiten Platz ragt er überlebensgroß in den Himmel.

Priwjet, Lenin![1] Etwas beleidigt, dass wir heute für ihn keine Zeit haben, wendet er den Blick ab und schaut heroisch über unsere Köpfe in die Ferne. Dann springt die Ampel auf Grün. Do Swidanja, Lenin! Wohlwissend, dass wir ihn nicht das letzte Mal treffen, stürzen wir uns wieder in den Häuserdschungel. Nach tagelanger einschläfernder Monotonie in den Sümpfen zwischen Omsk und Novosibirsk erschlägt uns der Trubel der drittgrößten Metropole Russlands. Froh, alle Aufgaben an einem Tag erledigt zu haben, fahren wir abends erleichtert aus der Stadt.

---

1 Hallo, Lenin!

14. Sachsentreff am Lenindenkmal

Stolz begrüßen uns erste Ausläufer der russischen Taiga. Bis zum Horizont verwandelt sich die Umgebung schnell in einen geschlossenen Nadelwald.

In einem verschlafenen Dorf lernen wir Wasja kennen. Sofort bietet er uns sein Haus als Übernachtungsmöglichkeit an, doch das Stück Wiese davor reicht uns als Zeltgrund.

»Sag mal, Wasja, was kostet hier im Magasin ein Kilo Kartoffeln?«, frage ich den Bauern vorsichtig mit dem Gedanken, ihm ein paar Kartoffeln und Eier abzukaufen.

»Warum? Ich habe Kartoffeln, viele Kartoffeln!«

»Und Eier, hast du auch Eier?«

»Ja, natürlich. Eier sind immer da!«

»Was kosten die? Wir brauchen fünf Stück und von den Kartoffeln zehn.«

»Ja, kein Problem. Ist alles da.« Mit ausladenden Armbewegungen entfernt er sich in Richtung Schuppen.

»Siehst du, das nennt man online einkaufen«, rufe ich Martin zu, während ich mein Portemonnaie hervorkrame. »Online einkaufen mit Expresslieferung zum Nulltarif. Ich geh dann mal das Plumpsklo inspizieren«, bemerke ich vergnügt und begebe mich in den hinteren Teil des Gartens.

Als ich zurückkomme, hängt ein großer, schwerer Sack am Lenker meiner Maschine. Martin steht daneben und hält mir verwirrt eine Schüssel mit zwei Dutzend Eiern entgegen.

»Ich glaub, er hat dich falsch verstanden. Das sind nicht zehn Kartoffeln, sondern zehn Kilo. Und ich schätze, in der Schüssel sind auch zwei Eier zu viel.«

»Was hast du bezahlt?«

»Durfte ich nicht. Ist ein Geschenk des Hauses.«

Die unglaubliche Gastfreundschaft der Russen beschert uns nicht zum ersten Mal Transportprobleme.

Nach Sonnenuntergang mache ich einen Spaziergang durch das sibirische Dorf am Rande der Taiga. Die Gehöfte liegen in dickem Nebel. Sie wirken dunkler und verlassener als sonst. In einigen Zimmern erkenne ich die typisch russische Beleuchtung: An einem Stromkabel, das schlicht von der Decke baumelt, hängt eine nackte Glühlampe. Lampenschirme und Gardinen sind Luxus.

In einiger Entfernung höre ich Männerstimmen, die auf Russisch Trinksprüche aufsagen oder über Witze lachen. Über mir ist nur noch ein dünner Wolkenstreifen zu erkennen, der sich im Abendrot verliert. Am Horizont ragen die Spitzen der Fichten aus dem dicht gewobenen Nebelteppich. Der Dunstschleier erinnert mich an eine Riesenportion verhexter Zuckerwatte, die unaufhaltsam größer wird und alles zudeckt, was sich ihr in den Weg stellt. Bald sind auch die Fichtenenden im Nebelbett verschwunden.

* * *

Nach Nowosibirsk wartet bereits das nächste Etappenziel. Mit Irkutsk und dem ganz in der Nähe befindlichen Baikalsee endet die seit Tausenden Kilometern nach Osten führende Reiseroute. Doch bevor wir nach Süden abknicken, zeigt sich Mütterchen Russland ein letztes Mal von seiner rauen Seite.

Statt Asphaltbänder und Schönwetterperioden zu genießen, werden wir auf den letzten dreihundert Kilometern mit Schotterpisten, Weichsandpassagen, tiefen Spurrillen, Regen und Windböen konfrontiert. Schlingernd bewegen wir uns durch Schlammparcours und werden von vorbeibrausenden Trucks nassgepeitscht. Mit dem nahen Ziel Irkutsk und der Hoffnung auf Urlaub am Baikal, ergeben wir uns stoisch unserem Schicksal.

In Irkutsk steht nach 12.000 Kilometern eine Generalüberholung der Maschinen auf der Agenda. Außerdem klafft ein fünfzehn Zentimeter großer Riss in der Außenwand meiner linken Aluminiumkiste. Die Offroadpisten, auf denen sich der lockere Sand zu einer Art Wellblechprofil formt, haben dem Material stark zugesetzt: Der Riss muss unbedingt fixiert werden, sonst reißt eines Tages das Aluminium aus den Haltepunkten. Außerdem stehen Campingstühle, neue

Zeltstangen und Stirnlampen auf unserem Wunschzettel. Grund genug, uns für einige Tage im Stadtzentrum einzuquartieren.

Auf einem Platz treffen wir unseren Freund Lenin wieder. Dösend sitze ich auf den Treppen vor seiner fünf Meter großen Statue im Schatten.

»Where are you from?«

Erschrocken fahre ich herum. Ein hochgewachsener Wuschelkopf in Globetrotterklamotten steht neben mir.

»From Germany.«

»Na, da gönn' wa uns jo of Deutsch unnohalt'n«, bekomme ich in saubersten Sächsisch zurück. »Wie lange bist du schon in Irkutsk?«

»Wir sind heute Mittag angekommen. Mein Kompagnon versucht gerade einen Traveller-Check in rollende Rubel zu verwandeln.«

»Das ist gar nicht so einfach. Es gibt nur eine Bank, die das macht«, erklärt er mir.

»Ich weiß. Wir fahren schon einige Tage durch dieses Land. Am schwierigsten war es in ...«

»Mann, war das heute wieder ein Affentanz!«, unterbricht mich Martin, der seinen Bank-Run beendet hat. »Wer weiß, ob die je die Schulbank drücken, bevor sie hinter einen Bankschalter gesetzt werden! Mit ihrem Halbwissen haben die noch nie einen Traveller-Check gesehen. Ich musste erst den ganzen Laden zusammenbrüllen, bis der Chef persönlich vor mir stand.«

»Hatte der wenigstens einen Plan?«

»Natürlich. War alles kein Problem. Aber muss man denn immer erst laut werden?«

Martins Schilderung überrascht mich keineswegs. Jedes Mal, wenn wir Traveller-Checks in Bargeld eintauschen wollen, sind Bankangestellte überfordert und verwehren uns aus Unwissenheit den Tausch. Ein Bitten und Überreden trifft auf taube Ohren. Dann wissen wir uns nicht mehr zu helfen und sehen uns gezwungen, laut zu werden. Erst in diesem Moment sind sie bereit, ihren Vorgesetzten zu kontaktieren, der besseren Wissens den Umtausch ermöglicht.

»Schau mal, wir haben Besuch aus Sachsen!« Der Wuschelkopf gibt Martin die Hand.

»Ihr seid mit euren Motorrädern unterwegs? Wo soll es denn hingehen?«

»Nach Shanghai. Und du? Bist du allein unterwegs?«

»Nein, ich bin mit meiner Freundin hier. Da hinten kommt sie gerade.« Wir schauen uns um und sehen eine zierliche Frauengestalt über den Platz flanieren.

»Wie seid ihr unterwegs?«

»Auch mit dem Motorrad. Wir haben uns in Ulan-Bator eine alte russische Ural mit Beiwagen gekauft. Kennt ihr das Fabrikat?«

Martin und mir klappen die Kinnladen herunter. Wir schauen uns überrascht an, während der Sachse unbeirrt fortfährt.

»Die werden in den Irbiter Motorradwerken im südlichen Ural produziert. Jetzt fahren wir mit dem Teil über die Mongolei und Russland nach Deutsch ...«

»Dann seid ihr Anton und Anika!«, rufen Martin und ich synchron im Chor. Der Sachse schaut uns überrascht an, als hätten wir ihn beim Bonbonklauen erwischt. Stolz erzählen wir von dem spontanen Campingwochenende mit Gilbert und Silke im sibirischen Moor. Natürlich erinnern sich die beiden, und plötzlich gibt es kein Halten mehr. Die Reiselateingeschichten überschlagen sich. Jeder möchte ein besonders erzählenswertes Erlebnis zum Besten geben. Vertieft in das Gespräch, bemerken wir gar nicht, wie auf der gegenüberliegenden Straßenseite ein in die Jahre gekommener Kleinbus hält. Fünf junge Leute steigen aus und schlendern, von unserem Gebaren angezogen, zu den Treppen vor dem Betonsockel. Wir lernen Harald, Conny, Sibylle, Torsten und Thoralf aus Meißen kennen.

Später gesellen sich sogar noch zwei Studentinnen aus Berlin zu uns, die während ihres Stadtbummels ebenfalls auf uns aufmerksam geworden sind. Die Szene entwickelt sich zu einem spontanen Ossi-Treff am Lenindenkmal. Begeistert quatschen alle durcheinander. Im Gespräch mit den beiden Uralfahrern stellen Torsten und Anika plötzlich fest, dass sie sogar gemeinsame Bekannte haben. Verrückt, die Welt ist ein Dorf! Wir verabreden uns mit unseren Landsleuten für den Abend an der Angara, einem Fluss, der mitten durch Irkutsk fließt.

Danach besorgen wir uns eine Unterkunft, Lebensmittel und finden sogar einen Aluminiumschweißer, der meine Seitenkiste in beeindruckender Qualität repariert. Immer wieder zeigen sich die Russen kompetent, wenn es um die Lösung technischer Probleme geht. Im

Vergleich zu unseren fein durchkonstruierten Maschinen wirken ihre technischen Apparaturen zwar oft wie Dinosaurier aus Blech und Stahl, haben aber durch ihre solide Bauweise stets eine unverwüstliche Robustheit. Ihre Problemlösungen wirken auf den ersten Blick oft schildbürgerhaft, lassen auf den zweiten dann aber eine pragmatische Zweckdienlichkeit erkennen.

Froh, das Aluminiumproblem zügig und souverän gelöst zu haben, fahren wir voller Vorfreude ins Zentrum. An der Promenade herrscht bereits Partystimmung: Anton gibt Passagen aus einem selbst geschriebenen Ural-Benutzerhandbuch eines Forum-Mitgliedes für Ural-Motorräder zum Besten: »Während man beim Benutzen der hinteren Trommelbremse durch sorgfältiges Einstellen derselben noch recht gute Verzögerungswerte der Fahrgeschwindigkeit erreichen kann, fällt die Vorderradbremse durch ihre miese Bremsleistung voll aus dem Rahmen.«

Immer wieder müssen wir über die witzig formulierten Beschreibungen lachen. Jeder hat etwas Interessantes zu erzählen. Wir sitzen bis tief in die Nacht an der Angara und genießen die milde Sommerluft, während das Wasser leise glucksend vorüberfließt.

15. Zugverkehr unerwünscht

Den nächsten Tag widmen wir uns der Motorraddurchsicht. Dank Martin müssen wir nicht erst in einem Forum für Yamaha-Maschinen recherchieren, um die Krads fachgerecht zu zerlegen und wieder zusammenzuschrauben. Der Junge könnte glatt als Kfz-Mechaniker Karriere machen! Wir nehmen alles auseinander, reinigen, wechseln und justieren relevante Teile, bis am Ende nur noch zwei dürre Metallgerippe vor uns stehen. Bei diesem Anblick verlässt mich der Mut.

»Wie sollen wir die vielen Einzelteile je wieder zusammenbekommen? Da bleiben bestimmt einige Schrauben übrig«, äußere ich zaghaft meine Bedenken.

»Ganz einfach: Indem wir alles in umgekehrter Reihenfolge wieder zusammenfriemeln!«, entgegnet mir ein ölverschmierter Schrauber, der gerade mit ulkigen Verrenkungen versucht, seinen Vergaser zu demontieren. Wie durch ein Wunder stehen die Maschinen nach der Montage wieder unversehrt vor uns.

»Nanu? Was liegt denn da auf dem Asphalt?«, frage ich Martin, als dieser von der Probefahrt mit seiner Maschine wiederkommt. Er tippt mit seinem Finger in die Luft.

»Das sind eins, zwei, ... drei Schrauben, würde ich sagen.«

»Die lagen aber vorher noch nicht da«, versuche ich ihm ins Gewissen zu reden.

»Ach, das muss so«, erwidert der Kfz-Meister. »Wenn alles ohne die drei da einwandfrei funktioniert, waren die ohnehin überflüssig.«

Sechzig Kilometer hinter Irkutsk stehen wir das erste Mal am Ufer des Baikal. Sofort fällt mir auf, dass man ungewöhnlich weit in den See hineinschauen kann. Obwohl der Naturschutz in Russland noch stark entwicklungsbedürftig ist und Städte wie Baikalsk am Südufer oder Swerobaikalsk am Nordufer ihre Abwässer ungeklärt in den See leiten, begeistert mich die Wasserqualität. Da das kühle Nass durch über zweihundert Flohkrebsarten permanent auf natürliche Art und Weise gefiltert wird, bleibt der Reinheitsgrad außergewöhnlich hoch. Der Baikalsee ist der tiefste und zugleich älteste Süßwassersee der Erde. Durch seine beachtliche Länge von fast siebenhundert Kilometern, eine durchschnittliche Breite von etwa fünfzig Kilometern und seine Rekordtiefe bildet er mit einem Fünftel sogar das größte Süßwasserreservoir des Planeten. Man könnte das gesamte Ostseewasser in ihn hineinkippen und der Teich wäre immer noch nicht voll. Da er nur im äußersten Nordosten von der Baikal-Amur-Magistrale und ein Stück im Südwesten von der Transsibirischen Eisenbahn tangiert wird und nur sehr wenige Straßen in Ufernähe entlangführen, konnte sich auf einer Fläche von circa 50.000 Quadratkilometern im und um den See eine einzigartige Flora und Fauna entwickeln.

Geschlossene Nadelwaldteppiche beidseits der Ufer fassen die Peripherie des Sees in einen dunkelgrünen Saum. Das kontinentale, relativ milde Nadelwaldklima sorgt für eine sommerliche Durchschnittstemperatur von gerade einmal fünfzehn Grad Celsius. Froh, im Winter nicht bei Rekordtemperaturen von um die minus 50 Grad festzufrieren, genießen wir das kühle Wetter.

Ich spüre feine Regentropfen auf dem Gesicht; fast unmerklich beginnt es zu nieseln. Dünne Nebelschwaden wabern über die Wasseroberfläche. Die herbstlich anmutende Witterung dämmt alle Geräusche. Ein paar Schritte am Ufer entlang, lassen wir die kleine Ortschaft Listwjanka hinter uns und sind im Nu von einer meditativen Stille umgeben. Die Magie des Sees zieht uns in ihren Bann. Ich fühle eine merkwürdige Mischung aus Stolz, es bis hierher geschafft zu haben, Ehrfurcht vor der Natur und Vorfreude auf die nächsten Tage.

Mittlerweile sind wir 12.000 Kilometer unterwegs. Durch das tägliche Motorradfahren empfinden wir diese Entfernung als länger, als wenn wir einfach nach Irkutsk geflogen wären. Für mich bekommt der Begriff »Weite« eine ganz neue Dimension. Ich habe den Eindruck, man könnte auf diesem Planeten unendlich lange immer geradeaus fahren.

Wir kehren zurück zum Ausgangspunkt unseres Spaziergangs, setzen mit der Fähre über die Mündung der Angara und befahren die kleine Straße durch den Ort Baikal am Westufer des einzigen Abflusses des Baikalsees. Jetzt wollen wir einem von Anton in

Irkutsk deklarierten Geheimtipp folgen: Von Baikal ausgehend haben die Russen um den südlichen Zipfel des Sees eine Eisenbahnlinie gelegt, die sich stets nur wenige Meter vom Ufer entfernt dahinschlängelt. Wir hätten den See lieber in seiner Ursprünglichkeit auf uns wirken lassen, aber da dieses Gleis nun schon einmal daliegt, wollen wir einem schmalen, unscheinbaren Pfad folgen, der den Ort Baikal immer dicht an den Schienen entlang mit den nächsten Ortschaften verbindet. Diese Strecke stellt die einzige Möglichkeit dar, sich immer am Ufer entlang in Richtung Südwesten bis Kultuk zur Südspitze des Sees zu bewegen. Anton meinte, dieser Pfad sei leider zu schmal für seine Ural mit Beiwagen, aber für unsere Enduros sei es möglich, ihn zu befahren.

In der Tat führt der Sandweg ohne Umschweife zu einem Gleis. Während sich die Schienen am Ufer dahinschlängeln, schmiegt sich der Weg an die Schienen. In Gedanken preisen wir schon unseren Propheten Anton. Wie vorhergesagt, verengt sich nach wenigen hundert Metern der Weg zu einem Pfad. Er scheint befahrbar, aber bald entwickelt sich das Fahren auf ihm mit unseren schwer bepackten Maschinen zu einem Balanceakt. Oft kommt er den Schienen bedrohlich nahe, sodass wir Mühe haben, nicht mit Sack und Pack auf die Gleise zu kippen. Später geht die Strecke über eine Brücke ohne Geländer. Für uns bedeutet das einen unangenehmen Nervenkitzel. Wir kommen uns vor wie unfreiwillige Zirkusartisten auf einem Drahtseil.

Immer wieder zwingen wir unsere fahrenden Wohnzimmer durch Nadelöhre – links die Schienen, rechts ein zu dicht ans Gleis gebauter Strommast und wir mittendurch. Langsam wird es dunkel. Wir suchen uns ein Plätzchen auf einem kleinen Plateau über dem See. Von hier hat man einen ausgezeichneten Blick auf das Wasser.

Am nächsten Morgen weckt uns ein schrilles Pfeifen. Erschrocken fahren wir aus den Schlafsäcken und hasten schlaftrunken aus dem Zelt. Wir hatten tatsächlich vergessen, wo wir uns befinden. Natürlich! Auf Schienen fahren ja bekanntlich auch Züge.

Eine gelbe Lokomotive mit gerade einmal zwei Waggons gondelt vorbei. Der Lokführer fühlte sich anscheinend animiert, uns einen akustischen Gruß ins Zelt zu schicken. Wir winken dem sich schon wieder entfernenden Stahlungetüm nach. Dann genießen wir beim Frühstück das Panorama und besprechen das weitere Vorgehen. Uns ist klar, dass wir die hundert Kilometer bis Kultuk auf keinen Fall mit der gestrigen Zirkusnummer zurücklegen können, aber für Probleme gibt es ja Lösungen.

Nach einigen Kilometern entlang der Schienenstränge finden wir in der Nähe eines Blockhauses zwei für unsere Zwecke genügend breite und dicke Holzbretter. Das eine legen wir im schrägen Winkel von außen und das andere von innen an die rechte Schiene. Auf dieser improvisierten Rampe balancieren wir beide Motorräder vorsichtig ins Gleisbett. Die Zwischenräume der Schwellen sind gut mit Schotter gefüllt, wodurch es möglich wird, den Weg ohne schweißtreibendes Balancieren fortzusetzen. Ähnlich dem Wellblechprofil der Sandpisten entstehen allerdings Vibrationen, die den Krads und insbesondere den Trägersystemen zusetzen, doch bei zwanzig bis dreißig Kilometern pro Stunde hält sich die Belastung in Grenzen.

Anfangs noch darauf konzentriert, nicht gegen die Schienen zu fahren und umzukippen, entspannt sich unsere Haltung schnell und wir genießen diese exklusive Art der Fortbewegung.

Natürlich sind wir nicht Tausende von Kilometern gefahren, um uns am Ufer des Baikals von einer russischen Lok überfahren zu lassen. Schon im letzten Ort haben wir uns daher erkundigt, wann die Züge auf dieser Strecke verkehren und erfahren, dass es hier einen recht übersichtlichen Fahrplan gibt.

Fünfzig Prozent des täglichen Verkehrsaufkommens haben wir heute schon hinter uns, denn hier pendeln am Tag nur zwei Züge – einer morgens und einer abends. Um auf Nummer Sicher zu gehen, erkundigen wir uns bei den Bewohner eines Blockhauses neben der Strecke noch einmal: »Hallo! Wann kommt hier denn der nächste Zug vorbei?«

»Um siebzehn Uhr«, ruft uns ein Russe in olivfarbener Arbeitskleidung zu, während er und sein Kompagnon uns ungläubig mustern.

»Sbassiba!«, entgegnet Martin freundlich.

Dann drehen wir wieder behutsam am Gas und setzen unseren Weg fort, während die Russen uns verwirrt hinterherschauen. Motorräder sind in Russland eine Seltenheit, aber Motorräder auf Schienen wahrscheinlich eine Jahrhundertsensation.

Unsere Kilometerzähler zeigen bereits stolze zwanzig Kilometer, als sich die komfortable Reiseart in ein unangenehmes Stuckern und Holpern verwandelt: Es fehlt Schotter zwischen den Schwellen; das Fahren im Gleisbett verwandelt sich in eine extreme Belastung für Motorradrahmen und Gepäckträgergestell. Während das Ruckeln sich noch verstärkt, sehe ich uns in Gedanken schon erneut unseren Aluminiumschweißer aufsuchen. Wir brauchen nicht viel Fantasie, um uns auszumalen, in welchem Zustand die Maschinen sich im noch achtzig Kilometer entfernten Kultuk befinden werden, wenn wir weiter an unserer Lokführerkarriere arbeiten. Wir dürfen die Zuverlässigkeit der Motorräder nicht für diese Eskapade aufs Spiel setzen!

Schweren Herzens balancieren wir die Krads wieder über einen Schienenstrang, wenden und befördern sie erneut ins Gleisbett. Pünktlich um siebzehn Uhr hören wir ein bekanntes Geräusch. Verwundert betrachtet der Lokführer die neben den Schienen parkenden Krads.

»Was meinst du, ob sich unser russischer Freund erklären kann, wie die Yamies hierhergekommen sind?«, fragt mich Martin, während sich der Zug langsam quietschend entfernt.

»Warum sollten nicht auch russische Lokführer eins und eins zusammenzählen können.«

16. Angeln auf Russisch

Nun bleibt uns nichts weiter übrig, als die Straßenverbindungen um die Südspitze des Sees zu nutzen, um uns ein gutes Stück weiter nördlich dem Seeufer zu nähern. Leise säuseln Wellen an den grausandigen Strand. Eine leichte Brise trägt die Schreie der Möwen zu uns herüber und streichelt mir die Wangen, bevor sie die Blätter im Gebüsch hinter mir zum Rascheln bringt.

Die schier undurchdringlich erscheinenden Nadelwälder, die einen satten dunkelgrünen Teppich vom See bis zum Horizont legen, vermitteln den Eindruck von Souveränität und Weite. Ich lausche dem Rauschen der Wipfel und atme tief durch. Der Eingang zum Paradies muss sich gleich hier um die Ecke befinden. Schöner kann ich mir Natur nicht vorstellen. Ihre Perfektion hat etwas außergewöhnlich Beruhigendes. Mir kommt es so vor, als hätte ich jeden Augenblick meines Lebens nach dieser Vollkommenheit gesucht. In diesem Moment gibt es keine Fragen mehr. Alles ist so, wie es ist. Ich fühle mich glücklich und begreife gleichzeitig, dass der intensive Kontakt zur Natur und die Freiheit mir dieses Glücksgefühl bescheren. Obwohl wir alle im Grunde täglich nach diesem Augenblick des Glücks suchen, bemerken wir nicht, wie die Gesellschaft unsere Flügel verklebt, uns die Hände bindet, uns mundtot macht.

Was kann ich tun, damit dieser Zustand anhält? Muss ich mit meinem Zelt hierbleiben und die Zivilisation meiden, in die Einöde ziehen und mein Leben als Einsiedler fristen? Oder gibt es eine Möglichkeit, sich den Alltag so einzurichten, dass das Glück bleibt?

Ich rieche den Duft von Moos und feuchtem Gras. Es beginnt zu tröpfeln. Ich spüre feine Regentropfen auf dem Gesicht. Die Empfindung schiebt meine Gedanken fort und holt mich sanft zurück in den Augenblick. Ich streiche über die Rinde der Fichten, fühle die Nadeln durch meine Finger gleiten. Keine Fußabdrücke im Sand, keine alten Feuerstätten auf den Wiesen zwischen Ufer und Waldrand, keine eingeritzten Schriftzeichen in der Borke, kein Müll, nichts, was ...

Moment mal! Da, was ist das? Wir nähern uns einem merkwürdig bunten Flecken am Strand. Nein, das ist nicht wahr! Ein paar Schritte am Ufer entlang entdecken wir einen verlassenen Rastplatz. Mehrere alte Feuerstellen säumen den Uferstreifen. Weggeworfene Kippen und verrostete Kronkorken liegen verstreut auf dem Sand. Der bunte Fleck entpuppt sich als ein sorgfältig quadratisch ausgehobenes Loch im Boden, in das Touristen ihren Müll hineingeschmissen und flüchtig mit drei Schippen Sand bedeckt haben. Entsetzt wandert mein Blick über den Strand. Wie geht das? Wie können die Russen ausgerechnet am Baikalsee eine solche Umweltverschmutzung anrichten? Am Ufer entlang entdecken wir noch zahlreiche weitere Müllgruben und verwüstete Rastplätze. Wir müssen einige Zeit suchen, bis wir ein etwas weniger frequentiertes Örtchen finden. Erst am abendlichen Lagerfeuer verraucht langsam meine Wut.

In der Ferne beobachten wir zwei Russen, die sich auf merkwürdige Art und Weise am Ufer zu schaffen machen. Langsam nähern sie sich unserer Lagerstatt. Einer der beiden hält eine aufgewickelte Sehne in den Händen und zieht ein einige Meter auf dem See dahingleitendes Flößchen am Ufer entlang. Der andere, bewaffnet mit einem Eimer, stakt hüfttief ins Wasser, um einen Fisch, der an einem der vielen Haken längs der Sehne hängt, zu befreien und in den Eimer zu verfrachten. Diese etwas gewöhnungsbedürftige Art, Fische zu fangen erregt mein Interesse, denn der Eimermann muss in kurzen Abständen immer wieder ins Wasser, um den schuppigen Fang zu enthaken.

»Die fischen den ganzen See leer, und unsereins ist zu blöd, mit Profiangelmontur einen Fisch aus dem Wasser zu holen. Also, das muss ich mir genauer anschauen«, verkünde ich halb zu mir, halb zu Martin gewandt und gehe zu den Anglern.

Ich lasse mir ihre Vorrichtung zeigen und erklären. Sie freuen sich über mein Interesse und beantworten alle meine Fragen. Die Konstruktion des Flößchens ist unerwartet einfach: Zwei schmale Brettchen als Kufen sind vorn und hinten ähnlich wie ein Katamaran mit je einer Querstrebe verbunden. An einer Kufe ist außen eine Schiene befestigt, an der mit Hilfe eines Schlüsselrings die Sehne entlangläuft. Von ihr gehen in regelmäßigen Abständen kleine Fortsätze mit Haken ab, an denen die Männer Fliegen befestigt haben. Durch die schräge Zugrichtung vom Ufer her wirken die Kufen im Wasser wie kleine Ruder, die gegen die Zugrichtung drücken. So bleibt der Schwimmkörper, zieht man ihn das Ufer entlang, immer parallel und hat genug Abstand zur Uferlinie. Dabei befindet sich die Hauptsehne immer eine Handbreit über dem Wasser, sodass die Köder entweder auf der Wasseroberfläche schwimmen oder unmittelbar darüber baumeln.

Ich bin von dieser Art zu fischen so begeistert, dass ich sofort beschließe, mir auch eine solche Vorrichtung zu bauen. Ich muss nicht lange suchen. In den touristischen Hinterlassenschaften finde ich ein Sperrholzbrett für die Kufen und Querstreben, und schon bin ich dabei, meinem Minikatamaran Leben einzuhauchen. Die Schiene an der Seite, auch ein touristisches Artefakt, biege ich mir, mit der Rückseite des Beils darauf hämmernd, auf einem Stein zurecht und lege die Enden ins Feuer, um sie unmittelbar darauf glühend Stück für Stück in das Sperrholz zu brennen. So bekommt die Schiene optimalen Halt, ohne verschraubt oder vernagelt werden zu müssen.

Nachdem ich mein Angelset aus einer der Seitenkisten befreit habe, knote ich die Sehnen und Haken nach der russischen Methode um und fertig ist mein Angelflößchen. Stapellauf und Jungfernfahrt verlaufen zu voller Zufriedenheit des Ingenieurs. Leider ist es bereits zu dunkel, um die Köderinsekten zu fangen. Doch morgen dürfte das Besorgen der Fischkost kein Problem darstellen.

Schon in Irkutsk haben wir beschlossen, am Baikalsee ein paar Tage Urlaub zu machen. Gutgelaunt widme ich mich am nächsten Morgen sofort meiner neuen Errungenschaft. Ich muss mich noch nicht einmal duschen, um die Plagegeister auf den Plan zu rufen. Was in Sibirien die Mücken waren, sind hier die Bremsen. Während Martin sein Tagebuch vervollständigt und im nahegelegenen Wald auf Erkundungstour geht, übe ich mich als russischer Flößchenzieher. Ich bin begeistert. Nach einigen kleinen Optimierungen am Katamaran funktioniert die Konstruktion erstaunlich gut. Man könnte meinen, ich hätte sie einem Russen abgekauft. In Gedanken höre ich schon das Plätschern der zahlreichen Schwanzflossen im Eimer. Nun gilt es nur noch, Geduld zu haben. Einmal hundert Meter nach rechts, dann Kehrtwende und die Strecke zurück, dann noch mal und noch mal. Der Schwimmkörper läuft im optimalen Abstand zum Ufer. Die Sehne hängt wie bei meinem Vorbild nur knapp über der Wasseroberfläche. Alles funktioniert bestens. Nur die blöden Fische gehen nicht an den Haken. Was mache ich falsch?

Ich tausche die Köder gegen die größten Fliegen und Bremsen, die ich fangen kann, variiere die Zuggeschwindigkeit und die Höhe der Hauptsehne, wackle an der Zugschnur und stoppe zeitweise die Flößchenfahrt. Und? – Nichts!

Ich bin bestimmt schon zehnmal meine Hundertmeterstrecke am Ufer hin- und hergelatscht, aber die Fische lassen sich heute einfach nicht bitten. Noch einmal durchdenke ich meine Konstruktion, finde aber keinen Fehler. Auch nach nochmaligem Qualitätsaudit durch den Herrn Kfz-Mechaniker wird kein noch so winziger Makel beanstandet. Erneut wate ich unzählige Male durch das kalte Nass, aber Fische sehe ich nur aus der Ferne, wenn sie wie zum höhnischen Gruß in hohem Bogen aus dem Wasser springen. Ich bin enttäuscht. Das sah doch gestern so einfach aus!

»Das nenne ich Mobbing. So begrüßt die einheimische Fauna hier freundschaftlich gesinnte Touristen!«, kommentiere ich meinen Misserfolg und lasse mich trotzig in meinen Campingstuhl fallen.

»Vielleicht merken die Fische, wenn ein Ausländer an der Sehne zieht«, gibt Martin zu bedenken.

»Klar, es fehlte eindeutig der gestrige Schamanentanz ums Lagerfeuer, um Mutter Natur um Erlaubnis zu fragen, das Schuppenviech aus dem Wasser zu holen!« Frustriert packe ich meine Angelbastelei zusammen, während ich mir einzureden versuche, dass der Grund für meinen Misserfolg ganz sicher nicht bei meiner Angelvorrichtung zu finden sei.

Mit Sonnen, Baden, Musik hören, Lesen und Feuerholz sammeln vergeht der letzte Tag am Baikal schnell. Abends nehme ich die Gitarre zur Hand, um dem See noch ein Abschiedsständchen zu bringen. Während Martin sich schon auf einer virtuellen Reise durch die Baikalwälder befindet und eine Fichte nach der anderen zersägt, versuche ich die letzten Augenblicke am Ufer des Sees zu genießen, wohlwissend, dass ich hier nicht so schnell wieder vorbeikommen werde. Ein strahlender Vollmond steht wie ein Spotlight über dem See. Die sich kräuselnden Wellen brechen sein silbernes Spiegelbild und halten Licht und Schatten in ständiger Bewegung. Der nahe, tiefschwarze Waldrand wirkt plötzlich unheimlich. Ab und an ertönt der Ruf einer Eule, dann meldet sich wieder der Waldarbeiter hinter mir.

Ich muss an zu Hause denken. Auch, wenn hier der Herbst schon seine Vorboten ins Rennen schickt, dürfte daheim noch nicht einmal der Altweibersommer eingekehrt sein. Es fällt mir schwer, mir vorzustellen, dass in Deutschland alles seinen gewohnten Gang geht, während sich auf unserer Reise alles jeden Tag verändert. Die Heimat kommt mir in diesem Augenblick unendlich weit entfernt vor. Es ist ein anderes Leben, das ich jetzt führe. Ich empfinde Sehnsucht und zugleich Bedrückung, wenn ich an mein altes Leben denke: Sehnsucht, weil ich die positiven Seiten vermisse und Bedrückung, weil ich die Pflichten und Reglementierungen, die das passgerechte Leben in der Gesellschaft mit sich bringt, nicht zu akzeptieren bereit bin. Das seltsame Gut Freiheit wirkt wie Rauschgift. Seit ich es spüre und begreife, habe ich mich verändert. Ich besitze momentan so wenig wie noch nie in meinem Leben und fühle mich dennoch ausgesprochen gut dabei. Unwillkürlich muss ich an die Geschichte von Sidharta Gautama denken, der bereits vor Jahrhunderten das Paradoxon zwischen Mittellosigkeit und Glück als möglichen Weg zur Erleuchtung fand. Das kleine Buch über die historische Figur von Hermann Hesse hat mir vor einiger Zeit Gianna geschenkt. Manchmal lastet die Sehnsucht nach ihr wie eine Eisenplatte auf meinem Gemüt. Wie eine Pflanze ohne Licht und Wasser vegetiert unsere Beziehung ohne Kommunikation und Berührung vor sich hin. Vor allem die Kommunikation wirkt wie ein Schmiermittel: Je länger ich mit ihr telefoniere, desto näher rücken wir wieder zusammen. Doch meist reicht die Gesprächszeit nicht aus und wir streiten am Telefon. Häufig lese ich Verbitterung, Sehnsucht und Enttäuschung in den Zeilen ihrer Mails. Dann fühle ich mich elendig und wünschte, nie abgefahren zu sein. An anderen Tagen steckt ungeahnte Euphorie in ihren Briefen. Dann spüre ich, wie mich ihre Zuversicht beflügelt und weiß ganz sicher, dass wir es schaffen werden. Diese ständige Ungewissheit, dieses permanente Empfinden, zwischen Baum und Borke zu stecken, gibt dem erhabenen Gefühl der Freiheit einen erheblichen Dämpfer. Wie geht man mit so einer Situation um? Hätte ich vor der Reise Schluss machen sollen, um beide Seelen frei zu lassen? Dann hätte ich das kostbare Etwas zwischen uns einfach weggeworfen. Das hätte keiner von uns gewollt. Vielleicht mache ich mir aber auch nur zu viele Gedanken um uns und am Ende bleibt nur eine verschwommene Erinnerung an ein ungutes Gefühl, damals, in einer Nacht am Ufer des Baikals?

Ein kurzes Plätschern im Wasser erinnert mich wieder an meine gescheiterte Karriere als Baikalfischer. Der böige Wind biegt die schmächtigen Kiefern, bis sie knarren und quietschen. Dann herrscht wieder Stille. Noch lange bewegen sich meine Gedanken durch Vergangenheit, Gegenwart und Zukunft, bevor ich die Stühle verstaue, ins Zelt krieche und versuche, dem Waldarbeiter seine Kettensäge wegzunehmen.

17. Zäher Abschied

Es geht nach Süden. Boden mit Wellblechprofil schüttelt uns durch. Glücklicherweise regnet es nicht, doch dafür dringt der Staub der sandigen Piste in alle Ritzen. Fichten stehen dicht an dicht. Ihre ausladenden Äste verdunkeln streckenweise den Himmel. Lichtungen gibt es nicht. Der mächtige Wald erschwert mir die Vorstellung, wie die Russen es geschafft haben, durch diesen Taigadschungel eine Straße zu bauen. Wir kämpfen uns Kilometer um Kilometer durch einen Teppich aus Stämmen und Fichtennadeln. Abends fühle ich die Erschöpfung in allen Gliedern. Ein Job auf dem Bau könnte nicht anstrengender sein.

Oft besuchen uns Waldarbeiter, Holzfäller oder Jäger, wenn wir abends mit Gitarre am Lagerfeuer sitzen. Ihre Geschichten handeln von Bären und Wölfen, und manchmal ist gar vom sagenumwobenen Yeti die Rede. Doch die Population dieser legendären Waldbewohner scheint derart gering, dass wir keine der Fellnasen je zu Gesicht bekommen.

Über Ulan Ude führt der Weg nun in Richtung Grenze. Mit dem Erreichen des Grenzortes Kjachta müssen wir uns von diesem großartigen, außergewöhnlichen Land verabschieden. Doch wie Big Mamas so sind – auch Mütterchen Russland hält noch ein Abschiedsgeschenk für uns bereit.

Da wir zu spät am Grenzübergang ankommen, stehen wir vor bereits verschlossenen Toren und müssen unverrichteter Dinge ein letztes Mal in Russland übernachten. Zu faul, noch einmal nach Kjachta zurückzufahren, biegen wir nach einigen hundert Metern Grenzstraße in einen Sandweg ab und suchen uns an einem Waldrand eine Lagerstatt. Auf dem außergewöhnlich breit ausgefahrenen Weg entlang des Waldrandes entdecken wir frische Fahrzeugspuren, doch irgendwie vermissen wir das allseits gewohnte Reifenprofil. So eine Spur haben wir noch nicht gesehen. Es macht den Eindruck, als wäre hier vor kurzem eine Planierraupe entlanggefahren. Da Planierraupen in Wald und Flur aber für gewöhnlich nicht so zahlreich in

Erscheinung treten, überkommt uns ein ungutes Gefühl. Es gibt ja noch mehr Fahrzeuge, die sich auf Ketten fortbewegen … So halten wir es für besser, unser Zelt einige Meter versteckt im Wald aufzuschlagen. Auch die Krads parken wir sichtgeschützt hinter einem kleinen Hügel – Vorsicht ist bekanntlich die Mutter der Porzellankiste, aber auch jeglicher Campingaktivitäten Langzeitreisender in russischen Grenzgebieten.

Am Morgen werden wir durch ein leises, merkwürdiges Brummen geweckt, das schnell lauter wird. Sofort erinnere ich mich an die Spuren im Sand und an die Tatsache, dass ich das eigenartige Geräusch irgendwo in tiefer Vergangenheit schon einmal gehört habe.

Wir hasten aus den Schlafsäcken und linsen gespannt durch unser Zeltfensterchen. Wir müssen nicht lange warten: Wie in einem Kriegsfilm schiebt sich gerade einmal zwanzig Meter vor unserem Blick zuerst ein Kanonenrohr ins Bild, dicht gefolgt von einem mächtigen Stahlkoloss. Irgendwie hatten wir es ja schon geahnt, mit welch merkwürdigen Waldbewohnern wir es hier zu tun haben, konnten es aber nicht so richtig glauben. So schnell, wie der russische Panzer gekommen ist, ist er auch gleich wieder verschwunden. Wir starren noch immer wie gelähmt aus dem Sichtschlitz. Das gibt's doch gar nicht: Die kontrollieren ihre Grenzen mit so schwerem Geschütz? Vor wem haben die Russen denn Angst, vor Dschingis Khan oder vor den Chinesen?

Heute Morgen packen wir mit beschwingter Leichtigkeit unsere sieben Sachen. Froh, in den letzten zehn Stunden nicht von einem russischen Panzer überfahren worden zu sein, begeben wir uns nun ohne Umschweife zum nun weit offenstehenden Grenztor.

Der erste Grenzposten fordert mürrisch unsere Papiere und lässt uns nach prüfendem Blick ohne Beanstandungen weiterfahren, doch der zweite hält sich eher an den Grundsatz: Warum einfach, wenn es auch kompliziert geht. Ihm gefällt unsere Kraftfahrzeugregistrierung nicht. Diktatorisch hält er uns das Formular entgegen. Wir stellen uns dumm und mit einem »Ja nje ponjal!«[1] landen wir sofort im Chefbüro.

Dort demonstriert uns ein Mr. Ich-hab-hier-alles-im-Griff, dass

1 Ich verstehe nicht!

er hier alles im Griff hat. Seine demonstrativ vorgeführte Ruhe und Gelassenheit sollen uns vermutlich seine souveräne Überlegenheit signalisieren. Bloß nicht aufregen und jetzt keine anstrengenden Touristen, steht in seinem Gesicht geschrieben.

»Fünfhundert Rubel«, schallt es wie ein Schlachtruf durch den Raum. Dann können wir in die Mongolei.

Nein, das wäre zu einfach. Wir sind doch nicht von so weit her gekommen, um jetzt gleich klein beizugeben. Nein, wir wollen noch ein wenig spielen.

Martin erklärt unserem Widersacher, dass die Datumsangaben wohl irrtümlich falsch in unser Dokument eingetragen worden seien, weil wir den Kollegen auf der anderen Seite des Landes ja unmissverständlich diktiert hätten, wie lange wir beabsichtigen in Russland zu bleiben. Da das Dokument aber in Russisch verfasst ist und wir ja russische Analphabeten seien, hätten wir keine Ahnung gehabt, wie wichtig das Blatt für manch Erdenbewohner sei. Auch unser Argument, gar nicht gewusst zu haben, was wir da unterschreiben, lässt unseren Gegenspieler kalt. Seine erneute Forderung nach zweimal fünfhundert Rubel uns ebenfalls.

Er lässt uns unsere Motorräder an die Seite bugsieren und konfrontiert uns abermals mit seiner Taschengeldbitte. Keine Seite weicht von ihrer Position ab. Dann spielt er seinen Trumpf aus, indem er uns unverrichteter Dinge draußen bei den Krads warten lässt in der Hoffnung uns damit weich zu kochen. So ein Spielverderber, jetzt können wir ihm gar nicht mehr in seinem Büro auf die Nerven gehen!

Nach fünf Anstandsminuten entschließen wir uns, wieder in das Abfertigungsgebäude zu gehen. Dort geleiten uns die Mitarbeiter in einen anderen Raum, wo der Übereifrige sich gerade anschickt, die Suppe auszulöffeln, die er sich eingebrockt hat, indem er anfängt, ein Protokoll aufzusetzen. So langsam finden auch wir Gefallen an dem Spielchen, denn jetzt erscheint die Vorgesetzte unseres neu gewonnenen Freundes. Mrs. So-ihr-müsst-jetzt-aber-auf-mich-hören erklärt uns noch einmal den russischen Standpunkt und wir ihr den deutschen. Die Stimmen schwellen an, Röte schießt in die Gesichter, die Situation heizt sich auf. Nachdem wir unsere erregten Gemüter wieder etwas unter Kontrolle gebracht haben, fahren wir unser altbewährtes Prinzip: Wir haben Zeit.

Die Stunden vergehen. Mal versucht man uns in mütterlich sanfter, mal in väterlich autoritärer Art zu überreden, das Taschengeld locker zu machen. Dann zeigen sich endlich Anzeichen des von uns die ganze Zeit provozierten Phänomens So-langsam-haben-wir-die-Schnauze-voll: Ein weiterer Kandidat aus der Chefetage eröffnet uns ein Angebot über zweimal dreihundert Rubel mit der damit einhergehenden Erklärung, dies sei die Mindeststrafe und man könne uns leider nicht weiter entgegenkommen.

Wir müssen ein Lächeln unterdrücken, denn wenn es um Geld geht, sind die Russen erfinderisch. Wieder wird die Diskussion entfacht. Wir erfinden Argumente, die Beamten finden Gegenargumente, aber noch immer verändert sich nichts, außer der Höhe des Streitbetrages. Mit der Androhung, unsere Maschinen zu konfiszieren und uns in das Hotel nach Kjachta zurückzuschicken, scheitert der letzte Versuch, uns zur Kasse zu bitten.

Mittlerweile ist es Abend geworden, und wir haben bereits mehr als acht Stunden auf dem russischen Grenzhof verbracht. Auf einmal kommt Bewegung in die vor sich hindösenden Bediensteten. Gleich ist Feierabend. Sie bitten uns eilig, ihr frisch verfasstes Protokoll zu unterschreiben, während sich schon einige Beamte an ihrem Spind zu schaffen machen. Von Strafe ist nun keine Rede mehr; alle Beteiligten wünschen uns noch viel Glück für die weitere Reise. Mrs. Ihr-müsst-jetzt-aber-auf-mich-hören gibt noch spontan eine Buchbestellung bei mir auf, falls meine Tagebuchaufzeichnungen, die ich in den letzten Stunden vervollständigen konnte, tatsächlich einmal in ein solches münden sollten. Dann schieben sie uns ab zu den Mongolen.

18. Eine schrecklich nette Familie

»Wo kommt ihr denn jetzt noch her?«, empfängt uns ein leicht untersetzter Grenzer mit eindeutig mongolischen Gesichtszügen vor dem bereits verschlossenen Grenztor.

Wir bitten um Einlass und Abstemplung unserer Pässe, aber der mongolische Grenzhof wirkt wie ausgestorben. Nur in einem einsam umherstehenden Pförtnerhäuschen brennt noch Licht. Um eine identische Datumsangabe im mongolischen Einreise- und russischen Ausreisestempel zu gewährleisten, werden unsere Pässe noch pflichtbewusst abgefertigt. Die restlichen Grenzformalitäten seien leider nicht mehr möglich, da alle Grenzer schon Dienstschluss hätten, erklärt uns der Beamte freundlich. Anschließend umschreibt er mit ausladender Geste das Hofareal und erlaubt uns unbürokratisch, auf dem mongolischen Grenzhof unser Zelt aufzuschlagen.

Freudig nehmen wir das Angebot an, denn wir hatten noch nie die Gelegenheit, einen Grenzhof zu einem Campingplatz umzufunktionieren. Motten tanzen um die großen Scheinwerfer, die jeden Winkel des Platzes ausleuchten. In einiger Entfernung hören wir dumpf im Gleichschritt marschierende Stiefel und ein eigenartiges Pfeifen. Obwohl die Dämmerung den wolkenlosen Horizont bereits in Gelb- und Orangetöne färbt, ist die trockene Abendluft noch warm. Hier erinnert nichts mehr an die Auseinandersetzung mit den russischen Grenzern. Die Umgebung wirkt so friedlich, als hätte es die letzten acht Stunden ein paar Meter vor der mongolischen Grenze nie gegeben.

Das Stapfen der Stiefel wird lauter. Dann entdecken wir eine Zehnerschaft Soldaten, die im Gleichschritt die Peripherie des Hofes abschreitet und eine beschwingte Melodie dazu pfeift. Die ulkige Truppe kommt mir vor wie eine Schar Bauern, die heute Vormittag noch zwitschernd auf den Feldern die Ernte eingefahren hat und am Abend als Nebenjob mal kurz über das militärische Areal patrouilliert.

Am darauffolgenden Morgen verlassen wir den mongolischen

Grenzhof mit besten Glückwünschen für die Reise. Mein Blick wandert über die bis zum Horizont reichenden Hügelketten. Keine der sanft geschwungenen Rundungen tanzt in Höhe, Form oder Farbe aus der Reihe. Pastellgrün, seichtes Beige und helle Ockertöne malen ein kontemplatives Panorama. Ich spüre eine leichte Brise im Gesicht, und Sonnenstrahlen kitzeln auf der Haut. Die letzten Atemzüge des Sommers stimmen mich versöhnlich.

Wir fahren die einzige Asphaltstraße, die vom Grenzhof wegführt, in Richtung Süden. Noch einmal geht mein Blick zurück und mustert den wie von der Hand eines Riesens abgerissenen, dunkelgrünen Vorhang der russischen Taiga, der sich viele Tage, ja Wochen schützend um uns gelegt hatte. Dann verschwinden zwei hochschwangere Motorradsilhouetten hinter der nächsten Erhebung und tauchen in die Hügel der mongolischen Steppe.

Ulan-Bator, die Hauptstadt der Mongolei, liegt einige hundert Kilometer im Landesinneren. Bis dahin nutzen wir die Strecke, um uns an das karge Ambiente zu gewöhnen. Mir kommt es so vor, als habe ein überdimensionaler Mähdrescher den Planeten hier kahlgeschoren. Nirgendwo weit und breit ein Baum oder Strauch, nicht einmal ein Ansatz von Gestrüpp oder Unterholz. Durch die massive Abholzung der Wälder im 20. Jahrhundert, unzählige Waldbrände und ein fehlendes staatliches Aufforstungsprogramm hat sich diese die Mongolei prägende Landschaft entwickelt. Die Farbkomposition aus azurfarbenem Himmel und leichtem Grasgrün mit ihren dezenten weißen Tupfern dazwischen wirkt wie ein Gemälde aus der Romantik. Als wir näherkommen, verwandeln sich die kleinen weißen Punkte in den Tälern in Rundzelte mit weißer Ummantelung: Jurten, die typischen traditionellen Behausungen der Mongolen

Den Rest des Tages folgen wir dem Asphaltband, das sich wie zufällig um die nicht enden wollenden Hügel schlängelt. Da der Untergrund neben der Straße ebenso gut befahrbar ist, tuckern wir abends querfeldein über kleine Erhebungen bis zu einem Flüsschen, das friedlich durch die Wiesen mäandert. Grashüpfer flüchten mit weiten Sprüngen vor unseren Stiefeln. Wir müssen nicht lange nach einer ebenen Stelle für das Zelt suchen; der Boden eignet sich überall gut als Untergrund. Nach einer warmen Mahlzeit vermissen wir allerdings das abendliche Lagerfeuer, das während der Reise durch Russland zu unserem täglichen Ritual gehörte.

Triste Plattenbauten, grau in grau, eine verstopfte Hauptstraße ohne Fahrbahnmarkierung und notdürftig zusammengenagelte Lattenzäune hier und da am Straßenrand prägen das Bild Ulan-Bators. Heerscharen von Strommasten und Laternenpfählen stehen beidseits der Straße Spalier. Eine staubige Blechlawine drückt sich durch das Nadelöhr des Zentrums. Versandete Bürgersteige enden plötzlich und fangen an anderer Stelle zufällig wieder an. Die Häuserzeilen am Straßenrand lassen jede Regelmäßigkeit in Anordnung, Größe oder Bauweise vermissen: Häuser aus Stein stehen neben Bretterbuden. Dazwischen entdecken wir scheinbar leerstehende Grundstücke, umgeben von blickdichten Lattenzäunen. Erst, wenn wir durch einen Spalt zwischen den grob zusammengezimmerten Brettern blinzeln, offenbart sich das Geheimnis: Auf diesen Grundstücken haben die Bewohner ihre Jurte errichtet.

Die Mongolen sind und bleiben nun einmal ein Volk von Nomaden, und so verwundert es kaum, dass sie ihre Lebensweise auch in der Hauptstadt nicht ändern. Auf den Hügeln jenseits des Tales sehen wir, wie sich Wohnsiedlungen die Hänge hinaufziehen. Überall verraten weiße Tupfer zwischen den Bretterkarrees die Rundzelte der sesshaft gewordenen Nomaden. Eigentlich ziehen die Mongolen zweimal im Jahr mit ihren Viehherden zu neuen Weideplätzen. Dabei bauen sie jedes Mal ihre Jurte ab und wieder auf. Aber auch eine Stadt wie Ulan-Bator lockt mit ihren urbanen Vorteilen, sodass sich hier eine seltsame Mischsiedlungsweise etabliert hat. Der Baustoff Holz ist in der Mongolei ohnehin Mangelware. So ist es nicht verwunderlich, wenn sich Zelte mit Bretterverschlägen und massiv gebaute Gebäude den Platz teilen.

Auf einer Kreuzung sehen wir einen Polizisten, der mit einem Leuchtstab bewaffnet versucht, den Verkehr aus dem Chaos in die Ordnung zu zwingen. Da seine Autorität zu wünschen übrig lässt, wirkt er etwas verloren. Wild fuchtelnd erregt er eher Mitleid als Respekt bei den Verkehrsteilnehmern. Halb auseinanderfallende Jeeps, japanische und russische Kleinwagen, quietschende Busse chinesischer und koreanischer Marken, aber auch luxuriöse Karossen und protzige, blank polierte Geländewagen wollen alle auf einmal über die Kreuzung. Es wird eng. In Millimeterarbeit schieben wir uns an der uniformierten Galionsfigur vorbei über die Kreuzung.

Puh! Geschafft! Froh, nicht von drängelnden Autofahrern eingequetscht worden zu sein, passieren wir ein großes Einkaufszentrum. Die Frage, wie wir mit den Krads ohne Probleme und Aufwendungen nach China einreisen können, schwebt immer noch wie ein Damoklesschwert über unseren Köpfen. Hier haben wir nun die Hoffnung, ein Reisebüro zu finden, das uns die Grenze zu China auf legalem Weg öffnet. Während ich bei den Maschinen warte, fragt Martin sich zu einem im Konsumbunker befindlichen Reisebüro durch.

Mit einem langgezogenen »Mh« reagiert der mongolische Agent auf die Schilderung der Problematik.

»Wissen Sie, wann die Chinesische Mauer gebaut wurde?«, will er von Martin wissen.

»Vor langer Zeit.«

»Sehen Sie! Und seitdem reden wir nicht mehr miteinander.«

Mit dieser Kampfansage lässt der Mitarbeiter ihn unfreundlich in der Tür stehen. Die mongolische Einstellung ist durchaus nachvollziehbar: Waren es doch die Chinesen, die sich 1915 die Innere Mongolei einverleibten und die daraus resultierende Unabhängigkeit der Äußeren (heutigen) Mongolei bereits vier Jahre später wieder zunichtemachten, indem sie sie kurzerhand besetzten. Darüber hinaus wurde durch die politische Nähe zur damaligen Sowjetunion jahrzehntelang ein chinesisches Feindbild in die Köpfe injiziert. Sachliche Argumente wie etwa, dass siebzig Prozent der mongolischen Exporte nach China gehen, werden dabei gern unter den Teppich gekehrt.

Unverrichteter Dinge kehrt Martin zurück auf den Parkplatz. Wir wollen gerade auf die Krads steigen, um uns das nächste Reisebüro vorzuknöpfen, da spricht uns ein kleinwüchsiger, hagerer Mann mit ausgewaschenen blauen Jeans und Jeanshemd an.

»Wo kommt ihr her?«

»Aus Deutschland«, antworte ich, während ich an meinem Gepäck herumfummele.

»Das ist ein ziemlich langer Weg! Und wo wollt ihr hin?«

»Nach Shanghai«, beantworte ich die zweite Standardfrage der Einheimischen. Während heutzutage in den Schulen Englisch als Fremdsprache gelehrt wird, unterrichtete man früher Russisch. Deshalb ist besonders die ältere Generation der Mongolen auch heute noch des Russischen mächtig. Ungewöhnlicherweise unterhält sich der smarte Mongole auf Englisch mit uns und demonstriert, dass sein Wortschatz mit den beiden Fragen noch lange nicht erschöpft ist.

»Wir suchen ein Reisebüro, um uns die nötigen Dokumente für die Einreise nach China zu besorgen. Kennst du vielleicht eins in der Nähe?«, fragt Martin ihn ohne Umschweife.

»Versucht es am besten im Einkaufszentrum.« Er deutet mit dem Finger auf die obere Fensterreihe der verglasten Gebäudefront.

»Das haben wir schon getestet, ist aber leider durchgefallen.«

»Dann fahrt zwei Kilometer die Hauptstraße weiter. Auf der linken Seite seht ihr dann ein großes, weißes Gebäude. Die können euch bestimmt weiterhelfen. Wisst ihr schon, wo ihr übernachtet?«

Martin und ich wechseln einen Blick. Die Frage nach dem Aufenthaltsort erscheint uns etwas ungewöhnlich, doch der Mongole zeigt eine unverfängliche, unbekümmerte Körpersprache.

»Nein, wir fahren heute Abend wieder aus der Stadt und zelten dann in den Hügeln«, befriedige ich vorsichtig seine Neugier.

»Ich wohne mit meiner Familie nicht weit vom Stadtzentrum in einer Jurte. Daneben steht ein Schuppen, der zurzeit nicht bewohnt ist. Ihr könntet dort übernachten.«

Verblüfft schauen wir uns wieder an. Da wir einige Dinge zu erledigen haben und wir mehrere Tage benötigen, wäre eine Übernachtungsmöglichkeit in der Nähe des Stadtzentrums genau das Richtige. Seit wir in der Mongolei die Jurten stets nur als weiße Punkte aus der Ferne betrachten konnten, wollen wir zu gern wissen, wie es im Inneren eines solchen Rundzeltes aussieht. Sein fließendes Englisch, die Freundlichkeit und Wissbegierde schalten unser Bauchgefühl auf Grün.

Nachdem wir unbeholfen durch die niedrige Eingangstür der Jurte gestolpert sind, empfängt uns Tsens Frau Mart mit einem freundlichen Lächeln, heißer Milch und heißem Tee. Im Inneren umgibt uns wohlige, gemütliche Wohnzimmeratmosphäre. Die Kinder, ein sechsjähriger Junge und eine vierzehnjährige Teenagerin, sitzen schüchtern auf einem Bett an der Zeltwand und beobachten uns neugierig. Auf einem kniehohen Regal, vollgestopft mit Zeitungen und Zeitschriften, läuft ein etwas in die Jahre gekommener Fernseher. Kurz beobachte ich die tonlosen Bilder eines Krimis. Dann konzentriert sich mein Interesse wieder auf die Inneneinrichtung. Das Innenzelt ist ringsherum mit einem reich dekorierten Tuch abgehangen, auf dem verschiedene Tiermotive abgebildet sind. Die dunkelblaue Grundfarbe des Stoffes schluckt das spärliche Tageslicht, das oben durch einen Spalt in der Zeltmitte auf den darunter befindlichen Ofen fällt. Die wichtigsten Utensilien eines Durchschnittshaushaltes dürfen auch in einer mongolischen Jurte nicht fehlen: Zwei Betten neben dem Fernseher, zwei Sessel, mitten im Raum stehend, drei kleine Stühle um ein kleines Tischchen, eine Spüle und sogar ein Kühlschrank runden das Inventar der Familie ab. Zwei Bücherregale an der Zeltwand voll mit Büchern jeglicher Größe geben dem Ganzen sogar eine intellektuelle Note. Trotz der Fülle des Mobiliars wirkt der Wohnraum der Jurte nicht überladen.

Nun haben wir eine gute Gelegenheit, unsere Gastgeber mit Fragen zu löchern. Tsen erklärt uns den prinzipiellen Aufbau einer Jurte: Ein senkrecht ringförmig aufgestelltes Rundgitter aus Weidenholz bildet den Kern der Außenwand. Darüber werden achtundachtzig Holzlatten in regelmäßigen Abständen mit einem Ende auf die obere Gitterkante gelegt, die allesamt schräg hoch zum Mittelpunkt des Kreises führen. Ein auf zwei stabile Bohlen gestützter Holzring fixiert die anderen Lattenenden mit extra ausgesparten Vertiefungen. Dadurch erhält die gesamte Konstruktion einen zuverlässigen Halt. Der Fußboden besteht aus einer kreisförmigen Parkettplatte, unter die man gegen Feuchtigkeit noch eine Schicht Schilf packt. Um die Außenwand und auf die Dachlatten werden dann mehrere Schichten Filzmatten gelegt. Sie dienen nicht nur zur Wärme-, sondern auch zur Geräuschdämmung. Tatsächlich ist es erstaunlich still in der Jurte. Die Umgebungsgeräusche kann man nach Schließen des kleinen Türchens nur noch erahnen. Eine Plastikhaut auf der Filzschicht schützt das Zeltinnere vor Feuchtigkeit. Um dem Ganzen ein ästhetisches Aussehen zu geben, wird über die gesamte Konstruktion der typische weiße Jurtenmantel gestülpt, der, ähnlich einem Gürtel, von drei kräftigen schwarzen Spannriemen rings um das Rund gehalten wird.

Nach dieser wissenschaftlich fundierten Erklärung würden wir die Jurte am liebsten zerlegen, um sie unmittelbar darauf wieder zusammenzusetzen, frei nach dem Motto ‚Learning by doing'. Doch so weit geht die Gastfreundschaft dann wohl doch nicht.

In den nächsten Tagen besuchen wir Buddhastatuen, Marktplätze, Gebetshügel und Internetcafes. Es gibt viel zu sehen und zu erledigen. Auf dem großen Marktplatz der Stadt suchen wir einige Utensilien, die unsere Ausrüstung bereichern könnten. In den langen engen Gängen herrscht reges Treiben. Wir tauchen in ein dichtes Gedränge und schieben uns von Stand zu Stand. An einigen Tischen müssen wir uns durch Drücken und Schubsen fortbewegen. Am Ende der Standreihe dann werden wir aus der Menschenmasse ausgespuckt und atmen erleichtert durch.

»Puh, ich fühl mich platt wie eine Flunder«, kommentiere ich das Gewimmel. Doch Martin tastet scheinbar abwesend an seinem rechten Hosenbein herum.

»Stimmt was nicht? Stockt die Durchblutung? Kein Wunder bei dem Gedränge!«

»Verdammter Mist! Mein Portemonnaie!« Er zeigt mir seine von oben bis unten aufgeschlitzte Hosenbeintasche. Erst jetzt begreife ich, dass jemand sich mit einem Messer an seiner Hose zu schaffen gemacht hat.

»Mein Gott, bist du verletzt?«, rufe ich entsetzt, aber seine Mimik verrät schon die Antwort: Der Junge hat nur Augen für das Finanzielle. Glücklicherweise hält er kurz darauf sichtlich erleichtert seine Geldbörse in der Hand: Der Langfinger hatte »nur« sein Taschenmesser erwischt, obwohl das Portemonnaie in derselben Tasche steckte.

Der Schreck sitzt uns beiden in den Gliedern. In einer Stadt wie Ulan-Bator gehört Diebstahl zur Tagesordnung. Einerseits wohnt etwa die Hälfte der Gesamtbevölkerung des Landes in der Hauptstadt, andererseits leben vierzig Prozent der Mongolen in bitterster Armut. Der immense Unterschied zwischen Arm und Reich und das nur ungenügend geregelte Zusammenleben einer knappen Million Einwohner führt zwangsläufig zu kriminellen Handlungen.

Der dritte Versuch, ein Reisebüro zu finden, das die benötigten Dokumente für die Einreise nach China besorgen kann, bringt uns an den Rand der Verzweiflung.

»Wir sind für solche Belange nicht zuständig, wir konzentrieren uns auf touristische Ziele im Inland«, erklärt uns ein Mitarbeiter. Wir streichen die vorletzte Telefonnummer von der Liste und suchen auf der Straße nach der nächsten Möglichkeit zu telefonieren. Personen, schon von Weitem erkennbar durch ihren weißen Mundschutz und ihr viel zu großes Funktelefon unter dem Arm, übernehmen in Ulan-Bator die Funktion herkömmlicher Telefonzellen. Sie bieten äußerst preiswert nationale und internationale Telefongespräche an.

Im nächsten Reisebüro treffen wir endlich auf offene Ohren.

»Wenn ihr es geschafft habt, von Russland in die Mongolei zu kommen, dann schafft ihr es auch über die Grenze nach China«, erklärt uns ein leicht untersetzter, braungebrannter Mongole, selbstzufrieden hinter seinem Schreibtisch lümmelnd.

Na, das hört sich doch schon ganz anders an! Sofort spüre ich wieder die in den letzten Tagen vermisste Zuversicht. Wir beauftragen den kühnen Propheten mit der Beschaffung diverser Dokumente, insbesondere der Genehmigung, mit unseren eigenen Maschinen ins Reich der Mitte einreisen zu dürfen. Trotz der positiven Einstellung des Reisebüroangestellten haben wir allerdings nur noch wenig Hoffnung, dass der Mongole allein unser Chinaproblem lösen kann. Doch momentan können wir nicht mehr tun.

19. Der Mongolenjunge

Nachdem wir uns in einem nahen Supermarkt reichlich mit Lebensmitteln eingedeckt haben, packen wir die Sachen, verabschieden uns dankend von Tsen und seiner Familie und brechen zu einer vierzehntägigen Safari durch die Wüste Gobi auf.

Geschwind verlieren sich die letzten Ausläufer der Hauptstadt in der Ferne. Wir kurven um einen breiten Hügelkomplex und tauchen abermals ein in das Hügelpanorama der Mongolei. Einzig und allein der anthrazitfarbene Straßenbelag kontrastiert sanft zum Olivgrün der Umgebung. Von den insgesamt fünftausend Kilometern befestigter Straßen im Land sind nur tausendfünfhundert Kilometer asphaltiert, daher wundert es uns keineswegs, dass das Teerband beizeiten abreißt und wir mit einer Schotterpiste vorlieb nehmen müssen.

Die Maschinen ächzen und keuchen unter der Last des Proviants. Vorsichtig holpern wir über den unebenen Grund. Das Fahrgefühl erinnert mich an die ersten Kilometer der Reise. Damals bullerten wir wie auf Traktoren in Richtung Osten. Dabei wird mir bewusst, wie weit es die Motorräder trotz temporärer Überbelastung bereits geschafft haben.

Auch am darauffolgenden Tag behindert uns die schlechte Qualität der Piste derart, dass wir neben dem Weg auf der dünnen Grasnarbe oft besser vorankommen. Der spärlich bewachsene Boden beiderseits der Bahn wird so lange befahren, bis sich eine Fahrspur und letztendlich das nervige Wellenprofil bildet. Dann beginnt der Prozess erneut. Dadurch klont sich der Weg mehrmals. Nicht selten besteht die Hauptroute streckenweise aus bis zu zehn Fahrspuren nebeneinander. Meist fahren wir bis zu hundert Meter voneinander entfernt in verschiedenen Spuren parallel in Richtung Horizont.

Es beginnt zu regnen. Das anfangs leichte Nieseln verwandelt sich schnell in ein Pladdern und zwingt uns, das Abendbrot im Vorzelt einzunehmen. Auch am nächsten Morgen sorgt monotoner Trommelwirbel auf Zeltdach und Maschinen für Melancholie in den Gemütern. Der Tag vergeht ohne Wetterbesserung.

Am darauffolgenden Tag haben wir es satt mit Warten und Nichtstun. Wir beeilen uns mit dem Zusammenpacken, um nicht unnötig Feuchtigkeit und Dreck an Ausrüstung und Kleidung gelangen zu lassen. Bald sitzen wir abfahrbereit auf den Maschinen. Wie immer halte ich meinen überdimensionierten ukrainischen Kabelschuh an die überbrückte Relaisschraube und – nichts! Auch ein zweiter Startversuch entlockt dem Antrieb nur ein heiseres Stöhnen.

»Na los! Komm schon!«

Immer langsamer dreht sich der Starter. Es nützt nichts: Wir müssen das Notoperationsbesteck auspacken und meine Yamie mit Hilfe der zweiten Batterie fremdstarten. Der nächste Versuch entlockt dem widerspenstigen Ungetüm noch nicht einmal ein Husten oder Räuspern. Irgendwie muss Feuchtigkeit an Stellen gelangt sein, wo sie nicht hingehört. Kein Funken, kein Klicken oder Rucken verrät den Ansatz eines Stromflusses.

»Da wird doch der Hund in der Pfanne verrückt! Verdammter Mist, diese verfluchte Batterie!«, schimpfe ich in den Regenhimmel.

»Klingt nach Lungenentzündung im fortgeschrittenen Stadium«, witzelt Martin. »Der Patient muss auf die Intensivstation.«

»Ha, ha! Arbeitest du mal wieder an deiner Comedykarriere? Da liegt aber noch viel Weg vor dir! Mir ist nicht nach Lachen zumute. Es ist kalt und nass. Übrigens, darf ich dich daran erinnern, dass wir uns am Rande der Wüste befinden? Hier gibt es weit und breit nicht ein Anzeichen für Leben oder hast du etwas bemerkt, was mir entgangen ist?«

Nach dieser Ansage herrscht Funkstille. Bockig und einfallslos sitzen wir auf den stehenden Krads und starren auf die fahle, konturenlose Wolkenwand vor uns. Wie auf einer Perlenschnur reihen sich Regentropfen an der Kante meines Visieres aneinander, bevor sie sich vereinen und todesmutig in die Tiefe stürzen. Ich spüre Feuchte im Genick und ziehe fröstelnd die Schultern hoch.

Plötzlich hören wir hinter der nächsten Hügelkuppe dumpfe Schläge. Wie aus dem Nichts schiebt sich die Silhouette eines Pferdes samt Reiter über den Kamm. Doch auf dem Pferd sitzt kein Mann, sondern ein Mongolenjunge.

»Wo kommt der denn auf einmal her?«, fragt Martin entgeistert.

»Den schickt uns der Himmel! Wie war doch gleich der zweite Buchstabe des Alphabets?«

Ich springe vom Bock. Sofort beginnen wir, Plan B in die Tat umzusetzen. Mit Händen und Füßen versuchen wir dem Jungen unsere missliche Lage klarzumachen. Er gibt mir zu verstehen, dass ich ihm zur Jurte seiner Familie folgen soll. In mir keimt ein Fünkchen Hoffnung auf, denn einige Mongolen besitzen neben ihren Viehherden auch noch ein altes Motorrad der russischen Marke *Isch* oder sogar einen Jeep. Vielleicht finde ich dort jemanden, der mir beim Starten behilflich ist?

Ich begleite den Jungen und helfe ihm unterwegs, seine Pferdeherde zusammenzutreiben. Mit Motorradkluft und Helm, den ich wegen des Regens immer noch nicht abgesetzt habe, mute ich wahrscheinlich an wie ein Außerirdischer. Vielleicht stelle ich mich beim Eintreiben der Pferde auch einfach nur ungeschickt an, jedenfalls amüsiert sich der kleine Dschingis Khan köstlich über meine Erscheinung. Seine Schlitzaugen erinnern schon stark an ein chinesisches Gesicht. In der für die Mongolen so typischen dicken, schweren Kutte scheinen ihm Regen und Kälte nichts anzuhaben. Mit geröteten Wangen grinst er mich an, sodass unser Problem in weite Ferne rückt. Ich tauche in die Welt des Jungen und sehe die Umgebung mit seinen Augen. Mein Blick geht über die Pferdeköpfe hinweg und fixiert das Auf und Ab des Horizonts. Dort schleifen die tiefhängenden Regenwolken sanft wie Federn über die grasbewachsenen Hügel. Die stille, graue und triste Landschaft kommt mir gar nicht mehr so unwirtlich vor, und ich beginne ihre Schönheit zu entdecken. Einen Moment lang verspüre ich den Wunsch, gemeinsam mit meinem neuen kleinen Freund auf einem Pferderücken über die sanften Hügelkuppen zu jagen und meine Begeisterung in die Steppe hinauszuschreien; dann aber fällt mir ein, dass es um meine Reitkünste eher schlecht bestellt ist.

Die morgendliche Kälte weicht innerer Wärme und bald beginne ich zu schwitzen. Wir umrunden einige Hügel. Plötzlich fährt mir der Schreck in die Glieder: Was, wenn wir den ganzen Tag unterwegs sind oder wenn wir Martin vor lauter Hügeln nicht mehr finden? Dieser Lausebengel könnte einfach davongaloppieren! Die Gedanken rasen durch meinen Kopf, doch ich versuche mich zu beruhigen, denn Angst ist kein guter Ratgeber.

»Wie weit ist es noch bis zu deiner Familie?«, frage ich, indem ich mich mit improvisierter Zeichensprache verständlich mache.

Der Mongole deutet auf zwei weiße, stecknadelgroße Punkte in der Ferne.

»Was? So weit noch? Hätte ich das gewusst, hätte ich meine Marathonsachen angezogen!«

Der Junge grinst mich an, als freue er sich schon darauf, seinen Eltern diesen schniefenden, stapfenden Vogel vorzustellen.

Mit größer und schneller werdenden Schritten signalisiere ich ihm, dass ich den Fußmarsch schnell hinter mich bringen will. Während mir der Schweiß durch die Poren schießt, gibt mein Begleiter seinem Pferd nur einen Hackentritt, woraufhin es vom Gang in den Trapp wechselt.

Schon von Weitem sehe ich das einladende Winken eines der Mongolen, die wie ein Empfangskomitee vor einer der zwei Jurten warten. Ohne zu wissen, wer ich bin, wohin ich will und was ich eigentlich will, lotst man mich in die erste Jurte, bietet mir einen Stuhl an und stellt mir wohlwollend eine Schale Ziegenmilch und eine Schüssel mit dampfender Nudelsuppe vor die Nase.

Die Verständigung lernt nur mühsam das Gehen; meine drei Worte Mongolisch reichen gerade einmal, meine Dankbarkeit auszudrücken. Doch die warme Mahlzeit tut gut. Während mein Blick von einem Gesicht zum nächsten wandert, mustern mich neugierige Augenpaare, als wäre ich soeben einem Raumschiff entstiegen.

In der Jurte leben sieben Personen. Die Einrichtung ähnelt dem Inventar der Jurte von Tsen. Nur der Fernseher fehlt, und allgemein scheint das Zelt einfacher ausgestattet zu sein.

Nach dem letzten Löffel Suppe bringe ich mein Anliegen vor; dabei helfen mir meine Hände mehr als meine Stimme. Ich ernte allgemeine Heiterkeit, doch niemand versteht mich. Ein Pantomime könnte es einfacher haben. Dann fragt mich eine Tochter der Familie überraschend, ob ich Englisch spräche. Na klar kann ich Englisch! Sofort sprudle ich begeistert drauflos, bis ich feststelle, dass die junge Mongolin nur ein paar Standardfragen beherrscht. Enttäuscht will ich gerade unverrichteter Dinge den Rückweg antreten, da legt das Familienoberhaupt seine schwere Hand auf meine Schulter und gibt mir zu verstehen, einen Augenblick zu warten.

Er marschiert hinter die Jurte, klappert im Gerümpel und taucht mit einer alten *Isch* im Schlepptau wieder auf. Dann stellt er mir das Gefährt vor die Füße und bedeutet mir, aufzusitzen. Ehe ich mich noch für die Gastfreundschaft bedanken kann, sausen wir schon über die Hügel. Meine winkende Hand, die den Zurückbleibenden noch ein Dankeschön und Auf Wiedersehen übermitteln soll, muss ich schnell zum Festhalten benutzen, denn meinem Chauffeur scheint nicht bewusst, dass man einen Gasgriff auch drehen kann. Bei ihm ist er auf Maximum eingerastet, sodass wir in einem Affentempo über den mit Schlaglöchern übersäten Steppenboden rasen, als ob Martin hochschwanger hernieder läge und bei ihm bereits die Wehen eingesetzt hätten. Wahrscheinlich würde der Formel-Eins-Anwärter noch nicht einmal merken, wenn mich eine überdimensionale Bodenwelle aushebeln und er allein weiterfahren würde.

Glücklicherweise schaffe ich es, mich bis zum nächsten Boxenstopp auf dem Feuerstuhl zu halten. Froh, die halsbrecherische Fahrt unversehrt überstanden zu haben, berichte ich Martin kurz von den Ereignissen. Mit Hilfe der Batterie der *Isch* starten wir nacheinander beide Maschinen. Die Yamies heulen beim ersten Versuch auf, als wäre nichts gewesen. Verdutzt schauen wir uns an. Das soll nun noch einer verstehen! Dankbar drücken wir unserem Retter ein paar Geldscheine in die Hand. Der freut sich und grinst bis über beide Ohren. Dann klemmt er die Kabel ab, verstaut sie unter der Sitzbank und dreht den Gasgriff seines Krads auf Anschlag. Wir winken ihm hinterher, bis ihn die erste Hügelkuppe verschluckt. Danach sehen wir noch einige Male hier und da ein schwarzes Pünktchen über die Hänge hüpfen, dann ist es still.

20. Wasser

Die Hügel werden flacher. Es ist, als hätte jemand den Stöpsel aus einer riesengroßen Luftmatratze gezogen. Die Vegetation wirkt spärlicher und verliert an Kraft. Das pastellfarbene Grün verwandelt sich unmerklich in einen matten bräunlich-grünen Schimmer. Schwache Lilatöne mischen sich in die herbstlich anmutende Landschaft. Wenn wir von den Krads steigen, springen nur noch vereinzelt Grashüpfer beiseite. Merkwürdig aussehende Eidechsen huschen unter Steine. In windstillen Momenten umschwärmen uns sofort lästige kleine Fliegen. Je weiter wir uns in Richtung Süden bewegen, desto stärker brennt die Sonne auf uns nieder. Die Landkarte zeigt es schon lange, doch nun verkündet auch Mutter Natur, dass wir vor den Toren der Wüste Gobi stehen. Die weißen Punkte der Jurten in der Ferne werden seltener. Sie bedeuten uns wichtige Hinweise in der kargen Landschaft: Wo Jurten stehen, gibt es Menschen und vor allem Trinkwasser.

Ausgebleichte Tierknochen, ab und zu sogar Skelette oder verrostete Autowracks am Wegesrand mahnen uns zur Vorsicht. Ein unbedachter Schritt kann in der Wüste fatale Folgen haben. Eine Windböe wirbelt Sand auf. Ich kneife die Augen zusammen, während wir sie passieren. Die Motorräder sind nun ständig von einem feinen Belag überzogen. Das feine Pulver kriecht in die kleinsten Ritzen, ja selbst zwischen den Zähnen knirscht es. Während des Tages steigen die Temperaturen auf über dreißig Grad, und jede Bewegung wird zu einer Anstrengung. Das trockenheiße Klima vermittelt uns ein stetes Durstgefühl – ständig verspüre ich den Drang, zur Wasserflasche zu greifen. Doch vor allem das Trinkwasser müssen wir von nun an streng rationieren. Unsere T-Shirts sind verdreckt und schweißdurchtränkt. Aber die Hygiene wird auf das Nötigste reduziert, denn was nützt es, mit frisch geputzten Zähnen in der Wüste zu verdursten?

Die Mongolen nennen diese Region *Softgobi*, da man hier noch relativ viele Wasserstellen findet und der Boden eine wenn auch karge, aber geschlossene Vegetation aufweist. Durch fast vollständige

Entwaldung, Landwirtschaft und starke Überweidung sind knapp neunzig Prozent der Fläche des Landes von Wüstenbildung bedroht. In weiten Regionen ist Ackerbau nur schwer oder überhaupt nicht möglich. Dadurch hat sich traditionell eine Viehwirtschaft mit für die Mongolei charakteristischen Weidetieren entwickelt: Schafe, Ziegen, Yaks, Pferde und Kamele. Doch leider schließt sich damit ein Teufelskreis, denn überall da, wo die ohnehin nur spärliche Vegetation in den Mäulern der Paarhufer verschwindet, wächst die latente Gefahr der sich ausbreitenden Einöde.

Hier den richtigen Weg zu finden, entwickelt sich zunehmend zur Herausforderung. Spuren im Sand, Sonnenstand und Kilometerzähler sind die einzigen Informationsquellen. Weggabelungen sind manchmal kaum zu erkennen, weil vier Spuren der Piste unmerklich Stück für Stück nach rechts driften, während die restlichen drei nach links wandern. Dann entscheiden wir uns oft für den breiter, kräftiger ausgefahrenen Weg. Die spärlichen wegweisenden geographischen Merkmale lassen unsere Intuition stärker in Erscheinung treten. Bemerkenswerterweise decken sich unsere Entscheidungen ausnahmslos, wenn es um die Frage geht, welche Route wir nehmen sollen. Nur noch von Sand, Steinen und verdorrten Pflanzenresten umgeben, wird mir bewusst, welcher Informationsflut wir in der Heimat täglich ausgesetzt sind. Hier, in der Wüste, erscheint mir das Leben in unserer modernen Informationsgesellschaft plötzlich absurd, irreal, ja wahnwitzig.

Fragen wir in verschiedenen Jurten nach dem Weg, ähneln sich meist die Richtungs- und Entfernungsangaben, was für uns ein wichtiges Indiz bezüglich der Zuverlässigkeit der Informationen darstellt. Die Beschaffenheit der Piste ändert sich ständig: Mal bewegen wir uns auf gut ausgefahrenen, festen, zweispurigen Sandstreifen, mal kämpfen wir uns durch ausgetrocknete Flussläufe oder schlingern durch schweißtreibende Weichsandpassagen, und mal holpern wir über unebenes Terrain. Manchmal sehen wir kaum noch die Fahrzeugspuren zwischen den vertrockneten Pflanzenbüscheln, dann wieder werden sie deutlicher, breiter und ausgefahrener, sodass man sie bereits aus der Ferne erkennt.

Nach einer nervenaufreibenden Wellenprofilpassage bleibt Martin plötzlich stehen. Ich schließe zu ihm auf.

»Was ist? Wird dir zu heiß unterm Helm?«

»Ich schwimme.«

»Du schwimmst? Mitten in der Wüste? Ist also doch zu warm. Soll ich mir Sorgen machen?«

Martin ignoriert meine Bemerkung, steigt ab und deutet auf seinen Hinterreifen.

»Platt wie eine Flunder.«

»Super! Toll! Ausgerechnet jetzt!«

Wir schimpfen vor uns hin, wobei sich jeder Mühe gibt, besonders grobschlächtig klingende Flüche in die Wüste hinauszuschreien. So etwas tut gut in so einer Situation, aber wir merken schnell, dass es uns in keiner Weise weiterhilft. Im Gegenteil: Jeder Wutausbruch kostet wertvolle Energie und Zeit, und mit beidem müssen wir haushalten. Nein, wir wollen nicht, nicht jetzt, nicht schon wieder – aber wir haben keine Wahl. Keiner weiß, wann das nächste Kamel vorbeikommt.

Widerwillig packen wir in sengender Mittagshitze das Gepäck ab, demontieren den Hinterreifen und flicken den Schlauch. Dabei empfinde ich ein merkwürdiges Grummeln im Magen. Irgendetwas beunruhigt mich.

Während der Flicken trocknet, gönnen wir uns ein Mittagsschläfchen, danach basteln wir alles wieder zusammen und fahren erleichtert weiter.

Auf den letzten Kilometern des Tages werden die Spuren im Sand immer schwächer. Sofort meldet sich meine Intuition und beschert mir abermals ein ungutes Bauchgefühl. Wir passieren keine einzige Jurte mehr. Weiter und weiter zieht uns die Wüste in ihren unwirtlichen Schlund. Nur noch wenige abgestorbene Sträucher und Pflanzenreste ragen hier und da aus dem harten Boden. Die bizarren Sand- und Steinformationen in den unterschiedlichsten Varianten würden das Herz jedes Fotografen höher schlagen lassen, doch uns beschäftigen momentan profanere Dinge: Der Trinkwasserverbrauch ist in den letzten 48 Stunden bedrohlich angestiegen, obwohl wir versucht haben, so wenig wie möglich zu trinken. Doch das Fahren im weichen Sand und das Flicken des Schlauchs bei höchstem Sonnenstand haben ihren Tribut gefordert. Nachdem wir das Zelt aufgebaut und ein kräftiges Abendessen verzehrt haben, genießen wir die Stille und den klaren Sternenhimmel bis uns die Kälte in die Glieder kriecht. Nachts wird es so kalt, dass wir es kaum aushalten in den Schlafsäcken.

Am nächsten Morgen geht mein erster Blick wie gewohnt zu den Motorrädern. Ein Schreck fährt mir in die Glieder.

»Verdammter Mist! Das kann doch nicht wahr sein!«

Der Hinterreifen, den wir gestern repariert haben, ist schon wieder platt. Nun verwandelt sich mein Bauchrumoren zu einer bösen Vorahnung. Noch vor dem Frühstück beheben wir den Schaden, wobei sich meine Vermutung bestätigt: Der Flicken hängt nur noch zur Hälfte am Schlauch. Die Rotation des Reifens während der Fahrt belastet das Material zu sehr; ein schlichtes Kleben des Flickens auf den Schlauch reicht nicht aus. Für eine solide Reparatur müssen wir den Schlauch vulkanisieren lassen.

Uns bleibt nichts anderes übrig, als den Flicken erneut so gut es geht anzukleben und den Reifen zu montieren. Unsere Vorräte reichen noch für drei Tage. Während dieser Zeit müssen wir den nächsten Ort gefunden haben. Das bedeutet, wir müssen so viele Kilometer wie möglich zurücklegen. Doch genau darin liegt das Problem. Als gäbe es nicht schon genug Missstände zu beklagen, bricht während des Luftaufpumpens auch noch der Metallstutzen der Luftpumpe aus seiner Plastikfassung. Wieder hallt ein energiegeladener Wortschwall ungehört durch die Einöde. Wir haben beim Zusammenstellen der Ausrüstung extra eine angeblich qualitativ hochwertige und entsprechend teure Luftpumpe gewählt. Am liebsten würde ich den Ingenieuren ihren Ausschuss jetzt um die Ohren hauen und sie zur Strafe einen Tag ohne Wasser durch die Wüste spazieren lassen.

Was nun? Was sollen wir jetzt machen? Während Martin den Stutzen wieder provisorisch in die Fassung des Luftpumpenkopfes klebt, analysieren wir die Lage. Nachdem der Kleber ausgehärtet ist, pumpen wir mit größter Vorsicht langsam Luft in den Schlauch. Es funktioniert! Die Wüstensafari geht weiter.

Im Zeitlupentempo spulen sich die Kilometer ab. Wie zwei Fährtensucher richten wir unsere Blicke ununterbrochen auf den Wüstensand vor uns. Bald wird die Piste unwegsamer; grober Schotter zwingt uns zu wilden Lenkmanövern, und bei allzu holprigen Abschnitten hilft nur Vollgas, Augen zu und durch. Wer bremst, verliert, denn häufig fehlt den Füßen der Bodenkontakt, weil wir durch Erdmulden oder über Querrinnen balancieren.

Seit wir das Flickenproblem unkonventionell, aber zweckdienlich gelöst haben, hat sich mein schlechtes Bauchgefühl aufgelöst. Haben sich meine Gedanken vor wenigen Kilometern noch um das Reifenproblem gedreht, so beginne ich nun damit, mich auf das Fahren und die Schönheit der Gobi zu konzentrieren.

Zur Mittagszeit müssen wir wieder behutsam Luft in den Reifen pumpen. Diese nervige, mühsame Vorgehensweise avanciert zu einer skurrilen Art der Fortbewegung, aber wir haben keine Alternative. Wichtig ist nur, vorwärtszukommen. Am Abend sind wir abermals gezwungen, den Schlauch zu flicken, da die Luft mittlerweile zu schnell entweicht.

Vor uns liegt die Landkarte der Wüste Gobi. Große Flächen zeigen nicht die geringste Auffälligkeit. Der wichtigste Wegweiser bleibt der einzige Fluss weit und breit, der *Ogni*. Auf unserer Route müssten wir dieses Rinnsal eigentlich überqueren, aber nirgends finden wir ein Anzeichen auf die Existenz des kostbaren Nasses. Bis weit in die Nacht hinein besprechen wir die prekäre Lage und kommen zu dem Schluss, dass wir die Tagesration an Wasser halbieren müssen. So besteht zwar die Gefahr einer Dehydrierung, aber wir gewinnen dringend benötigte Zeit. Über Mittag werden wir von nun an rasten, um Flüssigkeit und Energie zu sparen.

Schon in den frühen Morgenstunden packen wir zusammen und sitzen mit dem ersten schwachen Schein der Dämmerung abfahrbereit auf den Maschinen. Die kühle frische Morgenluft tut gut. Während die Wüste erwacht, fahren wir in Richtung Südwesten. Je nach Strecke kommen wir mal gut, mal weniger gut voran.

Es dauert nicht lange und ich spüre ein lästiges Durstgefühl. Meine Lippen fühlen sich trocken und rau an, und jedes Schlucken wird zu einem unangenehmen Reflex, der mich an das Trinkenwollen erinnert. Die Sonne gewinnt schnell an Kraft und brennt mir den Wunsch, zur Wasserflasche zu greifen, regelrecht ins Bewusstsein. Nur ein winziger Schluck! Nur ein wenig Feuchtigkeit! Allein die Vorstellung, wie mir die kühle Flüssigkeit Lippen und Zunge befeuchtet und anschließend die Kehle hinunterläuft, verstärkt fast unkontrollierbar mein Verlangen danach. Nur mit größter Beherrschung gelingt es mir, der Verführung zu widerstehen. Ich versuche mich abzulenken, indem ich an etwas anderes denke. Wie selbstverständlich war mir sonst der Schluck Wasser aus der Flasche! Ich habe nie darüber nachgedacht, wie wertvoll und essentiell dieses Lebenselixier ist. Zu Hause den Wasserhahn aufzudrehen, ihn eine Weile laufen zu lassen, weil man auf dem Herd gerade die Suppe umrührt, erscheint mir in diesem Moment wie ein Ding der Unmöglichkeit. Autowaschen, Garten sprengen, endlos unter der Dusche stehen, weil das Prickeln der Wassertropfen auf der Haut so gut tut. Ja, sind wir denn verrückt geworden? Oder bin ich es mittlerweile?

Beim nächsten Halt greife ich blind nach der Trinkflasche in der Lenkerhalterung, doch meine Hand fasst ins Leere. Erneut fühle ich einen Schrecken durch meinen Körper fahren. Ich schaue zu dem Metallring, in dem die PET-Flasche sonst immer steckt – sie ist verschwunden! Durch die groben Unebenheiten des Bodens muss sie irgendwann unbemerkt herausgehüpft sein. Gerade will ich zu einer nicht salonfähigen Schimpftirade ansetzen, da kommen mir meine letzten energiezehrenden Wutausbrüche in den Sinn und ich unterdrücke den Impuls. Ich akzeptiere einfach, was ich nicht ändern kann: Eben habe ich einen halben Liter Trinkwasser verloren. Mir bleibt nichts anderes übrig, als aus den Packtaschen eine der letzten vollen Flaschen zu ziehen. In Zeitlupe spüre ich, wie das Wasser meine trockenen Lippen benetzt, meine Zunge umspült und mir wohltuend die Kehle hinunterrinnt.

»Aaah!« Welch ein Genuss! Ich spüre, wie die zentrale Schaltstelle meines Gehirns tiefste Zufriedenheit bis in die letzte Faser meiner Glieder schickt. Sofort entspannen sich meine Gesichtszüge, und ich beobachte mich selbst, wie ich unmittelbar darauf nach dem nächsten Schluck Leben giere. Ich gebe dem unstillbaren Drang noch einmal nach und genieße dabei jede Empfindung. Das majestätische Gefühl, Wasser so intensiv zu erleben, brennt sich für immer in mein Bewusstsein.

Nach ein paar Luftpumpenstößen geht es weiter. Die nächste Weggabelung ringt uns eine Entscheidung ab. Wieder beschließen wir intuitiv und einstimmig, den linken Weg zu nehmen. Unwegsames Gelände zwingt uns zu einer Stop-and-Go-Fahrweise. Gefährliche Querrinnen bilden einen etwa drei Kilometer langen Geschicklichkeitsparcours. Dabei gilt es, auf keinen Fall anzuhalten, weil wir nur auf den Rinnenkanten Boden unter die Füße bekommen. Plötzlich wird mir eine Sekunde der Unentschlossenheit zum Verhängnis:

Statt die vor mir liegende Rinne mit Schwung zu passieren, bremse ich und suche vergeblich mit dem linken Fuß weit nach unten tastend den Boden. Sofort reagiert die Yamie und neigt sich wie ein schwerfälliger Tanker mit Schlagseite nach Backbord. Es macht Rumms!, und mein Baby liegt auf der Seite.

»Mist! Verdammt! Jetzt hab ich aber die Schnauze voll!«, höre ich mich schimpfen. Im Nu steht Martin vor mir, um Beistand zu leisten, doch geistesgegenwärtig konnte ich noch schnell vom Bock springen. Mit vereinten Kräften richten wir das widerspenstige Ungetüm wieder auf, bevor Sprit aus dem Tank laufen kann. Ich versuche mich zu beruhigen, denn Zeit zum Lamentieren haben wir nicht, wir müssen weiter! Kurz bevor wir diesen Streckenabschnitt hinter uns lassen, geschieht Martin das gleiche Missgeschick. Er hat es noch schwerer, denn er misst einige Zentimeter weniger als ich. Auch sein Krad bringen wir wieder in die Senkrechte. Sichtlich erleichtert tuckern wir danach auf ebenem Grund in Richtung der sich am Horizont abzeichnenden Hügelformation. Beim Näherkommen entpuppt sich die Hügelgruppe als breitflächiges Felsmassiv, und wieder kämpfen wir uns durch schwieriges Gelände, bis die Kupplungen heiß laufen und wir eine Zwangspause einlegen müssen.

Dieser Streckenabschnitt fordert unser gesamtes Können. Wir kommen uns vor wie beim Rodeo und halten uns nur durch extreme Konzentration auf den Böcken.

Durchgeschwitzt und erschöpft kippen wir am Abend in die Schlafsäcke. Trotz des sparsamen Trinkwasserverbrauchs haben wir aufgrund der Anstrengung mehr getrunken als geplant. Seit zwei Tagen waren wir schon nicht mehr auf Toilette. Unsere Körper saugen die zugeführte Flüssigkeit auf wie gierige Schwämme. Dieses Phänomen bedeutet starke Dehydrierung. Für den kommenden Tag bleibt uns pro Mann noch ein Liter Trinkwasser.

Mein Körper produziert kaum noch Speichel, und die Haut zieht starke Falten. Ich betrachte mich im Motorradrückspiegel und erblicke ein um zehn Jahre gealtertes Männergesicht mit verwildertem Bartwuchs. Der Gedanke an Wasser lässt mich nicht mehr los. Ohne es auszusprechen, weiß jeder von uns, wie brisant die Lage ist. Doch obwohl mein Verstand mich ununterbrochen mit alarmierenden Fakten wachrütteln will, bleibe ich innerlich ruhig.

21. Wo ist der Ogni?

Auf den Frühstückskisten liegt, wie jeden Morgen, die gähnend leere Landkarte der Gobi.

»Da liegt Dalanzadgat. Hier befindet sich Ulan-Bator, und da ist der *Ogni*«, erklärt Martin mit Fingerzeig die ohnehin übersichtliche Karte. »Nach meinen Berechnungen müsste der Sprit locker bis Dalanzadgat reichen – vorausgesetzt, wir erlauben uns keine größeren Umwege mehr.«

»Und vorausgesetzt, die Yamies finden den Weg auch ohne ihre bis dahin längst verdursteten Fahrer«, korrigiere ich den hoffnungslosen Optimisten.

»Wenn wir nur einen exakten Orientierungspunkt hätten! Nach den Kilometern und der Fahrtrichtung zu urteilen, müssten wir den *Ogni* längst passiert haben«, resümiert Martin, während er sich nachdenklich am Hinterkopf kratzt.

»Vielleicht ist das verdammte Rinnsal in den Sommermonaten ausgetrocknet und führt nur im Winter genug Wasser. Zumindest wäre das nicht das erste Mal. Ich glaub, vor fünf Jahren lag das Flüsschen sogar ganzjährig trocken, weil Goldschürfer im Quellgebiet Wasser zum Goldwaschen abgezweigt hatten. Bei den vielen staubigen Flussbetten, die wir schon durchquert haben, würde ich mich nicht wundern«, gebe ich meine Bedenken zu Protokoll.

»Hoppla! Da hat wohl jemand letzte Woche zu lange im Internetcafé gesessen«, torpediert Martin meinen wissenschaftlich absolut korrekt formulierten Einwurf.

»Hört sich so an, als ob du noch mehr wissen willst. Okay, dann setz dich hin und schreib mit! Also: Der Ongi entspringt im Changhai-Gebirge und fließt durch die Wüste Gobi, bevor er in den Ulaan-Nuur-See mündet. Mit seinen 435 Kilometern ...«

»Setz dir lieber deinen Hut auf, du Patient! Ich glaub, bei akutem Mitteilungssyndrom brauchen wir dich noch nicht einmal mehr ins nächstgelegene Krankenhaus zu fliegen«, unterbricht mich mein desinteressierter Schüler. Plötzlich kommt mir ein Gedanke.

»Apropos Fliegen, da bringst du mich auf eine Idee! Wir befinden uns hier auf einer markanten Anhöhe. Was hältst du davon, wenn wir uns den höchsten Punkt des Geländes suchen und mal Ausschau halten, ob wir irgendetwas entdecken? Vielleicht finden wir ja eine markante Stelle, an der wir uns orientieren können. Vielleicht sehen wir von oben sogar diesen verdammten Fluss!«

»Na, da schau her! Das Köpfchen arbeitet noch! Dann kann ich ja den Rettungshubschrauber wieder abbestellen. Du hast Recht. Das könnte uns weiterhelfen. Bei dem Sunnyboywetter und der ebenen Bodenstruktur müssten wir ziemlich weite Sicht haben.«

Wie ein Fieber erfasst uns die Idee, und mit einem Mal arbeiten wieder alle unsere Sinne. Sogar das permanente Durstgefühl scheint wie weggeblasen. Die Hoffnung, eben noch ein schwach glimmendes Streichholz, verwandelt sich in einen glühenden Feuerball. Hochkonzentriert balancieren wir über einen nicht enden wollenden Parcours aus Fahrrinnen, Felsspalten und Gesteinsbrocken. Der unscheinbare Weg wird steiler, bis die Hinterreifen wegrutschen und bei jedem unachtsamen Gasgeben die Vorderräder abheben.

Gegen Mittag endlich erreichen wir den höchsten Punkt des Plateaus. Das letzte Stück müssen wir klettern. Wir hasten schräge Felswände hinauf, steigen über Geröllhalden und zwängen uns durch Gesteinsklüfte. Oben angekommen, tanzen Sternchen vor meinen Augen. Sofort setze ich mich, denn offenbar droht mein Kreislauf zusammenzubrechen. Ich brauche Wasser! Doch die Flaschen haben wir aufgrund der überschaubaren Distanz nicht mitgenommen.

Nach einer kleinen Verschnaufpause geht es mir besser. Wie zwei Indianer in einem Karl-May-Film stehen wir auf dem Felsvorsprung, die rechte Hand schattenspendend an die Stirn gepresst und suchen mit Adleraugen die Umgebung ab. Im gleißenden Sonnenlicht gewöhnen die Augen sich nur schwer an die grellen Konturen. Millimetergenau scannen wir die Landschaft, um irgendwo einen Ansatz von Zivilisation, eine Wasseroberfläche oder irgendeine Auffälligkeit zu entdecken.

Aber nichts, absolut nichts. Weit und breit gähnt uns nur beigefarbenes Gestein entgegen. Enttäuscht setzen wir uns auf eine Felskante und starren bockig in die Richtung, wo wir den Fluss vermuten, als könnten wir ihn mit unseren Blicken herbeizaubern. Der *Ogni* muss doch hier irgendwo sein!

Mit dem Panorama gehen nicht nur meine Blicke, sondern auch meine Gedanken auf Wanderschaft: Wir befinden uns inmitten einer Wüste mit einer maximalen Ausdehnung von zweitausend Kilometern in der Länge und achthundert Kilometern in der Breite, und unsere einzigen Hilfsmittel, den richtigen Weg zu finden, sind eine Landkarte, auf der kaum Orientierungspunkte auszumachen sind, ein Kompass, den wir wegen des tagsüber permanent zu beobachtenden Sonnenstandes nicht benötigen und die Kilometerzähler. Was machen wir nun? Wie lange schafft ein Mensch es, ohne Wasser auszukommen? Zwei Tage dürften wir noch Zeit haben, den Fluss oder irgendein Anzeichen von Leben zu finden. Jeder halbwegs vernünftige Mensch würde eine solche Situation als besorgniserregend empfinden. Warum werde ich nicht nervös? Trügt mich mein Gefühl der Ruhe? Sollte ich mehr auf meinen Verstand hören? Doch der bietet momentan keine Lösung. Wenn er mir nicht weiterhilft, kann ich genauso gut meiner Intuition folgen …

Ich bin von mir selbst überrascht: Mein eigener Verstand kommt zu der Schlussfolgerung, der Intuition den Vorrang zu geben! Gut: Auch wenn der *Ogni* uns unsichtbar erscheint, müssen wir den Weg beibehalten. Die Richtung ist richtig. Ich weiß es. Ich kann noch nicht einmal beschreiben, woher und warum ich diesen Eindruck habe, aber er existiert in meinem Geist. Seit Beginn unserer Wüstentour beobachte ich die Entwicklung meiner Intuition und wie ich auf ihre Eingebungen reagiere. In diesem Moment wird mir klar, dass es da etwas gibt, von dessen Existenz ich bislang keine Ahnung hatte. Mit Worten zu beschreiben, um was es hier geht, erscheint mir fast unmöglich. Vielleicht kommt der Vergleich mit einer inneren Stimme, die nicht mit Worten, sondern mit Gefühlen kommuniziert, ihm am Nächsten. Vielleicht ist es aber auch passender, dieses Etwas als Wissen zu beschreiben. Ich weiß einfach, dass einige Dinge bzw. Situationen so sein müssen und nicht anders. Das ist schon verrückt. Ich komme mir vor wie in einem Film, dessen Ende bereits feststeht – und irgendetwas in mir kennt das Drehbuch.

Bevor wir wieder hinuntersteigen, geht unser Blick noch einmal dreihundertsechzig Grad rundum. Die Horizontlinie flimmert vor unseren Augen. Heiße Luft lässt die Konturen verschwimmen und zeichnet helle Flecken in die weite Landschaft.

»Da vorn! Hast du gesehen? Da war was! Da hat was aufgeblitzt!«, rufe ich Martin zu und deute mit ausgestrecktem Arm auf die merkwürdige Stelle knapp unter dem Horizont.

»Vielleicht ein Starkasten auf einer Schnellstraße«, erwidert er unbeeindruckt. »Oh, stimmt, jetzt habe ich es auch gesehen! Die sind heute aber wieder schnell unterwegs!«

»Bleib doch mal ernst! Was kann das sein?«

Hätte ich das Blinken allein gesehen, wäre ich mir nicht sicher gewesen, doch auch Martin scheint die Stelle entdeckt zu haben. Wie angewurzelt stehen wir auf dem Plateau und starren gebannt auf den imaginären Punkt in der Ferne.

»Da! Da ist es wieder! Was sollte hier in der Wüste so stark das Licht reflektieren?«, denke ich laut die einzige Frage, die mich in diesem Moment beschäftigt.

Auch Martin findet keine Erklärung. Für eine Luftspiegelung leuchtet der grelle Schein zu stark und kontinuierlich. Wir sind uns sicher: Das Funkeln zwischen zwei riesigen Felsplattformen kann nur die Oberfläche einer Flüssigkeit sein. Sofort suchen wir Orientierungspunkte im Gelände, und mit einer virtuellen Landkarte im Kopf, steigen wir hochmotiviert hinunter zu den Maschinen. In einem weiten Bogen führt der Weg tatsächlich in die gewünschte Richtung. Wir holpern über Schotter, rutschen über Steine und kämpfen uns durch Weichsand. Jetzt nur keinen Fehler machen! Ein Sturz wäre das Schlimmste, was uns momentan passieren könnte.

Dann endlich, hinter einer letzten Gesteinsformation, bestätigt sich unsere Vermutung: Mit fast unhörbarem Glucksen schlängelt sich ein Flüsschen durch das unwegsame Gelände. Der Weg führt direkt zum Ufer. Als erste Amtshandlung nimmt jeder seine letzte halbgefüllte Wasserflasche aus der Gepäcktasche und trinkt sie in einem Zug leer. Niemand sagt etwas. Kein Jubel ertönt, keine Regung verrät unsere Freude. Ein Gefühl der Wärme breitet sich in meinem Körper aus. Ich empfinde tiefe Dankbarkeit, unendlichen Frieden und eine allumfassende Liebe. Plötzlich ist alles Liebe. Auch wenn ich nie daran geglaubt habe, bin ich doch froh, dass wir die Yamies nicht allein nach Dalanzadgat schicken müssen. Schweigend sitzen wir auf den Motorrädern und genießen den Augenblick.

Wir füllen in aller Ruhe die Wasserflaschen auf und nehmen ein Bad in den Fluten. Nach dem Abtrocknen fühle ich mich wie neugeboren. Für den Rest des Tages lümmeln wir faul in der Sonne.

Die nächsten Tage widmen wir der Suche nach einer Furt, denn wir müssen den *Ogni* überqueren, um weiterzukommen. Nach Brücken oder gar Tunneln sucht man hier, weitab der Zivilisation, natürlich vergeblich. Wir entdecken Fahrzeugspuren, doch statt ihnen zu folgen, entschließen wir uns, lieber den *Ogni* nicht aus den Augen zu verlieren.

Über Stock und Stein quälen wir uns durch das Gelände, bis sich das Gebiet vor uns in eine ausgedehnte Ebene verwandelt. Es fühlt sich gut an, zu wissen, wo man sich befindet. Erleichterung und Entspannung machen sich breit. Zunehmend gelingt es mir, die besondere Atmosphäre der Wüste auf mich wirken zu lassen. Kilometerlang mäandert der *Ogni* dahin, ohne dass wir eine geeignete Furt finden. Plötzlich tauchen in der Ferne weiße Punkte auf: ein Jurtendorf! Vor Freude tanzen wir auf den Fußrasten stehend mit den Yamies dem Dorf entgegen. Nur ein unscheinbares und dennoch so wichtiges Flüsschen trennt uns noch von der nächsten Jurtenbesichtigung. Auf der anderen Seite haben die Dorfbewohner unser Erscheinen bereits registriert. Ein Mongole watet durch die Fluten; das seichte Wasser reicht ihm nur knapp über die Knie.

»Wo kommt ihr denn her?«, will er ohne eine Floskel der Begrüßung wissen.

»Von da drüben«, entgegnet Martin und deutet auf den hügeligen Horizont.

»Aber da gibt es doch gar keine Wege«, erklärt der Mongole verständnislos und schüttelt mit dem Kopf.

»Das mussten wir auch feststellen«, antworten Martin und ich im Chor und prusten plötzlich los. Doch wir lachen nicht nur über die ungewollte Zirkusnummer – das Lachen schüttelt die gesamte Spannung, Anstrengung und Belastung der letzten Tage ab. Danach fühlen wir uns leicht und glücklich und sind stolz, die Strapaze überstanden zu haben.

Inzwischen sind wir von mehreren Schaulustigen umgeben. Die Männer ermutigen uns, auf den Motorrädern mit Sack und Pack durch den Fluss zu fahren, doch Vorsicht war bisher stets der beste Ratgeber. Wir halten es für klüger, erst abzupacken und die Gepäckstücke einzeln hinüberzutragen. Bei jedem Durchwaten tasten wir mit den Füßen den Untergrund ab, um die flachste Stelle zu finden. Ein Touchdown inmitten der Fluten hätte unabsehbare Folgen für die

Maschinen. Nach gründlicher Inspektion des Flussbettes entschließen wir uns, an einer Stelle schräg mit der Strömung zu fahren. In Gedanken spiele ich die Passage immer wieder durch und überlege, wie ich reagieren würde, wenn die Strömung die Fahrtrichtung oder das Gleichgewicht des Motorrades beeinflusst.

Dann sitze ich auf dem Bock. Nerven und Muskeln sind bis zum Äußersten gespannt. Ich spiele am Gas und lasse langsam die Kupplung kommen. Das Vorderrad setzt sich in Bewegung und taucht in die Fluten. Ich weiß, die ersten Meter nach dem Ufer sind die Tiefsten, aber jetzt gibt es kein Zurück mehr. Ich fühle, wie die kalten Wassermassen meine Waden umspülen. Stetig am Gasgriff drehend gebe ich der Yamie mehr Stabilität, doch zu schnell darf ich nicht fahren, da die Bugwelle sonst Wasser in den Vergaser spülen könnte. Die Strömung drückt seitlich gegen mein schweres Vehikel. Trotzdem finden die Reifen auf dem steinigen Grund ausreichenden Grip. Jetzt bloß nicht umfallen, geht es mir durch den Kopf. Bereit, jedes unvorhergesehene Kippen oder Neigen des Krads sofort zu korrigieren, konzentriere ich mich auf die Bewegung der Maschine. Gleich habe ich die Flussmitte erreicht. Meine schlaff eingeknickten Beine streifen nur noch die Wasseroberfläche. Es wird flacher!

Juhu! Der Vergaser ist inzwischen schon außer Gefahr, und mehr und mehr hebt mein Baby sich aus dem Wasser.

Geschafft! Alles fühlt sich auf einmal leicht an. Euphorie erfasst mich. Das hat Spaß gemacht, noch einmal, höre ich eine Stimme in mir. Doch wir dürfen kein Risiko eingehen. Einen Augenblick lang genieße ich den Gefühlstaumel, dann kommt Martin an die Reihe.

Mit Kamera bewaffnet, suche ich mir eine optimale Perspektive. Auf mein Zeichen hin setzt er sich in Bewegung. Die ersten Meter erwecken den Anschein, als würden Fahrer und Maschine gleich in den *Ogni* tauchen. Während ich eine Bilderserie schieße, steuert Martin sein Krad souverän durch das Wasser. Dann steht auch die zweite Yamie unversehrt auf der Ostseite des Flusses. Das Gefühl des Triumphes vermischt sich mit tiefer Zufriedenheit. Die Herausforderungen und Erfolge der letzten Tage verleihen uns Flügel.

Unsere Odyssee durch die Gobi hat uns geradewegs in ein sogenanntes Camp geführt. Die Jurten hier gehören keinen Dorfbewohnern, sondern stehen für Touristen bereit, die das Wohnen im mongolischen Rundzelt mit authentischem Wüstenfeeling verbinden wollen. Nachdem wir von der Campleiterin herumgeführt worden sind und warmherzige Gastfreundschaft erfahren haben, brechen wir am nächsten Morgen auf zum zweiten Teil unserer Gobi-Expedition.

22. Unser letzter Trumpf

Die Wüstenlandschaft wechselt von ausgedehnten Ebenen ohne jegliche Auffälligkeit bis hin zu flachen, gebirgsähnlichen Zonen. Die ausgefahrenen Spuren der Piste lassen bei Abzweigungen keinen Zweifel aufkommen, in welcher Richtung die Hauptroute verläuft. Ein Blick auf die Tankanzeige mahnt zur Vorsicht: Wir dürfen uns von nun an keine größeren Schlenker mehr erlauben, denn der Sprit reicht gerade einmal bis zur Bezirkshauptstadt Dalanzadgat.

Einzelne Jurten ziehen an uns vorüber. Kamelherden am Wegesrand kündigen die näherkommende Ortschaft an. Ihr genügsames Verhalten ähnelt dem von Rindern: Genüsslich grasen sie in Sichtweite, wenn wir rasten. Dabei wirkt ihre Neugier befremdlich und ist gewöhnungsbedürftig. Sie nähern sich unauffällig und beschnuppern dann ausgiebig Motorräder, Ausrüstung und sogar uns selbst. Ihre sanfte Aufdringlichkeit würde wohl in Anzüglichkeiten enden, nähmen wir nicht immer rechtzeitig Reißaus, denn wir können uns Besseres vorstellen, als von einem Kamel geküsst zu werden. Abgesehen davon ist ihr Parfüm gewöhnungsbedürftig.

Gegen Mittag erreichen wir eine Ortschaft, die verschlafener kaum sein kann. Auf dem großzügig angelegten Dorfplatz sucht sich Martin eine schattige Stelle, um dösend die Mittagspause zu überstehen, während ich den Pionierauftrag erhalte, Lebensmittel zu besorgen. Eine gute Idee, denn wir haben kaum noch etwas zu beißen.

Verloren stehe ich auf der Freifläche und versuche, in die Sonne blinzelnd, irgendwo einen Hinweis auf Aktivität zu erkennen. Das Kaff wirkt wie ausgestorben. Eine Böe weht mir Sand ins Gesicht, und die Mittagshitze drückt mir den Schweiß aus den Poren. Am Rand der Piazza stehen die einzigen Steinhäuser des Ortes. Ihre weiße Fassade hellt das triste Grau des Bodens ein wenig auf. In einer dieser Behausungen vermute ich eine Verkaufseinrichtung. Cowboygleich, mit Revolvergürtel und tief in die Stirn gezogenem Hut, schreite ich die Peripherie des Platzes ab. Eine von einem Luftzug bewegte Tür knarrt in den Angeln, und gegenüber fällt eine andere dumpf ins Schloss. Weit und breit sehe ich nicht das geringste Anzeichen von Leben. Ich komme mir vor wie in einer Geisterstadt eines Westerns. Vergnügt pfeife ich »Spiel mir das Lied vom Tod« und erschrecke selbst davor, wie sehr die Melodie den Eindruck der Szenerie verstärkt.

Plötzlich löst sich in einiger Entfernung eine Gestalt aus dem gleißenden Licht. Abrupt verstummt die Melodie. Der Wind heult. Einen Moment lang zeigt die Nahaufnahme der Kamera meinen blinzelnden Blick unter dem schattigen Cowboyhut samt Drei-Tage-Bart. Wer ist das? Ist das nicht der Sheriff? Der wurde früher von John Wayne gespielt. Jetzt kommt er auf mich zu. Reflexartig greife ich nach meinem Revolver. Wayne ist berüchtigt für seine Schnelligkeit am Abzug, aber ich bin nur knapp dem Verdurstungstod im Outback entronnen und der Held dieser Geschichte. Autoren lassen ihre Helden nie sterben. Außerdem schreibe ich danach ein Buch über diese Szene, mir kann also nichts passieren. Wenn er zieht, bin ich schneller. Und wenn er einfach nur an mir vorbeiläuft, frage ich ihn nach einem Autogramm …

Rums! Ein Knall reißt mich aus meinen Phantasien. Neben mir ist eine weitere Tür zugeschlagen. Und vor mir steht ein Mongole, was sonst? Enttäuscht wegen des entgangenen Autogramms frage ich ihn nach einem Lebensmittelgeschäft. Er zeigt auf das letzte in der Reihe stehende Gebäude.

Ich betrete einen schummrigen Laden. Das Angebot des Magazins reißt mich nicht gerade vom Hocker, aber ich habe auch nichts anderes erwartet. Von unserem letzten Geld kaufe ich Brot, Fischkonserven, Pasta und Kekse, welche eher als Dachlatten Verwendung finden sollten. Der Rest reicht noch für drei Wasserflaschen. Wir verstauen den Proviant sorgsam, bevor wir die letzten Kilometer nach Dalanzadgat in Angriff nehmen.

In der Wüstenmetropole angekommen, erledigen wir routiniert unser Pflichtprogramm: Internetcafé, Bank, Telefongebäude, Markt und Tankstelle werden der Reihe nach abgearbeitet, bevor wir noch spontan der Regionalzeitung ein kleines Interview geben, die hier mitten in der Gobi charmante tausend Leser zählt. Wir fühlen uns geehrt. Die Abendsonne im Rücken, torkeln wir vollgepackt aus der siebzehntausend Einwohner zählenden Ortschaft, in Gedanken schon längst in Ulan-Bator. Was wird das Reisebüro dort für uns organisiert haben? Werden wir tatsächlich alle Genehmigungen für die Einreise nach China bekommen? Die alte Ungewissheit legt sich wie ein Schleier auf unsere Gemüter. Bisher waren die Grenzübertritte mehr oder weniger eine Selbstverständlichkeit. Zwar gab es ab und zu kleine Schwierigkeiten, aber eine Einreise ins nächste Land stand nie in Frage. Doch mit dem Verlassen Dalanzadgats in Richtung Ulan-Bator rückt die Thematik bedrohlich nahe. Was machen wir, wenn uns die Einreise ins Reich der Mitte verwehrt wird? Gibt es eine Alternative zur offiziellen Einreise? Müssen wir tatsächlich noch einmal durch die Mongolei, zurück nach Russland und weiter nach Wladiwostok? Doch mit dieser Möglichkeit wollen wir lieber gar nicht erst spekulieren.

Die letzten Tage vergehen wie im Flug. Das Grün der Vegetation gewinnt täglich an Kraft, und die Zahl der Heuschrecken nimmt stetig zu. Uns fällt auf, dass auf dieser Strecke viele Fahrzeuge unterwegs sind: Mal kommt uns ein Jeep mit Touristen entgegen, mal ein Lkw, der eine Jurte samt Mobiliar spazieren fährt. Limousinen sehen wir eher selten, denn allzu oft bleiben sie im Weichsand stecken oder setzen auf dem unebenen Boden auf. Mit genügend Proviant in den Kisten und einer sicheren Route bekommt diese Klimazone plötzlich ein anderes Gesicht. Noch einmal erliegen wir dem Zauber der Wüste Gobi. Ihre Unwirtlichkeit rückt in den Hintergrund, die strapaziöse Odyssee der vergangenen Woche ebenso. Die wolkenlosen Sonnenauf- und Sonnenuntergänge geben den Tagen einen perfekten Rahmen.

Dann endlich tauchen zwischen den Hügeln vor uns die ersten Dächer der Hauptstadt auf. Wie von einem dreckigen, nach Abgasen stinkenden Schlot werden wir von der Metropole angesaugt, bis uns das urbane Monster verschluckt. Tief im Inneren werden wir gezwungen, uns seinem Herzrhythmus anzupassen. Wir drücken uns durch Staus, schieben uns über Ampelkreuzungen und hupen uns den Weg frei, bis wir das Zentrum erreichen. Der einfachste Plan wäre es jetzt, zum Reisebüro zu gehen, die chinesischen Einreisedokumente entgegenzunehmen und der Stadt sofort wieder den Rücken zu kehren. Doch so schnell gibt das Monster seine Beute nicht frei.

Von Anfang an hatten wir ein schlechtes Gefühl – und nun bestätigt sich, was wir beide bereits geahnt haben: Das Reisebüro, damit beauftragt, uns alle einreiserelevanten Dokumente zu besorgen, hat nicht das Geringste auf die Reihe bekommen. Nun sind wir genauso weit, wie beim ersten Besuch der Agentur.

»Dieser Kindergartenverein nennt sich Reisebüro? Was machen die eigentlich von früh bis spät?«, schimpft Martin, als wir das Gebäude verlassen. Erneut müssen wir feststellen, dass unsere europäischen Erwartungen, was Effizienz und Zuverlässigkeit angeht, nicht in diese wilde Hügellandschaft passen. Hier ticken die Uhren anders. Auch in persönlichen Gesprächen mit deutschem und chinesischem Botschafter erhalten wir keine Sondergenehmigung.

Wir berufen eine Krisensitzung ein und besprechen das Problem. Letztendlich steht fest: Eine Beschaffung der Einreisedokumente hier in Ulan-Bator halten wir für unmöglich, und die Problematik noch einmal in einer anderen Stadt anzugehen für sinnlos. Der mongolische Winter steht vor der Tür, und es würde uns nur Zeit kosten, zumal die Aussicht auf Erfolg gegen Null tendiert. Doch bevor wir bereit sind, einen riesigen Umweg über Wladiwostok in Kauf zu nehmen, wollen wir unseren letzten Trumpf ausspielen.

Meine Laune befindet sich mittlerweile nahe dem Erdmittelpunkt. Die Situation scheint aussichtslos. Es kann doch nicht sein, dass wir nach all den Schwierigkeiten und Problemen, die wir bisher gemeistert haben, nach all den vielen gefahrenen Kilometern und nach all den strapaziösen Monaten einfach unverrichteter Dinge den Rückzug antreten müssen, nur weil irgendwelche chinesischen Funktionäre sich schier unerfüllbare bürokratische Schikanen ausdenken! Nein, wir geben uns nicht geschlagen! Die Hoffnung stirbt zum Schluss!

Wir besorgen uns chinesische Touristenvisa, füllen Proviant und Tanks auf und machen uns auf den Weg nach Südosten. Es wird auch höchste Zeit, denn unsere mongolischen Visa laufen in sieben Tagen ab. Die Witterung zeigt uns ebenso die Gelbe Karte. Als ich am nächsten Morgen aufstehe, um mir die Zähne zu putzen, traue ich meinen Augen nicht: Die Sitzbänke der Krads sind überzogen mit Raureif, und in den Wasserflaschen hat sich über Nacht Eis gebildet. So bleibt mir nichts anderes übrig, als meinen Mund mit Eiswasser auszuspülen. Der frühe Winter holt uns langsam, aber sicher ein. Nicht ohne Grund gilt Ulan-Bator mit 1.350 Höhenmetern und einer Jahresdurchschnittstemperatur von minus zwei Grad als kälteste Hauptstadt der Welt.

Die Schotterpiste zerrt an unseren Nerven. Je weiter wir nach Süden driften, umso wüstenhafter wird die Umgebung. Doch im Vergleich zu unserer Tour durch die Gobi können wir diesem trostlosen Landstrich nur wenig abgewinnen. Eine der wenigen Ortschaften auf unserer Strecke erkennen wir nur daran, dass etwa zwei Dutzend Häuser wahllos in der Gegend herumstehen. Infrastruktur, Straßen, Plätze oder öffentliche Gebäude, scheint es nirgendwo zu geben. Zwanzig Kilometer weiter entdecken wir neben einer Düne drei halbverfallene Plattenbauten in DDR-Architektur, offenbar kurzerhand in den Wüstensand gepflanzt, wobei die Umgebung jegliche Erklärung vermissen lässt, warum sie dort stehen.

In abendlicher Dämmerung erreichen wir nach fünf Tagen die Peripherie der Grenzstadt Zamiin Uud. Während wir erschöpft unser Zelt in den Sand bauen, sind wir in Gedanken versunken. Was wird uns der morgige Tag bringen? Welche Möglichkeit gibt es noch, auf legalem Weg mit den Maschinen die Grenze zu passieren? In zwei Tagen laufen unsere Visa ab. Was sollen wir tun, wenn uns die Beamten die Einreise verweigern? Wir können doch nicht einfach wieder unverrichteter Dinge nach Hause fahren! Die Idee, die Motorräder auf einen Lkw zu laden und den Laster die Grenze passieren zu lassen, während wir als Passanten brav durchs Passabfertigungsgebäude marschieren, scheint uns zu einfältig. Unmöglich, so eine Mogelpackung kommt nie durch den chinesischen Zoll! Vielleicht können wir einen Grenzer bestechen? Nein, dazu sind die Chinesen zu stolz! Ohnmacht überkommt mich. Das Gefühl, nichts tun zu können, um mein Ziel zu erreichen, macht mich rasend. Es muss einen Weg geben!

23. Offroadrallye und Kinderfußball

Am nächsten Tag beeilen wir uns, so früh wie möglich in die Stadt zu kommen. Das vor ein paar Stunden noch empfundene Gefühl der Machtlosigkeit scheint wie weggeblasen. Zuerst fahren wir zum Checkpoint, um einen Lkw-Fahrer ausfindig zu machen, der bereit wäre, uns zusammen mit den Krads über die Grenze zu bringen. Doch nirgendwo entdecken wir die typischen blauen Grenzlaster. Als wir wieder zurück im Grenzort dann einen Fahrer erwischen, der sich bereiterklärt, unsere ungewöhnliche Fracht zu transportieren, können wir es kaum glauben.

»Das war ja leichter als gedacht! Der Typ gab sich so unbeeindruckt, als hätten wir ihm den Auftrag für die Ausfuhr von Gemüse erteilt«, triumphiere ich, während wir zurück zu den Maschinen schlendern.

»Mir kommt das chinesisch vor«, äußert Martin seine Bedenken. »Ja, vielleicht war das zu einfach. Der Mongole transportiert täglich Müll nach China oder Lebensmittel in die Mongolei. Der ahnt bestimmt nicht, dass er bei dieser Art von Ladung Probleme mit dem Zoll bekommen könnte. Der hat bestimmt nur Augen für das Finan …«

Ein Reifenquietschen erstickt den Rest seines Satzes. Ein Jeep, der Formel-Eins-verdächtig über den Lkw-Parkplatz geheizt gekommen ist, hält mit Vollbremsung knapp vor unseren Stiefeln. Wir weichen reflexartig zurück. Ohne die Fahrertür zu bemühen, springt ein Blondschopf aus dem Vehikel.

»Hey, zwei Landsmänner besuchen mich am Arsch der Welt! Wie komm ich zu der Ehre? Ich bin Heiko.«

»Martin, Rayko.« Ich zeige mit der Hand auf uns, bevor wir uns begrüßen.

»Und wie kommen wir zu der Ehre, dass du uns nicht überfahren hast?« Wir müssen lachen.

»Achttausend Kilometer jenseits von Recht und Ordnung kann man ruhig mal die Sau rauslassen. In zwei Wochen muss ich wieder nach Deutschland und mich in vorgezeichneten Fahrspuren einordnen. Könnt ihr euch das vorstellen?«

Wir berichten dem Wüsten-Schumi kurz, wie wir die Yamies bis vor die chinesische Grenze bekommen und nun einen Lkw-Fahrer für den Grenzübertritt engagiert haben.

»Ich arbeite mit zwei Kollegen auf einer deutsch-mongolischen Baustelle. Wir haben auch einen Lkw mit gültigen Grenzpapieren. Habt ihr Lust, deutsche Wertarbeit im Wüstensand zu besichtigen?«

Das lassen wir uns nicht zweimal sagen.

»Zwei Eisen im Feuer sind besser als die Taube auf dem Dach!«, kommentiere ich die von einem Hauch Fassungslosigkeit geprägten Gesichtszüge meines Weggefährten und grinse ihn an. »Nun los, komm schon!«

Wir müssen uns beeilen, die Krads zu starten, um den Jeep nicht aus den Augen zu verlieren, denn Heiko ist bereits um die nächste Häuserecke gebogen. Von weitem leuchten zwei riesige weiße Zisternen wie überdimensionale Wegweiser, sodass wir die Baustelle nicht verfehlen können. Neben einem im Bau befindlichen Gebäude, auf dessen Kellerdecke ein halbes Dutzend braungebrannter Mongolen gerade Stahlmatten verteilt, steigen wir ab.

»Hallo, ich bin Albrecht«, begrüßt uns der nächste Blondschopf: Basecap, legere Klamotten und eine lockere, sympathische Art erinnern uns an unsere längst vergangene Studienzeit, doch Albrecht ist kein Student. Mit seinen achtundzwanzig Jahren leitet er bereits die Baustelle.

»Wie habt ihr die Motorräder denn bis hierher geschafft?«, will Roland, der Dritte im Bunde, wissen. Wir schauen uns an und müssen schmunzeln.

»Indem wir sie hierhergefahren haben«, antwortet Martin und bemüht sich, möglichst beiläufig zu klingen. Diese Möglichkeit hat keiner der Jungs in Erwägung gezogen. Das Erstaunen der drei deutschen Ingenieure erfüllt uns mit Stolz; die Begeisterung in ihren Augen können wir nur schwer übersehen. Alle drei wollen uns unbedingt helfen.

»Wann hat man hier am Ende der Welt schon mal Landsleute zu Besuch? Endlich ist in dem verschlafenen Nest mal was los!«, erklärt Albrecht.

Während des Mittagessens schildern wir ihnen, was wir vorhaben und wo das Problem liegt. Sofort beginnt in den Ingenieursköpfen der Algorithmus einer Lösungsfindung. Verschiedene Vorschläge prasseln auf uns nieder. Ich muss an die Olsen-Bande denken: Die waren auch immer zu dritt und hatten einen Plan.

»Der Baustellenlaster steht momentan leider nicht zur Verfügung«, erklärt Roland. »Aber wenn ihr den Preis von zweihundert Euro für euren Lkw-Fahrer noch drücken wollt, helfen wir euch gern, einen anderen Mongolen zu finden.«

Wir blicken dankbar in die Runde. Die drei Musketiere von Samin Uud sprühen vor Tatendrang. In ihren Augen funkelt eine Mischung aus Abenteuergeist und ungeduldiger Neugier.

Zusammen mit Albrecht steigen wir in seinen extra für die Wüste gekauften Russenjeep. Der Weg von der Baustelle zum Stadtzentrum erinnert an die Fernsehübertragungen der Paris-Dakar-Rallye. Die Strecke windet sich in schwungvollen Kurven und reiht Dünen, Hügel und schlecht einzuschätzende Absätze dicht an dicht.

»Meine Bestzeit liegt bei neun Minuten und vierzehn Sekunden, aber das liegt schon ein paar Tage zurück. Seitdem versuche ich, sie zu übertrumpfen«, erklärt er mit besorgniserregender Ernsthaftigkeit. Ich muss mich festhalten und weiß nicht, ob ich lachen oder weinen soll. Wir werden kräftig durchgeschüttelt, stoßen uns die Köpfe am Dach, drücken den rechten Fuß zum virtuellen Mitbremsen ins Bodenblech und haben nach jeder Kurve das Gefühl, sie gerade noch so gekriegt zu haben. Albrecht amüsiert sich köstlich über das beklommene Schweigen im Fahrgastraum. Es bereitet ihm sichtlich Spaß, über die Sandberge zu heizen, und wahrscheinlich hat er den Job am Rande der Wüste Gobi einzig und allein wegen der Off-Road-Pisten angenommen.

In der Stadt holen wir verschiedene Angebote ein, aber ein Passieren der Grenze müssen wir auf morgen verschieben, da der Grenzhof schon geschlossen ist. Nun bleibt nicht mehr viel Zeit, unser Vorhaben zu realisieren. Ich spüre, wie ich langsam unruhig werde. Wir gehen noch einmal die gesammelten Telefonnummern der Lkw-Fahrer durch und diskutieren die Zuverlässigkeit einzelner Kandidaten. Die Vertrauenswürdigkeit der Lkw-Mongolen hinterlässt in uns ein mulmiges Gefühl. Albrecht spürt unsere Resignation und schlägt kurzerhand einen Baustellenrundgang vor, der uns auf andere Gedanken bringen soll.

Bedingt durch die Tatsache, dass das russische und mongolische Schienennetz um einige Zentimeter breiter ausgelegt ist als das anderer Länder, entsteht in Zamiin Uud mit Unterstützung der Europäischen Union eine Benzin-Diesel-Umfüllstation für Güterzüge. Während uns Roland und Albrecht die Zisternen, die Umfüllanlage, das Pumphaus und das Multifunktionsgebäude erläutern, wird deutlich, wie viel Improvisationsgeschick nötig ist, um die scheinbar unüberwindbaren Probleme zu lösen. Da auf der Baustelle nur Mongolen beschäftigt sind, kommt es durch Mentalitätsunterschiede unweigerlich zu Konflikten. Baumängel, häufig durch mongolische Subunternehmer verursacht, sind keine Seltenheit. Von der vier Meter hohen Brüstung der Umfüllanlage wandert mein Blick über das weiträumige Areal. Auf der Kellerdecke des Multifunktionsgebäudes, wo heute Morgen noch die Stahlmatten ausgelegt wurden, herrscht emsiges Treiben.

»Wir sind schon einen Monat im Verzug«, erklärt Albrecht. »Das Multifunktionsgebäude sollte schon längst fertig sein, aber wir haben die Rechnung ohne die Mongolen gemacht. Die bekommen kaum was auf die Reihe.«

»Wie meinst du das? Sind die nur zu faul zum Arbeiten oder fehlt ihnen die fachliche Kompetenz?«, hake ich nach.

»Beides. Aber seht selbst!« Er deutet mit ausgestrecktem Arm auf den Bautrupp, der sich auf der Kellerdecke des Gebäudes tummelt. »Die spielen schon wieder Kinderfußball!«

»Kinderfußball? Wieso?«

Mit einem humoristischen Unterton, aber auch einer Spur Verzweiflung in der Stimme erklärt Albrecht uns seine Metapher: Drei der fünfzehn Mongolen halten ein schweres Rohrende über dem Boden, aus dem frischer Beton quillt. Drei weitere Arbeiter stehen mit Schaufeln bewaffnet vor dem Berg grauer Masse und versuchen unbeholfen, den Beton zu verteilen. Der Rest der Mannschaft steht um die Szenerie herum und schaut zu, wie der breiige Haufen immer größer wird. Statt den Flüssigbeton mit Hilfe des beweglichen Rohres in kleinen Portionen auf der Fläche zu verteilen, um ihn mit Schaufeln in die gewünschte Form zu bringen, stehen alle auf einem Haufen und behindern sich gegenseitig. Albrecht hat Recht. Beim Kinderfußball rennen alle einem Ball hinterher. Hier bestehen der Rasen jedoch aus Stahlmatten und der Fußball aus Flüssigbeton.

Bisher haben wir von Albrecht nur Gutes über die Mongolen gehört. Doch hier prallen Mentalität, Kultur und technischer Fortschritt zweier Welten aufeinander. Den Fertigstellungstermin stets im Nacken fehlen den deutschen Ingenieuren schlichtweg Zeit und finanzielle Mittel, die mongolischen Arbeitskräfte fachgerecht anzulernen. Da fällt die Vermittlerrolle, ein Spagat zwischen Geduld und Akkordarbeit, nicht immer leicht, wie Albrecht selber zugibt.

Den Abend verbringen wir in den wenigen Bars der Stadt. Roland erzählt wehmütig von seiner Familie in Deutschland, die ihn erst in drei Monaten wiedersehen wird. Albrecht schmiedet bereits Pläne für ein gemeinsames Treffen nach der Reise, und wir kramen in unseren Reiseerinnerungen. Nach knapp fünf Monaten tut es gut, am anderen Ende der Welt mit Landsleuten ein Stückchen Heimat zu erleben.

24. Wettlauf gegen die Zeit

Wo bin ich? Vorsichtig öffne ich ein Auge. Grelles Tageslicht zwingt mich, es wieder zu schließen. Blinzelnd mustere ich die Umgebung. Wahrscheinlich sind wir in Albrechts Wohnung. Fragmente des gestrigen Abends schwirren mir im Kopf herum. Ich versuche einen Arm zu heben, lasse ihn jedoch kraftlos wieder sinken. Der Kopf probiert es erst gar nicht, wohlwissend, dass dies die beste Meidestrategie gegen akute Kopfschmerzen ist. Ich habe Durst. Meine Hand tastet nach einer Wasserflasche und stößt gegen den auf dem Stuhl liegenden Motorradhelm. Mit einem dumpfen Schlag fällt er zu Boden. Ich schrecke hoch. Plötzlich fällt mir alles wieder ein: China! Wir wollten doch nach China! Wie spät ist es? Im nächsten Moment bin ich hellwach.

»Martin! Wach auf! Es ist schon halb elf! Wir müssen los!«

In der anderen Ecke des Zimmers rekelt sich etwas. Dann schiebt sich ein zerknittertes Gesicht aus dem Schlafsack, das im gebügelten Zustand eventuell zu diesem Namen passen könnte. In Rekordzeit bringen wir uns in einen salonfähigen Zustand. Zuerst fahren wir zur Baustelle, wo wir uns um elf mit einem Mongolen verabredet haben, doch als er uns versetzt, scheint unser waghalsiger Plan einer Grenzüberquerung auseinanderzufallen.

Nun bleibt uns nichts weiter übrig, als bei der Lkw-Sammelstelle am Güterladeplatz nach einem anderen bereitwilligen Fahrer zu fahnden. Doch keiner der Wüstentrucker will den exotischen Job übernehmen. Verflixt, uns läuft die Zeit davon! Die Grenze ist nur bis siebzehn Uhr geöffnet, und jetzt ist es schon zwölf!

Wir beschließen, uns zu trennen, um die Chancen zu verdoppeln. Martin durchkämmt das Jurtenviertel, während ich zur Baustelle fahre, um die gestern gesammelten Telefonnummern abzutelefonieren. Doch bei den wenigen Mongolen, die abnehmen, scheint sich die Hilfsbereitschaft in Skepsis verwandelt zu haben. Sie präsentieren mir eine Ausrede nach der anderen, bis ich die letzte Nummer auf meinem Zettel durchstreiche. Was nun? Wir wollten doch heute nach China!

Sollte es wirklich unmöglich sein, die aufwendigen Einreisebestimmungen zu umgehen? Wenn wir nach Russland zurückfahren müssen, war alles umsonst!

Enttäuscht schlurfe ich zum Parkplatz und steige auf meine Yamie. Ein Hupen reißt mich aus den Gedanken. Das Geräusch kenne ich. So quäkig klingt nur eine Hupe. In diesem Moment biegt Martin in die Baustelleneinfahrt. Ich signalisiere ihm, sofort umzudrehen, um gemeinsam einen letzten Versuch auf dem Lkw-Parkplatz zu starten, da biegt hinter ihm ein blauer Grenzlaster auf den Hof. Mein Herz springt beinahe aus der Fassung.

»Du hast tatsächlich noch einen Fahrer gefunden!«

Martin strahlt.

»Der Typ ist total pflegeleicht. Er meinte nur, er muss heute noch zurück. Wir sollten uns beeilen, weil die Grenze um siebzehn Uhr dichtmacht!«

»Ach nee, das ist mir neu! Haben die keinen 24-Stunden-Service?«

Der Laster wird rückwärts an einen Sandhaufen bugsiert, danach werden die Motorräder erst mit Schwung auf den Hügel und dann mit Feingefühl auf die Ladefläche manövriert. Roland und Albrecht helfen uns, die kostbare Fracht festzuzurren. Danach bleibt noch Zeit für ein Abschiedsfoto. Glückwünsche gegen Dankesworte, hier ein Händeschütteln, da ein Schulterklopfen und überall herzliche Umarmungen. Die Intensivität des Augenblicks steht allen ins Gesicht geschrieben. Als wir dann ein letztes Mal den Weg um die Baustelle fahren, steht Roland mit sehnsüchtigem Blick salutierend auf einem Mauersegment. Seine ehrerbietige Geste rührt uns zutiefst. Ein Teil von ihm wäre wohl zu gern mit uns gefahren. Schnell wird die Silhouette auf der Mauer kleiner, bis er hinter einer Düne verschwindet.

Ruhig tuckert der Laster auf die Stadt zu, während wir nervös und angespannt unserem nächsten Abenteuer entgegenfiebern.

»Bis zur Grenzkontrolle haben wir das Pferd erstmal geschaukelt«, sage ich bestens gelaunt zu Martin, während ich ihm meine Hand zum High-Five hinhalte. Er schlägt ab und will gerade antworten, als der Fahrer plötzlich scharf nach rechts abbiegt und wir unsanft nach links gedrückt werden. Martin und ich schauen uns überrascht an.

»Was soll das denn? Wo will er denn jetzt hin?«, rufe ich mit einem Ansatz Panik in der Stimme.

Der Mongole erklärt uns, an der Grenze sei jetzt Mittagspause und er fahre zum Mittagessen nach Hause. Wenige Augenblicke später sehen wir uns im Kreis seiner Familie in einer Jurte an einem Tisch sitzen. Es gibt Nudelsuppe und Tee. Ich versuche mich zu beruhigen und noch einmal die mongolische Gastfreundschaft auf mich wirken zu lassen. Doch die verbleibenden drei Stunden bis Grenzschließung ticken in meinem Kopf wie eine Zeitbombe. In aller Seelenruhe schlürft der Brummifahrer die Suppe. Dann erhebt er sich mit langsamen Bewegungen und erklärt, er gehe mal eben schnell noch die Grenzpapiere besorgen. Aufgekratzt sitzen wir auf der kleinen Bank an der Jurtenwand und werden fast verrückt. Das Gelingen unserer LoMo-Expedition liegt nun in den kleinen mongolischen Händen, die vor einer Unzeit aus der Jurte marschiert sind.

Wo bleibt er denn nur? Und was machen wir, wenn er die Dokumente zu spät oder gar nicht bekommt? Die Zeit verrinnt wie Butter in einer heißen Pfanne. Uns bleiben nur noch magere neunzig Minuten. Vielleicht kommt er zu spät? Vielleicht sind die Papiere nicht gültig? Vielleicht hat er uns nur verarscht und sitzt gerade mit seinen Kumpels in irgendeiner Bar und lacht sich schief über unsere Einfalt, Motorräder als Frachtgut nach China schmuggeln zu wollen?

Plötzlich hören wir Schritte. Gut gelaunt und freundlich lächelnd tritt der Mongole in die Jurte und gibt uns zu verstehen, ihm zu folgen. Na endlich! Wusste ich‘s doch: Auf den Kerl ist Verlass! Ich lasse meine Bedenken erleichtert in den Sand rieseln und steige mit Martin in den Lastwagen.

Eine lange Schlange wartender Grenzgänger kündigt den ersten Grenzposten an. Erfreulicherweise geht die Abfertigung auf mongolischer Seite zügig vonstatten. Unser Fahrer hält noch ein lockeres Schwätzchen mit der Grenzbeamtin, das schon als Flirt durchgehen könnte. Was für uns das Zünglein an der Waage bedeutet, ist für ihn langweilige Routine. Während wir im Passabfertigungsgebäude Dokumente ausfüllen, fährt der Wüsten-Don-Juan ohne zu halten einfach durch den mongolischen Zoll. Ich traue meinen Augen nicht. Wie gebannt starre ich dem blauen Laster hinterher: Niemand beanstandet die außergewöhnliche Ladung!

Einem Schwarm wilder Bienen gleich schwirren die Gedanken mir durch den Kopf, und das Herz schlägt mir bis zum Hals. Benommen versuche ich, mich auf mein Äußeres zu konzentrieren. Die Beamtin am Schalter blättert in unseren Pässen. Ihr prüfender Blick über die Brille mustert meine eingefrorene Mimik. Das pulsierende Magma hinter meinen Pupillen bleibt für sie unsichtbar. Sekunden vergehen. Ich halte den Atem an. Dann saust ihr Stempel auf das Papier: Tuff. Und nochmal: Tuff.

Hurra! Die erste Hürde haben wir geschafft! Das gibt es doch gar nicht! Innerlich schlage ich einen Purzelbaum. Nur mühsam schaffe ich es, den Impuls zu unterdrücken, vor Freude ausgelassen umherzuspringen. Nur wenige Augenblicke später steht ein grinsender Martin hinter mir und wedelt mit seinem abgestempelten mongolischen Visum durch die Luft. Jetzt können wir nicht mehr zurück in die Mongolei. Sogar die Krads haben sich durch den mongolischen Zoll geschummelt. Mein Blick fällt auf die Uhr: nur noch sechzig Minuten!

Wieder stehen wir in einem Konvoi vor dem chinesischen Kontrollpunkt. In der Ferne sehen wir, wie sich ein riesiger Regenbogen aus Metall über den Eingang des chinesischen Grenzhofs spannt. Mitten in der Wüste, wo normalerweise das Überleben höchste Priorität besitzt, üben die Chinesen sich in architektonischer Formvollendung. Umgeben von Wüstensand, wirkt das monumentale Portal surreal.

Strahlend blauer Himmel über uns, glühender Asphalt unter uns, beigefarbene Dünen links und rechts neben uns, Männergelächter aus dem Wagen hinter uns – und nichts bewegt sich, gar nichts. Wir sitzen fest. Zu allem Überfluss kommt auch noch ein chinesisch Uniformierter auf uns zu. Sofort schießt mir Adrenalin in die Blutbahn. Auch Martin kämpft mit seiner Contenance.

Das war‘s dann wohl. Jetzt beginnen die Probleme, geht es mir durch den Kopf. Schnell versuche ich noch, mir beiläufige Fragen zurechtzulegen, um den Grenzer abzulenken. Aber der lächelt nur freundlich und begrüßt uns wohlwollend, sogar mit einer Spur Stolz in der Stimme. Keine Fragen, keine Aufforderung, die Dokumente zu zeigen. Sein Gebaren verrät einzig und allein sein persönliches Interesse an den Maschinen. Er erklärt uns, auf chinesischer Seite sei der Strom ausgefallen und die Abfertigung verzögere sich somit leider etwas ...

»Wie? Kein Strom? Ausgerechnet jetzt?«

Martin und ich schauen synchron auf unsere Armbanduhren.

»Noch fünfzig Minuten bis Buffalo«, verkündet Martin in poetischer Manier. »Und nun kommt die Werbung. Es geht gleich weiter.«

Ich kann ein Schmunzeln nicht unterdrücken. Er hat ja Recht. Was soll's? Ab diesem Punkt können wir nur noch abwarten und Tee trinken. Wie wird wohl unser neuer mongolischer Freund reagieren, wenn er es nicht innerhalb der Öffnungszeiten wieder zurück bis nach Zamiin Uud schafft? Die drückende Hitze und der Nervenpoker sorgen für einen permanenten Schweißfilm auf der Haut. Das Warten in Ungewissheit wird zur Qual. Ich fange an zu dösen und ergebe mich nach und nach dem Flimmern der heißen Luft. Die Kolonne aus Blech und Stahl rostet mitten im Niemandsland lautlos vor sich hin. Vereinzelt fallen Karosserieteile in den Wüstensand und zerreißen scheppernd kurz die Stille. Vor mir zerfließen Lkw-Reifen in der Sonne und hinterlassen eine übelriechende, zähflüssige Pfütze auf dem Asphalt. Der Wüstenwind türmt die Dünen vor uns auf, bis die ersten Trucks nur noch mit ihrem Fahrerhaus aus den Sandbergen ragen. In der Ferne zieht eine Kamelkarawane über den Kamm der Horizontlinie und kommt schnell näher. Auf einmal sind wir nur noch von Kamelen umgeben. Mit gesenkten Häuptern suchen sie im Sand nach Pflanzenresten. Plötzlich blökt mir eines der dahinschaukelnden Wüstenschiffe direkt ins Ohr. Ich schrecke hoch. Gerade will ich den Kopf des Tieres wegschieben, da merke ich, dass ich das Kamel ziemlich gut kenne.

»Hey, lass das! Was ist los?«

»Aufwachen! Wir müssen zurück nach Zamiin Uud!«

»Zurück? Wieso? Stimmt was mit den Papieren nicht?«

Der Komödiant neben mir amüsiert sich. Ich muss wohl eingeschlafen sein. Durch die Frontscheibe sehe ich eine beachtliche Lücke zu dem Lkw vor uns.

»Es geht los! Die Chinesen haben ihren Strom wiedergefunden!«

Langsam, aber stetig schiebt sich die Blechlawine voran. Nach einer Ewigkeit stehen wir endlich vor dem chinesischen Grenzgebäude. Prächtige Blumenrabatten auf dem sorgfältig gepflasterten Vorplatz suggerieren, dass hier die Wüste zu Ende sei. Wir lassen unseren Lkw-Fahrer mit den Krads und den chinesischen Zollformalitäten allein, denn ab jetzt gelten wir nur noch als Passanten. Wir sind Touristen, die wie viele andere vor uns zu Fuß die Grenze überqueren wollen. Vor dem Schalter bildet sich eine Menschenschlange. Der kontrollierende Beamte nimmt seinen Job ernst. Akribisch vergleicht er Ziffer für Ziffer in den Papieren, in der Hoffnung, irgendetwas zu finden, womit er seinem Gegenüber die Einreise verwehren könnte. Dann bin ich an der Reihe. Sein feindseliger Blick versucht mich zu durchdringen. Meine Antworten auf seine betont autoritär gestellten Fragen verschaffen ihm keinen Einwand. Abermals taxiert mich sein herausfordernder Blick. Einen Moment lang kann ich mich des Eindrucks nicht erwehren, dass mein Kontrahent ahnt, was wir im Schilde führen. Er erhebt sich und verschwindet mit meinen Papieren wortlos durch die Hintertür. Daraufhin steige ich unwillkürlich in den nächsten Wagon meiner Gefühlsachterbahn. Unglaublich, wie viele Gedanken auf einmal in die Windungen eines menschlichen Gehirns passen!

Gleich taucht er wieder auf, um mir unangenehme Fragen zu stellen: Warum trage ich Motorradkleidung? Was ist meine Reiseabsicht? Gleich wird er mir eröffnen, dass ich nicht einreisen kann, weil mir die nötigen Dokumente für meine Maschine fehlen ... Gleich rücken mehrere Uniformierte an, um uns abzuführen. Gleich ... Halt! Ich versuche mich zu disziplinieren. Bleib ruhig! Der Junge weiß gar nichts! Du bist nur ein stinknormaler Tourist, zu Fuß unterwegs, um dir die Wüstengräser anzuschauen!

Ich atme tief durch und bringe mich wieder unter Kontrolle. Endlich klappt die Tür. Der Beamte nimmt wieder Platz, blättert meinen Pass auf und sucht nach seinem meistgebrauchten Schreibtischutensil. Dann passiert das Unvorstellbare: Tuff! Tuff!

Ja, ja! Geschafft! Ich bin im Reich der Mitte! Innerlich juble ich und springe vor Freude an die Decke, doch äußerlich taxieren mich immer noch die kalten Blicke des Grenzers. Besonnen meine Bewegungen kontrollierend, entferne ich mich langsam, beobachte das Geschehen aber im Augenwinkel. Nun betritt Martin die Bühne. Bei ihm scheint das Spielchen länger zu dauern. Auch bei ihm verschwindet der Grenzer im Hinterzimmer. Leider kann ich ihm nicht helfen. Während ich noch damit beschäftigt bin, meine Euphorie über das Erreichte nicht an die Oberfläche schießen zu lassen, spüre ich auf einmal den unbändigen Wunsch, auch das letzte große Zollproblem mit den Maschinen in Angriff nehmen zu wollen.

Ja, wir schaffen das! Wir werden die Zöllner irgendwie überreden, unsere Krads ohne die vorgeschriebenen Dokumente einzuführen!

Wir sind schon so weit gekommen, da ist die letzte Hürde keine unüberwindbare Wand mehr!

Plötzlich spüre ich einen tippenden Zeigefinger auf meiner Schulter. Als ich mich umdrehe, sehe ich unseren mongolischen Helfer vor mir. Er teilt mir mit, er stehe schon in der Nähe des Ausgangs und habe es eilig. Wie? Das kann doch nicht sein! Er deutet durch die Fensterfront der Empfangshalle auf einen unscheinbaren blauen Lastwagen, der schon weit hinter der chinesischen Zollabfertigung steht.

»Aber …! Wie …? Nein, das ist doch nicht möglich! Ist das da tatsächlich unser Lkw?«

Der kleinwüchsige Mongole nickt und lächelt. Wie hat der Kerl die Motorräder durch den Zoll gelotst? Ich bin verwirrt. Wieder tippt mir jemand auf die Schulter. Diesmal ist es Martin, der mir überschwänglich signalisiert, dass er sich jetzt auch als chinesischer Tourist bezeichnen darf. Nun bin ich derjenige, der seinen Zeigefinger gebrauchen darf und deute triumphierend in Richtung Ausgangstor.

»Schau mal! Siehst du das blaue Vehikel da hinten?« Genüsslich beobachte ich, wie seine Gesichtszüge entgleisen.

»Aber …! Aber das kann doch unmöglich unser Lkw sein!«

»Bist du farbenblind? Komm! Freuen können wir uns später!«

Auf einmal haben es drei Männer in einem chinesischen Grenzgebäude mitten in der Wüste Gobi auffallend eilig. Niemand hält uns auf. Keiner interessiert sich für uns.

Als wir mit dem bullernden Laster das Grenztor passieren, lachen die Grenzer noch über mein auf Chinesisch falsch ausgesprochenes »Auf Wiedersehen.« Ich lache mit ihnen und ertrinke in einem über mich hereinbrechenden Gefühlschaos: Erleichterung, Freude, Genugtuung, Stolz und ein unbeschreibliches Glücksgefühl. Wie das erfrischende Nass beim Sprung in die Ozeanfluten. Wir jubeln und schreien, hüpfen auf und ab und umarmen uns wieder und wieder, als hätten wir uns zehn Jahre nicht gesehen. Tränen der Freude stehen in unseren Gesichtern. Wie zwei kleine Jungs, für die Weihnachten, Ostern und der Beginn der Sommerferien auf einen Tag fallen, lassen wir unseren Gefühlen freien Lauf. Dem Mongolen neben uns sind unsere übermäßigen Reaktionen unheimlich. Trotzdem lässt er sich von unserer Euphorie anstecken und freut sich, dass seine Grenzpassage zwei deutsche Globetrotter heute so glücklich gemacht hat – auch, wenn er nicht genau weiß, warum.

Auf einer nahen Baustelle spielen wir das gleiche Spiel wie beim Beladen, nur umgekehrt. Es dauert nicht lange, und beide Motorräder stehen unversehrt auf chinesischem Boden.

»Welcome to China!«, rufe ich und verbeuge mich mit ausladender Geste vor den Maschinen. Wir sammeln die letzten mongolischen Geldscheine zusammen und drücken sie unserem Kraftfahrer in die Hand. Erstaunt über das unerwartet hohe Trinkgeld zieht er die Augenbrauen hoch und will uns das Bündel abgegriffenen Papiers zurückgeben. Doch sanft schiebe ich seine Hand weg und quittiere die Geste mit einem leuchtenden Blick. Ein beherzter Händedruck zum Abschied und ein freundschaftlicher Klaps auf die Wange: Gut gemacht Junge! Du hast uns sehr geholfen. Danke!

Auch Martin schüttelt ihm begeistert die Hand und klopft ihm auf die Schulter. Mit einem kurzen Hupen verabschiedet sich der Mongole und biegt auf die Straße zum Regenbogentor. Mutterseelenallein stehen wir verloren auf der Baustelle. Zum ersten Mal während der Reise haben wir keinen Plan. Keiner von uns hat es gewagt, weiter als bis zur chinesischen Grenze zu denken.

Vorsichtig, behutsam, als müssten wir das Fahren erst wieder lernen, rollen wir auf die Landstraße. Quer durch Sand, Steine und karges Gestrüpp erstreckt sich ein schnurgerades Asphaltband bis tief in die Weite der Wüste vor uns. Verliebt in das Hier und Jetzt lasse ich los und genieße die Jungfräulichkeit des Augenblicks. Vertrauensvoll ergebe ich mich dem Rhythmus meiner Yamie und spüre den warmen Fahrtwind um die Nase. Ich fühle mich wie neugeboren. Schmetterlinge tanzen in meinem Bauch. Martin und ich hüpfen wie kleine Kinder auf den Maschinen herum und fahren in Schlängellinien dem Horizont entgegen. Mit einem Mal ist alles wieder möglich. Plötzlich liegt Shanghai in greifbarer Nähe. Die letzten zweitausend Kilometer schrumpfen zu einem Katzensprung.

Teil 2

25. Der chinesische Moloch

Menschen, überall Menschen. Die Straßen platzen aus allen Nähten. Aus jeder Nische quellen Leiber hervor. Dazwischen klappern verrostete Fahrräder. Aufgestylte, qualmende Mopeds hüllen die Szenerie in blauen Dunst. Bremsen quietschen. Motorisierte Dreiräder mit Kastenaufbau hupen sich den Weg frei und schieben sich Zentimeter um Zentimeter voran. Pferdefuhrwerke, Schubkarren, Autos, Busse, Lastwagen, Zweiräder, alles sammelt, verkantet, verdichtet sich und klebt auf der Straße zusammen zu einer zähen Masse. Eine Struktur ist nicht erkennbar. Es herrscht das blanke Chaos.

Willkommen im Reich der Mitte! Mit diesem Spruch begrüßt uns ein riesiges Banner quer über der Straße. Wie zu einem Volksfest herrscht ein Menschenauflauf, doch in China ist jeden Tag Volksfest. Die erste Stadt gibt uns einen Vorgeschmack auf die kommenden drei Monate. Unausweichlich saugt uns der Straßenschlund auf, und plötzlich sind wir Teil der grauen, stinkenden, lärmenden Menge. Es wird eng. Mein Blick geht nach links und rechts, der Sicherheitsabstand zu den Seitenkisten schmilzt. Unwillkürlich schwimmen wir im dickflüssigen Strom. Der Adrenalinpegel steigt. Ein vorbeirollendes: »Where do you come from?« dringt an mein Ohr. Vier Chinesen, hübsch aufgereiht, teilen sich den Sitz einer Vespa, wobei der Letzte fast herunterfällt. Mein »From Germany!« geht im Hupkonzert unter. Wie zwei übergewichtige Nilpferde wanken wir unsicher dem Stadtzentrum entgegen. Vor uns sehe ich mit Entsetzen die erste Kreuzung.

Was nun? Verkehrsregelnde Elemente wie Ampeln, Fahrbahnmarkierungen oder Verkehrsschilder existieren zwar, werden aber nicht wahrgenommen. Das wäre so, als befähle man einem tobenden Mob, sich zum Fahnenappell anzustellen. Während wir uns im Zeitlupentempo der Querstraße nähern, versuche ich im Kreuzungsverkehr ein Prinzip, eine Gesetzmäßigkeit, irgendeine Regel zu erkennen, doch bevor wir einen Plan schmieden können, wie wir unversehrt über den Verkehrsknotenpunkt gelangen, werden wir schon vom Sog erfasst und in das Durcheinander gedrückt. Wie durch ein Wunder spuckt uns das Menschengewimmel auf der anderen Seite unbeschadet wieder aus. Unmittelbar darauf nimmt die Verkehrsdichte ab. Ich atme durch. Wenn eine kleine Wüstenstadt wie Erenhot bereits in so einem Getümmel versinkt, wie soll das erst in Metropolen wie Peking oder Shanghai werden? Ich spüre ein mulmiges Gefühl in der Magengegend.

* * *

Nach dem Verlassen der Stadt erliegen wir ein letztes Mal dem Charme der Wüste: die milde, trockene Luft, die prickelnden Sonnenstrahlen, das weite Panorama ohne Anzeichen von Zivilisation, die Pastelltöne der Umgebung und die unbeschreibliche Stille – alles wirkt wie eine magische Kraft beruhigend auf unsere Geister. Erste Felder längsseits der Straße kündigen das südliche Ende der Gobi an. Erneut nimmt der Verkehr zu. Häuserzeilen säumen lückenlos den Straßenrand. Wir überholen kleine Trecker ohne Motorverkleidung und Dreiräder mit ziegelbeladenen Anhängern. Ein Polizeiauto hinter uns schert aus. Wir halten den Atem an. Es fährt an uns vorbei, um vor uns wieder einzuscheren. Nichts passiert, Glück gehabt!

Noch immer bewegen wir uns mit äußerster Vorsicht in der Öffentlichkeit. Zu groß ist unsere Angst, von der Polizei aufgegriffen zu werden und die noch frischen Kilometer auf Chinas Straßen zurückfahren zu müssen, um kurzerhand des Landes verwiesen zu werden. Doch jedes Mal, wenn wir einen Schlagbaum, einen Toniwagen oder eine Mautstation passieren, staunen die Beamten nur, als führen zwei Außerirdische an ihnen vorbei.

Mir ist, als hätten wir mit dem Überqueren der Grenze ein dickes, verstaubtes Märchenbuch aufgeschlagen oder seien mit Hilfe einer Zeitmaschine aus der menschenleeren mongolischen Wüste in eine Fantasiewelt katapultiert worden. Nichts, absolut gar nichts scheint hier etwas mit der westlichen Hemisphäre gemein zu haben. Das Einzige, was in allen bisher bereisten Ländern und ebenso im Reich der Mitte vertraut hier und da auftaucht, sind ein dünnes gelbes »M« in gebogenem Schriftzug an überdimensional großen Werbetafeln und ein schwarzes Limonadengetränk mit rotweißem Etikett in den Regalen der Supermärkte.

China fasziniert. China begeistert. China ist anders. Als moderne Nomaden haben wir Mühe, uns durch diese fremde Welt zu kämpfen, ohne Empörung, Verständnislosigkeit, Stress oder einfach nur das Bedürfnis nach Ruhe zu empfinden. Aber als Besucher zieht uns das Land magisch in seinen Bann. Es vergeht kein Tag, an dem unsere Augen nicht an Kleinigkeiten kleben, Kuriositäten entdecken oder unglaubliche Szenen beobachten: Vor einem Bistro sitzen Chinesen in zerknitterten Sakkos auf winzigen Stühlen mitten auf den Fahrradweg und angeln mit Stäbchen die festen Bestandteile der Nahrung aus ihren Suppen. Andere, die kein Stühlchen mehr abbekommen haben, hocken am Rand des Bürgersteiges und beobachten gelangweilt den Verkehr. Dreiradfahrer schlängeln sich genügsam mit waghalsig in den Himmel ragenden Ladungen am Bistro vorbei. Sie transportieren alles, was von A nach B muß. Dabei entdecken wir stets, je nach Art des Transportgutes, kleine Modifikationen an den Ladeflächen: Kohletransporter mit verstärkten Stoßdämpfern, Dreiräder mit vergrößerter Ladefläche, die Pappkartons meterhoch beladen in der Gegend umherbalancieren, Fahrräder, an denen seitlich links und rechts riesige blaue Kunststofffässer an Metallvorrichtungen befestigt wurden.

Während einer Tankpause hören wir ein lauter werdendes Gackern. Als wir uns umdrehen, beobachten wir, wie jemand mit einem Moped an eine Tanksäule heranfährt. Über dem Soziussitz hängen an die zwanzig Enten kopfüber an den Beinen zusammengebunden. Entweder beschweren sie sich lauthals über die unflätige Behandlung, die rasante Fahrweise des Chinesen oder über beides.

Halten wir in den Ortschaften, bildet sich sofort eine Menschentraube um die Motorräder. Nicht selten interessieren sich an die hundert Chinesen gleichzeitig für unsere seltsame Erscheinung. Ausländer bewegen sich größtenteils in den beliebten Touristenzentren, die wir bei der Wahl der Reiseroute so gut es geht zu meiden suchen. Aber auch, wenn wir mitten in der Natur rasten, um dem Menschenandrang zu entgehen, dauert es nicht lange und ein Chinese steht neben uns. Finden wir abends eine geeignete Lagerstatt, können wir die Zeit stoppen, bis eine Gruppe Neugieriger uns beim Abendbrot Gesellschaft leistet. In China ist man nie allein. Selbst beim allmorgendlichen Toilettengang kann man sich nie sicher sein, nicht unerwarteterweise von einem Chinesen überrascht zu werden. Es wundert mich keineswegs, dass sich knapp die Hälfte der Landesbevölkerung in den östlichen Küstenregionen konzentriert. Die Bevölkerungsdichte beträgt in Ostchina mehr als das Dreifache von Deutschland.

Je mehr wir uns der chinesischen Hauptstadt nähern, desto dichter wird die Besiedlung. Ortschaften scheinen ineinander überzugehen. Der Verkehr nimmt stellenweise bedrohliche Ausmaße an. Vor allem in den Stadtzentren müssen wir uns durch chaosartige Staus drücken, aber auch die Transitstrecken zwischen den Millionenstädten lehren uns das Fürchten. Kurz vor Peking dann treffen drei Highways aufeinander, und ein Lkw nach dem anderen schiebt sich die Berge hinauf. Rußend, stinkend, dröhnend fahren die Stahlungeheuer hinter, neben und vor uns – die Hölle könnte nicht schlimmer sein! Zweiräder verlieren hier inflationär an Akzeptanz. Wie zwei Ameisen zwischen stampfenden Elefantenbeinen flüchten wir von Lücke zu Lücke. Ein bedrohlich trötendes Horn hinter uns paralysiert plötzlich meine Manövrierfähigkeit. Ich verstehe zwar kein Chinesisch, aber ohrenbetäubende Monstertruckhupen übersetze ich immer mit: Du hast noch fünf Sekunden, bis du Matsch bist. Na, wer will denn da beim Mensch-ärger-dich-nicht schummeln? Ein schwacher Impuls in mir verlangt nach Rechtfertigung, nach Entlarvung des Spielverderbers, aber schnell übernimmt die Vernunft das Zepter. Wer stärker, lauter und schwerer ist und noch dazu mehr Gummi auf den Asphalt bringt, darf heute ausnahmsweise ein Feld vor: Ich weiche meinem Kontrahenten aus. Martin vor mir verliert ungern bei Gesellschaftsspielen, doch nach der akustischen Vollnarkose darf der Chinese heute sogar zwei Felder weiter – und wir bleiben am Leben.

Am Fuße eines Berges staut sich wenige Minuten später der Verkehr wegen eines liegengebliebenen Lkws. Gerade will ein Artgenosse an ihm vorbei, da setzt ein Reisebus im Gegenverkehr zum Überholen an. Beim Kampf dieser Giganten nehmen wir lieber die Rolle kopfschüttelnder Beobachter ein. Die Chinesen schaffen es tatsächlich, eine gewöhnliche Landstraße in einen vierspurigen Highway zu verwandeln.

Wie sollen wir nur Tausende Chinakilometer überstehen, ohne früher oder später einen Unfall zu provozieren? Seit der ersten Stadtdurchfahrt beschäftigt uns diese Frage. Stecken wir in den Zentren im Verkehrsgewimmel fest, versuchen wir, ein Prinzip zu erkennen, warum der Verkehr trotz der chaosartigen Zustände funktioniert. Unzählige Male diskutieren wir diesen Punkt. Nach Tagen der Ratlosigkeit kommt uns endlich die Erleuchtung: Der Kern des Phänomens liegt in der Denkphilosophie zweier Kulturen, wie sie unterschiedlicher nicht sein können. Während wir Europäer ein Fortbewegungsmittel vor allem dazu nutzen, um von Punkt A nach Punkt B zu gelangen und dabei einzig und allein das Erreichen des Ziels im Kopf haben, besteht für einen Asiaten der Sinn des Benutzens eines Fahrzeugs in der Tätigkeit an sich – im Fahren. Die Chinesen beschäftigen sich während der Fortbewegung mit dem Fahren, nicht mit dem Erreichen des Ziels. Dadurch tritt erstens die Bedeutung von Geschwindigkeit spürbar in den Hintergrund und zweitens kommt es an Kreuzungen weniger zu Unfällen, weil die Wichtigkeit der Vorfahrtsfrage verblasst. Froh, eine einleuchtende Antwort gefunden zu haben, versuchen wir ab sofort unsere Denkweise im Straßenverkehr umzustellen und siehe da, es funktioniert. Fortan führen wir die Maschinen um ein Vielfaches entspannter und sicherer durch die Nadelöhre. Doch das ungute Gefühl, das mich seit dem Überqueren der ersten Kreuzung begleitet, verdichtet sich zunehmend zu einer Vorahnung, was uns noch im chinesischen Verkehrsmarathon passieren wird.

Mit jedem neuen Tag auf den Straßen Chinas lernen wir, besser mit dem Verhalten der Verkehrsteilnehmer umzugehen. Vieles wird vorausschaubar. Unberechenbare Chinesen, die ohne jegliche Ankündigung wie Kamikaze aus dem Gebüsch springen und kurz vor unseren Rädern über die Straße laufen, bereiten uns mittlerweile kein Problem mehr. Kleine Trecker, denen meist die Motorverkleidung fehlt, und sich so Zahnräder und Keilriemen ungeschützt im Wind drehen, zaubern uns nur noch ein müdes Lächeln ins Gesicht, wenn sie unmittelbar vor dem Linksabbiegen erst einen unmerklichen Schlenker nach links fahren und kurz darauf im weiten Bogen nach rechts ausholen, um am Ende dann doch links abzubiegen.

Auch die unvermeidlichen Menschenansammlungen um die parkenden Yamies nehmen wir zunehmend mit Gelassenheit. Nie hätte ich es für möglich gehalten, einen längeren Zeitraum in einer Umgebung leben zu können, in der ich einzig und allein nachts im Schlafsack meine wohlverdiente Ruhe finde. Die außergewöhnlichen Umstände zwingen uns in vielen Extremsituationen vor allem zu eins: Ruhe bewahren und besonnen reagieren.

Mit Vorfreude steuern wir das nächste große Reiseziel an. In Peking wollen wir eine ehemalige Kollegin von Martin treffen. Sie hatte uns schon vor Wochen via Mail eingeladen, bei ihr vorbeizuschauen, wenn wir es bis dahin schaffen sollten.

Vor den Toren der »Nördlichen Hauptstadt«, so die sinngemäße Übersetzung des Namens »Beijing«, gestaltet es sich immer schwieriger, voranzukommen. Staus und gesperrte Straßen zwingen uns, die geplante Route zu verlassen und Umwege in Kauf zu nehmen.

Zwischen dunkelgrünen Berghängen und tief in den Fels geschnittenen Flussläufen durchfahren wir siebzig Kilometer vor Peking auf einer Umleitung den Vorort Badaling. An einem Verkehrsknotenpunkt stehen Uniformierte und lotsen uns auf einen geschäftigen Parkplatz. Reisebusse verstopfen die Ein- und Ausfahrten. Scharen von Touristen strömen großzügig angelegten Treppen entgegen, die bewaldete Hänge hinaufführen. Neugierig, was es hier Sensationelles zu bestaunen gibt, halten wir an und stapfen kurz darauf mit unzähligen plaudernden und knipsenden Chinesen die Treppen hinauf. Vom Horizont her schlängelt sich eine zweifellos von Menschenhand erschaffene, pastellgraue Linie aus Stein quer durch die gebirgige Landschaft. Überrascht stehen wir unerwartet auf einem der Sieben Weltwunder. Ehrfürchtig wandert mein Blick die Chinesische Mauer entlang, bis ich sie in der Ferne nur noch erahnen kann. Ich versuche mir vorzustellen, wie damals Menschen versucht haben, die gigantische Barriere zu überwinden. Das imposante Bollwerk zieht sich Tausende von Kilometern durch das Land. Welcher enorme Aufwand wurde betrieben, um Menschen voneinander zu trennen? Die Chinesen sind verrückt!

Plötzlich durchzuckt mich ein Gedanke: Wir Deutschen sind es nicht weniger! Vor vierzehn Jahren war mitten in Deutschland eine halbe Stadt eingemauert und es zog sich ein Todesstreifen quer durch die Heimat. Ich muss an Korea denken. Das Land ist heute noch geteilt. Ich fühle Groll in mir aufkommen. Es kann nicht sein, dass Machtinteressen von so wenigen so viele beeinflussen. Ob vor Jahrhunderten, Jahrzehnten oder heute, wann werden die Menschen endlich aufhören, Mauern zu bauen?

Nachdem wir uns sattgesehen haben, steigen wir die Stufen wieder hinunter zum Parkplatz. Dort haben sich mittlerweile ebenso viele Menschen versammelt wie auf der Mauer oben.

»Wo stehen eigentlich unsere Yamies?«, frage ich Martin. Mein Blick wandert suchend im Halbkreis über die riesige Betonfläche. Neben den wenigen Autos stehen Reisebusse am Rand.

»Suche keine Motorräder, sondern Chinesen! Suche nach vielen kleinen schwarzen Wuschelköpfen!«

Martin steuert zielsicher auf eine Menschentraube zu, die sich mitten auf dem Platz gebildet hat. Erst jetzt fällt mir auf, dass niemand von ihnen Anstalten macht, die Treppen in Angriff zu nehmen. Ihr Interesse gilt dem Zentrum des Auflaufes: unseren Maschinen. Bereitwillig lassen wir uns mit Kindern und Eltern fürs Familienalbum ablichten und beantworten geduldig alle Fragen, bevor wir starten. Daraufhin formt sich die Masse zu einem Spalier, und wir fahren huldvoll winkend zur Ausfahrt.

26. Platz des Himmlischen Friedens

Erste Wolkenkratzer begleiten uns beidseits der Schnellstraße, die geradewegs in die Hauptstadt führt. Ein Nebelschleier liegt über der Stadt, doch für Nebelbildung ist die Luftfeuchte eigentlich zu gering. Die schlechte Sicht entsteht durch ein anderes Phänomen: Die Millionenmetropole kämpft mit Jahr für Jahr stärker werdendem Smog. Die Abgase von Industrieanlagen, Kraftwerken und unzähligen Auspuffen küren Peking zu einer der Städte mit schlechtester Luftqualität weltweit. Dieses Problem zieht sich durch die gesamte chinesische Städtelandschaft: Im weltweiten Ranking um die zwanzig Großstädte mit der größten Luftverschmutzung sind sechzehn chinesische Metropolen vertreten. Ärzte diagnostizieren mittlerweile Krebs als häufigste Todesursache in chinesischen Städten – Folgen einer sich nur schwerfällig entwickelnden Umweltpolitik und verfehlter Stadtplanung.

Unfreiwillig inhaliere ich die rußenden Dieselabgase eines Busses vor mir. In der zähflüssigen Rushhour schummeln wir uns in kritischer Schräglage zwischen Buswänden hindurch, balancieren auf dem Nadelstreif zwischen erster und zweiter Spur an Blechlawinen vorbei und weichen bei akuter Straßenverstopfung auf Bürgersteige aus. In jeder neuen Situation wird uns ein Maß an Geschicklichkeit abverlangt, das keine Zeit zum Dösen oder Denken lässt. Elegant schlängeln wir uns durch eine Sinfonie des Chaos bis ins Stadtzentrum. Dort warten schon zwei Mitarbeiter von Lien, der Kollegin von Martin, um uns in das sechzig Kilometer weiter südlich gelegene Zhuozhou zu eskortieren.

Zwei große, blecherne Torflügel schwingen schwerfällig quietschend zur Seite und geben den Blick auf eine breite, zweistöckige Hausfassade frei. Der überdachte Eingang wird von zwei Betonsäulen umrahmt, die sich in den darüber befindlichen Balkonen verjüngt fortsetzen. Die Fassade ist verziert mit schmalen weißen Klinkern. Großflächige Fenster lassen viel Licht ins Innere der Villa. Der gepflasterte Innenhof bietet genug Fläche zum Parken. Das teilweise noch im Bau befindliche palastartige Gebäude soll für die nächste Woche unser Domizil werden. Nach nunmehr fünf Monaten Campingidylle auf manchmal äußerst unebenen Gründen genießen wir den Luxus, auch wenn uns die Situation leicht irreal vorkommt.

Kurze Zeit später sitzen wir mit den beiden Chinesen in einem gutbesuchten Lokal. Der große runde Tisch füllt sich allmählich mit kleinen Schüsseln und Tellern. Mindestens die Hälfte aller Leckereien glaube ich noch nie gegessen oder irgendwo gesehen zu haben. In der Mitte steht ein großer, spitz zulaufender Topf, in dem glucksend eine wohlriechende Brühe siedet. Eigenartig aussehendes, aber auch wohlbekanntes Gemüse in Würfeln, Streifen oder Scheiben, allerlei Fleischarten, ebenfalls in häppchengerechte Stücke portioniert und andere undefinierbare Köstlichkeiten animieren unsere entwöhnten Geschmacksnerven und lehren mich in Minutenschnelle das Stäbchenessen. Interessanterweise gleichen die Gerichte nicht im Entferntesten denen eines chinesischen Restaurants in Deutschland. An einem Tisch neben uns sitzt eine zehnköpfige Gesellschaft in Feierlaune. Alles quatscht, schmatzt und rülpst durcheinander. Beim Lachen öffnen sich die überfüllten Münder und geben neben dem Kleingekauten auch einen Einblick in die Historie chinesischer Zahnarztbesuche, wobei die statistische Tatsache, dass auf zehntausend Chinesen nur ein Zahnarzt kommt, unübersehbar zutage tritt. Die Gäste reichen sich mit ihren Stäbchen gegenseitig die besten Fleischstücke von Teller zu Teller und lassen Unbrauchbares ungeniert zu Boden fallen. Als die Teller halbvoll mit Knochen, Zahnstochern und schmutzigen Servietten umeinander stehen, erreicht das Gelage seinen Höhepunkt. Deutlich höre ich mehrmals den chinesischen Trinkspruch »*Ganbei*!«, sinngemäß: »Trockne das Glas!«, der den Trinkenden unmissverständlich auffordert, sein Glas in einem Zug zu leeren. Die erhöhte Gesprächslautstärke nötigt uns, ebenfalls die Stimmen zu heben.

Plötzlich scharren Stühle, und nach einer ausgiebigen Verabschiedungszeremonie verlassen die Partygäste die Kampfarena. Es wird ruhig im Restaurant, doch der zurückgelassene Tisch ähnelt dem Schlachtfeld von Waterloo: Essensreste, halb gelehrte Gläser, zerknülltes Papier, Stäbchen im Mikadodesign, halb aufgegessene Portionen auf und neben den Tellern. Unter dem Tisch setzt sich das Chaos fort. Noch nicht einmal die Stühle wurden wieder in ihre

Ausgangsstellung geschoben. Mit Lächeln und Kopfschütteln kommentieren Martin und ich die Szenerie, während unsere chinesischen Gastgeber völlig unbeeindruckt sind.

***

Es dämmert schon; an den Säumen der Vorhänge schummelt sich diffuses Licht in den Raum. Vogelgezwitscher und weit entferntes Stimmengewirr dringen an mein Ohr. Im Haus höre ich erste Geräusche. Ich stehe auf und krame in den Kisten nach Kleidung. Es ist kühl geworden und die Räume des Anwesens sind nicht geheizt.

»Morgen!« Martin steht schlaftrunken neben seinem Bett.

»Morgen! Na, Kopfschmerzen?«

»Geht so«, brummt ein sonorer Bass und trottet aus der Tür. Die unzähligen *Ganbeis* des gestrigen Gelages wären uns fast zum Verhängnis geworden.

»Wir sollten den chinesischen Trinkspruch beim nächsten Restaurantbesuch nicht so wörtlich nehmen«, meint Martin, als er erneut im Türrahmen erscheint.

»Sagt der Säufer und leert das Glas! Du hast Recht, aber wie lautet das Motto einer bekannten deutschen Punkband: Kein Alkohol ist auch keine Lösung.«

Auf dem Weg zur Bushaltestelle inhalieren wir die kühle Morgenluft und nüchtern langsam aus. Beiderseits der Hauptstraße herrscht emsiges Treiben. Fliegende Händler bieten Ware feil. Von Stand zu Stand schlendernd, entdecken wir Details des chinesischen Händleralltags. Auf der Pritsche eines Dreirades hat dessen Besitzer einen Schleifstein montiert. Während wir ihm neugierig über die Schulter schauen, hockt er davor und schärft zwei Scherenklingen. Sein Nachbar sitzt auf der großen Ladefläche seines Gefährts und sortiert grüne und rote Äpfel, die auf der gesamten Ablage verteilt liegen. Sichtlich gelangweilt baumeln seine Beine von der Rampe, während er uns interessiert mustert. An anderer Stelle steht neben einer Garküche mitten auf dem Bürgersteig ein Bett, auf dem sich ein Verkäufer ausruht. Der Verkehrslärm und das ihn umgebende Durcheinander scheinen ihn nicht im Geringsten zu stören. Auf einer der Dreirad-Ladeflächen neben seiner Ruhestatt sehen wir sogar eine Art Schaufenstervitrine, in der knuspriges Gebäck auf Abnehmer wartet.

Von weitem winkt uns der Busfahrer heran und drückt uns freundlich, aber energisch in das überfüllte Fahrzeug. Erst, als es sich in Bewegung setzt, fällt uns ein, dass wir gar nicht wissen, wohin die Reise geht. Martin erkundigt sich auf Chinesisch bei den ihn zusammendrückenden Passagieren nach der Destination und beschäftigt den halben Bus mit seinem Anliegen, bis jemand endlich die Frage verstanden hat und alle lächelnd übereifrig nicken.

Als erstes besuchen wir die Botschaft von Myanmar. Die diplomatisch geschulte Dame am Informationsschalter erklärt uns, eine Einreise nach Myanmar mit dem eigenen Fahrzeug sei nicht möglich; wir müssten mit dem Flugzeug in die Hauptstadt fliegen. Das hatten wir uns einfacher vorgestellt! Doch frei nach dem Motto *Es wird nichts so heiß gegessen, wie es gekocht wird*, beschließen wir, uns erst in Kunming, einer Stadt nahe dem Grenzübergang, ein Visum zu besorgen. Dank des übersichtlichen U-Bahnnetzes in Peking, das nur aus drei sich kreuzenden Linien besteht, gelangen wir schnell von einem Punkt zum nächsten. So schaffen wir es noch am selben Tag, die indischen Visa in Auftrag zu geben.

Am nächsten Tag herrscht Ausnahmezustand in Peking. Es ist der erste Oktober, und die Chinesen feiern zum vierundfünfzigsten Mal den Gründungstag der Chinesischen Volksrepublik. Alles, was laufen kann, ist auf den Beinen; die Bürgersteige quellen über vor Schaulustigen. Auf dem Tian'anmen-Platz[1] scheint sich ganz China versammelt zu haben. Vor den Toren der Verbotenen Stadt, die den Platz begrenzen, führt ein breites Asphaltband vorbei, das Ordnungskräfte mit kniehohen Zaunsegmenten abgesperrt haben. Auf dem überfüllten Bürgersteig drängeln sich die Passanten. Jeder will zum großen Platz. Uniformierte patrouillieren respekteinflößend vor der Barriere, bereit, jeden Zaunübertreter sofort in die Schranken zu weisen. Doch die zusammengepferchte Menge lässt sich nicht lange halten. Zu viele Leute strömen aus den Seitenstraßen auf den Bürgersteig. Dann passiert es: Erst steigt ein Chinese über die Absperrung, und als

1 Platz des Himmlischen Friedens

ein Ordnungshüter sich ihm drohend zuwendet, löst sich noch einer aus der Menge, dann drei weitere, dann vier. Plötzlich springen alle wie auf Kommando über die niedrigen Gitter. China ist nicht mehr zu halten. Von einem Moment auf den anderen ist von einer Absperrung nichts mehr zu sehen. Die Gitter werden einfach umgerissen und die Straße füllt sich mit Menschen. Überall wird geredet und gelacht, fotografiert und telefoniert, begrüßt und verabschiedet. Einige Besucher lassen sogar Drachen steigen. Unwillkürlich muss ich an den 4. Juni 1989 denken, als Studenten für mehr Freiheit, umfassende Reformen und gegen Korruption demonstrierten. Die zeitweilig über eine Million Menschen zählenden Proteste wurden damals blutig niedergeschlagen; mehr als tausend friedliche Demonstranten ließen ihr Leben. Die Drachen am Himmel heute stehen als Symbol der Freiheit, des Glücks – vor allem aber, so empfinde ich es, als stilles Mahnmal und geben dem Treiben zum Nationalfeiertag eine pikante Note.

Doch heute sind die Leute nicht zum Demonstrieren hier. Es herrscht Volksfeststimmung. Gutgelaunte Chinesen wollen wissen, wo wir herkommen. Dann bitten sie uns, gemeinsam mit Oma und Enkel für ein Beweisfoto zu posieren. Anschließend schummle ich mich spaßeshalber mit Absicht von hinten in die Fotomotive der Umherstehenden und erwarte den Protest der Fotografen, aber im Gegenteil: Die Familien Wang, Li oder Zhao bitten mich herzlich, fast begeistert mit auf ihre Gruppenfotos. Überall spüren wir eine ausgesprochene Freundlichkeit und müssen nicht lange warten, um ein Lächeln geschenkt zu bekommen.

* * *

In den nächsten Tagen sind wir unterwegs in schmalen Gassen, diversen Läden und auf geschäftigen Märkten, suchen nach nützlichen Utensilien und arbeiten Aufgabenlisten ab. Eine dieser Aufgaben ist die Generalüberholung unserer treuen Gefährten, die bereits 17.500 Reisekilometer auf der Uhr haben. Zuerst wechseln wir Kette, Ritzel und Zahnkranz an meiner Maschine, dann wird das Ritzel an Martins Motorrad ausgetauscht. Die Laufleistung meiner Motorradkette beziffert sich auf 23.000 Kilometer. Mit dieser Leistung können wir zufrieden sein und hoffen, dass die neue Kette genauso lange hält. Martin nietet seine kaputten Alukisten, ich nähe die Löcher in den maroden Seitentaschen. Danach säubern wir die Luftfilter und wechseln das Öl. Am Abend stehen wieder zwei völlig funktionstüchtige Motorräder auf dem Hof.

Noch schlappe tausendfünfhundert Kilometer trennen uns nun von Shanghai. Ich spüre, wie meine Vorfreude wächst. Die spärlichen Strahlen der Oktobersonne tauchen die Umgebung in einen herbstlich warmen Ton. Der Morgentau auf den Grashalmen, der Nebel über den Feldern und das nasskalte Wetter verändert unsere Stimmung. Wie ein hauchdünner Schleier legt sich eine zarte Melancholie auf unsere Gemüter. Der Sommer hat uns das Reisen auf dem Motorrad erleichtert, doch nun wird es uns oft Überwindung kosten, aus den Schlafsäcken zu schlüpfen, wenn der Regen auf die Zeltbahnen trommelt.

27. Das kommt mir doch Chinesisch vor

Auf unserem Weg nach Süden begleiten uns abgemähte Felder, soweit das Auge reicht. Hoffnungslos überladene Trecker, deren Strohballen fast auf dem Asphalt schleifen, biegen aus kleinen Feldwegen rücksichtslos auf die Straße. Andere Traktorfahrer üben sich in Kamikaze, indem sie, ohne auf den Verkehr zu achten, einfach die Straße queren. Ich komme mir vor wie in einem Computerspiel. Gerade will ich einen der Lebensmüden überholen, als er ohne Schulterblick einen Linksschlenker vollführt. Mir stockt der Atem, und nur knapp gelingt mir ein Ausweichschlenker in dieselbe Richtung, doch Zeit zur Freude über das gelungene Manöver bleibt mir nicht: Durch die abrupte Richtungsänderung steuert meine Maschine zielsicher auf die Betonblöcke zu, die unsere Fahrbahn vom Gegenverkehr abgrenzen. Brutal drücke ich den Lenker nach rechts und vermeide nur unter Einsatz meines gesamten Körpergewichts eine Kollision.

Als meine Atmung wieder einsetzt, sehe ich den Trecker nur noch als kleinen Punkt im Rückspiegel. Mir war nicht aufgefallen, dass wir mit unserer Abreise aus Peking einen neuen Level im chinesischen Car-Racing erreicht haben. Wie würden wohl chinesische Schriftzeichen für Begriffe wie Fahrzeugbeleuchtung, Rückspiegel oder Schulterblick aussehen, wenn man sie in chinesische Wörterbücher schreiben würde?

Kilometer um Kilometer verflüchtigt sich meine Wut auf den Treckerkamikaze, nichtsahnend, dass der Spiellevel des Autorennens bald noch ein Niveau höher schalten und uns dem Game-over-Status gefährlich nahebringen wird. Unterwegs passieren wir regelmäßig Mautstationen, aber glücklicherweise dürfen einspurige Vehikel sie unbehelligt durchfahren. Für gewöhnlich schlängeln wir uns an der Fahrzeugschlange vorbei, doch an einer besonders schmalen Station versperrt uns ein Bus die Weiterfahrt. Als ich gerade im Begriff bin, rechts an ihm vorbeizufahren, rollt er bereits unmerklich vorwärts. Wenn ich mich nicht beeile, wird die Gasse zwischen Buswand und Betonpfeiler zu eng! Ich muss mich entscheiden und gebe Vollgas.

Ratsch! Puh, geschafft! Das war knapp! Doch was war das? Irgendetwas stimmt nicht. Ich schaue irritiert zurück zum Betonpfeiler und entdecke mehrere Gegenstände auf dem Asphalt. Nanu, die waren doch vorher noch nicht da? Dann dämmert es mir und der zweite Blick auf meine rechte Außentasche bestätigt meine Befürchtung. Ein kurzes Warten wäre klüger gewesen, denn statt der intakten Außentasche hängt jetzt nur noch ein Fetzen wie ein deplatzierter schwarzer Wimpel an der Seitentasche. Reuevoll sammle ich meine Utensilien von der Fahrbahn und vermerke auf meiner virtuellen Aufgabenliste eine unfreiwillige Nähstunde.

Wir können uns des Eindrucks nicht erwehren, dass das Fahrverhalten der chinesischen Verkehrsteilnehmer jenseits von Peking noch unvorsichtiger, rücksichtsloser und gefährlicher wird. Vielleicht trägt auch die zunehmende Bevölkerungsdichte zu diesem Phänomen bei. Besonders schlimm ist das Durchfahren von Städten, aber auch in ländlicher Idylle gibt es oft längsseits der Straßen fahrende, laufende, herumstehende oder plötzlich die Fahrbahn querende Chinesen. Ihr unberechenbares Verhalten zwingt ständig zu höchster Konzentration. Kein Tag vergeht, an dem wir nicht hart bremsen oder unerwartet ausweichen müssen. Diese chinesische Unart mischt sich wie ein übler Beigeschmack in das farbenfrohe Bild, das wir uns bislang von diesem großartigen Land malen konnten.

* * *

Seit wir wieder im Motorradsattel sitzen, begleitet uns ein undurchdringlicher Wolkenvorhang, der mancherorts derart tief hängt, dass mein kindliches Ich ab und an den Impuls verspürt, die tiefsten Wolkenfetzen wie Zuckerwatte anfassen zu wollen. Die süße Kost entpuppt sich allerdings als feinster Nieselregen, der die Umgebung wie einen Kokon umhüllt. Den Walen beim Planktonfischen gleich, sperren wir während der Fahrt die Münder auf und spüren die Nieseltröpfchen auf der Zunge.

Übergangslos verschwimmt der Dunst über den Feldern in strukturlosen Wolkenschleiern, und die Feldwege sind aufgeweicht. Dadurch entwickelt sich die Zeltplatzsuche zu einer Herausforderung.

Sichtgeschützt hinter einem Baumwollfeld finden wir endlich einen nicht bewirtschafteten schmalen Ackerstreifen. Während wir das Zelt aufbauen, werden wir trotz des Wetters von unzähligen Chinesen umringt, doch als der Regen stärker wird, gönnen sie uns widerwillig den wohlverdienten Feierabend und retten sich in ihre Behausungen. In der Nacht regnet es in Strömen, und das frisch gepflügte Feld verwandelt sich in eine Moorlandschaft. Das Übersetzen zum rettenden Asphalt am nächsten Morgen mutiert zu einer Schlammschlacht. Wir geben einander Hilfestellung, um mit den Krads nicht im Modder zu versinken, wobei die durchdrehenden Räder den Untergrund auf unseren Motorradkombis verteilen. Mit Dreck vollgespritzt, vom Regen durchnässt und von innen durchgeschwitzt, steigen wir auf die Krads und fahren missgelaunt in den Regen.

Der Drang, vorwärtszukommen, kompensiert die Widrigkeiten der Witterung. Noch etwa tausend Kilometer trennen uns von Shanghai. Die Vorstellung, mit unseren Motorradstiefeln Shanghaier Boden zu betreten, entfacht ein Feuer in uns, das kein Regenszenario der Welt löschen kann.

Seitab der Hauptstraße zeigt China sein ungeschminktes Gesicht. Der Weg führt vorbei an Terrassenfeldern, über Baustellen und durch Dörfer. Die ärmlichen Hütten der Bauern wirken bei der nasskalten Witterung noch ärmlicher. Zum Trocknen ausgebreitete Maiskolben auf den Dächern erinnern mich an Bildfehler in einem Rebus. Im nächsten Ort ist die Dorfstraße überflutet. Um nicht zu riskieren, bei der Durchfahrt von einem versteckten Schlagloch verschlungen und auf der anderen Seite des Erdballs wieder ausgespuckt zu werden, nehmen wir einen Umweg in Kauf. Die Komparsen am Straßenrand sind weniger geworden. Manche tragen eine solide Kutte mit Kapuze über dem Kopf, andere hingegen sind nur mit einem einfachen Sakko unter dem obligatorischen Regenkeep bekleidet und hocken oder kauern, dem Regen trotzend, unter Dachvorsprüngen, Bäumen oder neben Mauern. Die Gummistiefel leuchten so farbenfroh im tristen Grau, als wären sie in einer zweiten Ebene über die Szenerie gemalt worden.

Nach fünf Regentagen in Folge überreden uns ortskundige Chinesen, ein Hotel aufzusuchen. Der Preis von zwei Euro fünfzig pro Nacht überrascht uns. Nie hätten wir so niedrige Hotelpreise für möglich gehalten. Unbürokratisch erlaubt uns der Hotelier, die verdreckten Motorräder in der geschmackvollen Eingangshalle zu parken. Erstaunt über das Angebot lassen wir uns nicht lange bitten. Das anschließende Foto der skurrilen Bildkombination genießt Seltenheitswert.

Tags darauf schreiben wir den 13. Oktober 2003. Mittlerweile kann uns das Wetter nicht mehr die Laune verderben. Nur schlappe vierhundertfünfzig Kilometer trennen uns noch von einer heißen Dusche, einer Waschmaschine und einem warmen Bett. Diese verlockende Aussicht weckt ungeahnte Kräfte in uns. Vorsichtig schieben wir unsere »Schlammis« aus der Lobby und bedanken uns für die angenehme Gastfreundschaft.

Mit einem Dreh am Gasgriff verschlingt uns der mörderische Verkehr der Transitstrecke. Das Dröhnen und Hupen der Lkws nehmen wir nur noch als Nebengeräusch wahr, und die lebensmüden Querfahrer lassen wir mittlerweile emotionslos passieren. Einerseits konzentrieren wir uns ständig auf das Verkehrschaos, andererseits blicken wir wie durch eine Plexiglaswand teilnahmslos, dumpf und passiv auf das Geschehen. Bei fünf Grad Celsius entziehen uns die feuchtklammen Klamotten kontinuierlich Körperwärme. Mir ist kalt. Ich friere. In Gedanken schicke ich ein Stoßgebet gen Himmel, dass es doch wärmer werden möge, doch nichts passiert. Ich versuche mich abzulenken, indem ich die Kuriositäten des chinesischen Verkehrsalltags beobachte: Ein motorisiertes Dreirad fährt am Straßenrand einen Anhänger spazieren, der im Grunde nur aus einer großen, sich drehenden Blechtrommel besteht, ähnlich der eines Betonmischers. Diese wurde im Fünfundvierzig-Grad-Winkel schräg zur Fahrbahn angebracht. Zehn handgebundene Besen, in gleichmäßigem Abstand im Rand der Trommel steckend, kehren den Asphalt und erzeugen tatsächlich einen reinigenden Effekt. Eine so außergewöhnliche Kehrmaschine würde in deutschen Comedy-Shows für Lacher und respektzollenden Applaus sorgen.

Amüsiert beobachten wir das Verhalten der Passanten, wenn sie mit akrobatischen Verrenkungen in einer großen Pfütze von Stein zu Stein balancieren. Im nächsten Ort haben Fliegende Händler mit ihren Dreirädern die rechte Fahrspur zum längsten Marktplatz der Welt umfunktioniert. Nacheinander stehen sie dicht an dicht und bieten auf kleinen Ladeflächen verschiedenste Waren feil. Eine sorgsam aufgeschichtete Pyramide aus zerbrechlichen Vasen ragt in schwindelerregende Höhe. In einem Glaskasten, genutzt als Aquarium, schwimmt ein Dutzend orangefarbener Zierfische. Daneben teilt sich ein Schreiner mit frisch gezimmerten Stühlen und Tischen den Platz mit einer Schweißerbude: Eisengitter, Metallrahmen und Blechmatten liegen ungeordnet auf Bürgersteig und Asphalt, während dazwischen ein kleiner Chinese auf einem Hockerchen mit einer handgefertigten Schweißermaske vor dem Gesicht seiner Arbeit nachgeht. Berge von Kartoffeln, Kohl und Rüben blockieren die Hälfte der Straße. Die Haushaltswarenabteilung präsentiert ein Meer an farbenfrohen Einzelartikeln: Bunte Handtücher und Schwämme liegen zwischen farbigem Plastikgeschirr. Zu kleinen Türmen aufgestapelte Schüsseln und Eimer leuchten in kräftigem Rot, Gelb oder Grün. Eine Hundertschaft von Technikhändlern bietet allerlei Ersatzteile für jegliche Fahrzeuge und Maschinen: Elektronik, Kleidung und Haushaltsgeräte, Eisenwaren, Werkzeuge und Baumaterialien, alles findet sich hübsch aneinandergereiht in dieser nicht enden wollenden Dreiradhändlerschlange.

Zögerlich lichtet sich der Wolkenschleier. Endlich wird der Regen schwächer, bis es nur noch nieselt. Die Straßen trocknen und geben unseren Maschinen mehr Grip. Ich spüre, wie sich die Luftfeuchtigkeit verändert und meine Kleidung trocknet. Die Kälte fühlt sich nicht mehr so unangenehm an.

Plötzlich fahren wir wie durch einen unsichtbaren Vorhang, und schlagartig erwärmt sich die Luft um etwa fünfzehn Grad. Irritiert schaue ich mir das Wolkenbild an, erkenne jedoch keine Anzeichen von Gewitter. Extreme Temperaturveränderungen werden in der Regel von Blitzen begleitet. Wie können zwei Luftmassen mit so großem Temperaturunterschied ohne Ausgleichskorridor nebeneinander existieren? Passivität und Trübsal lösen sich augenblicklich in angenehm warme Luft auf. Ich erinnere mich an mein vor einer Stunde abgeschicktes Stoßgebet: War das nun Zufall? Kann man die beiden Ereignisse in Verbindung bringen?

Langsam drücken wir uns im stockenden Verkehr durch die größer werdenden Städte. Wir können nicht mehr genau definieren, wo eine Stadt anfängt und die andere aufhört. Häufig fahren wir durch noch unbewohnte Satellitenstädte, auf dem Reisbrett entstanden und unvermittelt in die Landschaft gepflanzt, um der Urbanisierung großer Ballungszentren wie Peking oder Shanghai Herr zu werden. Mit Hilfe dieser wie Geisterstädte anmutenden Retortencitys versucht die Regierung, die Landflucht der Chinesen auf größere Regionen zu verteilen und die Probleme einer sich zu stark entwickelnden Bevölkerungsverdichtung in den Griff zu bekommen.

Trotz unserer ungebrochenen Begeisterung werden wir heute wohl kaum Shanghai erreichen, denn der dichte Verkehr behindert das Vorwärtskommen. Obwohl die parallel zur Fahrtrichtung verlaufende Autobahn für Zweiräder gesperrt ist, wollen wir einen Versuch wagen, unbemerkt die Mautstation zu passieren. Immerhin trennen uns noch vierhundert Kilometer von unserem Ziel, und der Gedanke, diese Strecke ohne Staus zurückzulegen, verführt zum Ungehorsam. Wir warten, bis der Bus vor uns die Schranke des Kontrollpunktes passiert und schummeln uns in dessen Windschatten unter ihr hindurch. Niemand hat die beiden am Bus klebenden Hobbits bemerkt. Dankbar atmen die Yamies durch, während wir mit gefühlter Lichtgeschwindigkeit bei hundert Stundenkilometern über den Asphalt schweben. Nach hundertfünfzig Kilometern passieren wir ein Toll-Gate. Wild mit den Armen fuchtelnd steht ein Uniformierter vor uns, und Sekunden später beobachte ich, wie er im Rückspiegel kleiner wird.

»Was hat er denn?«, schreie ich zu Martin, um die Fahrgeräusche zu übertönen.

»Der wollte bestimmt statt deiner Gitarre mitfahren!« Synchron schieben wir die Visiere herunter. Bei der nächsten Mautstation steht erneut ein Wichtiger und winkt uns energisch entgegen. Seine Rufe verhallen im Fahrtwind. Freundlich winken wir zurück und fahren weiter.

»Hast du verstanden, was er wollte?«

»Keine Ahnung. Meinst du, sein Kollege hat gepetzt?«

Verschwörerisch grinsen wir uns an. Ich frage mich, was sich die pflichtbewussten Chinesen beim nächsten Schlagbaum einfallen lassen.

Hinter der diesmal geschlossenen Schranke steht respekteinflößend ein Toniwagen quer zur Fahrtrichtung. Ein Polizist fuchtelt mit den Armen, als ob er Angst hätte wir würden ihn und sein Dienstfahrzeug in Stunt-Manier über den Haufen fahren. Zugegebenermaßen erfüllt es uns mit Stolz, von den Ordnungshütern wegen des Befahrens einer leergefegten Autobahn so ernst genommen zu werden. Ich kenne so etwas nur aus amerikanischen Actionfilmen.

»Hier dürft ihr nicht fahren. Das ist verboten«, erklärt uns ein nach Autorität heischender Gesetzeshüter. Doch seine Worte driften ins Leere, denn sein Interesse gilt mehr unseren Maschinen als dem Ausführen seiner Pflichten. Die umherstehenden Beamten mustern die Motorräder ebenso interessiert. Schnell verwandelt sich die aufgesetzte Strenge in eine freundliche Atmosphäre. Wir lachen, scherzen und verstehen nicht, warum die Chinesen Autobahnen bauen, auf denen niemand fahren darf.

»Wo wollt ihr denn hin?«, fragt uns der Mann in Uniform.

»Nach Shanghai«, antwortet Martin. Es ist das erste Mal, dass die Antwort kein »Oh!« mit einhergehendem Hochziehen der Augenbrauen zur Folge hat. Unser Reiseziel erscheint dem Chinesen plausibel.

»Dann fahrt ein Stück Autobahn und nehmt die übernächste Ausfahrt!« Wir schauen uns verdutzt an.

»Ist er nicht süß? Ich wusste gar nicht, dass es auch Chinesen mit Humor zu kaufen gibt!«, bemerke ich.

Der Polizist empfiehlt uns genau die Route, die wir geplant hatten.

28. Kurz vor dem Ziel

Nach dem Verlassen der Autobahn begrüßt uns die hupende und stinkende Hauptschlagader des örtlichen Verkehrsnetzes. Vollgestopft mit unzähligen Vehikeln unterschiedlicher Größe und Motorisierung fallen unsere Maschinen kaum auf. Wie ferngesteuert schieben wir uns zwischen Autos und Lkw-Wänden Meter um Meter vorwärts. Noch zweihundertfünfzig Kilometer bis zur Zielgeraden! Ich spüre einen Hoffnungsschimmer, dass unsere Motorradstiefel heute vielleicht doch noch Shanghaier Asphalt berühren werden. Bei dem Gedanken, noch einmal unser nasses Zelt aufbauen und abends in den klammen Schlafsack kriechen zu müssen, bin ich sogar bereit, entgegen der Vorsichtsregel nicht bei Dunkelheit zu fahren, eine Ausnahme zu machen. Wahrscheinlich würde ich die Yamie zur Not sogar schieben, um heute noch das Ziel zu erreichen.

Täääh…täääh…! Ein ohrenbetäubendes Hupen reißt mich aus meinen Gedanken. Diese gottverdammten Truckerfahrer! Wie kann man bei dieser Verkehrsdichte mit einem Lkw nur zum Überholen ansetzen? Fast hätte ich mir den Straßengraben aus Grashalmperspektive anschauen können. Als Zweiradfahrer existieren wir für diese Hirnis einfach nicht. Stur und rotzfrech überholen sie und hupen sich mit dem Recht des Stärkeren den Weg frei. Mit skrupelloser Verantwortungslosigkeit rasen sie in unklare Verkehrssituationen, dass ich meinen möchte, da sitzen Kinder hinter dem Lenkrad, welche die Tragweite ihrer Handlungen nicht überschauen können. Ich koche vor Wut. Diese Ohnmacht ist unerträglich.

Zum Glück wird mit dem Passieren des nächsten Zubringers das Verkehrsaufkommen dichter, sodass nur noch ein Stopp-and-go möglich ist und gefährliche Überholmanöver ausbleiben. Mal schieben wir uns rechts an einem Stahlkoloss vorbei, mal öffnet sich links eine Lücke zum Überholen. Doch meist sind wir gezwungen, uns dem Rhythmus der Straße zu unterwerfen. Wenn wir einen freien Abstand zum Vordermann nicht sofort ausgleichen, drängelt der Hintermann so penetrant, dass wir um unsere Unversehrtheit fürchten.

Die Männer in ihren Fahrerkabinen haben keine Ahnung, wie schwer unsere Geschosse im Gleichgewicht zu halten sind.

Der Stresspegel erhöht sich mit jedem erkämpften Kilometer. Unsere Blicke kreisen wie Rundumleuchten und scannen unentwegt die Umgebung der Maschinen. Besonders die Laster hinter uns fahren bedrohlich dicht auf – zu dicht.

Plötzlich geschieht das, was so kurz vor dem Ziel keiner mehr für möglich gehalten hätte: Im dicksten Geschiebe und Gedrängel hupt der Lkw-Fahrer hinter Martin ungeduldig. Im Rückspiegel sehe ich die Stoßstange des Lkws den Seitenkisten seiner Maschine bedenklich nahe kommen. Mein Blick heftet sich an den kleinen Ausschnitt im Spiegel.

Der Junge kommt zu nahe, denke ich. Im Schritttempo rollen wir weiter. Wieder hupt der Kollege von hinten. Stück für Stück verringert sich sein Abstand.

»Du bist zu dicht, Mann! Der wird doch nicht ...«

Plötzlich neigt sich das Motorrad von Martin bedrohlich nach rechts und kippt mit einem Krachen auf den Asphalt.

»Mist! Dieser Vollidiot!«, entfährt es mir. Hastig parke ich meine Yamie am Straßenrand und eile zu Martin. Der Stoß gegen die Alukisten muss so intensiv gewesen sein, dass Martin trotz Ausgleichversuchs keine Zeit mehr hatte, sein rechtes Bein unter der fallenden Maschine hervorzuziehen. Sein schmerzverzerrtes Gesicht spricht Bände.

Gemeinsam drücken wir gegen das Gewicht des Zweirads, sodass er sein Bein aus der misslichen Lage befreien kann. Der Lkw-Chinese steht verwirrt neben seinem Gefährt und wirkt im Vergleich zu dem Stahlmonster ohnmächtig und klein. Seine zierliche Gestalt und sein in Mimik und Gebaren deutlich zu erkennendes schlechtes Gewissen lassen in mir die Überzeugung reifen: Er erinnert mich nicht nur an ein Kind, er ist ein Kind. Doch die dürfen da, wo wir herkommen, höchstens mit Spielzeugautos fahren. Wut kocht in mir hoch. Am liebsten würde ich ihn unangespitzt in den Boden stampfen. Meine Hand ballt sich zur Faust, und meine Gesichtszüge verfinstern sich. Es fällt mir schwer, mich zu beherrschen. Doch statt Handgreiflichkeiten hagelt es ausländische Beschimpfungen im Stereosound. Danach wirkt der Übeltäter noch kleiner und kindlicher. Er hilft mir, die Maschine aufzurichten, wobei er merkt, dass es sich um kein chinesisches

Leichtgewicht handelt. Dann ruft er mit seinem Mobiltelefon die Polizei.

Martin humpelt. Er kann nicht richtig auftreten und klagt über Schmerzen im Fuß. Ich ahne Schlimmes. Die Beamten sind unsagbar freundlich und geben sich geschäftig bei der Aufnahme des Unfalls. Nach der Erledigung der Formalitäten bieten sie an, uns ins örtliche Krankenhaus zu eskortieren. Es sind noch hundertfünfzig Kilometer bis nach Shanghai, aber der Krankenhausbesuch ist jetzt natürlich wichtiger. Das muss auch Martin einsehen. Wir lassen uns zum Stadthospital leiten und werden dort freundlich und engagiert empfangen. Martin darf in einem Rollstuhl Platz nehmen und wird durch die langen Gänge chauffiert. Nach der Überprüfung mit einem museumsreifen Röntgenapparat drücken ihm die Ärzte zwei Röntgenbilder in die Hand und entlassen ihn mit der frohen Botschaft, dass der Fuß nicht gebrochen ist.

Puh, noch mal Glück gehabt! Doch unwillkürlich muss ich an die »Barfußdoktoren« während der Kulturrevolution denken, die mit unzureichender Grundausbildung die katastrophale medizinische Versorgung der Bevölkerung verbessern sollten. Noch heute kommen statistisch in China auf einen Arzt tausend Patienten. Ein ungutes Gefühl bemächtigt sich meiner: Wie gut war wohl die Ausbildung der behandelnden Ärzte in diesem Krankenhaus?

Mitgenommen von den Ereignissen stehen wir vor der Klinik und wissen nicht recht, ob wir uns freuen oder ärgern sollen. Wir versuchen die Gedanken zu ordnen und eine Entscheidung zu fällen.

Ich spüre eine Unruhe, die sich nicht betäuben lässt. Die Ereignisse der letzten Stunden und das so greifbare Ziel vor Augen lassen in uns einen merkwürdigen Gefühlscocktail entstehen. Fahren wir trotz beginnender Dämmerung jetzt noch die letzten hundertfünfzig Kilometer nach Shanghai? Oder suchen wir uns lieber einen Rastplatz außerhalb der Stadt? Martins Fußschmerzen und die Diagnose passen nicht zusammen.

»Bist du überhaupt manövrierfähig?«, frage ich besorgt, während wir uns auf eine Stufe der Eingangstreppe setzen.

»Ich brauche den Fuß nur zum Bremsen. Das wird schon gehen«, beschwichtigt der angehende Held.

»Ich weiß nicht ... Und was ist, wenn die Vollpfosten dich nochmal in die Mangel nehmen? Du kannst den Fuß nicht belasten!«

»Das wird schon nicht passieren. Lass uns das noch heute Abend durchziehen! In wenigen Stunden sitzen wir mit Norbert beim Bierchen und lachen über die Nummer.«

Ich überlege hin und her und versuche, mich an Fakten zu orientieren. Der Verstand, der uns bisher immer vor Schlimmeren bewahrt hatte, mahnt eindeutig zur Vorsicht. Doch die hinter uns liegenden 20.000 Kilometer und der Heißhunger auf Shanghai legen wie in Trance bei Martin und mir einen Schalter um. Das Engelchen auf meiner linken Schulter wispert mir mantraartig ins Ohr: In der Ruhe liegt die Kraft. Sucht euch eine Unterkunft und ruht euch aus! Morgen sieht die Welt wieder anders aus. In der Ruhe liegt die Kraft. Ruht euch aus! ... Doch beizeiten trötet rechts das Teufelchen dazwischen: Nix da, Weichei! Ist doch gar nichts passiert. Jetzt jammert nicht rum und schwingt euch auf die Böcke! So kurz vor dem Ziel klein beigeben, ihr Turnbeutelvergesser!

Mit mulmigem Gefühl fahren wir in die Dunkelheit. Hellwach konzentriere ich mich auf jede Bewegung. Martin scheint seine Maschine im Griff zu haben. Das bunte Treiben beiderseits der Straße vermittelt uns einen ersten Vorgeschmack auf die nahende Metropole. Quer stehende Trucks zwingen uns, auf die unbeleuchteten Fahrradwege auszuweichen. Vorsichtig schummeln wir uns an den Lkw-Schlangen entlang. Mit Hupe und Lichthupe im Dauerbetrieb verschaffen wir uns einen Hauch von Akzeptanz. Leuchtreklame blendet mich. Ich schiebe das Visier hoch und spüre die frische Abendluft auf den Wangen. In der Ferne ziehen sich beleuchtete Trassen im Bogen bis weit in die Ebene. Fabrikanlagen, große Parkplätze, Reparaturwerkstätten, Garküchen und Geschäfte fließen an uns vorbei. Die Verkehrsschilder zählen wie ein Count-Down die noch verbleibenden Kilometer herunter: 100 – 98 – 95 – 93 ...

Vorfreude, Genugtuung und Stolz lassen meine Brust anschwellen. Die Nervosität und Ungeduld putschen mich auf wie einen Junkie nach der letzten Line. Vor meinem inneren Auge tummeln sich die Erlebnisse, Eindrücke und Erfahrungen der letzten sechs Monate: die unglaubliche Einreise nach China, die strapaziöse Wüstenrundtour, das komfortable Fahren auf Schienen, der überraschende Ossi-Treff, die Mückenschwärme in Sibirien und die unzähligen Szenen der Gastfreundschaft in allen Ländern. Dies alles hinterlässt in mir ein fantastisches Glücksgefühl.

Eine starke Windböe drückt mich gefährlich nahe an die Wand eines Lkws, den ich gerade überhole. Ich zucke vor Schreck zusammen, und meine Yamie vollführt einen gefährlichen Schlenker. Mit einem Mal bin ich wieder hellwach. Ich muss mich konzentrieren! Noch sind wir nicht am Ziel! Es ist zu früh für Gefühlsduseleien!

Die Häuserzeilen rücken näher, werden dichter. Langsam formiert sich das Stadtbild zu einer undefinierbaren Masse aus Stein, Glas, Stahl und Beton. Hochhäuser und Wohnblöcke, Schaufensterzeilen und Werbeplakatwände, Fußgängerströme und Fahrradkolonnen, wohin das Auge schaut. An den Ampelkreuzungen stehen Bataillone von Drahteselbesitzern in vorderster Front. Bei Grün klingelt und klappert alles wild drauf los, als gälte es, eine Schlacht zu gewinnen. Dann erobert die Hundertschaft die Kreuzung, bevor sich das Getümmel ameisengleich in den Häuserschluchten verliert.

Nachdem wir telefonisch unseren Freund Norbert in Shanghai kontaktiert haben, versuchen wir, uns in der Weltstadt zu orientieren und zum Treffpunkt zu finden. Bei jedem Halt steigt mir der Geruch von Diesel und Altöl in die Nase. Setzt sich die schwerfällige Blechkarawane in Bewegung, verflüchtigt er sich wieder. Schwarze Wuschelköpfe wuseln an uns vorbei und versuchen gierig, einen Blick auf unsere Geschosse zu erhaschen. Ich fröstele ein wenig, doch ein Zwischenstopp, um mir einen Pullover überzuziehen, erscheint mir so kurz vor dem Ziel unangebracht. Über unseren Köpfen gähnt ein großes, schwarzes Loch, das die Lichter der Stadt ohne jede Reflektion verschluckt.

Unwillkürlich muss ich an den Abend vor vier Jahren denken, als alles begann. Damals sollte die nächste Motorradtour nur ein Sommerurlaub werden. Dann kam Martin der Gedanke: Was haltet ihr davon, wenn wir diesmal eine richtig große Tour planen? Es war nur ein ausgesprochener Gedanke. Jetzt sind die Kilometer an einer Hand abzuzählen, bis dieser Gedanke vollständig in die Tat umgesetzt sein wird. Plötzlich geht mir ein Licht auf: Alles, was uns umgibt, alles, was von Menschenhand geschaffen wurde, begann irgendwann mit einer Überlegung. Dem Gedanken folgt die Tat, und der Tat folgt in Form gebrachte Materie. Ein Hochhaus entsteht nicht einfach so. Zuerst muss jemand die Idee gehabt haben, den Wolkenkratzer zu bauen, muss ihn planen. Dann kommt die Aktion, und wenn alle Handgriffe ausgeführt wurden, steht ein Meisterwerk an

Ingenieurskunst vor dem staunenden Betrachter. Auch, wenn es sich bei unserer Expedition um ein immaterielles Projekt handelt, gilt derselbe Prozess.

In diesem Moment wird mir klar, wie wichtig die Gedanken sind, die ich täglich produziere. Wie viele Gedanken denke ich unbewusst? Wie oft gewinnt der Verstand mit seinem nicht enden wollenden Labyrinth aus Einwänden und Zweifeln die Oberhand? Doch ich bin nicht mein Verstand. Welches Potential steckt in jedem Einzelnen von uns, wenn wir lernen würden, unsere Gedanken bewusst zu lenken! Im Begeisterungstaumel dieser Erkenntnis nehme ich mir vor, mein künftiges Denken bewusster zu gestalten und freue mich schon auf die nächste zündende Idee.

Als wir auf die Promenade des Zentrums biegen, bietet sich uns ein feierlicher Anblick. Parallel zum Huang Pu, dem Fluss, der mitten durch das Herz Shanghais fließt, stehen Prachtbauten aus den zwanziger und dreißiger Jahren, die durch Scheinwerfer beleuchtet in prunkvollem Glanz erstrahlen. Doch nicht nur diese altehrwürdigen Gemäuer, sondern auch Denkmäler, Hochhäuser, Türme und Uferpromenaden sind hell erleuchtet. Ich habe den Eindruck, dass alles ringsherum sich zu unserer Begrüßung in ein Lichtermeer verwandelt hat. Ein letztes Mal drehe ich am Gas, um den Widerstand des Bordsteins längs der Straße zu überwinden; dann lasse ich meine Yamie ausrollen, bis sie steht und setze in Zeitlupe meinen linken Motorradstiefel auf Shanghaier Boden.

29. Shanghai

Shanghai! Welch ein Triumph! Welch eine Genugtuung! Ich kann es kaum glauben. Wir haben es tatsächlich geschafft. Vor lauter Ergriffenheit sammeln sich Tränen in meinen Augenwinkeln. Stolz schreite ich um die Maschine herum und will mich bei meinem Wegbegleiter bedanken.

»Mensch, hätte nicht gedacht, dass du so lange durchhältst«, bemerkt Martin mit vielsagendem Lächeln.

»Abwarten! Wir sind noch nicht wieder zu Hause! Ich weiß nicht, ob ich dich noch weitere sechs Monate ertrage«, schieße ich zurück und grinse über beide Ohren. Dann folgt eine intensive Umarmung zwischen Freunden mit einem plakativen, stets eine Idee zu starken Schlag auf den Rücken, ein Ritual, das wir von unserem Freund Henning geerbt haben.

Sofort umzingelt uns eine interessierte Touristenschar. Stolz lehnen wir uns zurück und beantworten die Fragen der Umherstehenden. Ein Südamerikaner gerät ganz aus dem Häuschen und springt wie wild um uns herum, während er einen ganzen Film verknipst, auf dem später nur wir, die Motorräder oder beides zu sehen sein werden. Gerade beginne ich, mich im Blitzlichtgewitter wohlzufühlen, da schlägt mir eine Hand auf die Schulter. Als ich mich umdrehe, erblicke ich einen von oben bis unten in Schale geworfenen Norbert. Obwohl ich schon lange weiß, dass wir uns in Shanghai treffen werden, kann ich kaum glauben, ihn jetzt hier am anderen Ende der Welt in Fleisch und Blut vor mir zu sehen.

»Bist du das wirklich, Norbert?«, frage ich sicherheitshalber und betatsche ihn ungläubig, um sicherzugehen, kein Hologramm vor mir zu haben.

»Seid ihr über Wladiwostok gefahren? Ich hatte euch schon viel früher erwartet! Mann, seid ihr mistig! Habt ihr bei den Schweinen übernachtet?« Er verzieht das Gesicht, während er taxierend um uns herum schreitet. »So dreckig kann ich euch aber nicht in mein Fünf-Sterne-Hotel lotsen!«

»Ach, ein Schweinestall tut‘s auch, Hauptsache, ein Dach über dem Kopf!«

Wir umarmen uns, scherzen, lachen und schießen Fotos, bis die Filme voll sind. Nachdem wir uns etwas beruhigt haben, geleitet uns Norbert zu seinem Hotel. Die langsame Gewöhnung an andere Länder bis hin zu China mit seiner völlig anders gearteten Kultur hat mir einen harten Kulturschock erspart. Mit dem ersten Schritt in die hundertfünfzig Quadratmeter große Suite mit Luxusausstattung, zwei Balkonen, zwei Bädern, Waschmaschine, Küchenzeile und jeder Menge anderer Annehmlichkeiten in der 23. Etage eines Nobelhotels übermannt uns der Kulturschock nun in entgegengesetzter Richtung: Nach knapp sechs Monaten spartanischer Lebensweise in einem Drei-Quadratmeter-Zelt mit Dusche aus Wasserflaschen, Heizung durch Sonnenenergie und Feldbett mit Unebenheitsgarantie erschlägt uns der verschwenderische Komfort. Wir sind schlichtweg platt.

Die halbe Nacht erzählen wir uns gegenseitig unser Reiselatein. Auch Norbert wartet mit interessanten Anekdoten auf. Seine Arbeit bei einem führenden deutschen Elektronikkonzern hat ihm schon eine Vielzahl interessanter, kurioser und witziger Erlebnisse mit den Einheimischen beschert.

Doch bald zeigen sich die Auswirkungen unserer bisher längsten Reiseetappe. Unendlich müde, aber gleichzeitig unendlich froh falle ich hoch oben über den Dächern Shanghais in ein unendlich weiches Himmelbett. Der eigenartige Gefühlsmix aus Triumph und Stolz durchdringt jede Faser meines Körpers. Ich genieße ein noch nie so intensiv empfundenes Glücksgefühl. Bevor mir die Augen zufallen, beherrscht mich nur noch ein einziger Gedanke: Wir haben es geschafft! Wir sind in Shanghai!

Ich muss zugeben, am anderen Ende der Welt lässt es sich ganz gut leben. Jeden Tag ausschlafen, tags sowie nachts eine Aussicht wie vom Berliner Fernsehturm, kein täglich nervender Verkehr und jeden Abend ein kuschelig weiches Bett ohne die knifflige Suche nach drei freien, ebenen Zeltquadratmetern. Beim Zähneputzen und Duschen ertappe ich mich dabei, wie ich versuche, so viel wie möglich Wasser zu sparen. Sogar einen Zimmerservice haben die hier! Jeden Tag versuche ich Norbert zu überreden, in vierzehn Tagen statt meiner die Rücktour mit Martin anzutreten. Für mich steht fest: Ich bleibe hier.

Der stationäre Aufenthalt ermöglicht mir sogar ausgiebige Telefonate mit Gianna. Auch wenn sie es nur ungern zeigen will, bemerke ich auch bei ihr die Freude, dass wir endlich die Hälfte der Strecke geschafft haben. Doch ich spüre auch eine Distanz zwischen uns, die zuvor undenkbar gewesen wäre. Gern hätte ich ihr an so manchen Tagen Beistand geleistet. Gern hätte ich die schönsten Fleckchen dieser Tour gemeinsam mit ihr erobert. Und wie gern würde ich jetzt im Traum zu ihr fliegen, ihr nur einen einzigen Kuss auf die Stirn geben und mich vergewissern, dass es ihr gut geht!

Stattdessen lasse ich ihre Anklagen über mich ergehen, dass ich sie allein gelassen habe. Das permanente in Fragestellen der Beziehung rüttelt an meinem Nervenkostüm. Die Abwesenheit von Nähe und Verständigung fordern ihren Tribut. Trotzdem wirken die langen Gespräche mit ihr wie Balsam auf der Seele. Die Worte füllen langsam die entstandenen Risse zwischen uns, und ich hoffe, dass sie nicht wieder aufreißen. Der waghalsige Spagat zwischen Reise und Liebe befindet sich momentan zwar in der Halbzeitpause, aber die drei Tabellenpunkte sind noch lange nicht in trockenen Tüchern.

Da Martin weiter über Fußschmerzen klagt, entschließen wir uns, ein Ausländerkrankenhaus aufzusuchen. Hier erwartet uns ein vertraut gehobener Standard, was Einrichtung und Arbeitsweise der Mitarbeiter angeht.

Abermals wird der Fuß geröntgt. Die anschließende Diagnose des Chefarztes lässt uns aufhorchen: Der erfahrene Mediziner findet auf den Röntgenbildern am unteren Ende des Fußgelenkknochens eine kleine, kaum auszumachende Fraktur. Er zeigt uns die schadhafte Stelle, und tatsächlich ist sogar für uns Laien ein winziger Haarriss zu erkennen. Der Bereich des Knochens hat glücklicherweise keine tragende Funktion, die Verletzung führt aber bereits bei geringer Belastung zu unangenehmen Schmerzen. Bevor Martin den Ansatz eines Protestes formulieren kann, steckt der Unglückstreter schon in einer Schiene, und mein Wegbegleiter bekommt zwei Krücken unter die Arme geklemmt.

»Wie genial ist das denn? Jetzt kannst du beim nächsten Kommunikationsversuch mit chinesischen Truckerfahrern deine Maschine mit Krücken ausbalancieren!«, versuche ich den Unglücksvogel aufzumuntern.

»Dein Galgenhumor hilft uns leider nicht im Geringsten weiter. Ich glaube, wir haben ein Problem.«

»Soll ich mit Houston telefonieren? Wie sagt der alte Konfuzius: Nichts wird so heiß gegessen, wie der Meister, der vom Himmel fällt.«

»Sag mal, nimmst du Drogen? Das musst du mir sagen, bevor wir in die nächste Polizeikontrolle geraten! Der Fuß braucht mindestens vier bis sechs Wochen Ruhe, und danach stellt der Dok die Weiterreise trotzdem in Frage!«

»Okay, dann suchen wir uns einen Job und überwintern in Shanghai.«

Seit der Überquerung der mongolisch-chinesischen Grenze habe ich eines begriffen: Es ist egal, wie sich eine Situation entwickelt. Die Beurteilung, ob sie ein Problem ist beziehungsweise, ob das Problem lösbar ist oder nicht, geschieht ausschließlich in meinem Kopf. Daraus folgt, dass nicht die Umstände, sondern meine Denkweise über das Weiterkommen entscheiden.

Ich genieße die freie Zeit in Shanghai. Oft schlendere ich ohne Ziel und Plan durch die unzähligen Straßen und Gassen der Stadt und erfreue mich an den andersartigen Kleinigkeiten einer Kultur, die sich extrem von der deutschen unterscheidet. In den Hinterhöfen stellen Bataillone provisorisch angebrachter Wäscheleinen oder Bambusstangen an abgasgeschwärzten Häuserblockwänden die gesamte Kollektion frisch gewaschener Kleidung chinesischer Privathaushalte zur Schau. Neben ihnen hangeln sich Stahltreppen die Außenwände der Blocks empor, und dazwischen garnieren würfelförmige Klimaanlagen die noch freien Flächen. Grünanlagen wie Parks oder Gärten suche ich vergebens. Früher war in der Stadtplanung für derartige Nebensächlichkeiten kein Platz, und heute sind den Architekten aufgrund der hohen Grundstückspreise die Hände gebunden. Doch auch, wenn Ausländer wie wir über typische chinesische Wohnverhältnisse die Hände über dem Kopf zusammenschlagen, hat sich trotz des immensen Zustroms von Einwohnern das durchschnittliche Wohnraumangebot von drei Quadratmetern pro Einwohner auf mittlerweile neun verdreifacht.

Die Tage vergehen wie im Flug. Wir unternehmen Tagesausflüge und verbringen die Abende in geselliger Runde. Häufig versumpfen wir tief im Gespräch mit Norbert in irgendeinem Bistro, treffen zufällig auf Freunde von ihm oder ziehen um die Häuser.

Aus einer Bierlaune heraus verabreden wir uns mit deutschen Studenten der nahegelegenen Tongji-Universität zu einem Dreiradausflug. Leider besitzt keiner der Teilnehmer ein derartiges Vehikel, und Ausleihstationen für Fahrräder suchen wir in der Stadt vergeblich. Da kommt uns eine Idee, die wir unbedingt ausprobieren wollen.

Früh am Morgen des nächsten Tages turnen Norbert, Martin und ich wie Lausbuben durch die Gassen unweit des Hotels. Die Metropole wimmelt nur so von Fahrrädern unterschiedlichster Art. Wir müssen nur einen Dreiradchinesen überreden, uns sein Gefährt für ein paar Stunden auszuleihen. Eine betagte Chinesin scheint mit unserem außergewöhnlichen Anliegen überfordert. Mit Händen und Füßen tragen wir ihr unser Anliegen vor, doch sie zeigt sich unbeeindruckt. Ihr »Meijo!« (Geht nicht) klingt wie »Hilfe, Ausländer, was nun?« Das nächste Opfer steht unter Zeitdruck und braucht sein Rad, um Ware auszufahren.

»Kein Problem! Es gibt in China ja noch eine Milliarde weiterer Menschen, die Fahrradfahren gelernt haben«, verkündet Martin und schreitet bereits auf den nächsten Dreiradbesitzer zu. Der dritte Chinese lässt sich von unserer lockeren, sympathischen Art und der improvisierten Theatervorstellung anstecken.

»Schau mal, ich kann schon meinen Namen tanzen«, ruft Norbert, während er den Chinesen mit seltsamen Verrenkungen zum Lachen bringt. Für beide Seiten fängt dieser Sonntag gut an. Ein besseres Geschäft hätte der Chinese heute ohnehin nicht machen können, und wir sind froh, ein original chinesisches Fortbewegungsmittel ausprobieren zu können. Nachdem die beiden Laienschauspieler auf der Pritsche Platz genommen haben, steige ich in die Pedale. Sofort merke ich, dass das klapprige Gefährt konstruktionsbedingt stark nach rechts zieht, noch dazu neigt sich die Fahrbahnfläche plötzlich ebenfalls nach steuerbord. Ungünstigerweise haben die Fahrgäste hinter mir auf der rechten Sitzbank Platz genommen. Ein Ausweichmanöver nach links würde den Karren umkippen lassen, und so bleibt mir nur die Vollbremsung. Fieberhaft suche ich nach Widerstand im Rücktritt und nach einem Bremshebel am Lenker. Viel zu spät registriere ich, dass er am schräg nach unten führenden Rahmen angebracht ist. Unterdessen rauschen wir mit voller Wucht auf den Bürgersteig. Eine Passantin springt gerade noch rechtzeitig beiseite, bevor ich das verflixte Ding kurz vor einer an die Mauer gelehnten Glasscheibe zum Stehen bringe. Auf den billigen Plätzen hinter mir ertönt schallendes Gelächter, und auch der Vermieter kann sich vor Lachen kaum halten.

Unterwegs zur Tongji-Universität lerne ich langsam, das gefährliche Konstrukt zu manövrieren. Mir scheint, als müsse ich das Fahrradfahren neu erlernen. Dreimal springt die Kette vom Ritzel. Außerdem verliere ich das rechte Pedal und der Lenker verdreht sich bei hastigen Kurskorrekturen. Ich beginne zu zweifeln, ob wir die Universität überhaupt erreichen. Beim vierten Kettenspringer diagnostizieren wir ein loses Ritzel samt überdrehtem Schraubengewinde. Uns bleibt nichts weiter übrig, als das Fahrzeug an der nächsten Straßenecke von einem Fachmann generalüberholen zu lassen. Für einen Meister sind derartige Reparaturen ein Kinderspiel. Mit ein paar Handgriffen fixiert er das Problem. Seine in Eigenregie an den Lenker gezauberte original chinesische Fahrradklingel bewahrt uns im weiteren Verkehr noch vor Schlimmerem. Mit den Studenten im Schlepptau übernimmt zur Abwechslung Norbert das Ruder und rauscht zu meiner Genugtuung als Erstes mit Karacho in den Sandhaufen einer Baustelle. Wir applaudieren. Die Passanten nicken uns anerkennend zu, als wüssten sie um die Launen des eigensinnigen Gefährts. Entspannt genieße ich das Kino-Erlebnis zu beiden Seiten unserer Ausflugsplattform.

Ein Fahrradfahrer balanciert auf seiner Schulter ein etwa fünf Meter langes U-Profil. Die eine Hand am Lenker und die andere am Stahlträger, wankt er wagemutig durch das Durcheinander an einer Kreuzung. Ein anderer Chinese transportiert zwei überdimensionale Plastikfässer links und rechts am Gepäckträger. Bereits bei minimaler Schräglage würde er sofort mit einem der Fässer aufsetzen und eine einseitige Vollbremsung riskieren.

Mit kindlicher Begeisterung studieren wir die Alltagsszenen der Großstadt. Vier Langnasen auf einem Chinadreirad mitten im Rush-Hour-Gewimmel in Shanghai Downtown sorgen auch bei den Einheimischen für Staunen. Oft winken uns Passanten freundlich zu oder zeigen anerkennend den Daumen nach oben. An einem leicht ansteigenden Weg bekommen wir sogar tatkräftige Unterstützung von einem Mopedfahrer, der mit nach vorn gestrecktem Bein gegen unseren Karren drückt und ihn so den Hügel hinaufschiebt. Hypnotisiert verfolgt ein Chinese über die Schulter die Szene und manövriert sein Fahrrad dabei fast in eine Baugrube.

Nirgendwo anders wird der Gegensatz zwischen dem traditionellen und modernen China deutlicher als in Shanghai. Jenseits des Flusses Huang Pu Jiang liegt die nach westlichem Vorbild erbaute Sonderwirtschaftszone Pudong mit neu errichteten Gebäudekomplexen in modernster Architektur, während im Stadtteil Huangpu alte Häuserfronten und dunkle Gassen von längst vergangenen Zeiten erzählen.

Es dämmert schon, als wir das Dreirad seinem rechtmäßigen Besitzer zurückgeben. Sichtlich erleichtert, seinen Drahtesel wiederzusehen, bedankt er sich staunend über das großzügige Trinkgeld und wundert sich über die neue Klingel am Lenker. Dann verbeugt er sich unzählige Male, bis wir ihn aus den Augen verlieren.

Nach einer durchzechten Kneipennacht setzen wir uns zu fünft in ein Taxi. Der auf Ausländer geeichte Fahrer nimmt einen kleinen Umweg, weswegen wir ihm noch nicht einmal böse sein können, denn er führt am Bund, der zentralen Uferpromenade der Stadt, vorbei. Am anderen Ufer des Huang Pu Jiang liegt Pudong verschlafen im bläulichen Morgendunst. Der mit seinen 468 Metern in die Höhe ragende Oriental-Pearl-Tower gilt als höchster Turm Chinas und steht als Wahrzeichen Shanghais pastellfarben verschwommen direkt gegenüber. Auf dem Bund lassen Frühaufsteher Drachen steigen. Sie gelten als Symbol für ein traditionell verwurzeltes China, während sich im Hintergrund als Sinnbild für die Öffnung zum Westen die moderne Gebäudesilhouette Pudongs erhebt.

Die ersten Chinesen bauen ihre Garküchen auf. Auf kleinen Flächen und großen Plätzen stehen Zehnerschaften von Sporttreibenden und üben sich in Taijiquan, eine mittlerweile von Millionen weltweit praktizierte chinesische Kampfkunst. Durch langsame, aber kraftvolle, in sich ruhende Bewegungen mit Armen und Beinen stimmen sie sich auf den neuen Tag ein. Dabei gerät der ursprüngliche Sinn des Kämpfens, die Abwehr, zunehmend in Vergessenheit, und an ihre Stelle tritt die Bedeutung der Bewegungslehre, einer Art Gymnastik, die der Gesundheit, der Persönlichkeitsentwicklung und der Meditation dient. Den Blick fest auf das Ufer Pudongs gerichtet, erscheint mir das Schattenboxen wie eine Abwehrbewegung gegen die Einflüsse des Westens und der Globalisierung.

Aus unserem Hotelzimmer werfe ich einen letzten Blick über die Stadt im Morgengrauen. Der Verkehr auf den Straßen ist noch gering. Wie die Ruhe vor dem Sturm höre ich nur ein leises Grummeln aus den Tiefen der Häuserschluchten. Am Horizont färbt sich der Himmel rosarot. Wenn ich die Nase an der Fensterscheibe plattdrücke, kann ich die kleinen Chinesen auf dem Bürgersteig sehen. Ameisengroß hasten sie forschen Schrittes zur Arbeit. Hätten Martin und ich uns damals nicht für diese Reise entschieden, wären wir die letzten sechs Monate wahrscheinlich ebenso brav früh aufgestanden, und irgendjemand hätte uns aus dem 23. Stock eines Hochhauses dabei beobachten können, wie wir ameisengroß forschen Schrittes zur Arbeit hasten. Das Szenario kommt mir plötzlich absurd vor. Was tun wir da eigentlich? Es gibt so viele Wege, das Leben zu gestalten, und wir entscheiden uns immer und immer wieder für denselben Film. Warum machen wir das? Wer sagt uns, dass wir das tun müssen? Welche Kraft lässt uns jeden Morgen früh aufstehen und acht Stunden einer leidenschaftslosen Arbeit nachgehen? Es kann doch nicht einzig und allein die Angst sein, morgen nicht mehr seine Brötchen bezahlen zu können, wenn man den magischen Teufelskreis durchbricht. Wir leben wie auf Droge. Wir kommen nicht zur Besinnung. Uns wird nicht bewusst, wie bunt die Welt da draußen ist, und dass sie das auch ohne uns sein wird, wenn wir nicht endlich Veränderung in unser Leben bringen.

Das kulturelle Farbenspiel der letzten 19.000 Kilometer hat mich gelehrt, wie wichtig es ist, regelmäßig den Teufelskreis zu durchbrechen. Ja, es war richtig, diese Reise anzutreten. Mit dem Erreichen Shanghais fühle ich eine tiefe Zufriedenheit, weil ich genau das tue, was ich tun will. In diesem Moment begreife ich, dass das dadurch entstehende Glücksgefühl nicht durch das Anhäufen von Reichtum oder das Gieren nach Anerkennung entsteht, sondern einzig und allein durch das Bewusstsein, mich genau auf dem Lebensweg zu befinden, den ich gewählt habe.

Die aus dieser Erkenntnis resultierende Energie verleiht mir Flügel. Ich fühle mich großartig und unbesiegbar. Es geht nicht darum, etwas richtig oder falsch zu machen. Sondern darum, den Weg, für den man sich entschieden hat, unter hundertprozentiger Ausschöpfung des eigenen Potenzials zu gehen. Leidenschaft ist der Schlüssel zum Glück. Jeder Mensch hat Fähigkeiten, die ihm besonders liegen und deren Anwendung ihm Spaß bereitet. Wenn wir etwas leidenschaftlich tun, erfahren wir uns selbst, wachsen über uns hinaus, stecken voller Energie und fühlen uns glücklich.

30. Ein Chinese kommt selten allein

Es ist, als hätte uns das vertraute Tuckern der Motorräder aus einem vierzehntägigen Schlaf gerissen. Ich spüre, wie die Abenteuerlust sich sofort wie ein Feuer in mir ausbreitet. Langsam rollen wir die Schräge der Hoteltiefgarage hinauf. Die Vorfreude auf die vor uns liegenden Kilometer steht uns in die Gesichter geschrieben. Nach sechs Monaten im Motorradsattel schlägt in uns beiden ein ausgereiftes Nomadenherz. Trotz der anhaltenden Schmerzen im Fuß hat Martin sich statt eines Abbruchs der Expedition oder wochenlangem Pausieren für die Weiterreise entschieden. Ich bin heilfroh über diese Entscheidung, da eine Fortsetzung der Reise allein, ohne meinen vertrauten Begleiter, mit erheblichen Schwierigkeiten und Risiken verbunden gewesen wäre.

Ein kurzer Abstecher zum Bund ist die letzte Amtshandlung, bevor wir der Stadt den Rücken kehren. An protestierenden uniformierten Ordnern vorbei rollen wir die sonst nur Fußgängern zugängliche Auffahrt zur Uferpromenade hinauf. Dort haben wir uns mit Tom, einem der Studenten, verabredet. Er hat die Aufgabe, die Yamies zusammen mit dem Wahrzeichen der Stadt abzulichten. Mit zwei T-Shirts als Geschenk im Namen aller Studenten und dem Versprechen, uns die Fotos später zukommen zu lassen, entlässt er uns danach in den nie versiegenden Fahrzeugstrom der Magistrale.

Ein eigenartiger Gefühlsmix aus Euphorie und Demut erfüllt mich. Einerseits werden von nun an die Kilometer weniger, andererseits fällt mir das Abschiednehmen diesmal besonders schwer.

Der zügig dahinfließende Verkehr zieht uns aus der Stadt. Wo uns vor Shanghai Regen und Schlamm zu schaffen gemacht haben, sorgt jetzt der hinter den Trucks aufwirbelnde Staub für Zähneknirschen. Ein dünner, rötlichbrauner Schleier legt sich auf Dächer, Mauern, Fahrzeuge, Wege und Felder. Selbst die Blätter der Pflanzen sind überzogen von einer Staubschicht. Wie Schmirgelpapier reiben feine Sandkörnchen zwischen den Zähnen der Reißverschlüsse, bis sie den Geist aufgeben.

Es kommt mir vor, als hätte jemand den Farbregler des Videokanals heruntergeregelt; die Umgebung präsentiert sich in kraftlosen Pastellfarben. Schotterpisten gehen über in Sandwege, Kopfsteinpflaster verwandelt sich in lehmigen Grund. Tief ausgefahrene Spurrillen und Schlaglöcher fordern Konzentration und Körperbeherrschung. Zunehmend prägen Berge die Landschaft, und die Kurven zwingen uns zu hastigen Ausweichmanövern, wenn unsere sorglosen Lkw-Freunde mit überhöhter Geschwindigkeit um schlecht einzusehende Felsvorsprünge rasen.

Nachdem wir unsere Reiseroute unter die Lupe nehmen, wird uns klar, dass wir das Tempo anziehen müssen. Wir haben unseren Partnerinnen versprochen, pünktlich am 1. Mai wieder daheim zu sein. Tief über die Karte gebeugt, zählt Martin so genau wie möglich die noch vor uns liegenden Streckenabschnitte zusammen. Grob geschätzt, umfasst der Rückweg einige tausend Kilometer mehr als die Reise nach Shanghai. Noch dazu müssen wir für die vielen vor uns liegenden Transitländer zusätzlich Zeit für Visabeschaffung und Grenzformalitäten einplanen. Außerdem gibt es noch ein paar Unbekannte in der Gleichung: Der direkte Weg nach Westen über Myanmar und durch den Indischen Sicherheitskorridor nördlich von Bangladesch etwa könnte uns behördlicherseits verweigert werden. Das fehlende *Carnet de Passages*, ein Dokument, das in einzelnen Transitländern bei der Einfuhr von Fahrzeugen eigentlich zu den Einreisebedingungen zählt, ist noch dazu ein unkalkulierbares Risiko. Bislang konnten wir durch Einfallsreichtum, Frechheit und penetrantes Auftreten bei Grenzübertritten am Ende immer einreisen, doch jeder weitere Grenzübertritt könnte uns erneut vor unvorhergesehene Probleme stellen.

Um schneller voranzukommen, nehmen wir vermehrt das Befahren von Transitstrecken in Kauf. Nach dem Verlassen des Ballungsraumes Peking-Shanghai nimmt die Verkehrsdichte zum Glück etwas ab, und wir kommen zügiger voran. Gedankenversunken sitze ich auf meiner Yamie und lasse mich vertrauensvoll in die Kurven fallen. Ich genieße den leichten Fahrtwind und die Vibration des Motors. Hier, auf der Sitzbank meiner Maschine, fühle ich mich wie zu Hause. Der makellose Asphalt unter den Reifen vermittelt mir ein monotones Fahrgefühl ohne jede Erschütterung. Ich gleite dahin wie in Trance und lasse meinen Gedanken freien Lauf. Was werden wir auf dem zweiten Teil unserer Expedition erleben? Werden wir tatsächlich ungehindert durch Myanmar und Indien reisen können? Und werden wir pünktlich zum 1. Mai wieder zu Hause sein? Ich spüre ein ungutes Gefühl in der Magengegend. Früher hätte ich es ignoriert, doch die Wüstenerfahrung hat mich für subtile Empfindungen sensibilisiert.

In den Bergen fällt es uns schwer, Zeltuntergründe zu finden. Einerseits führen von den Haupttrassen nur Stichstraßen zu Dörfern, andererseits organisieren die Bauern ihre Äcker so effizient, dass Wiesen oder brachliegende Flächen Mangelware sind.

In einem besonders schönen, langgezogenen Tal nutzt Martin die morgendliche Sonne, um bei einem Streifzug die Bergwelt fotografisch in Szene zu setzen. Als er zurückkehrt, stellt er mir seinen neuen Freund Bauer Li vor. Der hagere Chinese in knielangen schwarzen Jeans und mit ausgebleichtem blauen T-Shirt macht einen eingeschüchterten Eindruck. Blut läuft ihm die Wade hinunter. Erschrocken bemerke ich erst jetzt, dass ihm ein Missgeschick zugestoßen sein muss: Seine Arme und Beine sind übersät mit Schürfwunden.

»Um Himmels willen! Was ist passiert?«, rufe ich Martin zu, während ich schnell zu den Kisten laufe, um Verbandszeug zu holen.

»Ich muss zugeben, das war meine Schuld«, erklärt er mit reuevoller Stimme.

»Hast du ihn etwa verprügelt, weil er sich nicht fotografieren lassen wollte?« Ich kann mir beim besten Willen nicht vorstellen, wie Martin es geschafft haben soll, den Bauern so zuzurichten.

»Er hat mit seinem Wasserbüffel auf dem Feld gearbeitet. Das perfekte Fotomotiv! Doch diese Art von Öffentlichkeitsarbeit war dem Büffel anscheinend zu viel. Ich weiß auch nicht, warum mein Fotoapparat bei hellstem Sonnenschein das Blitzlicht auslöst. Jedenfalls ist der Büffel voll durchgegangen und hat Bauer Li, der sich nicht so schnell aus dem Zaumzeug befreien konnte, mehrere hundert Meter quer über das Feld geschleift.«

Wäre der Zustand des Chinesen nicht so ernst, hätte ich an dieser Stelle aufgelacht. Kurioserweise müssen wir nun unseren ersten Praxiskurs in Erster Hilfe nicht an uns, sondern an einem dritten Patienten ausprobieren. Das chinesische Versuchskaninchen verfügt über keine Krankenversicherung wie in Deutschland, denn in China kann sich der größte Teil der Bevölkerung das nicht leisten. Nur der Zusammenhalt in der Großfamilie bietet den Dorfbewohnern ein gewisses Maß an Absicherung. Medizinische Versorgung müsste sich der Bauer teuer erkaufen, was wir auf jeden Fall verhindern wollen. Nach fachmännischer Säuberung und Desinfektion der Abschürfungen wird er von Martin sorgsam verbunden, wobei der Held vom Feld kein einziges Mal die Miene verzieht.

»Jetzt siehst du aus wie ein abgemagertes Michelin-Männchen. Da hast du heut im Dorf was zu erzählen«, resümiert Martin und schlägt ihm aufmunternd auf die Schulter.

Der Chinese bedankt sich herzlich und schlendert sichtlich erleichtert zu seinem ungestümen Haustier zurück. Während wir die restlichen Binden zusammenpacken, bemerke ich auf einmal mehrere Wuschelköpfe hinter einem Gebüsch.

»Schau mal, wir werden beobachtet!« Ermutigt durch unser freundliches Verhalten, treten drei Kinder aus ihrem Versteck, schieben uns ihr Fahrrad vor die Nase und stellen es auf den Sattel.

»Was hat denn euer Drahtesel? Sollen wir ihn auch verbinden?«, frage ich in sanftem Ton auf Deutsch und lächle die Kleinen an. Geschickt geben sie uns zu verstehen, dass der Kettenschutz defekt ist. Mit einem neuen Satz Schrauben und Muttern beseitigen wir schnell ihr Problem. Auch Gepäckträger und Fahrradständer werden kurzerhand generalüberholt. Mit ein paar Tropfen Öl auf die mittlerweile schon rehbraun schimmernde Fahrradkette und einem »Cheche!« (Danke) ihrerseits entlassen wir sie in die Dämmerung.

Doch es soll nicht die letzte Begegnung dieses Tages bleiben. Nach einem Abendbrot in ungewohnter Einsamkeit besuchen uns sechs merkwürdige Gestalten. Ihr Anliegen verrät sich auch ohne Erklärung, denn einer der Kandidaten trägt Uniform. Unsere Gegenwart ist durch die Sanitäteraktion offenbar nicht unbemerkt geblieben. Oft gibt es einen Denunzianten im nächstgelegenen Dorf, der zum Telefonhörer greift und eine offizielle Stelle über unsere Anwesenheit informiert.

»Hier dürft ihr nicht bleiben«, lässt uns der Wichtigste von allen über seinen Dolmetscher ins Englische übersetzen. »In der Natur übernachten ist gefährlich. Hier gibt es wilde Tiere!«

»Wir werden den wilden Tieren sicher nichts tun«, entgegnet Martin und hat die Lacher sofort auf seiner Seite. Alle verstehen Spaß, doch der Rädelsführer behält seine ernste Miene.

»Mit Bären und Wölfen ist nicht zu spaßen«, nimmt er erneut

Anlauf. »Wir sind nur um eure Sicherheit besorgt. Kommt mit, wir eskortieren euch zum nächsten Hotel!«

»Wir würden ja gern, aber für uns ist das Fahren auf chinesischen Straßen am Tag schon sehr gefährlich. Eine Fahrt bei Nacht über Stock und Stein dürfen wir auf keinen Fall riskieren. Jetzt ist es einfach schon zu dunkel. Aber morgen sicher. Wenn es hier so viele gefährliche Tiere gibt, übernachten wir morgen auf jeden Fall im Hotel«, besänftige ich unseren Kontrahenten.

Einerseits scheint ihm die Erklärung einleuchtend, andererseits will er sein Gesicht nicht verlieren und gibt sich geschlagen. Sofort bricht das Eis. Seine Begleiter haben nur darauf gewartet, das Thema wechseln und uns Fragen über die Maschinen stellen zu können. Dann nutze ich die freundliche Stimmung und überrede den Polizisten zu einem gemeinsamen Foto. Sichtlich irritiert meidet der ernste Chinese die Kamera. Gerade will er dem Polizisten verbieten, sich fotografieren zu lassen, da blitzt es auch schon, und der Fotoapparat verschwindet sofort wieder in den Katakomben meiner Seitenkiste.

Brenzlige Situationen mit Staatsbediensteten lassen sich erstaunlicherweise immer souverän und diplomatisch lösen, wenn wir keine Anzeichen von Einschüchterung erkennen lassen. Der Kontakt mit der zivilen Bevölkerung ist ausnahmslos friedfertig und freundlich. Ihre unersättliche Neugier zeigen die Chinesen stets auf sympathische, wohlwollende Art.

* * *

Das Gesicht der Landschaft ändert sich. Steile Berghänge am Wegesrand sind umgeben von einem Saum aus Nebel und Dunst. Elefantengras wuchert üppig beiderseits der Piste und überspannt im großen Bogen die Fahrspur. Ich stelle mir vor, wie in diesem Moment ein Bilderbuchtiger aus dem Buschwerk springt und uns den Weg versperrt. Eng schmiegen sich die Wege um die Felswände. Mit behutsamem Drehen des Gasgriffes und konzentriertem Ausbalancieren schiffen wir auf den schmalen Schotterpisten um die Felsen. Dabei vermeide ich es absichtlich, in den Abgrund zu schauen. Eine ruckartige unüberlegte Bewegung könnte uns in arge Bedrängnis bringen.

Am Fuß der Bergkette angelangt, durchfahren wir ein langgezogenes Tal, in dem sich Dorf an Dorf reiht. Hier liegt die Ernte der Terrassenfelder auf großen Schalen zum Trocknen aus. Getreidekörner, Teeblätter, Peperoni, Mais aber auch Gemüsesorten, die wir noch nie gesehen haben, bilden große, runde, der Schalenform angepasste Farbtupfer entlang der Strecke. Werkstätten, Garküchen und Verkaufsstände teilen sich den begehrten Platz seitab des Hauptweges. An einer Garage lehnen lange neue Holzleitern, deren helle Holzmaserung schon von weitem leuchtet. An einer anderen Stelle baumeln Spaghetti auf schmalen Stangen. Der aufwirbelnde Straßenstaub sorgt gewiss für die nötige Würze. Entweder beobachten wir die Chinesen bei der Feldarbeit oder sie sitzen werkelnd in oder vor ihren Garagen. Einige lümmeln auf winzigen Stühlen neben ihrer Behausung und schauen in die Gegend, spielen Karten oder sind vertieft in ein Schwätzchen.

Ein bullerndes Geräusch zerreißt die Idylle. Sofort verstummen die Gespräche und die fleißigen Hände halten inne. Alle Blicke richten sich auf die zwei wuchtigen Geschosse, die im Schritttempo die Dorfstraße entlangtuckern. Kurz darauf setzen die Unterhaltungen wieder ein und die Arbeit wird fortgesetzt. Kein Handgriff geschieht in Hektik. Mit Gelassenheit geht jeder seiner Arbeit nach. Einen rennenden Chinesen erwischen wir nur, wenn einer gedankenversunken die Straße quert und unsere Hupen ihn jäh in die Wirklichkeit zurückholen oder wenn ihn der einzige Bus am Tag überholt, während er noch in aller Seelenruhe zur Bushaltestelle trottet.

An die Menschentrauben um unsere Maschinen haben wir uns mittlerweile gewöhnt. Wer in China auf Reisen geht, bleibt nie lange allein. Dieses Phänomen kann zu einem ernsten Problem werden. An einem lauen Novemberabend versanden wir hinter einer Ortsdurchfahrt, weil der Weg in einer Sackgasse endet. Uns wird schnell klar, dass wir diesen Abend nicht allein verbringen werden, denn erst stehen zwei, dann fünf und nach einer Weile an die zwanzig Chinesen um unser Zelt. Gestresst vom Tag versuchen wir, eine negative Reaktion zu unterdrücken. Mehr und mehr Kinobesucher tauchen aus der Dunkelheit in das schummrige Licht unserer Stirnlampen, bis etwa fünfzig Dorfbewohner einen Kreis um die Manege bilden. Es wird geplaudert, gescherzt und gelacht wie das bei Abendveranstaltungen so üblich ist. Das Wanderlichtspieltheater zeigt heute den Film: *Zwei Motorradlangnasen auf ihrem Weg durchs Reich der*

Mitte – mit Zeltaufbau, Kochen und der amüsanten Einlage, wie zwei Ausländer ihr ausländisches Abendbrot zu sich nehmen.

»Wo kommt ihr her? Wo wollt ihr hin? Warum seid ihr hier?«

Ständig beantworten wir dieselben Fragen. Die Chinesen sind gastfreundlich, gesellig, fröhlich und vor allem friedlich. Es gibt nie irgendeinen Macho, der sich hervortun will. Wir schaffen es sogar, über unseren erschöpften Schatten zu springen und fangen an rumzualbern, denn die Bauern sind mit jeder außergewöhnlichen Geste zu erheitern. Trotzdem atmen wir tief durch, als sie uns nach dem Abendbrot auf dem abgemähten Reisfeld endlich allein lassen.

Doch leider vergehen nur fünf Minuten, bis aus dem Dunkel der entgegengesetzten Richtung die zwanzigköpfige Schichtablösung auftaucht. Diesmal hat sich die Jugend zur Spätvorstellung eingefunden. Wieder beantworten wir geduldig Fragen und machen gute Miene zum langsam anstrengenden Spiel. Doch die ungenierte Neugier der pubertären Halbstarken wird mir langsam zu viel. Sie schauen unaufgefordert ins Zelt und setzen sich einfach in unsere Campingstühle. Sensibilität und Rücksicht müssen die Heranwachsenden erst noch lernen. Zur Mitternachtsstunde endlich verlässt uns der letzte Zuschauer. Übermüdet kriechen wir in die Schlafsäcke.

Ein herrlicher Morgen im Tal der Mandarinenbäume versöhnt uns für die abendliche Showeinlage. Ich schaue auf die Uhr.

»Martin, steh auf! Der erste Besucher müsste gleich hier sein!«

Die Bemerkung war als Scherz gedacht, doch als mein Begleiter aus dem Zelt stolpert, steht tatsächlich ein Bauer neben unserem Rastplatz. Erheitert durch die eingetroffene Prophezeiung scherzen wir mit dem Chinesen und bewirten ihn mit Grünem Tee. Unterdessen nähern sich einige Dorfbewohner. Die großen, aus Weidenzweigen geflochtenen Körbe auf dem Rücken verraten den Grund ihres Erscheinens. Nachdem sie sich überzeugt haben, dass auch Ausländer morgens frühstücken, verschwinden sie in der Plantage, um Weihnachtsmandarinen für deutsche Supermärkte zu pflücken.

31. Größenwahn und Höhenflug

Leider soll es der letzte goldene Herbsttag für dieses Jahr gewesen sein. Ein kühler Wind fährt mir unter das T-Shirt, während wir die Hänge hinauf das Tal über einen niedrigen Höhenzug verlassen. Zur Mittagspause bin ich bereits völlig durchgefroren und durchwühle die Kisten nach wärmerer Kleidung.

Eine unwiderstehlich dicke Linie auf der Landkarte verführt uns abermals zu einem Ritt auf der verbotenen Autobahn. Diesmal gibt es keine Spielverderber in Uniform. Der dreihundertfünfzig Kilometer weite Sprung auf der Landkarte katapultiert uns bis kurz hinter Wuhan. Kurve um Kurve tauchen wir in eine bildhaft schöne Bergwelt. Mit kräftigem Grün bewachsene Hänge ziehen sich steil an den Ufern schmaler Flussläufe empor. Gerade noch tief unten im Tal dem Fluss folgend und nun schon hoch oben an Berghängen klebend, fahren wir durch das sich unentwegt verändernde Panorama. Gelegentlich schluckt uns der gähnende Schlund eines Tunnels; dann werden wir auf der anderen Seite des Berges wieder ausgespuckt. Kurz ergattern wir von einer Brücke die Aussicht auf eine bewaldete Schlucht, bevor wir in das Schwarz des nächsten Tunnels tauchen. Anschließend zieht sich das Asphaltband um einen breiten Felskegel und öffnet den Blick auf ein atemberaubendes Panorama. Von weitem leuchten auf der anderen Seite der Berghänge die roten Lampions von Restaurants, die in die Felsnischen der steilen Felswände gebaut wurden.

Unausweichlich führt uns die Straße zu den Ufern des mächtigen Jiangtsekiangs. Von seiner Quelle im Hochland von Tibet bis zu seinem Mündungsdelta bei Shanghai überwindet er einen Höhenunterschied von über viertausend Metern und teilt dabei das riesige Reich der Mitte in Nord und Süd. Mit seinen fast siebentausend Kilometern ist er nicht nur der längste Fluss Chinas, sondern darf sich in dieser Kategorie auch die Goldmedaille im gesamtasiatischen Vergleich umhängen. Darum bedeutet sein Name auf Deutsch auch sinnigerweise »Langer Fluss«.

Ein weit geöffnetes Tal gibt plötzlich den Blick auf den mächtigen Strom frei. Fröstelnd fahren wir am Ufer entlang. Feiner Nieselregen benetzt mein Visier. Der starke Temperaturrückgang in den letzten Tagen hat in uns die Entscheidung reifen lassen, nach Besichtigung der nächsten Sehenswürdigkeit so zügig wie möglich in wärmere Gefilde zu flüchten.

Wir fahren einige Kilometer am Ufer flussaufwärts; dann formt sich das großzügige Tal langsam zu einer breiten Schlucht, und zögerlich löst sich eine riesige Silhouette aus dem Dunst: Ein mächtiger Betonkeil von etwa zweitausend Metern Länge zieht sich quer über den Jiangtse. Dabei erkennen wir deutlich, dass der hintere Teil der oberen Mauer noch nicht fertiggestellt ist. Die Drei-Schluchten-Talsperre ist das aktuelle Prestigeobjekt der chinesischen Regierung.

Weit vor der Baustelle versperrt uns eine Schranke die Weiterfahrt. Leider will uns der uniformierte Schlagbaumverantwortliche nicht durchlassen. Unsere Mitleidsnummer, wir kämen extra aus Deutschland, um die Talsperre zu besichtigen und außerdem könne Martin wegen einer Fußverletzung nicht laufen, stößt bei ihm auf Granit. Daraufhin wenden wir und suchen uns eine andere Zufahrt zu dem weiträumig abgesperrten Distrikt. Diesmal verlockt eine nach oben stehende Schranke zum zügigen Passieren. Als wir am Wachposten vorbeifahren, grüßt er freundlich. Plötzlich jedoch fuchtelt er mit beiden Armen erst energisch, dann hysterisch und ruft uns protestierend hinterher.

»Hast du verstanden, was er gesagt hat?«, frage ich Martin, während wir uns entfernen.

»Er meinte, irgendetwas ist verboten. Ich weiß nicht. Vielleicht waren wir zu schnell. Auf Baustellen muss man ja immer vorsichtig fahren!«

»Hoffentlich beruhigt sich unser Kamerad wieder. Die Gefahr eines Herzinfarktes sollte man nicht unterschätzen.«

Eine breite Piste führt geradewegs zum unfertigen Staudamm. Während wir weitere Kontrollposten passieren, erkennen wir allmählich das Ausmaß des gigantischen Bauwerks. Dicht am rechten Ufer, noch weit vor der eigentlichen Staumauer, haben die Chinesen eine zweispurige Schleusenanlage errichtet, die sich sehen lassen kann. Wie auf einer Treppe für Riesen werden die Schiffe in fünf aufeinanderfolgenden Schleusenkammern nach

Fertigstellung einen Höhenunterschied von über hundert Metern überwinden.

Als wir die untere, bereits fertiggestellte Staumauer befahren, fällt mein Blick auf die aus der Betonwand brechenden Wassermassen. Mit brachialer Macht schießt die graubräunlich schäumende Brühe als fette Fontäne in das untere Becken. Nebel steigt auf und hüllt die Szene in graue Schleier. Wie ein schlechtgelauntes Ungeheuer faucht der erhabene Jiangtse unter unseren Füßen durch die engen Betonrohre. Mir ist, als wehre sich der majestätische Fluss gegen die Demütigung, von kleinen Erdenbewohnern gebändigt worden zu sein.

Die Mauer scheint kein Ende zu nehmen. Bei dem Versuch, mir vorzustellen, wie viel Kraft gegen den Damm drücken wird, wenn seine geplante Füllhöhe von 175 Metern erreicht ist, fehlt mir jegliche Vorstellung. Lieber lasse ich die Dimensionen dieses schon unter Deng Xiaoping 1993 initiierten und an Größenwahn grenzenden Bauwerkes auf mich wirken. Auf der gegenüberliegenden Seite angekommen, führt der Weg stromauf zu einem Hügel. Von hier aus öffnet sich uns ein spektakuläres Panorama. Die vor gerade einmal fünf Monaten begonnene Flutung des Stausees wird erst in Jahren abgeschlossen sein. Dreizehn Städte und tausendfünfhundert Dörfer werden dabei überflutet, und über eine Million Menschen wurden zwangsumgesiedelt. Das Irrsinnige an dem Mammutprojekt aber ist die Tatsache, dass die Region die von den 26 Turbinen erzeugten 18 Gigawatt Strom gar nicht verbrauchen kann und die Energie in weit entfernten Ballungszentren wie Shanghai nur mit immensen Verlusten ankommt. Die ökologischen Auswirkungen vermag zu diesem Zeitpunkt noch niemand abzuschätzen, aber das Hauptargument seiner Erbauer bezieht sich auf den Hochwasserschutz. Dabei müsste den Fachleuten doch klar sein, dass mehrere kleine Talsperren bei Hochwassergefahr die Wassermassen viel effektiver zurückhalten könnten als eine große. Trotz Respekt und Bewunderung für die technische Meisterleistung kommen mir grundsätzliche Zweifel an der Sinnhaftigkeit dieser Großbaustelle. Die Kosten haben sich bereits verdoppelt und liegen bei 50 Milliarden US-Dollar, die größtenteils durch eine Sondersteuer dem chinesischen Volk auferlegt wurden. Sogar Deutschland ist mit einer Bürgschaft für den Milliardenauftrag des Konzerns Siemens in die Mammutfinanzierung verstrickt.

Mit gemischten Gefühlen verlassen wir das Areal. Erst jetzt bemerke ich, dass mir kalt ist. Martin wirkt ebenso sparsam in seinen Reaktionen. Da wir nun einen wichtigen Punkt auf unserem Programmzettel abhaken können, hält uns nichts mehr an diesem Ort. Wir biegen auf eine Straße, die uns durch ein schmales Tal nach Süden bringen soll. Die nur spärlich bewaldeten Felswände ragen schroff nach oben, bis sie auf halber Höhe in tief hängenden Wolken verschwinden. Bald verkündet eine unverrückbare Felswand vor uns das Ende des Tales.

Wie jetzt? Der Weg auf der Karte geht doch weiter in diese Richtung! Eine dunkle Ahnung überkommt mich. Neugierig wandert mein Blick die dunkelgrüne Felswand empor auf der Suche nach einem Stück Asphalt, das zwischen dem Blätterwerk der Bäume zu entdecken ist. Schon kündigt die erste Kehre den weiteren Straßenverlauf an und bestätigt meine Vermutung.

Ich wollte immer schon mal wie auf Wolke Sieben schweben, aber bei diesen Witterungsbedingungen kann ich mir Besseres vorstellen. Je schöner die Sicht mit jeder nächsten Kehre, desto kälter wird die feuchte Luft. Bei zwei Grad Celsius erreichen wir den unteren Saum der Wolken. Wow, ein Panorama wie aus dem Bilderbuch, denke ich, bevor uns ein erster Wolkenfetzen in dicken Nebel hüllt. Kurz wandern meine Gedanken zu Frau Holle, dann singe ich leise »Knocking on Heavensdoor«, um das Kältegefühl zu verdrängen. Die Taubheit in den Fingern und die zwanzig Meter Sichtweite verheißen nichts Gutes. Jeden Moment kann ein Kamikazetrecker aus dem Nichts auftauchen und mich über die Felskante schicken.

Vorsichtig tasten wir uns durch den dichter werdenden Nebel. Plötzlich reißt der Asphalt ab und geht über in einen schlammigen, pfützengetränkten Weg. Wir zweifeln, ob wir überhaupt noch richtig sind. Mittlerweile zittere ich am ganzen Körper und schaffe es kaum noch, mich auf der Maschine zu halten. Vor uns liegt nur noch ein dünner Pfad im Nebel …

Nein, das kann unmöglich der eingezeichnete Weg sein! Uns bleibt nichts übrig, als umzukehren. Nur der Gedanke an die wärmere Luft im Tal lässt mich meine letzten Kräfte mobilisieren. Wir passieren eine Behausung, die nach europäischer Vorstellung entfernt an ein Wirtshaus erinnert. Aus Erfahrung wissen wir, dass es, egal, was uns drinnen erwartet, auf keinen Fall wärmer sein wird als draußen.

Wir klopfen an und treten ein. In der Mitte eines großen, dunklen Raumes stehen vereinzelt Stühle und ein hüfthoher schmaler Ofen. Das ist alles, was der Raum an Mobiliar zu bieten hat. Drei staunende, fragende Augenpaare mustern uns von oben bis unten. Die Chinesinnen verwechseln uns offenbar mit Außerirdischen, denn es dauert eine Weile, ehe sie die Situation begreifen und uns einen Becher heißen Tee anbieten. Unser Zittern und die zusammengezogene Haltung verraten deutlich unsere körperliche Verfassung. Gierig greife ich nach der dampfenden heißen Wohltat und umklammere mit beiden Händen den Becher. Intensiv spüre ich, wie sich die Energie auf meine Finger überträgt. Als ich den Becher mit einer Hand an die Lippen führe, zittere ich so sehr, dass die Hälfte des Inhalts auf den Boden schwappt. Nur mit beiden Händen und größter Mühe gelingt es mir, das Behältnis stillzuhalten und einen Schluck zu trinken. Die Flüssigkeit rinnt mir heiß die Kehle hinunter, und ich genieße das Gefühl der Wärme.

Irritiert bieten die Frauen uns einen Platz am Ofen an. Voller Vorfreude lege ich meine Handflächen an die Ofenwand, um enttäuscht festzustellen, dass er kaum Wärme abgibt. Ich verstehe das nicht: Bei Temperaturen um den Gefrierpunkt kauern die Chinesinnen hier mit dünnen Jäckchen in einer schlecht isolierten Behausung um einen Ofen, der nicht wärmt! Sie frieren zwar nicht so wie wir, doch es ist unschwer zu erkennen, dass auch ihnen kalt ist. Zähneklappernd nehmen wir ein paar Bissen Brot zu uns, bevor wir uns wieder die Serpentinen hinuntertasten.

Im Tal fühle ich mich wie neugeboren. Die magere Mahlzeit oben in den Wolken hat ein Kraftwerk in mir entfacht, das mindestens genauso viel Energie erzeugt wie die Dreischluchtentalsperre des Jiangtse.

Mehrere Tage schlängeln wir uns in südwestlicher Richtung durch die Gebirgswelt. Immer wieder hangeln wir uns die Hänge empor, um dann von den Gipfeln fröstelnd faszinierende Terrassenlandschaften zu bewundern. Dem Berg mühsam abgerungene Äcker malen mit ihren geschwungenen Feldbegrenzungen wundervoll surrealistisch anmutende Linien in die Landschaft. Die geometrischen Formen ziehen sich kilometerweit die Bergschrägen entlang. Doch schnell gilt unsere Aufmerksamkeit wieder der Straße. Baufahrzeuge hupen sich den Weg frei. Wir können uns des Eindrucks nicht erwehren, dass ganz China nur aus Baustellen besteht. Vor allem im Gebirge bauen die Chinesen Autobahnen, Trassen, Ortsdurchfahrten, sanieren Straßenabschnitte und erneuern Fahrbahnmarkierungen. Selten sehen wir schweres Baugerät, das die Arbeit um ein Vielfaches erleichtern würde; stattdessen stehen Hundertschaften von Arbeitern mit Schaufeln auf und neben vollbeladenen Lkws und schippen Asphalt auf die Fahrbahn, während andere ihn auf der vorbereiteten Fläche verteilen. Die Man-Power-Strategie der Chinesen vereinigt zwei Vorteile. Einerseits würden große Baumaschinen immense Investitionskosten verursachen, andererseits entstehen durch die Massenbeschäftigung zahlreiche Arbeitsplätze. Der einzige Nachteil, der sich durch die vielen Baustellen ergibt, sind die Verkehrsstaus.

Auch in einem urtümlichen Bergdorf, das üppig und breit in einem zu schmalen Tal steckt wie in einem zu engen Korsett, staut sich der Verkehr, aber aus anderen Gründen: Heute ist Markttag. Szenen wie zu Zeiten der Völkerwanderung lassen uns staunen. Alles, was laufen kann, schiebt sich dicht gedrängt in Richtung Zentrum. Frauen in bunt bestickten Gewändern, Männer in blauschwarzen Trachten, mit Turbanen, Stirnbändern oder Pelzmützen, schleppen Gemüse, Bekleidung, Werkzeug, Schalen, Felle oder Kleinvieh in Körben, Eimern und Taschen meist über Bambusstangen geschultert zum Marktplatz. In Schrittgeschwindigkeit tasten wir uns durch die undurchdringlich wirkende, zähe Menschenmasse. Dabei gilt meine Aufmerksamkeit dem Vorderrad und den Seitenkisten meiner Maschine. Hupen und lautstarkes am Gas drehen hinterlassen bei den Passanten keinen nennenswerten Eindruck. Wer nicht hören will, muss fühlen. Der Ausfallschritt eines Bauern über eine große Pfütze kommt zum denkbar falschen Zeitpunkt: Mit einem kraftvollen Rumsen erkämpfen sich meine Seitenkisten ihre Daseinsberechtigung. Nur mit Mühe hält Bauer Tji seine zwei Ferkel, die er in Weidenkörben über der Schulter trägt, in der Balance. Daraufhin erreicht mich ein chinesischer Wortschwall, versetzt mit dem aufgeregten Quicken und Grunzen aus den immer noch schwankenden Körben.

Auf einem mit Steinmauern umfriedeten Areal von etwa zwanzig mal dreißig Metern stehen Bauer Li, Wang, und Feng mit ihren Wasserbüffeln und warten auf die Versteigerung ihres Viehs. Schaulustige hocken und sitzen auf der hüfthohen Mauer oder begutachten die sanftmütigen Tiere aus der Nähe. An einem Häuschen längsseits der Straße hält eine Mutter ihr etwa dreijähriges Kind mit splitternacktem Po über den Rinnsteig. Ein perfekt im Halbrund über sein Ziel hinausschießender Urinstrahl verrät unweigerlich das Geschlecht des kleinen Wonneproppens. Vor uns quält sich ein Bus durch die Menge. Unverzüglich suchen wir seinen Windschatten und nutzen die Macht des Stärkeren, um dem Nadelöhr schnellstmöglich zu entfliehen.

An einem leichten Hang weitab des geschäftigen Dorfs schlagen wir auf einem brachliegenden Terrassenfeld unser Nachtlager auf. Die heimkehrende Arbeitsbrigade des Feldes der Ebene unter uns leistet uns bis kurz vor Mitternacht Gesellschaft. Dann genießen wir erleichtert die Stille und Einsamkeit.

32. Bäuerliche Notwehr

Licht. Ein greller Schein. Wo kommt diese Helligkeit her? Wo bin ich? Wie spät ist es? Was ist los? Benommen versuche ich mich zu orientieren. Es muss mitten in der Nacht sein. Draußen höre ich Stimmen. Martin? Nein. Der versucht neben mir gerade, zu sich zu kommen.

»Wir würden gern mit Ihnen reden. Könnten Sie aus dem Zelt kommen?«, ertönt es neben der Zeltwand auf Englisch.

»Warum sollten wir das tun?«, entgegne ich unfreundlich.

»Hier ist die Polizei. Wir sind um Ihre Sicherheit besorgt.«

Nanu, warum sorgt sich denn die Polizei ständig um unsere Sicherheit? Das Spiel kennen wir schon.

»Könnten Sie bitte aus dem Zelt kommen? Wir bringen Sie in ein Hotel, wo Sie sicher sind«, hören wir die freundliche unsichtbare Stimme.

»Nein. Wir sind müde und wollen jetzt schlafen. Wir gehen heute nirgendwo mehr hin«, entgegnet Martin in einem deutlich genervten Ton.

Nach Aufforderung der ominösen Stimme reichen wir unsere Pässe durch einen Schlitz nach draußen. Die Stimme notiert sich lebenswichtige Daten. Dann prallt ein erneuter Umsiedlungsversuch an unseren altbewährten Argumenten ab. Der scharfe Ton verschreckt die Ordnungshüter und lässt unsere Taktik aufgehen. Nach einem letzten Hin und Her geben uns die Polizisten die Pässe zurück und entschuldigen sich sogar noch für die späte Störung. Na bitte, es geht doch. Gute Nacht!

Am Morgen darauf können wir über die eigenartige nächtliche Begegnung nur die Köpfe schütteln. Als wäre nichts gewesen, bleiben chinesische Bauern beladen mit riesigen Haufen aus Reisigzweigen verblüfft neben dem Frühstückstisch stehen und gaffen uns an. Ich spüre, wie sich in mir ein Druckgefühl aufbaut.

»Kann man in diesem Land denn nie alleine sein? Noch nicht einmal nachts wird man hier in Ruhe gelassen!«

Martin beobachtet meinen Groll, sagt aber nichts. Nach einer Weile sind wir wieder allein. Ich atme durch. Natürlich nicht lange, denn im Augenwinkel sehe ich, wie sich schon wieder im Schrittrhythmus ein Reisigbündel in mein Sichtfeld schiebt. Gerade will ich meiner Empörung freien Lauf lassen, da merke ich, wer sich unter dem Bündel versteckt hat. Sich krümmend vor Lachen, wirft Martin die Zweige ins Gebüsch.

»Ha, ha, sehr witzig! Hat der Onkel einen Scherz gemacht.«

Doch Martin lässt sich nicht beirren und prustet jetzt erst richtig los. Seine Heiterkeit steckt mich an und ich muss unwillkürlich über meine schlechte Laune lachen.

* * *

Wir erreichen Kumming. Mit seinen knapp fünf Millionen Einwohnern ist es die größte Stadt des südwestlichen Chinas und für uns ein wichtiger Zwischenstopp, denn hier wollen wir uns die Visa für das nächste Reiseland besorgen. Seit der Abfahrt in Shanghai sind drei Wochen vergangen, in denen wir insgesamt dreitausendfünfhundert Kilometer zurückgelegt haben. Ein Blick auf die Europa-Asien-Karte zeigt eine beachtliche Fingerspanne zwischen beiden Städten.

In der Botschaft von Myanmar beantragen wir zwei Visa und erledigen verschiedene Aufgaben. Das geschäftige Treiben in den Straßen steht dem in anderen chinesischen Großstädten in nichts nach. Auf einem Spaziergang verschlägt es mich in immer enger werdende Gassen. Stellenweise bereitet es mir Mühe, mich zwischen den nur diffus erhellten Häuserschluchten hindurchzuzwängen. Neben einem dunklen, unscheinbaren Häusereingang spielen Kinder Gummihopse und schlagen einen rotierenden Kreisel vor sich her. Sofort geht mir ein Bild aus Kindertagen durch den Kopf. Wie oft habe ich als Kind versucht, meinen Kreisel möglichst lange in einer ihn aufrecht haltenden Bewegung zu balancieren!

Als die Kinder mich entdecken, gerät der Kreisel ins Schlingern und stolpert über den Bordstein. Erst an der Häuserwand gegenüber bleibt er liegen. Mit offenstehenden Mündern schauen die Kleinen mir hinterher. Ein muffiger Geruch liegt in der Luft. Stinkender Müll und dreckige Wasserlachen begleiten jeden Schritt. Das Ende der

Gasse mündet zu meiner Erleichterung ins geschäftige Durcheinander einer Hauptstraße, und sofort dringt mir wieder der verführerische Duft der Garküchenspezialitäten in die Nase. Der Bürgersteig wirkt auf einmal wie glattpoliert. Sonnenschein und eine frische Brise lassen mich die soeben durchquerte Gasse schnell vergessen.

Nach dem Einkauf ziehe ich mich zurück ins Hotelzimmer, um die Schreibarbeiten im Tagebuch und an den Reiseberichten voranzubringen. Ein Blick aus dem Fenster sorgt für willkommene Ablenkung: Unten auf der Kreuzung herrscht reges Treiben. An einer Ecke sitzt ein Schuster mitten auf dem Gehweg und verrichtet emsig sein Tageswerk. Der Chinese neben ihm hievt ein Nähtischchen von der Ladefläche seines Dreirads und baut es in unmittelbarer Nachbarschaft auf. Ein uniformierter Ordner verteilt im Kreuzungsbereich Parkzettel. Weiter vorn warten Chinesen mit ihren Taxi-Mopeds auf Kundschaft, und dahinter wienert eine Schuhputzerin den Passanten die Schuhe. Zur Mittagszeit sitzen, stehen oder hocken alle Protagonisten beisammen und essen Mittag oder spielen Karten.

Widerwillig zwinge ich mich wieder hinter den Schreibtisch. Unsere Reisedokumentation muss unbedingt auf den neusten Stand gebracht werden, denn unterwegs haben wir zu wenig Zeit dafür.

* * *

Zwei stempelfrische Visa in der Tasche, verlassen wir die Stadt in westlicher Richtung. Unser Plan steht fest: Trotz schwieriger Einreisebedingungen nach Myanmar, dem früheren Burma, wollen wir es auf einen Versuch ankommen lassen, mit den Motorrädern die Grenze zu passieren. Sollte uns dies gelingen, stünden wir allerdings sogleich vor der nächsten Herausforderung, denn für die Einreise nach Indien benötigten wir eine Sondererlaubnis, da laut eines Gesetzes von 1958 ein Passieren des nordostindischen Korridors nördlich von Bangladesch für Ausländer nur mit Sondergenehmigung möglich ist. Einerseits erscheinen uns diese Hürden unüberwindbar; andererseits zeigt uns die Erfahrung mit der Einreise nach China, dass alles noch längst nicht so heiß gegessen wird, wie es gekocht wird. In der äußersten südwestlichen Ecke Chinas haben wir mit einem neuen

Problem zu kämpfen: Im Landschaftsrelief des Gebirges fällt es uns deutlich schwerer, eine geeignete Fläche für unser Zelt zu finden. Nur mühselig ringen die einheimischen Bauern den Bergen ein paar Quadratmeter ebenen Boden ab. Unmittelbar neben dem Asphalt ragen Felswände empor und stürzen sich auf gegenüberliegender Seite todesmutig in den Abgrund. In dieser zerklüfteten Gegend lohnt es sich nicht einmal, Terrassenlandschaften anzulegen. Eines Abends suchen wir verzweifelt nach drei Quadratmeter Zeltgrund. Es dämmert bereits. Einerseits bin ich mir sicher, die Nacht nicht auf der Sitzbank meiner Maschine verbringen zu müssen, andererseits bereitet mir das Umherirren in den Bergen bei zunehmender Dunkelheit Beklemmung.

Zum Glück finden wir nach einer Ewigkeit am Fuß einer mächtigen Schlucht ein unscheinbares, bis zur letzten Ackerkrume bestelltes Feld. Sofort funktionieren wir einen Bruchteil der Fläche zur Schlafstatt um. Ohne den allabendlich gewohnten chinesischen Besuch wiegen wir uns schnell in süßen Träumen.

Erst nach dem Frühstück am nächsten Morgen stattet uns ein betagter chinesischer Bauer mit Strohbündeln in den Händen einen Besuch ab. Wie aus dem Nichts steht er plötzlich vor uns. Einer Schaufensterpuppe gleich verharrt er bewegungslos neben unserem Rastplatz und verfolgt misstrauisch jeden unserer Handgriffe. Martin kann heute seltsamerweise kein Chinesisch und ignoriert den interessierten Beobachter freundlich, der bald so spurlos verschwindet, wie er gekommen ist. Es dauert nicht lange, da steht der nächste Kandidat vor uns. Er lässt sich leider nicht so leicht ignorieren. Er sei der Sohn des alten Bauern und sei von ihm geschickt worden, gibt er uns mit ausladenden Gesten zu verstehen. Er beschwert sich über das von uns flachgetretene Gras. Wir versuchen, unsere Ignoranz aufrechtzuerhalten, bis er näher herantritt und ungeschickterweise den Kocher samt aufgesetztem Kaffeewasser umkippt.

»Mann! Pass doch auf mit deinen Quadratlatschen!«, brause ich auf. Erschrocken weicht er einen Schritt zurück und versucht schuldbewusst, den Kocher mit dem Topf wieder in die Ausgangsposition zu bringen. Während ich nun anfange, zu packen, werden seine Einwände bezüglich des heruntergetrampelten Grases massiver. Vielleicht sollten wir ihn nicht ignorieren, sondern ihm erklären, warum wir hier sind, geht es mir durch den Kopf. Da höre ich zweimal ein kurzes

Schwirren hinter mir. Ich fahre herum. Für den Bruchteil einer Sekunde glaube ich meinen Augen nicht zu trauen.

»Ja, sag mal, hast du zu viele Kong-Fu-Filme gesehen?«

Mit einer Machete in der Hand und zwei schwungvollen Armbewegungen hat unser Festlandmatrose soeben die zwei vorderen Abspannleinen des Zeltes gekappt und wartet nun offenbar darauf, dass unser Boot ablegt und aus seiner Bucht verschwindet.

Ich schnaube ihn an: »Junge, hast du deine Medizin heute schon genommen?« Mit einem Satz bin ich bei ihm und biege ihm die Arme auf den Rücken. Martin schaut fassungslos auf die schlaff herunterbaumelnden Leinenenden und dreht dem Chinesen geschickt die Machete aus der Hand. Sichtlich überrascht von unserer Reaktion scheint er seinen Aktivismus sofort zu bereuen. Auf der einige Meter höheren Böschung taucht nun plötzlich der alte Bauer auf und hält drohend eine zwei Meter lange Holzstange, traut sich aber nicht näher an die Szenerie. Um Schadensbegrenzung bemüht, hält Martin unseren neugewonnenen Freund fest, während ich in Windeseile die Sachen zusammenpacke und reisegerecht auf den Krads verstaue. Uns geht nur ein Gedanke durch den Kopf: Was wird passieren, wenn Martin den kampfeswütigen Chinesen loslässt, um seine Maschine zu besteigen?

Vorsorglich setze ich meinem Begleiter den Helm auf, bevor wir den Aggressor in die Freiheit entlassen. Während wir aufsitzen, stellen sich die Bauern demonstrativ quer auf den Feldweg. Da er die einzige Verbindung zur Straße darstellt, werden wir die beiden Helden wohl überfahren müssen. Natürlich hängt auch ein Chinese trotz ackerloser Bergwelt an seinem Leben. Sportlich springen sie beiseite, als unsere bedrohlich bullernden Monsterräder auf sie zurollen. Als Ausdruck ihrer Machtlosigkeit heben die Überrumpelten am Wegesrand liegende Steine auf, um sie uns hinterherzuwerfen. Doch diese Reaktion haben wir vorausgeahnt und beizeiten am Gas gedreht. Dumpf plumpsen sie hinter uns in den Sand. Wir atmen auf. Geschafft!

Mit zwei gekappten Zeltleinen sind wir heilfroh, nicht mehr Schaden davongetragen zu haben. Wir wissen, dass die Chinesen viel zu sanftmütig sind, um uns vorsätzlich Schaden zufügen zu wollen. Aus ihrer Not heraus wussten die Bauern sich nicht besser zu helfen. Wir hätten sie nicht ignorieren sollen, dann wären sie bestimmt freundlich geblieben.

33. Chinas Baustellen

Es wird wärmer. Während uns die letzten Wochen noch nasskaltes Herbstwetter zu schaffen machte, lassen erste milde Luftströme bereits einen Hauch südländisches Klima erahnen. Beim Erklimmen der Pässe, die von eisigen Böen umweht sind, bibbern wir uns hinauf und rollen dann in die angenehm warmen Aufwinde hinunter.

Bambuswälder, Bananenstauden und Zuckerrohr kündigen das Ende der Wetterscheide an. Der Teint der Einheimischen wirkt schon deutlich dunkler, und die Gesichter zeigen bereits einen stark indischen Einschlag. Frauen in Trachten mit bunten aufwendig gearbeiteten Stickereien oder gehüllt in farbenfrohe Tuchgewänder schreiten an uns vorüber. Manche Männer tragen noch nicht einmal mehr ein T-Shirt. Gezeichnet durch die schwere Feldarbeit, glänzen ihre mageren Leiber in der Mittagssonne. Die Luftfeuchte zaubert einen dünnen Schweißfilm auf die Haut. Nachts wecken uns Kondenswassertropfen, die sich kopfüber an der Zeltwand bilden, um in unregelmäßigen Abständen auf unsere Gesichter zu stürzen.

Nach Baoshan erreichen wir endlich die Grenzstadt Ruili. Zielstrebig durchfahren wir das Stadtzentrum und nähern uns außerhalb des Ortes dem Grenzfluss. Am Grenzübergang verkündet ein uniformierter Chinese, die Passage sei nur mit Sondererlaubnis möglich. Wir zeigen ihm unbeeindruckt die Visa und bitten, seine Erklärung ignorierend, um die Ausreisestempel. Der Beamte fühlt sich überfordert und delegiert das Problem.

»Am besten ihr fragt den anderen Grenzer.«

»Welchen anderen Grenzer?«, will Martin wissen. Mit ausgestrecktem Arm deutet er in Richtung Grenztor und winkt uns, ihm zu folgen. Ohne chinesischen Ausreisestempel geleitet er uns mit ein paar Schritten auf die andere Seite der Absperrung. Dort verläuft dicht neben dem schmalen Grenzstreifen eine vielbefahrene Straße. Verwirrt wenden wir uns an den Grenzer: »Befinden wir uns hier noch in China?«

»Nein. Das hier ist die burmesische Seite.«

»Wie? Wir sind schon in Myanmar?« Verblüfft schauen wir uns an. So ein Mist! Kein Niemandsland zwischen den Fronten? Aber das gehörte doch zu unserem Plan!

Jetzt dürfen wir bloß nicht locker lassen! Wir ziehen alle Register. Erst zeigen wir unser Sammelsurium an abgestempelten Visa, um den Beamten die Länge der Reise und damit die Wichtigkeit unseres Anliegens zu demonstrieren. Dann drücken wir auf die Tränendrüse: Wir müssen auf kürzestem Weg nach Hause, weil Oma krank ist und der Wellensittich das Futter verweigert. Unser Bitten wandelt sich schließlich zu einem Protest; aus einem »wäre«, »würde« und »hätte« wird ein »Wir müssen!«

Doch nichts bringt die Uniformträger dazu, ihre Meinung zu ändern. Mittlerweile spüren wir in solchen Situationen intuitiv den Hauch einer Chance. Doch keine unbedachte Äußerung, keine Regung in der Mimik, nichts deutet darauf hin, dass sich das Blatt zu unseren Gunsten wenden würde. Auf chinesischer Seite besteigen wir enttäuscht die Motorräder und suchen uns einen Rastplatz vor den Toren der Stadt.

In den nächsten Tagen recherchieren wir gründlich die Lage. Wir kontaktieren Botschaften, Reisebüros und Sachverständige, doch jeder Strohhalm, nach dem wir greifen, lässt das Problem noch komplexer erscheinen. Selbst, wenn wir in zwei Wochen eine Sondererlaubnis für die Einreise nach Myanmar in den Händen hielten, bräuchten wir im selben Atemzug eine nächste für Indien, die aber, wie sinnig, nur in Neu Delhi zu bekommen wäre.

»Jetzt haben wir den Salat! Jetzt bleibt uns nichts anderes übrig, als auf die malaiische Halbinsel auszuweichen, um die Straße von Malakka nach einem internationalen Hafen mit Schiffsanbindung nach Indien abzuklappern!« Martin tippt mit dem Zeigefinger auf die Karte, wo er Küstenstädte mit großen Häfen vermutet.

»Ich hatte von Anfang an ein ungutes Gefühl. Das wäre ja auch zu einfach gewesen. Ich habe schon geahnt, dass uns dieser Bananenstaat mit seiner Militärdiktatur einen Strich durch die Rechnung machen wird! Was meinst du, wie viel Zeit der Umweg über Laos und Thailand in Anspruch nimmt?«, will ich von ihm wissen.

»Nächste Frage? – Schwer zu sagen. Das hängt davon ab, wie schnell wir die Maschinen über den Teich bekommen.«

»Was soll‘s, ich wollte immer schon mal Weihnachten in Thailand verbringen. Mit dem Motorrad durch die laotische Bergwelt gondeln, klingt nach einem spannenden Abenteuer«, versuche ich mir die Lage schönzureden, nichts ahnend, wie sehr ich mit meiner Einschätzung Recht behalten sollte.

Die letzten Tage auf chinesischem Territorium will uns das Land noch einmal so richtig zeigen, was es heißt, mit dem Zweirad in China unterwegs zu sein. Langgezogene Täler und seicht ansteigende Berghänge ziehen sich zu engen Schluchten und faltigen Bergkämmen zusammen. Die Kurven der Passstraßen werden zackiger und schmaler. Lkws und Busse zwängen sich dicht aneinander vorbei. Oft fahren die schweren Gefährte im Gegenverkehr mit überhöhter Geschwindigkeit in die Kurven. Dadurch geraten sie häufig auf unsere Fahrspur und zwingen uns bei fehlenden Leitplanken unmittelbar neben dem Abgrund auszuweichen. Hier mutieren Baustellen mit ihrer Schrittgeschwindigkeit zu einer willkommenen Abwechslung. Einmal versperrt uns sogar ein Schlagbaum die Weiterfahrt, doch der Baustellenabschnittsbevollmächtigte signalisiert bereits von weitem, dass wir die Schranke passieren dürfen. Na klar, machen wir doch gern!

Leider kommen wir danach nicht weit: Eine Planierraupe ebnet vor uns die soeben von Lastern aufgeschütteten Sandberge. In Zweierreihen bedecken die Haufen kilometerweit die von uns gerade noch befahrene Piste. Wir steigen von den Krads und fragen den Planierraupenfahrer um Rat.

»Wie sieht die Straße hinter den Sandhaufen aus? Können wir mit den Motorrädern passieren?«

»Die Straße ist noch nicht fertig, aber in einer Stunde soll sie wieder freigegeben werden.«

»Wie bitte? Wie soll das möglich sein?«

Wahrscheinlich will der Bauarbeiter uns auf den Arm nehmen. Doch er fährt an die Seite und winkt uns freundlich, aber bestimmt durch.

Wie? Wir sollen dieses Sandhügelgebirge mit den Maschinen passieren? Ja, warum eigentlich nicht? Schließlich sitzen wir nicht umsonst auf Geländemaschinen!

Nach vorsichtigem Herantasten und Ausprobieren geht es bergauf, bergab von Sandhaufen zu Sandhaufen. Gerade fängt es an, Spaß zu machen, da fahren wir auch schon über den letzten Hügel.

Doch die Baustelle endet noch lange nicht. An einem der nächsten Berghänge beobachten wir, wie ein Bataillon von Chinesen versucht, die Flanke in ein Betonkorsett zu zwingen. Auf einer Länge von etwa zweihundert Metern wurde der gesamte Hang zubetoniert. An seinen Seiten stehen die Bauarbeiter ungesichert und befestigen Betonstahlgerüste.

Über hundertfünfzig Kilometer frisst sich die Baustelle in das Gebirge und hinterlässt langgezogene Narben an den dunkelgrünen Bergen beiderseits der Piste. Erst befahren wir ein vorbereitetes, leeres Straßenbett, dann müssen wir mit grob planierten Fahrspuren vorliebnehmen; dazwischen kämpfen wir mit Weichsandpassagen. Am Abgrund einer schmalen Schlucht endet plötzlich der Geschicklichkeitsparcours. Zwei schlanke Brückenpfeiler aus Beton ragen wie Gedenksäulen in die Höhe. Jedoch fehlt ihnen das Verbindungsstück, das beide Fahrbahnen vereinen würde! Zähneknirschend, wütend über den Planierraupenfahrer bleibt uns nichts anderes übrig, als die ganze beschwerliche Strecke zurückzufahren.

Danach führt uns ein Abzweig auf eine weitere Baustelle. Eine Staubwolke nach der anderen vernebelt uns die Sicht. Einsetzender Regen verwandelt die unbefestigte Oberfläche der Fahrbahn in Schmierseife. In einer Kurve um eine mächtige Felswand kommt der Verkehr vollends zum Erliegen. Der Hang vor uns hat nachgegeben und oberhalb der Straße einen Erdrutsch ausgelöst. Unzählige Chinesen stehen ratlos vor und hinter einem riesigen Lkw, der sich auf der notdürftig wieder freigeschaufelten Spur festgefahren hat. Vom Hang auf der linken Seite rieselt feiner Sand auf die blockierte Piste. Auf der anderen Seite des Lkws hingegen klafft der Abgrund. Aus einem Bus dringt ein ersticktes »Hello!« an mein Ohr.

Hinter den Fensterscheiben amüsieren sich junge Chinesen über jede unserer Bewegungen. Seit einer halben Stunde kommt keiner der Umherstehenden auf den Gedanken, den in einiger Entfernung geparkten Bulldozer inklusive Fahrer zur Hilfe zu holen. Unterdessen spuckt der Bus in hohem Bogen Plastiktüten, Zigarettenschachteln und Einwegverpackungen aus.

Eine zierliche Chinesin steigt aus dem Bus und stolpert zielstrebig auf der Suche nach einem stillen Örtchen über die Fahrspur und bleibt mit ihren Stöckelschuhen im weichen Kies stecken. Dann findet das Expertenteam doch noch die längst überfällige Lösung:

Nach Reißen des ersten Stahlseiles zieht der Bulldozer den Lkw mit einem stärkeren Seil souverän aus seiner misslichen Lage. Sofort kommt Bewegung in die Szenerie. Fahrzeug für Fahrzeug passiert vorsichtig die kritische Stelle, während der Untergrund weiter festgefahren wird. Die Ursache des Staus interessiert niemanden mehr. Dabei war der Erdrutsch wahrscheinlich nur der Anfang weiterer Bewegungen …

Mit Ende des Tages erreichen wir endlich auch das Ende der Baustelle. Wir drücken uns mit den Lkw-Kolonnen durch die Dörfer, um wenigstens noch ein paar Kilometer zu schaffen. An einer Kurve um einen Felsvorsprung wäscht eine Frau im betonierten Straßengraben Wäsche. Aus einem Rohr der Felswand sprudelt frisches Quellwasser. Neben ihr steht ihr etwa siebenjähriges Kind und hilft, während neben den beiden die stinkenden und qualmenden Stahlkolosse vorbeidonnern. Ein Schritt oder ein Stolpern in die falsche Richtung würde in einem tragischen Unfall enden.

Es geht südwärts. Die Vegetation wird üppiger; der Wald verwandelt sich in einen Urwaldteppich. Baumriesen mit mächtigen Stämmen ragen in luftige Höhen; ihre Wipfel verschmelzen zu einem undurchdringlichen Blätterdach. Das Asphaltband schlängelt sich durch einen Tunnel aus Grün. Lianen hängen über der Straße, sodass es ein Leichtes wäre, sich an ihnen hinaufzuhangeln und Tarzan gleich durch die Lüfte zu schwingen. Pflanzen mit riesengroßen tellerförmigen Blättern erinnern an Szenen aus *Alice im Wunderland*. Ein Pflanzendickicht aus Gräsern, knorrigen Wurzeln und Unterholz verwehrt uns überall ein tieferes Eindringen. Ein Mantel aus kleinblättrigem, efeuähnlichem Laub bedeckt alle Sträucher, Bäume und Gewächse. Manchmal überqueren wir abgeholzte Hügelkuppen, die Panoramaaussichten über dunkelgrüne Täler und Berghänge ermöglichen. Lichtungen oder Felder suchen wir vergebens.

In der letzten Ortschaft lassen wir als Andenken unsere Benzinkanister mit knallroten chinesischen Schriftzeichen bemalen. Schließlich soll jeder über den ungenießbaren Inhalt der Behälter informiert werden! Während der Ortsdurchfahrt bemerkt Martin ein Schild über dem Postgebäude. Statt der gewohnten Beschriftung *China Post* lesen wir in gelben Lettern auf grünem Grund: *China Poet*. Der unbeabsichtigte Fehler zaubert uns ein Schmunzeln ins Gesicht.

34. Ein bleihaltiges Lüftchen

Eine rötliche Schotterpiste führt zur laotischen Grenze. Fast hätten wir sie einfach überfahren, wenn uns nicht ein Uniformierter energisch zurückgewunken hätte. Den obligatorischen Schlagbaum suchen wir vergebens. Eine unscheinbare längliche Baracke mit Gittern vor den Fenstern dient als Abfertigungsgebäude. Wir treten ein. Hinter dem Schalter fordert uns ein Chinese auf, Platz zu nehmen. Der Zollbeamte stehe gerade unter der Dusche. Wir sollten kurz warten.

»Konfuzius sagt: Eine Dusche während der Dienstzeit verbessert die Konzentrationsfähigkeit«, kommentiert Martin gutgelaunt die Szene.

Im abgesperrten hinteren Teil des Raumes hören wir ein kontinuierliches Plätschern. Nach geraumer Zeit verstummt das Geräusch. Minuten vergehen. Dann tritt eine Person in Militärkleidung vor uns. Lange, schwarz gelockte Haare bedecken Kragen und Ausschnitt der Uniform. Die noch feuchten Haare glitzern in der Sonne und verleihen dem Antlitz etwas Märchenhaftes. Der braune, gleichmäßige Teint und die feinen Gesichtszüge geben der jungen Beamtin eine kindliche Note. Ihre schlanke Figur und die wohlproportionierte Oberweite wirken selbst durch den groben Stoff der strengen Uniform. Große, tief dunkelbraune Augen leuchten uns an. Sie lächelt und wartet geduldig, bis wir die Sprache wiedergefunden haben. Doch ich schaffe es nicht, meinen Blick von ihr zu wenden, geschweige denn mich daran zu erinnern, warum wir eigentlich hier sind.

»Unglaublich, was man im Urwald alles so findet!«, bemerkt Martin.

»Das muss Jane sein.«, erwidere ich.

»Wie bitte?«

»Tarzan wurde von den Chinesen festgenommen, und Jane macht einen auf Arbeitsbeschaffungsmaßnahme.« Martin schubst mich an.

»Auch chinesische Mütter haben schöne Töchter. Wach auf! Wir haben noch eine lange Strecke vor uns.«

»Was meinst du, ob sie sich verirrt hat? Sie braucht vielleicht Hilfe, weil sie nicht mehr aus dem Urwaldgedöns herausfindet. Du kannst ja schon mal vorfahren. Ich zeige der Dame nur kurz den Weg in die nächste Stadt und komm dann nach.«

»Ja, nee, ist klar!« Martin verpasst mir eine Kopfnuss und erhebt sich schwungvoll von seinem Stuhl.

Während der heißbegehrte Ausreisestempel in unsere Pässe saust, tropfen die im Tageslicht bläulich schimmernden Haare der Grenzerin den Schreibtisch voll. Mit einem Lächeln und einem »Gute Reise!«, werden wir von dem zauberhaften Wesen aus dem Reich der Mitte verabschiedet.

Nach drei Monaten chinesischem Verkehrswahn knattern unsere Maschinen endlich durch die laotische Bergwelt. Die Hälfte der Landesfläche besteht aus Regen-, Monsun- und Urwäldern. Mit jedem Kilometer dringen wir tiefer ein in ein unendliches Pflanzenmeer. Spätestens hier hätten sich Hänsel und Gretel auf keinen Fall weitergetraut. Unser Verständnis für den Begriff »Wald« müssen wir neu definieren. Bald kommt es mir so vor, als habe es auf der ganzen Welt noch nie eine andere Form des Pflanzenwuchses gegeben. Mit seiner allgegenwärtigen Magie wirkt der mächtige Urwald auf unsere Gemüter wie das Gotteshaus auf einen Gläubigen. Wie kann man etwas so Vollkommenes, Wunderbares, unbeschreiblich Schönes nur zu Möbeln, Brennholz oder Papier verarbeiten?

Es dauert nicht lange und wir durchfahren tatsächlich großflächig abgeholzte Areale. Ganze Bergketten ragen nackt, hässlich und kahl gen Himmel. Die jährliche Entwaldung einer Fläche so groß wie das Saarland dient hauptsächlich der Brennstoff- und Ackerlandgewinnung. Dies führte neben den üblichen Nebenwirkungen wie Artenschwund und Bodenerosion zu einer deutlichen Grundwasserspiegelabsenkung, was eine massive Verschlechterung der Trinkwasserversorgung in vielen Bergregionen zur Folge hat. Stumm und traurig wandert mein Blick wie gelähmt über die baumlosen Hänge. Ich bin entsetzt. Ohnmacht und Wut kochen in mir hoch. Die Laoten sägen sich den Ast ab, auf dem sie sitzen.

Dieses Phänomen zieht sich wie ein roter Faden durch die Regionen: Umweltschutz und Nachhaltigkeit sind die Kinder reicher Länder. In Laos bestimmen in erster Linie der Kampf ums Überleben, aber auch Eigennutz, Pragmatismus und Profitgier das Handeln.

Laotische Bergdörfer haben einen unverwechselbaren Charme. Die Bauweise der Behausungen unterscheidet sich grundsätzlich von der chinesischen: Auf Holzpfählen stehen mit Brettern verkleidete Hütten. Die Dächer aus einer Art Schilfrohr vermitteln den Siedlungen ein naturbelassenes Aussehen. Kleine Kinder rennen an den Straßenrand, wenn sie uns entdecken und winken begeistert, während wir durch die Ortschaften gondeln. Ihre braunen Kinderaugen strahlen vor Wärme und Neugier. Erwachsene Dorfbewohner sitzen seitab der Fahrbahn auf der Erde und flechten Bast oder knüpfen Schilf. Der Boden ist übersät von fertigen und halbfertigen Schilfmatten. Überall stehen geschnürte Bast- und Schilfbündel an den Wänden der Katen. Das Gerüst der Häuschen besteht aus Bambus, die Wände aus Bast und die Dächer aus Schilf. Fenster gibt es nicht. Hausbau kann so einfach sein!

An einer Bergdorfraststätte essen wir zu Mittag. Da die Straße die einzige Verbindung zwischen Grenze und Hinterland darstellt, lässt der erste Reisebus nicht lange auf sich warten.

»Wie habt ihr denn die Motorräder nach Laos bekommen?«, fragt eine sächselnde Stimme neben uns.

»Indem wir uns darauf gesetzt haben und hergefahren sind«, beantworte ich schmunzelnd die Frage unseres Landsmannes. Schnell in ein Gespräch vertieft, tauschen wir Reiseerfahrungen aus.

»Rivalisierende Banden treiben in dieser Gegend ihr Unwesen«, warnt uns der Sachse. »Habt ihr noch nichts gehört davon? Es soll bewaffnete Überfälle gegeben haben! Zehn Kilometer die Straße entlang liegt sogar ein ausgebrannter Reisebus. Deswegen fährt in unserem Bus extra ein bewaffneter Schutzmann mit. Seid vorsichtig! Fahrt auf keinen Fall während der Dämmerung oder nachts!«

Der Gedanke, dass die Bergstraße die einzige Verbindung zur nächsten Stadt darstellt und wir einem Überfall nur schwer ausweichen könnten, beschert mir ein mulmiges Gefühl. Wir bedanken uns für die wertvolle Information und machen uns auf den Weg. Jede Palme, jede Bananenstaude, jedes baumartige Etwas wird von nun an verdächtigt, einen Banditen hinter seinem Stamm zu verbergen. Mit Argusaugen scannen wir jeden Quadratmeter. Das gerade noch unbeschwerte Gondeln durch friedliche Bergdörfer verwandelt sich mit einem Mal in eine Reisetortur, die wir möglichst schnell unbeschadet überstehen wollen. Anspannung zeichnet unsere Gesichter. In Gedanken versuche ich mir für den Fall der Fälle ein Verhaltensrepertoire zurechtzulegen.

Wie sollen wir bei einem plötzlichen Überfall reagieren: Flüchten? Uns ergeben? Uns wehren oder gar mit den Banditen verhandeln?

An diesem Abend suchen wir mit größter Sorgfalt ein besonders verstecktes Plätzchen. Am Rande einer Lichtung finden wir eine kleine Mulde, umgeben von Schilfrohr. Ohne einen Zwischenfall lassen wir den Tag mit einem leckeren Abendessen ausklingen. Es dämmert bereits.

»Was meinst du? Wollte uns der Sachse mit seiner Warnung nur Angst machen?« Martin scheint meine Gedanken zu lesen.

»Das frage ich mich auch die ganze Zeit. Reiselatein verdoppelt meist mit jeder Erzählung seine Dimension … Ich kann mir nur schwer vorstellen, dass es in dieser dünn besiedelten Bergregion etwas zu erobern oder gar zu …«

Mir bleibt der Satz im Halse stecken. Ein Knattern dringt aus einiger Entfernung zu uns herüber.

»Das sind doch Maschinengewehrsalven!«

Kurz hintereinander hören wir mehrere Male das uns aus Kriegsfilmen bekannte Geräusch. Dann vereinzelt Gewehrschüsse, danach ist es totenstill. Wir sind fassungslos und trauen uns nicht, ein Wort zu sprechen. In China hätten wir solche Geräusche irgendeiner militärischen Übung zugeschrieben, aber nach dem Gespräch am Mittagstisch wissen wir nur zu gut um die Bedeutung des Gehörten. Als wir unsere Stimmen wiederfinden, reden wir nur noch in gedämpftem Tonfall. Gut versteckt im laotischen Schilfwerk müssen wir uns wenig Sorgen machen, entdeckt zu werden. Wir unterhalten uns wieder. Fast schaffen wir es, den Vorfall zu verdrängen, da sehe ich in einiger Entfernung hinter Martin ein Licht.

»Pst!«, zische ich ihn an. »Sei still! Hinter dir ist jemand! Ich hab gerade einen Lichtkegel gesehen, vielleicht eine Taschenlampe oder so was.«

Ungläubig dreht Martin sich um und starrt in die Dunkelheit. Unsanft würge ich den Kocher ab. Sein Fauchen könnte uns verraten.

»Da! Da ist es wieder!« Hundert Meter vor uns wandert der Schein einer Taschenlampe die Felswand hinauf. Lautlos verstauen wir die Gerätschaften im Vorzelt und ziehen uns ins Zelt zurück.

Nach einer unruhigen Nacht schlüpfen wir am helllichten Tage aus dem Zelt. Als wäre am Abend zuvor nichts gewesen, liegt uns die Natur unschuldig zu Füßen. Beim Frühstück kommen wir schnell auf andere Gedanken. Während wir ins Tal hinunterrollen, hören wir erneut Schüsse aus der vor uns liegenden Bergregion. Von weitem entdecken wir am Ortseingang zwei Kreidezeichnungen auf dem Asphalt. Ich halte sie für Kindermalereien, doch als wir näherkommen, erkennen wir unschwer die Umrisse zweier Personen. Sofort spüre ich wieder das Magengrummeln.

Zügig durchfahren wir das Krisengebiet, um so schnell wie möglich das ungefährlichere Flachland zu erreichen. Erst später erfahren wir, dass die Schüsse bewaffneten Kämpfern zuzuordnen sind. Sie führen gegen die 1975 an die Macht gekommenen Kommunisten einen auf die Bergregion begrenzten Partisanenkrieg, bei dem durch Attentate und Entführungen auch schon ausländische Touristen ums Leben gekommen sind.

35. Happy, happy, happy

Der Mekong mit seinen circa 4.500 Kilometern Länge, der größtenteils eine natürliche Grenze zwischen Myanmar und Laos bildet, ist für die Laoten eine wichtige Lebensader. Als neuntlängster Fluss weltweit fließt er durch die Länder China, Myanmar, Laos und Thailand, um in Vietnam bei Ho-Chi-Minh-Stadt schließlich in das Südchinesische Meer zu münden. Leider ist er nicht gut schiffbar, weil er auf seiner Länge einen Höhenunterschied von 5.200 Metern überwinden muss und dadurch oft Stromschnellen bildet. Felsiger Grund und starke Zerklüftung lassen ihn dafür an vielen Stellen umso malerischer in Erscheinung treten. Jedes Mal, wenn wir ihn überqueren, fahren wir langsamer oder pausieren auf Brücken, von denen wir Panoramafotos schießen.

Doch nicht nur der Mekong entwickelt sich zu einem Anziehungspunkt. Auch die schon von Weitem schillernden Tempelanlagen, in jeder Ortschaft das geistige Zentrum, versetzen uns in Entzücken. Es kommt mir so vor, als wetteiferten sie in Schönheit und Größe miteinander. Goldfarbene, aufwendig gearbeitete Reliefs, Figuren und Verzierungen geben einen interessanten Einblick in die Kunstfertigkeit der Laoten. Die Dächer bestehen aus komplex ineinander verschachtelten Satteldachkonstruktionen. Die Tempelarchitektur beweist einerseits einen ganz eigenen Stil, andererseits wirken die vielen Details am Tempel verspielt. Übergroße Buddha-Statuen meist in sitzender Position im Zentrum der Tempel heißen jeden Besucher willkommen. Die innere Ruhe der buddhistischen Tempel überträgt sich auf mein Gemüt. Ähnlich dem Besuch einer Kirche verwandelt sich meine Stimmung unwillkürlich in Demut, Andacht und Besinnung auf den eigenen Geist.

Prunkvillen und Pick-Ups bilden einen krassen Gegensatz zum einfachen Leben der laotischen Bergdörfer. Mir kommt es vor, als hätten wir mit dem Verlassen der letzten Erhebungen ein großes Märchenbuch zugeklappt, in dem noch Schurken und Sheriffs die Hauptrollen spielen.

Kinder in Uniform schlendern von der Schule nach Hause. Weiße Hemden kombiniert mit schwarzen Hosen oder Röcken säumen in langen Reihen den Rand der Straße. Statt Schulranzen tragen sie einen einriemigen Stoffbeutel quer über der Schulter. Noch in Gedanken bei den letzten Augenblicken des Schulalltags, schnattern sie wie aufgezogen, piesacken einander oder laufen verträumt allein die Straße entlang. Jedes Mal, wenn wir vorbeifahren, hören wir hinter uns ihre Begeisterungsrufe.

Die Hälfte der über fünf Millionen Laoten sind Analphabeten. Leider gestaltet sich das Vermitteln von Bildung schwierig. Der größte Teil des Landes besteht nun einmal aus schwer zugänglichen, dünn besiedelten Bergregionen. Oft müssen die Kinder einen Schulweg von mehr als zwanzig Kilometern in Kauf nehmen oder den Schulbesuch abbrechen, um zum Nahrungserwerb der Familie beizutragen.

Nichts erinnert in diesem Land an China. Dichten Verkehr gibt es nur an Knotenpunkten größerer Städte. Millionenmetropolen suchen wir in Laos vergebens. Die Hauptstadt Vientiane mit ihren noch nicht einmal zweihunderttausend Einwohnern darf sich ohne Konkurrenz als größte Stadt des Landes bezeichnen.

Die Ausreise verläuft ebenso unproblematisch wie die Einreise fünf Tage zuvor. Im Niemandsland zwischen den Fronten zwingt uns die Straßenführung einer Ampelkreuzung zum Seitenwechsel. Als Ausdruck des früheren Einflusses der britischen Kolonien auf das mehrmals im Umschwung befindliche Land herrscht in Thailand bis heute Linksverkehr. Wahrscheinlich zeichnet ein unrühmliches Klischee der Deutschen in Bezug auf das Land des Lächelns verantwortlich dafür, dass wir mit einer dreißigtägigen Aufenthaltserlaubnis visumfrei einreisen können.

Von einem Kilometer auf den anderen umgeben uns nun westlich anmutende Straßenzüge. Riesige abgezäunte Komplexe fließen an uns vorbei. Weiträumig angelegte Fahrbahnen mit ausgesprochen guter Asphaltqualität verleiten zu einem für asiatische Verhältnisse zu hohen Fahrtempo. Universitäten und Schulareale glänzen mit einem architektonische Größe vermittelnden Baustil.

In der nächsten Stadt drängeln sich die Geschäfte an den Häuserzeilen entlang. Als Reinkarnation der Ruhe selbst gondeln Rikschafahrer durch die hektische Rushhour. Auf den Mittelstreifen der Hauptstraßen prangen unübersehbar etwa fünf Meter hohe, blumenumsäumte Fotogemälde des amtierenden thailändischen Königs Bhumibol Adulyadej. Der verherrlichende Personenkult, meist ein gern genutztes propagandistisches Mittel diktatorischer Staatsoberhäupter, scheint hier in besonders ausgeprägter Form angewandt zu werden. Es entstehen Fragen, auf die wir keine Antwort wissen. Daher suchen wir das Gespräch mit den Einheimischen und erfahren Interessantes über die thailändische Geschichte.

Im »Land der Freien«, wie Thailand ins Deutsche übersetzt heißt, herrscht seit 1932 eine konstitutionelle Monarchie, die sich die Macht mit einem Parlament teilt. Eigentlich wäre Bhumibols älterer Bruder Ananda Mahidol, der den siamesischen Thron schon im Alter von neun Jahren bestieg, jahrzehntelang König von Thailand gewesen. Leider führte ein tragischer, bis heute nicht geklärter Unfall beim Spielen mit einer Pistole zu seinem frühen Tod. Da in Thailand die Erbfolge gesetzlich festgeschrieben steht, ging danach die Krone auf den jüngeren der beiden Brüder über. Seit dieser Zeit sitzt Bhumibol wie angeklebt auf dem Königsstuhl und darf sich mit 57 Jahren Amtszeit als längstes amtierendes Staatsoberhaupt der Welt betiteln.

Während seiner Regierungszeit hat er mehrere Putsche überstanden. Bei drei Studentenunruhen, die das Militär jedes Mal blutig niederschlug, benutzte er seine Macht, um dem Militär Einhalt zu gebieten und stärkte dadurch seinen Rückhalt in der Bevölkerung. Die Thais schreiben die langsame sanfte Öffnung des Landes zum Westen hin ihrem König auf die Fahnen. Durch landwirtschaftliche Projekte, groß angelegte Spendenaktionen und das grundlegend verbesserte Bildungssystem verankerte sich die Königsfigur zusätzlich in den Herzen der Untertanen. In vielen thailändischen Haushalten hängt ein Portrait Bhumibols, obwohl dies gesetzlich nicht vorgeschrieben ist. Andererseits stellt die freie Meinungsäußerung immer noch ein Problem dar: Wer dem Königshaus nicht nach dem Mund redet, fällt in Ungnade. Majestätsbeleidigung wird in Thailand strafrechtlich verfolgt. Vielleicht hat das Land daher seinen Zweitnamen, frei nach dem Motto: Wer lächelt, redet nicht!

Abermals schwebt ein gelb umrandetes Riesenportrait des smarten Staatslenkers an mir vorbei. Ein Königreich für seine Gedanken. Wie gern würde ich wissen, was in diesem Kopf vor sich geht! Ein König, der mehr als ein halbes Jahrhundert tatsächlich zum Wohle seines Volkes regiert, ist in Gegenwart und Vergangenheit eine Ausnahmeerscheinung.

Mit gesundem Hunger lassen wir uns in einer der vielen Garküchen nieder. Die thailändische Küche überzeugt uns ausnahmslos. Egal, was wir bestellen, alle Gerichte treffen unseren Geschmacksnerv. Dieses Mal entscheiden wir uns für eine leckere Currysauce mit Geflügelfleisch, Gemüse und Reisbeilage. Martin bekommt als Erster seinen üppig portionierten Teller.

»Mahlzeit!«, rufe ich ihm vergnügt zu, während sich meine Bestellung wippend auf dem Arm einer mir entgegenlächelnden Thai nähert. Den Mund bereits gut gefüllt, nickt er mir zu. Plötzlich hält er in seinen Kaubewegungen inne. Die kleinen Äderchen an seinen Schläfen schwellen an, und er wechselt wie ein Chamäleon die Farbe. Genüsslich kauend, schaue ich ihm zu, wie er wie von einer Tarantel gestochen aufspringt und hilfesuchend umherrennt. Die Frage nach dem Warum wird schneller beantwortet, als mir lieb ist: Wie ein Paukenschlag fährt mir feurige Schärfe in die Geschmacksknospen. Glühend heiß brennen mir Gaumen, Zunge und Wangen, sodass ich kaum bemerke, wie ich dieselbe Szene durchspiele. Der Schweiß schießt mir mit einem nie zuvor gespürten Druck aus den Poren meiner Kopfhaut.

Wasser! Ich brauche Wasser! Besessen von diesem Gedanken irre ich um die Garküche und suche verzweifelt einen Wasserhahn. Amüsiert beobachten uns die thailändischen Köche bei der Brandbekämpfung. Die Trinkwasserflaschen in den Seitentaschen der Maschinen sind unsere Rettung. Ich genieße das kühle Nass und den langsam nachlassenden Schmerz auf der Zunge, bis die Flasche leer ist.

Nachdem wir das Feuer gelöscht haben, werden wir mit der nächsten Gefahr konfrontiert: Der erste thailändische Tiger will uns das Essen streitig machen. Nachdem er neben Martin auf der Sitzbank Platz genommen hat, hebt er vorsichtig eine Pfote auf die Tischkante. Doch zur Verteidigung unserer leicht entflammbaren Kost reicht ein strenger Blick in die süßen Katzenaugen und sofort verschwindet die Pfote vom Tisch.

Auf einem nahen Markt will ich unseren Gemüsevorrat auffüllen. Da in Asien für Ausländer häufig höhere Preise aufgerufen werden und in Thailand das Preisniveau für Lebensmittel stark gestiegen ist, versuchen wir meist, zu verhandeln. Bei einer betagten Thai will ich eine Tüte Zwiebeln kaufen, doch fünfzig Cent sind mir zu viel. In vielen asiatischen Ländern betragen die Lebenshaltungskosten nur ein Zehntel der deutschen. Daher handle ich den Preis auf fünfundzwanzig Cent herunter.

Kein Problem, gibt mir die Händlerin zu verstehen.

Das war ja eine leichte Übung, geht es mir durch den Kopf. Als ich mich erneut der Theke zuwende, liegt die Hälfte meiner Zwiebeln neben der Tüte.

»Nein, so war das nicht gemeint«, entrüste ich mich. Doch jeder Versuch, die Zwiebeln für den halben Preis wieder in die Tüte zu bekommen, wird mit sturem Kopfschütteln und wohlwollendem Lächeln kommentiert. Am Ende rette ich meine Ehre, indem ich die Zwiebeln für sage und schreibe 45 Cent ersteigere. Danach greife ich mir drei weitere Zwiebeln und gestikuliere ihr, sie noch dazu legen zu wollen. Wieder ernte ich ein unmissverständliches Nein. Nach der Bezahlung versuche ich es aus Spaß an der Freude ein letztes Mal. Vor lauter Lachen reicht sie mir die drei erkämpften Zwiebeln zum Nulltarif, und der ganze Markt klatscht Beifall für die kostenlose Theatervorstellung.

Am frühen Abend verirren wir uns bis vor die Mauern einer großen Tempelanlage. Statt weiterzufahren, entscheiden wir uns, der heiligen Stätte einen Besuch abzustatten.

Vereinzelt begegnen wir Mönchen bei der Arbeit. Ihre orangefarbenen Gewänder leuchten in der Abendsonne. In einem kurzen Gespräch schlagen sie uns vor, unser Zelt auf dem Gelände aufzustellen. Sie führen uns durch ein Wäldchen in den hinteren Bereich des Areals, wo wir hinter einer Hecke gut versteckt ein auf Pfählen errichtetes Wohnhaus entdecken. Das großzügige Grundstück besticht durch einen auf wenige Zentimeter getrimmten englischen Rasen.

Die Verblüffung steht uns in die Gesichter geschrieben. Ausgerechnet hier erlauben uns die Geistlichen unser bescheidenes Domizil aufzuschlagen! Kaum sind alle Ausrüstungsgegenstände im Zelt verstaut, steht auch schon eine vierköpfige Mönchsdelegation vor uns: Go, Scheschowa, Ni und ihr Lehrer Pot wollen die Gunst der Stunde nutzen, um ihre Englischkenntnisse ein wenig aufzufrischen.

Mit einem kleinen Vokabelheftchen bewaffnet, bittet uns der Lehrer Pot, Fragen zu stellen.

Die Aufforderung war gar nicht nötig, denn das hätten wir ohnehin getan. Auf die erste obligatorische Frage, wie es ihm denn ginge, antwortet er gutgelaunt in singendem Ton: »Happy, happy, happy.«

Wir müssen lachen. Ein »Happy« hätte uns genügt. Emsig schreibt sich Pot jedes ihm unbekannte englische Wort in seine Unterlagen.

In Thailand ist der Buddhismus eng mit dem Alltag der Thais verbunden. Für die jungen Männer gehört das Mönchsleben zum Teil ihrer Ausbildung. Bis zum zwanzigsten Lebensjahr haben sie mindestens ein Jahr als Novize absolviert. In dieser Zeit sind sie mit den buddhistischen Bräuchen vertraut gemacht worden und haben Lesen und Schreiben gelernt. Der Schulbesuch bedeutet vor allem in ländlichen Regionen keine Selbstverständlichkeit. Spätestens nach drei Jahren kehren die meisten von ihnen wieder in ihr bürgerliches Leben zurück. Für berufliche Führungspositionen ist das Absolvieren des Noviziats sogar ungeschriebene Voraussetzung.

Die Unterhaltung wird häufig durch Gelächter unterbrochen. Während wir uns über die durch den Buchstaben »L« ersetzten »Rs« amüsieren, scheint unsere Aussprache thailändischer Begriffe einem ebenso starken Akzent zu unterliegen und sorgt auf gegenüberliegender Seite für Heiterkeit. Das Mitführen einer Gitarre erweist sich spätestens jetzt als Fügung. Während langsam die Kerzen herunterbrennen, singen Martin und ich ein Lied namens »Mama«, das ich aus einer unbeschwerten Reiselaune heraus geschrieben habe. Aus unerfindlichen Gründen weigern sich die Jungs zu singen – stattdessen fragt mich Scheschowa, ob das Lied etwas mit der *Bohemian Rhapsodie* von *Queen* zu tun habe.

Martin und ich schauen uns verwundert an. So fern scheint den jungen Männern die weltliche Seite des Lebens nicht zu stehen! Noch dazu wird mir sofort klar, warum Scheschowa mich das fragt, denn in dem Queenklassiker taucht mehrmals eine markante Textstelle mit dem Wort »Mama« auf, die jedem Queenfan sofort ein Begriff ist. Ich gebe einem Novizen meine Gitarre. Gekonnt weiß er damit umzugehen. Anschließend wandert die Klampfe von Hand zu Hand. Einer nach dem anderen bringt das Instrument mit einigen sauber gegriffenen Akkorden zum Klingen.

Erneut versetzen sie uns in Staunen. Bei abendlichen zwanzig

Grad sitzen die vier fröstelnd mit Pudelmütze und doppeltem Umhang im Schneidersitz neben uns. Wir halten die Szene noch kurz auf einem Foto fest, bevor sich unsere winterlich gekleideten Freunde in die Dunkelheit verabschieden.

Während zu Hause Schnee und Eis das Land regieren, sitzen wir tags darauf noch vor Sonnenaufgang nur mit Badehose bekleidet beim Frühstück. Dann und wann verabschiedet sich ein Schweißtropfen aus dem Feuchtbiotop meiner Kniekehle und rinnt mir die Wade herunter. Ein wolkenloser Himmel und ein bald einsetzender Sonnenschein lassen schnell ein Happy-happy-happy-Feeling aufkommen. Je länger wir uns im Land des Lächelns aufhalten, desto plausibler erscheint uns die Antwort des buddhistischen Lehrers Pot. Wenn wir einen Thai länger als gewohnt anschauen, verziehen sich seine Mundwinkel unwillkürlich zu einem Lächeln. Oft erscheint mir ein deutsches Lächeln aufgesetzt, erzwungen, oder gequält. Hier jedoch wirkt jede Regung, jedes Lächeln, jedes Kopfnicken aufrichtig.

36. Weiße Weihnachten

Der Verkehr wird dichter. Unsere Route nach Süden führt durch die Hauptstadt. Besonders sticht uns die Vielfalt der hiesigen Fortbewegungsmittel ins Auge. Ob Mofas, Vespas, Motorräder, Rikschas oder Dreiräder, ob Limousinen, Traktoren, Busse, Lkws oder Pick-Ups, alles rauscht an uns vorbei, hupt, klingelt oder knattert uns die Ohren voll – und doch wäre jeder Vergleich mit chinesischen Maßstäben fehl am Platz. Wir lassen uns im Strom treiben und genießen den Wintertag. In Bangkok oder »Krung Thep«, wie die Thais ihre Stadt nennen, herrscht eine durchschnittliche Jahrestemperatur von 26 bis 30 Grad Celsius. Mit dieser Performance gilt die thailändische Hauptstadt als heißeste Stadt der Welt.

Während Martin in einem Laden für Zweiräder versucht, eine passende Tachowelle aufzutreiben, beobachte ich eine Schar Affen, die sich auf der Markise einer Garküche niedergelassen hat. Der mühelos auszumachende Boss jagt gerade einen in Missgunst gefallenen Artgenossen über die Zeltbahn. Mit lautem Gekreische rettet dieser sich hinter eine mit Stacheldraht ausgelegte Dachfläche. Danach tappst der Gejagte wie auf rohen Eiern vorsichtig durch das Stacheldrahtgeflecht wieder zurück zu seiner Gruppe. Auf der Stromleitung quer über der Straße balancieren die geschickten Akrobaten hin und her, als wollten sie den gelangweilten Autofahrern eine Zirkusvorstellung geben. Während ein zerzauster Affe versucht, das Kabel zu überqueren, spielt ihm ein anderer einen Streich, in dem er sich mit einer Hand am Strommast festhält und mit der anderen am Kabel wackelt. Es dauert nicht lange und seine Sabotage wird von Erfolg gekrönt: Der Drahtseilartist wird Opfer der Schwerkraft, vollführt eine Hundertachtzig-Grad-Drehung und hängt nun kopfüber am Stromseil. Darauf scheint sein Konkurrent nur gewartet zu haben und stolziert siegessicher auf dem Kabel über seinen Widersacher hinweg. Die ganze Szene wirkt wie einstudiert, und einen Augenblick verspüre ich den Impuls, zu applaudieren. Unglaublich, wie menschlich diese Klettertalente mit ihrem Verhalten wirken!

Nachdem Martin eine passende Tachowelle gefunden hat, zählt sein Tacho nach fachgerechtem Einbau wieder brav die Kilometer. Große Trassen ziehen uns in die einsetzende Dämmerung. Auf den Mittelstreifen bilden die in Reihe und Glied gepflanzten Laternen eine nicht enden wollende Lichterkette. Es kommt mir vor, als wollten sie uns an etwas erinnern: Jungs, denkt daran, bald ist Weihnachten!

In einem Vorort Bangkoks dringt laute Musik von einer großen Bühne zu uns herüber. Auf dem Platz davor drängen sich Schaulustige. Dichtes Getümmel, bunte Luftballons über den Köpfen, begeisterte Kinderrufe und kleine Verkaufsstände vermitteln einen Hauch von Weihnachtsmarktatmosphäre, doch die fehlenden Minustemperaturen, Glühweinbuden und eingemummelten Passanten lassen den Gedanken an zu Hause schnell wieder wie Seifenblasen zerplatzen. Alle Kirmesbesucher laufen kurzärmelig und braungebrannt umher und verstopfen die Hauptstraße. Wir schieben uns geduldig durch die feiernde Menge. Zu unserer Freude passieren wir am Ende der Partymeile unerwartet einen siebenköpfigen Elefantenzug. Unter menschlichen Gehorsam gezwungen, schlendern die Dickhäuter erhabenen Schrittes vorüber. Man möchte meinen, sie bringe nichts aus der Ruhe. Auf reichverzierten Sätteln sitzen ihre ebenso reichverzierten Führer und lassen sich von der Menge feiern.

In den letzten Jahrzehnten ist der Bestand an wild lebenden asiatischen Elefanten stark zurückgegangen. Während des zwanzigsten Jahrhunderts war der Schwund hauptsächlich auf die Gier nach Elfenbein zurückzuführen; in der jüngeren Vergangenheit zeichnet vor allem die stärker werdende Zersiedlung des Lebensraumes der Tiere verantwortlich für die alarmierend schrumpfenden Bestände. Aber auch die in Gefangenschaft lebenden Exemplare dezimierten sich rasant: Um 1900 zählte man noch an die hunderttausend Arbeitstiere, und heute gibt es in Thailand gerade mal noch viertausend Dickhäuter im Dienste des Menschen.

Im Gegensatz zu Chinas Menschenansammlungen ernten wir hier höchstens neugierige Blicke von Vorbeischlendernden. Nach der strapaziösen Chinadurchquerung wissen wir dieses Stück Anonymität zu schätzen, doch die Ausnahme bestätigt bekanntlich die Regel.

»Woher kommt ihr?«

»Aus Deutschland«, entgegne ich, während ich feststelle, dass mich der einzige Fragensteller heute für einen gewöhnlichen Touristen hält, der sich in Bangkok ein Motorrad geliehen hat, um die langen weißen Strände auf dem Zweirad zu erkunden.

»Und wo wollt ihr hin?«, höre ich als zweite Standardfrage.

»Nach Malaysia«, sage ich kurz angebunden, denn der Verkehr setzt sich in diesem Moment wieder in Bewegung.

»Oh, Malaysia! Seid vorsichtig! Da ist es gefährlich«, ruft mir mein selbsternannter Schutzpatron hinterher.

Diese Antwort hatte ich fast erwartet, denn das eigenartige Phänomen zieht sich seit der Abfahrt aus Deutschland durch die Gespräche mit Einheimischen wie ein roter Pfaden: Hätte ich gesagt, dass wir auf die thailändische Insel Phuket wollten, hätte ich garantiert statt einer Warnung eine touristische Empfehlung ausgesprochen bekommen.

Auf gut ausgebauten Highways führt das Verkehrsleitsystem ins Herz der Sechs-Millionen-Metropole. Ähnlich wie in Peking oder Shanghai treffen hier Tradition und Moderne aufeinander. Gläserne Wolkenkratzer stehen neben reichverzierten Tempeln, liebevoll dekorierte Rikschas gondeln durch schmale Gassen, während über ihnen auf Schnellstraßen Hochglanzlimousinen vorbeirasen. Moderne Shoppingmals in sterilem Design konkurrieren mit chaotisch wirkenden Straßenmärkten. Edle Hotelrestaurants und Nightlifebars bilden einen scharfen Kontrast zu den zahlreichen Garküchen. Mit Neonlicht umrandete großflächige Werbetafeln am Straßenrand verkünden ein neues Zeitalter, während Dreiradfahrer mit ihren nostalgisch anmutenden Verkaufsaufbauten seelenruhig daran vorbeizuckeln. Ein weitverzweigtes Kanalsystem, gespeist vom Chao-Praya-Strom, ermöglicht einen alternativen Transport aller Güter über den Wasserweg. Wir entdecken Kanäle mit überladenen Gondeln und Kähnen, die mit Früchten und Gemüse, Fisch und Meeresfrüchten oder allerlei Krempel für den Haushalt zu ihren Abnehmern wanken.

Ende des 19. Jahrhunderts galt Bangkok noch als die »*Stadt der Kanäle*«, als das »*Venedig des Ostens*«. Doch mit dem immensen Wachstum der Metropole wuchs auch der Bedarf an Straßen, und deshalb wurden bis zur Mitte des 20. Jahrhunderts die meisten *Klongs* (Kanäle) zugeschüttet. Einige Wasserstraßen allerdings blieben der Stadt glücklicherweise erhalten, und so konnte sich mancherorts das typische Flair einer fernöstlichen Wasserstadt erhalten. Bis heute ist die Infrastruktur der Stadt in einem katastrophalen Zustand. Die

Versorgung mit Frischwasser erfolgt vielerorts durch Brunnen, die zu einer Absenkung des Grundwasserspiegels beitragen. Die ungeklärte Einleitung von Abwasser in den Chao Phraya verschmutzt das Flusswasser und belastet das Grundwasser. Der Straßenbau kann mit der rasant anwachsenden Zahl der motorisierten Verkehrsmittel nicht Schritt halten, und lange tägliche Staus sind die Folge. Dadurch erreicht die Luftverschmutzung bereits gesundheitsschädigende Werte. Viele Polizisten, Taxifahrer und Straßenhändler sehen wir mit Atemschutzmasken bei der Arbeit.

Nachdem wir im Großstadtgewimmel Straßenmärkte und Tempelanlagen besucht und Garküchen getestet haben, nehmen wir auf einer der vielen Hochstraßen Reißaus.

Wir schreiben den 23. Dezember 2003. Auf der Suche nach einem geeigneten Hafen mit internationaler Schiffsanbindung verschlägt es uns in südlicher Richtung auf Stichstraßen zur Westküste, aber außer den obligatorischen Bettenburgen finden wir weit und breit keinen Küstenort, der mehr unterhält als einen kleinen Fischerhafen. Plan B, die Krads mittels Container nach Indien zu verschiffen und als Passagiere an Bord desselben Frachters zu reisen, gerät langsam ins Wanken. Finden wir in Thailand keinen internationalen Hafen, werden wir nach Malaysia ausweichen müssen.

Am Abend dürfen wir auf dem übersichtlichen Areal eines kleinen Fischerhafens auf einer frisch gemähten Wiese unser Zelt errichten. Außer einer brennenden Kerze auf dem Frühstückstisch erinnert am folgenden Tag nichts an Heiligabend.

Eigentlich wollten wir zu Weihnachten an einem der einsamen, schneeweißen Traumstrände Thailands die Feiertage verbringen, doch die seltenen Abzweigungen zur Küste verlieren sich ausschließlich in kleinen Küstenorten. Gedankenversunken schauen wir auf das offene Meer und streichen widerwillig den einzigen Punkt von unserem Wunschzettel.

Bevor die Sonne wieder an Kraft gewinnt, touren wir die Hauptstraße seitab der Küste gen Süden. Palmenplantagen erstrecken sich zu beiden Seiten der Straße bis zum Horizont. Meine Augen suchen unentwegt einen Abzweig, der uns dem Strand ein Stück näherbringen könnte. Am späten Nachmittag finden wir die Einfahrt in eine Palmenplantage. Sofort umgibt uns angenehme Kühle. Der Palmenwedelteppich hoch über unseren Köpfen lässt kaum Sonnenstrahlen auf den Waldboden. Nach und nach verzweigen sich die Wege durch die Anlage. Mittlerweile gleicht sie eher einem Palmengarten als einer Plantage. Die Bäume stehen nicht so dicht und sind kleiner als üblich.

Bald verlieren wir die Orientierung. Nur die Sonne hilft, grob die Fahrtrichtung beizubehalten. Abermals schwindet die Hoffnung, von hier zum Strand zu gelangen, denn keiner der Wege führt ans Meer. Frustriert tuckern wir an einem mit Pflanzen bewachsenen, blickdichten Zaun entlang. Dann beschließen wir, unser Lager an Ort und Stelle aufzuschlagen. Einen besseren Untergrund als das weiche Gras unter unseren Füßen können wir uns nicht wünschen. Zufrieden schalten wir die Maschinen ab und nehmen die Helme von den Köpfen. Erst jetzt bemerken wir die wunderbare Stille.

Doch Moment mal! Was ist das? Ein unverkennbares Rauschen dringt von der anderen Seite des Zaunes zu uns her. Wie Dick und Doof schauen wir uns verdutzt an.

»Da will uns wohl jemand veräppeln. Was meinst du, wer oder was dieses Geräusch verursacht?« fragt Martin, den Blick fest auf die Blätterwand gerichtet.

»Lass mich raten! Eine riesengroße, salzhaltige, vom Wind gepeitschte Wassermasse?«

Auf der fieberhaften Suche nach einem Loch im Zaun laufen wir die Barriere ab. Nach einigen Dutzend Metern hört der Zaun auf und gibt den Blick aufs Meer frei. Mir klappt die Kinnlade herunter: Eine Komposition aus breitem Strand, türkisfarbenem Wasser und wolkenlosem Himmel präsentiert sich vor meinen Augen. Nirgendwo kann ich eine Menschenseele, geschweige denn ein Anzeichen von Zivilisation entdecken. Drei Schritte weiter tapsen wir auf dem weichen Gras um die mit Kokosnüssen bestückten Palmen herum.

»Das ist es! Wir haben es gefunden, das Paradies auf Erden!«, rufe ich, während ich die Hände wie im Gebet zum Himmel strecke. Martin tanzt derweil ausgelassen um die Baumstämme, als hätte er im Lotto gewonnen. Ein Holztisch mit Bänken direkt am Strand vervollständigt das Weihnachtsgeschenk. Wie dicke Freunde stehen Zelt und Maschinen unter den Palmen zusammen, während wir glückselig und zufrieden am Strand sitzen, auf das Meer schauen und unser Heilig-Abend-Bier genießen. Noch nie hat dieses gesegnete Getränk so gut geschmeckt wie in diesem Moment!

»Frohe Weihnachten!«, tönt es durch den Hain. Martin klappert bereits mit dem Kocher und verjagt mich von meiner Schlafstatt. Ich hatte es mir auf dem Tisch gemütlich gemacht, um den nächtlichen Sternenhimmel zu genießen.

»Frohe Weihnachten!«, gähne ich zurück. »Und wo sind meine Geschenke?«, frage ich den braungebrannten Weihnachtsmann mit den Küchenutensilien in der Hand.

»Die laufen am Strand hin und her«, gibt er lachend zurück. Ungläubig schaue ich zuerst zu Martin, dann zum Strand. Wie gestern Abend liegt er einsam und verlassen vor uns. Ich kann nichts Geschenkeartiges erkennen. Doch was ist das? Hat sich da auf dem Sand nicht gerade etwas bewegt? Tatsächlich krabbelt dort etwas Kleines hin und her. Vorsichtig nähere ich mich der sonderbaren Erscheinung. Dann wird mir klar, was Martin meint: Unzählige Krabben tanzen am Strand auf und ab. Einige buddeln emsig Löcher, während andere mit den an den Strand geworfenen Wellen Fangen spielen. Plötzlich rennen alle wie auf Kommando in ihre Schützengräben. Eine meiner Bewegungen hat mich verraten. Nun stehe ich wieder mutterseelenallein am Strand.

Mein Blick schweift in die Ferne. Irgendwo dort drüben liegt Indien. Wie schön wäre es, wenn wir über eine Brücke ohne jegliche Grenzformalitäten dahin tuckern könnten, einfach nur geradeaus! Bisher ist die Fortsetzung der LoMo-Expedition nie in Frage gestellt worden; nur die Einreise nach China hat uns Kopfschmerzen bereitet. Doch diesmal gestaltet sich die Problematik weitaus schwieriger. Die Suche nach einem Schiff, das nach Indien ausläuft und nach einem Kapitän, der sich unbürokratisch bereiterklärt, uns und unsere Motorräder an Bord zu nehmen und über den Indischen Ozean zu schippern, erscheint mir wie eine unlösbare Mammutaufgabe. Haben wir uns damit nicht übernommen? Was, wenn wir kein Schiff finden? Was, wenn wir für immer und ewig auf dieser Halbinsel festsitzen? Unwillkürlich muss ich an die China-Einreise denken und wie flüssig die anfänglich unüberwindlich scheinende Grenzüberquerung am Ende vonstattenging. Ich spüre Zuversicht, und plötzlich schießt mir ein genialer Gedanke durch den Kopf.

Wie aus heiterem Himmel offenbart sich mir eine Erkenntnis: Wir legen uns selbst Steine in den Weg, wenn wir vor uns liegende Herausforderungen in lösbare und unlösbare Probleme einteilen.

Ziehe ich von Anfang an die Unlösbarkeit einer Aufgabe in Betracht, implementiere ich gleichzeitig mit genau diesem Gedanken ein Scheitern. Ich bin kein Grashalm im Wind, der von den Geschehnissen hin- und hergeworfen wird. Ich bin der Wind selbst. Meine Gedanken entscheiden über Erfolg oder Misserfolg. Es gibt kein Richtig oder Falsch. Es gibt nur ein sich dafür oder dagegen entscheiden. Die Angst ist die Quelle allen Versagens. Die Befürchtung, kein Schiff zu finden, das uns nach Indien bringt, führt zu einer bestimmten, von Befürchtungen und Sorgen geprägten Denk- und Handlungsweise. Aber ich habe die freie Wahl, mich zu entscheiden – entscheiden zwischen Angst oder Vertrauen. Die zwei Sätze »Mal sehen, ob wir ein Schiff nach Indien finden« und »Wir finden ein Schiff nach Indien« schaffen zwei grundlegend unterschiedliche Realitäten.

Verdattert stehe ich am Strand. Erst jetzt bemerke ich wieder die Krabben um mich herum. Offenbar haben sie mich in meiner Bewegungslosigkeit jetzt als Strandgut identifiziert, von dem keine Gefahr zu erwarten ist. Vorsichtig nähert sich ein besonders neugieriges Exemplar im Seitwärtsgang meinen im Sand eingesunkenen Füßen. Erst, als ich meinen großen Zeh ruckartig aus dem Sand ziehe, verschwindet der possierliche Strandläufer – und mit ihm im Gleichschritt alle anderen.

Am liebsten würde ich für den Rest der Reise hierbleiben. Schöner als an diesem thailändischen Strand kann es nicht mehr werden.

Mit Krabbenwatching, Kokosnussjagd, Sonnenbaden und Plantschen im Indischen Ozean vergeht die Zeit wie im Flug. Abends sitzen wir am weißen Weihnachtstrand und singen am Lagerfeuer Weihnachtslieder, knacken Kokosnüsse und trinken deutsches Bier. Wie gern würde ich dieses Fleckchen Erde mit Gianna zusammen genießen! Wir würden Kokosmilch trinken, faul in der Sonne liegen und über Gott und die Welt reden. Vor allem die nächtelangen Gespräche mit ihr vermisse ich wie nichts anderes auf der Welt. Doch mit der Erinnerung an unsere letzten Telefonate mischt sich ein Tropfen Wehmut in meine Euphorie. Die ständigen Reibereien zwischen uns wecken Zweifel. Wird unsere Beziehung dieses Jahr überstehen? Vielleicht gilt ja meine Erkenntnis vom Vormittag auch für Liebesbeziehungen. Vielleicht schweißt so ein Jahr zwei Menschen zusammen. Vielleicht entpuppt sich aber auch mein Grummeln im Bauch als böse Vorahnung …

Schweren Herzens verabschieden wir uns aus dem Paradies und rauschen über makellose Pisten in Richtung Phuket. Hier begegnen uns besonders viele deutsche Touristen. Mit lautem Geknatter zieht ein Harley-Davidson-Tross, bestückt mit hängenden Bierbäuchen, an uns vorbei. Cool grüßt uns jeder sonnenbebrillte Biker, bevor sich die Krads malerisch in die Kurve legen und so schnell hinter der Biegung verschwinden, wie sie herangerauscht sind.

***

Im Hafen von Phuket können wir Tickets für U-Bootfahrten oder Tauchkurse erwerben, aber eine Barke nach Indien fährt nirgendwo ab. Mit hängenden Köpfen verlassen wir die Touristenhochburg. Phuket war unsere letzte Hoffnung – jetzt bleibt uns nichts anderes übrig, als Malaysia zu erobern.

Zu beiden Seiten der Piste begleitet uns kilometerlang Urwald. Die Baumriesen scheinen mir zuzulächeln, während ich sie staunend betrachte. Sie verdienen meinen Respekt und meine Bewunderung. Ab und zu ragen ihre fahlen, hellgrauen Stämme majestätisch aus dem Dickicht. Ich stelle mir eine ausgewachsene deutsche Eiche neben diesen Giganten der Flora vor und muss unwillkürlich lächeln.

Schüchtern bahnt sich das nicht enden wollende Asphaltband seinen Weg durch die urige Vegetation. Riesenrinder aus längst vergangenen Zeiten stehen am Straßenrand, käuen wieder und schauen uns mit stoischer Gelassenheit hinterher. Die letzten Tempelanlagen glänzen in der Sonne und lassen noch einmal die Begegnung mit den Mönchen wach werden. Dann verengt sich der zehnspurige Highway, um durch das Grenznadelöhr zu schlüpfen.

Die Einreise nach Malaysia verläuft angenehm. Trotz einer Warteschlange vor den Schaltern werden wir schnell und unproblematisch abgefertigt. Ein Grenzer wirft mit Begriffen wie »BMW«, »Beckenbauer«, »Schumacher« und »Schröder« um sich und erntet zwei erstaunte Gesichter. Wir müssen zugeben, dass wir nicht ein einziges malaysisches Schlagwort dieser Größenordnung erwidern können.

Kein Knallen, kein Feuerwerk und kein Gejohle feiernder Einheimischer stört unsere skurile Sylvesterparty. Mitten auf einer

Zitronenbaumplantage kochen wir mit malaysischen Zwiebeln, indonesischer Pasta und chinesischer Tomatensauce unser Lieblingsgericht. Danach gibt's zur Feier des Tages noch für jeden eine halbe Flasche chinesisches Bier und ein paar Schluck malaysischen Rum. Fast lautlos genießen wir den Jahresübergang. Nur das Surren der Mücken und ab und an das dumpfe »Plum!« einer zu Boden fallenden Zitrone stört die Idylle.

»Wie spät ist es eigentlich?«, fragt mich Martin unverhofft.

»Gute Frage. Keine Ahnung. Gefühlte 11 Uhr 34?«, entgegne ich ihm schulterzuckend.

Ein Blick auf die Uhr wäre in so einem Moment nützlich, doch wir besitzen keinen funktionierenden Zeitmesser. Uns bleibt nichts anderes übrig, als spontan nach Windrichtung den Beginn des neuen Jahres festzulegen. Nach einer Weile rufe ich: »Prosit Neujahr!« Mit gekünstelter Begeisterung prosten und rufen wir uns Glückwünsche zu und jubeln noch einen Augenblick, als hätten wir gerade ein atemberaubendes Feuerwerk gesehen. Daraufhin ist es wieder still.

»Plum.«

»Oh, die erste Zitrone 2004 ist reif«, kommentiert Martin das Geräusch. Auf das Rascheln der Schlafsäcke folgt ein: »Gute Nacht, John-Boy!« und »Gute Nacht, Jim-Bob!«

Dann kehrt wieder Ruhe ein, und die Nacht gehört den Zitronen.

37. Zu Besuch auf der Border

In Penang, einer malaysischen Inselstadt, die mit einer zwei kilometerlangen Brücke mit dem Festland verbunden ist, versuchen wir erneut unser Glück, doch wieder werden wir enttäuscht. Die Informationsbereitstellung in Asien kann bei Weitem nicht mit der einer westlichen Hemisphäre Schritt halten. In Deutschland würde die Eingabe eines Schlagworts in eine beliebte Internetsuchmaschine ausreichen, um die heißbegehrte Information zu erhalten. In Asien hingegen benötigen wir akribische Kleinarbeit, um uns von einem Informationsfragment zum anderen zu hangeln.

Unser neues Reiseziel heißt ab sofort Kuala Lumpur. Nie hätten wir gedacht, während unserer Reise so weit südlich zu geraten. Anders als in China spulen sich die Kilometer auf malaysischen Straßen mühelos ab. Kein Malaie springt unvorhergesehen aus dem Gebüsch, kein Stau erschwert die Weiterfahrt.

Aus der Ferne können wir deutlich das Wahrzeichen der Stadt erkennen: Die Petronas-Twin-Towers, vom Ölmulti Petronas erbaut, gelten als die höchsten und stabilsten Wolkenkratzer der Welt. Wie zwei mächtige Säulen erheben sie sich mit 452 Metern Höhe weit über die übrigen Hochhäuser der Stadt.

Überwältigt vom Anblick, tuckern wir mit unseren kleinen Maschinen am Fuße der Riesen vorbei in Richtung Hafen. Stimmt, wir wollten ja nach Indien! Aber Malaysia ist auch ganz nett.

In Klang, einer Stadt nahe Kuala Lumpurs, lotsen uns mit Containern beladene Lkws unaufgefordert zum Hafen. Port Klang, unmittelbar an der berühmten Seestraße von Malakka gelegen, gehört zu den zwanzig geschäftigsten Containerhäfen weltweit. Hier muss es doch ein Schiff nach Indien geben! Riesige Kräne entlang einer kilometerlangen Kaimauer lassen nur erahnen, wie viel Container hier täglich umgeschlagen werden.

Zwei Containerschiffe, die *Indira Ghandi* und die *Salam Makmur*, liegen am Kai und werden gerade gelöscht. Mit einem weithin hörbaren Warnsignal piept sich der Kran direkt vor uns den Weg frei. Auf

Schienen rollen die Kolosse in Zeitlupentempo Meter für Meter bis zur nächsten Containerreihe. Dann verstummt das Piepen, und kurz darauf schwebt ein weiterer Container hoch über den Köpfen vom Schiffsdeck auf eine Ladefläche der wartenden Lkws. So geht es Tag für Tag, Nacht für Nacht. Die Hafenarbeiter wirken wie emsige Ameisen auf dem riesigen Gelände.

Im Hafenbüro schildern wir unser Anliegen. Alle zeigen sich freundlich, zuvorkommend und hilfsbereit. Es werden Listen studiert, Computer befragt und Telefonate geführt. Dann informiert uns der Bürochef, heute Abend laufe tatsächlich ein Schiff namens Border ein, dessen nächstes Ziel Chennai (ehemals Madras) sei. Voller Hoffnung auf eine zügige Fortsetzung der Reise verlassen wir das Gebäude. Beim Besteigen der Maschinen spricht uns ein Arbeiter namens Muhamed an.

»Kommt ihr aus Deutschland?«, will er wissen.

»Woran hast du das erkannt?«

»Der Klang eurer Sprache hat mich angelockt. Ich habe mal ein paar Jahre in Deutschland gelebt. Dann habe ich geheiratet und lebe seitdem in Kuala Lumpur. Hier arbeite ich schon seit zehn Jahren. Meine Kollegen und ich wollen in der Kantine essen gehen. Kommt doch mit! Ich lade euch ein.«

Wir freuen uns über das Angebot und folgen ihm in den hinteren Teil des Gebäudekomplexes. In einer angenehm klimatisierten Halle empfängt uns gedämpftes Murmeln. Bodenfliesen, ungepolsterte Stühle, sterile Metalltische und eine lange Essensausgabe an der Seite sorgen für Kantinenatmosphäre. Nachdem wir uns gesetzt und eine ordentliche Mittagsmahlzeit spendiert bekommen haben, eröffnet Muhamed wieder das Gespräch.

»Und ihr seid den ganzen Weg aus Deutschland mit dem Motorrad hierher gefahren?«

»Nein, wir sind gelaufen und mussten die schweren Maschinen schieben. Das war viel anstrengender«, antwortet Martin mit breitem Grinsen.

»Das ist gar nicht so weit, wenn man jeden Tag ein Stück fährt«, versucht er die Darstellung zu relativieren. Ein Kollege Muhameds fragt unerwartet nach dem Mauerfall und wie das damals vor der Wende war. Mit einem Hauch Stolz in der Stimme schildern wir den um uns herumsitzenden Malaien die geschichtlichen Ereignisse des Jahres 1989. Anschließend dürfen wir unser Interesse an ihrem Land bekunden und alles erfragen, was wir uns bisher nicht erklären konnten. Dabei zeigt sich Muhamed erstaunlich sattelfest, was die Geschichte seines Heimatlandes angeht.

»Im Laufe des 19. Jahrhunderts bekamen die Briten mehr und mehr Einfluss über die Teilstaaten der Malaiischen Halbinsel und erklärten sie schließlich zur britischen Kolonie. Ein halbes Jahrhundert später schafften es die unterdrückten malaiischen Sultanate, sich zu befreien und erklärten sich 1957 für unabhängig. Daraus resultierte 1963 die Vereinigung der malaiischen Staaten zur Föderation Malaysia.«

Dann berichtet Muhamed uns von der religiösen Situation in seinem Land. »Bei uns wohnen Muslime, Christen, Hindus und Buddhisten alle auf einem Haufen. Früher führte das zu Problemen, aber mittlerweile klappt es irgendwie. Ich bin Moslem, wie die meisten meiner Kollegen. Jeder Malaie ist von Geburt an automatisch muslimisch. Dadurch genießen die malaiischen Muslime ein paar Privilegien. Es wird nur schwer für dich, wenn du später zu einem anderen Glauben konvertieren willst. Offiziell ist das zwar legitim, aber in der Realität wirft dir unsere islamdominierte Obrigkeit dann alle möglichen Steine in den Weg. Doch ich habe auch viele Nicht-Malaien in meinem Freundeskreis. Wenn du merkst, viele deiner Mitmenschen sind anders als du, empfindest du das irgendwann als Normalität und entwickelst mehr Toleranz anderen gegenüber.« Dem können wir wenig hinzufügen. Ich wünschte, eine solche Grundeinstellung könnte vererbt werden.

In einem riesigen, neu gebauten, aber unbewohnten Wohnkomplex außerhalb der City verbringen wir gut geschützt vor neugierigen Blicken die Tage des Wartens. Auf einem von Palmen gesäumten schmalen Mittelstreifen einer für den Verkehr gesperrten Ausfallstraße steht unser Domizil, als hätte es dort schon immer gestanden. Das tägliche Frühstück und die anderen Handgriffe gehen auf dem Asphalt viel leichter von der Hand als in der Wildnis.

Aber auch hier bleiben wir nicht lange unbemerkt. Als wir in der leerstehenden Stadt an einem öffentlichen Wasserhahn die Flaschen auffüllen wollen, lernen wir Adalay und Jo kennen. Die zwei Malaien haben in dem Viertel eine von zahlreichen Garagenwohnungen gekauft. Unbekümmert offen und freundlich laden sie uns ein, ihnen in ihrer Wohnung Gesellschaft zu leisten. Ihre Gastfreundschaft kennt keine Grenzen. Wir dürfen alles benutzen. Sie bieten uns unentwegt ihre Hilfe an und laden uns sogar ein, sie in ihrem Häuschen in Kuala Lumpur zu besuchen. Wir könnten die Motorräder hier lassen und stattdessen ihr Auto benutzen. Obwohl wir uns über ihre Gastfreundschaft freuen, geht uns diese altruistische Hilfsbereitschaft doch etwas zu weit.

Spät abends besuchen wir wieder das Hafengelände. Der erste Blick sucht prüfend die Kaimauer ab. Tatsächlich liegt dort ein Containerfrachter Namens *Border*. Mein Herz macht einen Hüpfer. Ich sehe mich schon wie ein Seemann auf hoher See, Jack Sparrow gleich, über das schwankende Deck torkeln und ab und zu auf meinen Kompass blicken.

Wieder helfen uns die Büroangestellten und informieren den Captain des Schiffes über unser Anliegen. Der lädt uns freundlicherweise ein, sein Schiff zu kapern. Klar, machen wir doch!

Augenblicke später sitzen wir in weichen Sesseln zusammen mit zwei Türken, Ahmed und Irfan. Der fortgeschrittenen Stunde folgend, bieten sie uns Büchsenbier an und erkundigen sich nach einigem Smalltalk nach unserem Anliegen. Mit Anteilnahme gibt der Kapitän uns zu verstehen, dass er liebend gern zwei durchgeknallte Motorradnomaden vier Tage als seine Gäste an Bord hätte, aber die Bestimmungen der Reederei seien seit dem 11. September 2001 verschärft worden. Ihm seien die Hände gebunden, aber er schlägt vor, seine Firma in Istanbul zu kontaktieren, um in diesem besonderen Fall vielleicht doch noch eine Erlaubnis zu erwirken.

Während wir mehrere Stunden beisammen sitzen und reden, hebt und senkt sich die *Border* langsam wie ein riesiges, schnarchendes Ungetüm. Von Zeit zu Zeit wird sie durch das harte Aufsetzen neuer Container an Bord erschüttert. Dann durchdringt ein warnendes Piepen der rollenden Kräne die Bordwände. Ein Blick zum Couchtisch lässt mich erschrecken: Plötzlich stehen da vier leere Bierbüchsen vor mir. Die kann ich unmöglich allein ausgetrunken haben! Wir fragen Irfan, ob das Schiff etwa schon ausgelaufen sei und ob sie nicht vergessen hätten, die Motorräder an Bord zu hieven, aber der Realitätsverlust durch die vier Bier hilft uns in dieser Situation auch nicht weiter. Dankend und mit unzähligen Glückwünschen für die Weiterreise verlassen wir die schwankende *Border*.

Früher konnte man unkompliziert als Seetourist auf einem Frachtschiff anheuern und ein bisschen Piratenabenteuer auf hoher See miterleben. Doch die Zeiten haben sich geändert.

Die kommenden Tage suchen wir systematisch nach Schiffen und Kapitänen, die es mit den Regeln nicht so genau nehmen, doch ohne Ergebnis. Mit jedem Misserfolg schwindet unsere Zuversicht. Die täglichen Besuche des Nordhafens entwickeln sich zu einer Art Ritual. Wenn Hafenmitarbeiter an uns vorübergehen, werden wir gegrüßt wie alte Kollegen, und einfühlsam erkundigt man sich nach Neuigkeiten. Es hat sich herumgesprochen, dass zwei deutsche Motorradfahrer auf ihrer Reise nach Indien unbedingt mit dem Kopf durch die Schiffswand wollen.

»Reich mir mal das Weißbrot rüber«, eröffnet Martin eines Morgens das Gespräch. »Heute Abend läuft die *Border* aus Chennai wieder ein. Ich kann Irfan ja nochmal fragen, ob sich irgendeine Möglichkeit ergeben hat.« Seine Stimme klingt kraftlos. Ich habe den Eindruck, er muss sich selbst überreden, dem Hafenbüro einen weiteren Besuch abzustatten.

»Der verarscht uns doch nur! Der hat als Kapitän seine Verpflichtungen und wird uns keinen Cent entgegenkommen. Bis jetzt hat sich nichts, aber auch gar nichts zusammengeschoben. Alle Kapitäne pochen auf ihre Bestimmungen. Warum sollten die ein unnötiges Risiko eingehen und sich zwei ausgeflippte Biker eintreten, die ihnen nicht den Hauch eines Vorteils verschaffen? Das könnte sie sogar den Job kosten. So langsam müssen wir den Finger ziehen, sonst sitzen wir in einem Jahr immer noch unter Palmen auf dem Mittelstreifen einer bis dahin längst eröffneten Ausfallstraße. Vielleicht bekommen wir ja sogar eine Anstellung im Hafen, als Lotse zum Beispiel. Den Fahrplan kennen wir ja bereits auswendig.«

38. Busfahrt durch Chennai

Schweren Herzens wenden wir uns nun einem weniger spektakulären Plan zu, ohne den leisesten Schimmer zu haben, welche Odyssee uns mit diesem Strategiewechsel bevorsteht.

Widerwillig suchen wir eine Speditionsfirma, die sich das Bestücken und Verschiffen von Containern auf die Fahnen geschrieben hat. Nach zähen Preisverhandlungen stehen wir in einer Lagerhalle zwischen Bretterstapeln, Paletten und Polsterungsmaterial. Indische Arbeiter laufen scheinbar ziellos von einem Ende der Halle zum anderen. Keiner weiß so richtig, was er tun soll. So vertreiben sich einige die Zeit damit, unsere Maschinen von oben bis unten zu begutachten.

Dann erscheint der Chef und gibt Anweisungen. Als erstes werkeln die Hilfskräfte an zwei Bodenplatten für die Motorradkäfige. Parallel dazu stellen zwei Mitarbeiter die Seitenwände her. Emsig sägen, hämmern, schrauben, seufzen und schwitzen die Jungs in der Vormittagshitze. Unsere treuen Gefährten stehen reglos neben dem Prozedere und ahnen nicht, dass wir in den nächsten Tagen getrennte Wege gehen müssen. Schnell sind auch die Vor- und Rückwände angefertigt. Nachdem alle Holzgitter mit der Bodenplatte verbunden sind, fehlen nur noch die Deckel der Wundertüten. Meine Yamie schaut etwas traurig drein, aber nachdem ich ihr verspreche, in ein paar Tagen ihren dreißigtausendsten Kilometer zu fahren, hoppst sie vor Freude kurz auf.

Am Ende werden noch Querbalken gegen Räder und Rahmen gekantet, damit sich die kostbare Fracht bei Gewichtsverlagerungen nicht verschiebt.

Hilflos und irritiert versuchen wir, unsere neue Identität als Fußgänger zu begreifen. Wir fühlen uns so nackt, als hätten wir vor dem Beginn einer Schlacht unsere Waffen abgegeben. Sorgenvoll blicke ich in die Zukunft. Was ist, wenn wir die Motorräder nie wiedersehen? Schon seit Tagen habe ich ein ungutes Bauchgefühl. Ich traue den Indern nicht, die mit uns verhandelt hatten. Sie wirkten zwar geschäftstüchtig, aber auch irgendwie schmierig.

Jo und Adalay geben sich Mühe, uns den nicht ganz freiwilligen Aufenthalt in ihrer Heimatstadt zu versüßen. Mittlerweile sind wir mit einer Handvoll Gepäck in ihr Hauptquartier gezogen. Wir staunen nicht schlecht, als sie uns in ihrer bungalowartigen Unterkunft eine Einliegerwohnung zeigen: Ein kleines Zimmer mit Klimaanlage, eine Küchenzeile und sogar eine Waschmaschine stehen uns zur Verfügung!

Da die wertvolle Fracht erst in zwei Wochen in Chennai ankommen soll, nutzen wir die Atempause, um Reiseberichte zu verfassen, Ausrüstungsgegenstände zu erneuern oder zu reparieren, Visa für die nächsten Reiseländer zu besorgen und die Umgebung zu erkunden.

Während Adalay mit Martin plaudert und ihm Tipps für die Stadteroberung gibt, spiele ich Hausmann und kämpfe mit der verdreckten Wäsche. Hier noch ein bisschen Waschpulver auf das schmutzige Shirt, da noch ein paar Prisen auf die Flecken der Hose und dann rein in die Trommel. Mich im Augenwinkel beobachtend, wendet sich Adalay auf einmal an mich.

»Ein Löffel reicht völlig aus. Nimm nicht zu viel! Das ist nicht gut für die Maschine!«

»Nur einen Löffel?«

Widerwillig schöpfe ich zwei Löffel zurück in die Tüte. Als sie die Küche verlässt, schummle ich das reduzierte Pulver wieder dazu, denn Adalay hat keinen Schimmer, wie versifft unsere Klamotten sind. Vergnügt, heute keine Wäsche im Fluss oder gar im Kochtopf waschen zu müssen, widme ich mich wieder der Schreibarbeit und schaue ab und an gedankenversunken der im Kreis tanzenden Wäsche zu. Doch was ist das? Plötzlich steigt der Schaumpegel im Frontfenster bedrohlich an. Es dauert nicht lange, und bald sehe ich nur noch Schaum. Manchmal taucht durch die weißen Flocken noch ein Wäschestück auf, um kurz darauf wieder zu verschwinden.

Ich gerate in Panik, sehe schon das Szenario vor mir, wie die ganze Küche in einem künstlich angelegten Wolkenteppich versinkt. Just in diesem Moment kommt Adalay wieder herein. Unbeholfen springe ich auf und schiebe mich langsam unbemerkt vor das Sichtfenster der empfindlichen Waschmaschine. Einen Moment denke ich, die Situation im Griff zu haben, da spüre ich, wie sich hinter mir das Waschmittelfach wie von selbst aufschiebt und Schaum herausquillt.

Zum Glück begreift Martin, warum ich vor dem Frontlader stehe. Unter einem Vorwand lockt er Adalay aus dem Zimmer und unterhält sich draußen mit ihr weiter. Unterdessen wische ich schnell den Schaum vom Boden, entleere das Dosierungsfach und lege ein paar Wäschestücke über die mitteilungsbedürftige Waschmaschine.

Mit besonders sauberer Kleidung am Leib stürzen wir uns am nächsten Tag ins Großstadtgetümmel. Ohne die Krads und die täglichen Verpflichtungen spüren wir plötzlich Erleichterung und Sorglosigkeit. Zu früher Stunde drücken wir uns erst mit dem Fahrrad, dann mit der S-Bahn durch die Rushhour.

Viele Malaien sind mit dem Mofa unterwegs zur Arbeit. An den Bushaltestellen stehen Kopftuchkolonien. Kinder in Schuluniform, die Mädchen mit türkisfarbenem Rock und weißer Bluse, die Jungs mit dunkelblauer Hose und weißem Hemd, trotten in langgezogenen Reihen dahin. Die Kleidermode in der S-Bahn ginge in Deutschland als Karnevalsmode durch: Dunkelhäutige Inder tragen wunderschön in sich verschlungene Turbane, dazwischen sitzt eine schlanke Inderin im schillernd-farbenprächtigen Sari. Der Bindi, ein roter Punkt auf ihrer Stirn, beseitigt letzte Zweifel, was ihre Nationalität angeht, denn häufig tragen Inderinnen ihn als Zeichen der Ehe. Die hellen Blusen und Hemden der Schüler kontrastieren mit der dunkelbraunen bis schwarzen Haut ihrer Träger. Einige junge Damen ohne Kopftuch oder Einheitskleidung, in engen Jeans und Shirts, zeigen den stärker werdenden Einfluss des Westens. Streng in Hemd und Anzug gezwungene Vertreter der Geschäftswelt sitzen mit Aktenkoffer und Handy am Ohr in Reih und Glied und wirken in dieser Zirkusvorstellung leicht deplatziert.

Eine Szene fällt mir besonders ins Auge: Auf der Bank uns gegenüber lesen drei Leute nebeneinander Zeitung. Der erste schaut in eine englischsprachige, der zweite in eine chinesische und der dritte in eine indische Zeitung. Die Szene symbolisiert für mich die multikulturelle Bevölkerung Malaysias. Die Hälfte der Einwohner sind Malaien, gefolgt von der zweitstärksten Ethnie, den Chinesen, die rund ein Viertel ausmachen. Indigene Volksgruppen sind zu einem Zehntel vertreten. Das Schlusslicht in diesem Völkerpotpourri bilden die Inder mit rund sieben Prozent. Und alle diese Bevölkerungsgruppen bestehen aus weiteren Untergruppen mit eigenen Religionen und Sprachen.

Während der Fahrt mit der *Putra-Line* wandert mein Blick immer wieder nach vorn durch die Frontscheibe des führerlosen ersten Waggons, denn die Bahn fährt vollautomatisiert durch Kuala-Lumpur-Downtown. Einerseits spüre ich einen Hauch Besorgnis, andererseits fasziniert mich der Anblick des fehlenden Cockpits.

Im Zentrum saugt uns der allmorgendliche Menschenstrom auf und schiebt uns vorbei an Schaufenstern, Garküchen und kleinen Werkstätten. Wie von selbst werden wir Teil einer multikulturellen Theatervorstellung, die sich tagein, tagaus selbst inszeniert und jeden Zuschauer zugleich zum Darsteller werden lässt.

Unter den Petronas-Twin-Towers zieht uns eine kleine Shoppingmall magisch an. Danach gehen wir ins Botschaftsviertel, um die nächsten Visa zu beantragen. Zwischendurch suchen wir eine Garküche und genießen die schmackhaften Speisen. Sie gefällt uns so gut, dass wir beschließen, auch die kommenden Tage hier einzukehren. Der tägliche Wolkenbruch pünktlich um vier zwingt uns zu einer Pause in einem der vielen Internetcafés. Während wir abends abgekämpft den Marsch zu unserem Quartier antreten, begleiten uns possierliche Affen am Wegesrand und rufen uns in Erinnerung, wie weit südlich wir die Nordhalbkugel heruntergerutscht sind – der Äquator winkt bereits aus der Ferne.

Die zwei Wochen vergehen wie im Flug. Nachdem wir uns am letzten Morgen bei Adelay mit einer herzlich formulierten Dankestirade und einer kleinen Aufmerksamkeit für ihre Gastfreundschaft verabschiedet haben, sitzen wir zum letzten Mal in der führerlosen *Putra-Line* und sausen zum Flughafen außerhalb der Stadt. Als mein Blick über die Schulter geht, grüßt Kuala Lumpur noch einmal mit einer märchenhaften Skyline. Sanft umhüllt von einem Nebelmantel stehen die Hochhausriesen in der Morgendämmerung dicht beieinander. Weite Parks und Plantagen vor den Toren der Stadt umrahmen das Gemälde mit einem warmen Grün.

Der Gestank von Urin sticht uns in die Nase. Wie mit einem Knüppel schlägt uns erbarmungslose Hitze entgegen. Mit dem ersten Schritt aus dem Terminal gleicht die Szenerie einer Oskar-Verleihung in

Bollywood. Auf beiden Seiten drängt sich eine unruhige Menschenmenge hinter einer Absperrung. Unzählige neugierige dunkle Augenpaare richten sich auf uns, doch scheinbar wurden wir in der Kategorie *Weiteste Anreise* nicht nominiert. Einige halten Schilder hoch mit der Aufschrift *Welcome to Chennai, Mr. Baja* oder *Welcome Mr. Samuel* oder einfach nur *Mr. Wang*.

Auf der Straße neben dem Eingang stürzen uns Taxi-, Rikschafahrer und andere schmierige Gestalten entgegen. Mit ihrer hyperaktiven Geschäftigkeit kommen sie uns bedrohlich nahe und lassen unseren Stresspegel ansteigen. Auch, als wir zur nächsten Bushaltestelle stapfen, lassen die Bittsteller einfach nicht ab. Für Inder scheinen nicht Taxi fahrende Ausländer nicht zu existieren.

Irgendwo neben mir muss sich der Bordstein befinden, aber ich sehe ihn nicht: Eine lückenlose Müllschicht säumt die Straßenränder. Ein Klapperbus fährt zum *Broadway* – so steht es zumindest auf einem vergilbten Schild, das mit Draht befestigt neben dem Busfahrer hängt, wo früher wahrscheinlich mal eine Frontscheibe gewesen ist – der Bus besitzt keine einzige Fensterscheibe. Das Vehikel wäre in einem deutschen Verkehrsmuseum ein Kassenschlager, doch hier in Indien ist es einfach ein äußerst wichtiges Transportmittel, das noch lange nicht reif ist für die Schrottpresse. Auf engen Bänken sitzen die Fahrgäste eingequetscht zwischen Außenwand und Haltestangen, während die Stehplätze leicht überbucht jeden Passagier egal in welchem Bewusstseinszustand, mühelos in der Senkrechten halten. Alles wackelt und klappert.

Lässig bedient der barfüßige Busfahrer die übergroßen, nostalgisch anmutenden Pedale. Wie ein überdimensionaler Rührstab verrichtet der bis zum Boden reichende Schaltknüppel seine Arbeit. Ein leichtes Rucken, stets verbunden mit einem Krachen, verkündet jedes Mal das erfolgreiche Einrasten des gesuchten Gangs. Früher muss das Gefährt mal einen grünen Anstrich besessen haben, aber die Innenwände sind so zerkratzt, dass nur noch schmale grüne Streifen diesen Schluss zulassen.

Die Hitze zaubert mir einen Schweißfilm auf die Stirn, doch dank der nachhaltigen Lüftung weht eine kontinuierliche Brise durch den Bus, die jeglichen Ansatz von Geruchsbildung in alle Winde zerstreut. Gierig nach Details wandern meine Blicke nach ausführlicher Musterung der Innenkabine nun aus den Fenstern in die bunte

Welt Indiens. Hier umgibt uns ein Verkehrschaos, das mit chinesischen Verhältnissen locker mithalten kann. Verkaufshütten neben parkenden Vehikeln und lange Schlangen vor Kiosken markieren den nur vage auszumachenden Straßenrand. Fortbewegungsmittel in jeglicher Größe und Ausführung begleiten uns auf dem Weg zum Broadway: Schubkarren, Zweiräder, Dreiräder, motorisiert und nichtmotorisiert, Limousinen, Busse, Lkws, Taxis, Rikschas und Fahrradfahrer, alles drängt sich ohne erkennbare Richtung durch den zähflüssigen Strom. Die wenigen Freiräume zwischen den Gefährten füllen Passanten, die wie in einem Computerspiel von einer Lücke zur anderen springen. Unzählige Bettler säumen die Bordsteinfragmente einer einst intakten Gehweganlage. Obwohl wir schon viele Leute in einfachsten Wohnverhältnissen gesehen haben, konnten wir nirgendwo behaupten, dass sie in Armut leben. Indien lehrt uns neue Maßstäbe.

Die unüberschaubare Menschenmenge und das Gewimmel in den Gassen ähnelt dem Durcheinander auf einem überfüllten deutschen Weihnachtsmarkt. Doch in Chennai leben auf einem Quadratkilometer sechsmal mehr Menschen als in Berlin, und das nicht nur in der Adventszeit. In dieser Straße prallen die Gegensätze besonders hart aufeinander: Feine Herren in Bügelfaltenhosen und mit weißem Hemd, eine Bildung verheißende Brille auf der Nase, springen ebenso zwischen den Fahrzeugen umher wie Bettler, die gerade einmal noch mit einem Lappen um ihre Scham gewickelt keine Angst mehr haben müssen, dass sie noch etwas verlieren könnten. In Indien ist das soziale Miteinander durch das seit Tausenden von Jahren etablierte Kastenwesen geprägt. Es grenzt die gesellschaftlichen Gruppen, die Kasten, scharf voneinander ab und folgt dabei einer klaren hierarchischen Ordnung. Die vier Hauptkasten intellektuelle Elite, Herrscher und traditionell Krieger, Händler und Grundbesitzer, Handwerker und Bauern gliedern sich in mehr als dreitausend Unterkasten. Da fällt es selbst einem Inder schwer, die Übersicht zu behalten. Während auf dem Land die Regeln des Kastensystems noch recht starr ausgelegt werden und die täglichen Mahlzeiten nur innerhalb einer Kaste zusammen eingenommen werden, weichen sie in den Städten aufgrund des engen Zusammenlebens mehr und mehr auf. Vor allem bei der Berufs- und Partnerwahl ist die Verankerung dieses Denkens aber noch deutlich zu bemerken. So können etwa

Heiratswillige auf den Webseiten von Partnervermittlungsbörsen Kasten und Unterkasten als Suchkriterium eingeben. Doch auch, wenn in Indien inzwischen eine Tendenz zur Liebesheirat beobachtet wird und manche Familien bereit sind, Kastenschranken zu überspringen, werden Hochzeiten in der Regel arrangiert und als Heiratsbündnis betrachtet.

Nach etwa einer Stunde holpert unser Bus auf einen unebenen Sandplatz. Ungelenk stolpern wir den Ausstieg hinunter. Mit zwei großen Taschen bepackt, machen wir offenbar einen hilfebedürftigen Eindruck, denn sofort werden wir wieder von aufdringlich-freundlichen Indern umlagert, die sich als Gepäckträger ein paar Rupien dazuverdienen wollen. Doch ihr Pseudoenglisch und ihre nervige Art erzeugen bei uns nur Abneigung. Ein alter Mann sucht in aller Seelenruhe in einem riesigen Müllhaufen nach Verwertbaren, während es ihm im benachbarten Abfall einer Garküche ein herrenloser Köter gleichtut. Zeitweise vernehmen wir hier und da ein »Hello, Mister!« oder »Hello, friend!«

Mütter waschen ihre Kleinkinder direkt am Bordstein. Die aufgedunsenen Bäuche der Kleinen kommen mir bekannt vor. Sofort schießen mir Bilder unterernährter afrikanischer Kinder durch den Kopf. So fällt es mir nicht schwer, der Tatsache Glauben zu schenken, dass immer noch knapp die Hälfte der indischen Kinder unterernährt ist. Jedes Jahr sterben zwei Millionen von ihnen, bevor sie das fünfte Lebensjahr erreichen. Kinderarbeit gehört zur Überlebensstrategie hoffnungslos verarmter Familien.

Vor einem dunklen Hauseingang schläft eine Frau auf dreckigem Beton. Niemand kümmert sich um sie. Unmittelbar daneben spielen ihre Kinder im Müll. Wieder steigt mir ein Geruchscocktail aus Urin, verwesenden Essensresten, Garküchenduft und Müll in die Nase, und ich spüre, wie ich einen Ansatz von Brechreiz zu unterdrücken versuche.

39. Tausendundeine Nacht

Nach Stunden des Umherirrens finden wir die Adresse der für uns zuständigen Spedition. Im Treppenaufgang des heruntergekommenen Häuserblockes schlägt uns eine kühle Brise entgegen, und mit dem Schließen der Tür wird einen Moment lang der Film aus Tausend und einer Nacht abgeschaltet. In einem sauberen, übersichtlichen, mit Computern ausgestatteten Büro bemüht sich ein zarter, schmächtiger Inder, unserem Fragenansturm standzuhalten. Tief in schwarze Ledersessel versunken, genießen wir die Verschnaufpause. Die Busfahrt inklusive anschließendem Fußmarsch haben uns die volle Breitseite gegeben.

In den vergangenen Stunden haben wir die brutale Härte und Armut Indiens im Zeitraffer kennengelernt. Glücklicherweise hilft uns unsere Reiseerfahrung, die Erlebnisse zu verarbeiten. Wären wir direkt aus Deutschland mit dem Flieger hier abgekippt worden, hätten wir wahrscheinlich einen Kulturschock erlebt.

Während Martin versucht, Informationen über den Verbleib unserer Motorräder zu bekommen, begebe ich mich erneut in das Verkehrschaos. In einer der Garagen am Straßenrand wird Metall verarbeitet. Mit Rock und Sandalen bekleidet, stehen drei Inder an der Ladefläche eines uralten Lkws und hieven meterlange Metallrohre von der Pritsche. Arbeitsschutzmaßnahmen kann sich hier niemand leisten. Ein paar Meter weiter waschen Frauen Wäsche in großen Schüsseln. Kurioserweise sehe ich kaum Wasser in den Behältnissen. Ausdauernd sitzen sie mit gebeugten Rücken darüber und schrubben die Kleidung über alten Waschbrettern. Ihre Sprösslinge springen quicklebendig splitternackt zwischen ihnen umher. Als ich sie passiere, höre ich die fröhlichen Kinderstimmen im Chor rufen: »Hello, hello, hello!«

Verschmitzt grinse ich sie an. Ihre gute Laune wirkt wie Medizin zwischen all dem Elend. Auf meiner Suche nach einem Geldautomaten verschlägt es mich seitab der Hauptstraße in immer engere Seitenstraßen. Plötzlich biegt einen Steinwurf entfernt ein Trauerzug in meine Gasse. Der gesamte Tross ist in weiße Gewänder gehüllt und trägt einen auf zwei langen Latten liegenden, mit einem musterverzierten Tuch ausstaffierten Sarg. Den Deckel haben die Jungs wohl zu Hause vergessen. Stattdessen sieht man den Leichnam einer alten Inderin, festlich gekleidet im Sarg liegen.

Um die Tragegriffe herrscht ein fast unmerkliches Gerangel; ständig wechseln die Träger. Es scheint eine Ehre zu sein, die Verstorbene auf ihrem letzten Weg tragen zu dürfen.

Die Szenerie wirkt bizarr auf mich. Wie vor einem Ticketschalter, der Karten für ein Stones-Konzert verkauft, drängen sich die Sargträger um die Lattenenden. Als mich der Geleitzug erreicht, wird es eng. Ausgerechnet in diesem Moment gerät der Sarg ins Wanken, weil durch den permanenten Trägerwechsel für einen kurzen Augenblick keine Hand mehr am Haltegriff war. Eine Schrecksekunde lang sehe ich ihn schon samt Leiche umkippen und auf mich stürzen.

Froh, das Ende der Gasse ohne Zwangskontakt mit dem Jenseits erreicht zu haben, ziehe ich es von nun an vor, die Hauptstraße zu benutzen. Bettler, an Häuserwände gelehnt, strecken mir ihre Hand entgegen. Eine Schar Rikschafahrer klingelt an mir vorbei. Während ich mich treiben lasse, lausche ich dem Klang der Gespräche. Obwohl jeder, der mich anspricht, ein Pseudoenglisch von sich gibt, höre ich in keiner Unterhaltung das für Inder so typische Indisch-Englisch. Im Gegenteil, die Dialoge klingen für europäische Ohren fremdartig. Als Amtssprachen gelten zwar Hindi und Englisch, doch in Indien werden etwa hundert verschiedene Sprachen gesprochen.

Ein gut gepolstertes Portemonnaie in der Gesäßtasche, kehre ich siegreich zurück in das klimatisierte Büro. Martin unterrichtet mich sofort über die Sachlage.

»Die nächsten drei Tage geht gar nichts. Die machen hier einen auf Feiertag. Wir haben leider erst am Dienstag um zehn einen Termin.«

»Warum können wir die Motorräder heute nicht mehr aus dem Zoll holen?«, will ich in jungfräulicher Einfalt wissen.

»Das scheint hier nicht so einfach zu sein. Erstmal wird von jeder Maschine eine Akte angelegt, und dann möchte unser neuer Freund hier einfach mal so von jedem zweihundert Euro sehen«, erklärt mir Martin geduldig.

»Wieso zweihundert Euro? Wir haben die Firma doch schon in Kuala Lumpur bezahlt!«

»Das interessiert die Jungs hier aber nicht. Ohne Knete sind sie einfach nicht bereit, mit uns weiterzuarbeiten. Nennen wir es mal ein vorgezogenes Weihnachtsgeld.«

»Mitten im Januar?«, entgegne ich entrüstet.

Mit Energie im Blick knöpfe ich mir den Chef des Kindergartens vor. Trotz meines angriffslustigen Verhaltens bleibt er erstaunlich ruhig. Ich versuche meine Argumentation so zu führen, dass er sich am Ende selbst die Antwort geben müsste, dass seine Forderung nach Taschengeld nicht gerechtfertigt ist. Doch weit gefehlt. Warum sollte ich auch seine Meinung ändern können, wenn Martin es mit seinem besseren Englisch schon nicht geschafft hat? Meine Augen funkeln ihn böse an, doch welches Kind lässt sich durch Blicke einschüchtern, wenn es auf dem längeren Arm der Spielplatzwippe sitzt? Heute bleibt uns nichts weiter als der Rückzug.

* * *

»Allah ist weg! Allaaah ist weheheg!«, tönt es von den Minaretttürmen der nahen Moschee – zumindest klingt der sich unentwegt wiederholende Singsang des Muezzins in meinen Ohren nach dieser unglaublichen Neuigkeit. Bei solchen Breaking News kann ich verstehen, warum man das lautsprecherverstärkt durch die ganze Stadt brüllen muss.

Mein Blick fällt auf die Uhr: 5 Uhr 30. Unbeholfen stopfe ich mir Kissen auf die Ohren. Trotzdem findet das schrille Sägen des Glaubensmannes zielgerichtet den Weg zu meinem Trommelfell. Es nützt nichts – an Schlaf ist beim besten Willen nicht mehr zu denken. Warum eigentlich muss ein Moscheebediensteter die gesamte Stadt tyrannisieren, wenn sich sein Gebetsaufruf an einen muslimischen Bevölkerungsanteil von gerade einmal acht Prozent richtet?

Nach dem Verzehr des restlichen Reiseproviants öffnet mit dem ersten Schritt auf die Gasse das *Theater Oriental* seinen Vorhang. Eine ungeheure Soundkulisse aus Klingeln, Schellen, Hupen, Rufen, Geklapper und Geplapper dringt an mein Ohr. Die Vordächer der kleinen Verkaufsbuden reichen bis fast auf die andere Straßenseite, trotzdem drückt sich jede Art von Fahrwerk durch die enge Gasse vor unserer Unterkunft: Mopeds, Dreiradtaxis, Rikschas, Fuhrwerke und Fahrräder, ja sogar dicke Limousinen der Marke *Ambassador* zwängen sich wie durch ein Nadelöhr an uns vorbei. Vor uns auf dem Boden liegt eine Plane ausgebreitet, auf der fünf Zentimeter neben dem Straßenstaub weiße, gebügelte Hemden zum Verkauf feilgeboten werden. Jedes Mal, wenn wir einen Bretterverschlag passieren, bekommt der Verkäufer ein merkwürdiges Zucken und deutet geschwind auf seine Verkaufsschlager. Hinter uns hören wir dann oft ein »Hello, Master!« Häufig kommt dann ein gutgelauntes: »Master is not at home!« zurück.

An einem Zeitungskiosk hängt ein dünnes Seil auf halber Höhe über der Theke. Eigenartigerweise glüht und qualmt sein Ende, als wollte der Verkäufer damit Mücken verjagen. Neugierig stelle ich dem Kuriositätenbesitzer die Frage nach dem Sinn der glühenden Lunte und lerne auf diese Weise den ersten Dauerzigarettenanzünder meines Lebens kennen.

Begeistert schreiten wir zur nächsten Außergewöhnlichkeit. Wieder einmal wird es eng in der Gasse. Eine Herde Ziegen steht dicht an dicht mitten auf dem Weg und lässt den Verkehr zum Erliegen kommen. Der Hirte der meckernden Geschöpfe scheint sich in Luft aufgelöst zu haben, und so drängeln wir uns hindurch. Eine spätere Geruchsbelästigung, ausgehend von unseren Hosenbeinen, werden wir wohl oder übel in Kauf nehmen müssen. Gerade drücken wir uns an den letzten Ziegenleibern vorbei, da steht eine heilige Kuh vor uns quer in der Gasse.

»Ja, sind wir denn hier im Streichelzoo?«, kommentiert Martin lachend die Situation. Die Kuh versperrt den Durchgang und macht keine Anstalten, den Weg freizugeben. Kein Inder unternimmt irgendeine Anstrengung, die Kuh vom Eis zu bekommen. Stattdessen weichen die Passanten in eine Seitengasse aus und umschiffen so das sakrale Problem.

»Hoppla!«

Ein Rinnsal auf dem sandigen Gehweg zwingt mich zu einem Ausfallschritt – wahrscheinlich die Notdurft eines Passanten. Mein Blick zum Gassenrand registriert Kothaufen von Hunden und Ziegen, Kuhfladen, ja sogar die Exkremente des Homo sapiens. Unter einem Fuhrwerk am Straßenrand liegt ein alter Mann auf dem Rücken und schreit sich ohne erkennbaren Grund die Seele aus dem Leib. An jeder Straßenecke gibt es Unglaubliches zu entdecken. Unentwegt rotieren unsere Blicke, um keine Kuriosität zu verpassen. Als wir die überfüllte Hauptstraße entlangschlendern, bemerken wir auf dem Mittelstreifen ein mannshohes, mit weißen Fliesen verkleidetes Podest, auf dem in einheitlichen Abständen von etwa zwei Metern Löcher eingelassen sind. Männer und Frauen hocken sich nacheinander über die Öffnungen, um ihre Notdurft zu verrichten. Uns klappen synchron die Kinnladen herunter. Besser kann man den Begriff »Öffentliche Toilette« wirklich nicht umsetzen! Die Hälfte der Straße ist zugeparkt mit den unterschiedlichsten Vehikeln, und dazwischen zwängen sich die Passanten hindurch. Unter ihnen sind alle nur erdenklichen sozialen Schichten vertreten: von in feines Tuch gehüllte Damen über Männer mit adretten weißen Hemden und ordentlich angezogene Lausbuben bis hin zu Arbeitern, die, Hemd und Tuch zu einem Rock gebunden, die übliche Arbeitsmode präsentieren. Das Ende dieser Kette bilden verwahrloste Gestalten, deren Haar hoffnungslos zerzaust fast dieselbe dunkelbraune Farbe hat wie der Teint ihrer Haut. Ein schmuddeliges Lendentuch stellt oft das einzige Kleidungsstück dar. Sie repräsentieren die ärmste Schicht der Bevölkerung, »die Unberührbaren« – ein Ausdruck, der auf Mahatma Ghandi zurückgeht. Von der Gesellschaft geächtet, gehören sie noch nicht einmal mehr der niedrigsten Kaste an. Doch nicht nur sie, der größte Teil der Bevölkerung Indiens kämpft mit Armut. Jeder zweite Inder muss mit weniger als einem Euro pro Tag auskommen. Doch selbst von so einem erbärmlichen Mindestverdienst können die Ärmsten der Armen nur träumen.

Gesättigt mit Eindrücken vom indischen Karneval treten wir langsam den Rückzug an. In der Dunkelheit wirken die mysteriösen Gestalten noch dunkler und unheimlicher. In einer abgelegenen Gasse liegen Obdachlose in Decken gewickelt wie Sardinen, einer nach dem anderen dicht an eine Wand gedrängt. Eine Mutter hat ihre etwa siebenjährige Tochter dicht an sich herangezogen. Ein älterer Mann schläft auf dem Rücken mit freiem Oberkörper, während drei Knirpse sich an ihn gekuschelt haben. Zwei Kinder sind noch wach. Sie sitzen aufrecht inmitten der Schlafenden und schauen uns mit großen Augen an, woraufhin wir ihnen gestikulierend bedeuten, dass sie jetzt schlafen müssen. Sie schenken uns ein herzzerreißendes Lächeln. Können sie sich ein Leben so wie das der Kinder in Deutschland überhaupt vorstellen? Nur einige Schritte neben ihnen huschen Ratten durch Urinlachen und suchen im Abfall nach Fressbarem.

40. Die Krallen des indischen Papiertigers

Mit der Hoffnung, heute endlich unsere Motorräder aus dem indischen Zoll zu bekommen, schreiten wir zum Speditionsbüro. Unser Widersacher eröffnet das Gespräch und wiederholt noch einmal seine Forderung. Wir lassen ihn unsere Entrüstung spüren und erklären, dass wir nicht im Entferntesten an eine Bezahlung seines Schmiergeldes denken. Diese Taktik bringt uns zwar ein gewisses Entgegenkommen, trotzdem endet die Verhandlung bei einer Forderung von 140 Euro pro Nase.

Entschlossen verabschieden wir uns von unserem schmierigen Kombattanten und versuchen es auf eigene Faust. Im Zollamt zählt der zuständige Beamte unzählige Dokumente auf, die wir vorlegen müssten, um die Krads einführen zu können. Auf die Frage hin, wie wir sie bekommen können, hüllt sich unser mürrisches Gegenüber in Schweigen. Die Angelegenheit wird immer undurchsichtiger. In den kommenden Tagen besuchen wir Botschaft, Automobilclub und Kfz-Zulassungsstelle und werden mit absurden Öffnungszeiten, falschen Telefonnummern, verschlossenen Türen und nebulösen Aussagen konfrontiert. Der indische Papiertiger hält uns mit seinen Krallen fest umklammert.

»Diese Bürokratiejunkies empfangen doch keine klaren Bilder mehr«, entrüstet sich Martin, als wir nach einem neuerlichen Besuch im Zollamt und weiteren geforderten Dokumenten auf die überfüllte Hauptstraße treten. »Diesen Kindergartenverein kann ich einfach nicht mehr ernst nehmen!«

»Vorsicht!«, rufe ich und ziehe ihn von hinten harsch an der Kleidung. Knapp vor seinen Jesuslatschen rauscht ein Fahrradfahrer vorbei.

»Sag mal, spinnst du, du Vollidiot?« Er fuchtelt wild mit den Armen und stolpert fast über einen Bettler, der es sich auf dem Bordstein gemütlich gemacht hat.

»Hey, komm! Wir suchen uns erstmal eine ruhige Ecke und machen Mittagspause«, versuche ich den heiß gelaufenen Dampfkessel unter Kontrolle zu bringen. Während der quietschende Deckenventilator einer Garküche die stickige Luft von einer Ecke in die andere wirbelt, analysieren wir die verzwickte Lage bis ins kleinste Detail. Wie nur können wir dem Dokumentenwahn Einhalt gebieten? Ich spüre Hoffnungslosigkeit in mir aufsteigen, und auch Martin zeigt Anzeichen von Ermüdung. Selbst wenn wir es schaffen, einige der benötigten Bescheinigungen zu besorgen, konfrontieren uns die übergewichtigen Beamten beim nächsten Besuch mit neuen Dokumentenforderungen. Die Verzweiflung lähmt langsam alle Gedanken und Impulse eines eventuellen Lösungsansatzes. Wie sich öffnende Überdruckventile dichten wir abwechselnd lautstark übelste Beschimpfungen, auf die unsere Mütter stolz sein könnten, um uns unmittelbar darauf wieder zu beruhigen. Seit der Pannenodyssee durch die Wüste Gobi wissen wir, dass uns Jammern keinen Millimeter voranbringt, aber in diesem Moment tut es gut, den angestauten Frust hinauszuschreien. Die Erfahrung hilft, die Zuversicht zu behalten. Ich komme mir vor wie in einem Labyrinth. Auch wenn ich eine Sackgasse nach der anderen gehe, weiß ich, dass der letzte Weg zum Ausgang führt. Wir müssen nur nachdenken, und wenn uns nichts einfällt, müssen wir nochmal nachdenken, die Situation aus einem anderen Blickwinkel betrachten, anders denken als vorher, aber nicht aufgeben. Es gibt eine Lösung, auch wenn wir sie noch nicht sehen.

»Wie schaffen wir es, Zahlen, die es gar nicht gibt, auf Dokumente zu bekommen, die man gar nicht braucht?«, bringe ich nüchtern und kompakt die missliche Lage auf den Punkt. Plötzlich hellt sich die Miene meines Mitstreiters auf.

»Ich hab's! Wenn die Jungs hier so heiß auf Zahlen sind, dann müssen wir sie ihnen einfach liefern!«, erklärt Martin mir mit einem Funkeln in den Augen. »Die Inder haben zwar die britische Bürokratie aus Kolonialzeiten geerbt und als eine Art Arbeitsbeschaffungsmaßnahme umfunktioniert, aber ein Inder ist kein Brite und noch lange kein Deutscher!« Vor mir sitzt ein bis über beide Ohren strahlender Martin. Einen Augenblick versuche ich noch im Labyrinth seiner Mimik zu lesen, dann fällt auch bei mir der Groschen.

»Du willst doch nicht etwa …«

»Ja ich will!«

Die Idee ist so genial wie einfach. Mit einem Mal erscheint mir unsere Lage gar nicht mehr so aussichtslos.

»Dazu brauchen wir aber professionelle Hilfe. Und die können wir mitten in Chennai nicht einfach aus dem Hut zaubern.«

»Wer redet denn von Chennai?«

Martin grinst mich vielsagend an. »Wollten wir nicht mal zu dritt auf Reisen gehen? Ich glaube, es gibt da jemanden, dem es auf den Nägeln brennt, uns unter die Arme zu greifen. Ich kann mir durchaus vorstellen, dass wir mit ihm und seiner besseren Hälfte dem indischen Papiertiger die Krallen stutzen können.«

Jetzt verziehen sich auch meine Mundwinkel zu einem breiten Grinsen.

Nach einer quälend langen Woche rücken wir stolz und dankbar im indischen Mensch-Ärger-dich-nicht endlich ein Feld weiter.

Der nächste Spielzug widmet sich der korrupten Speditionsfirma. Diese will uns die Krads erst übergeben, wenn wir den Rechnungsbetrag, der sich mittlerweile wie von Zauberhand verdoppelt hat, begleichen. Und des Weiteren wären da noch 175 Euro für die Aushändigung der Maschinen auf dem Hafengelände fällig.

Neue Wut kocht in uns hoch, denn bei jedem Besuch des Büros konfrontiert uns der Chef mit neuen Rechnungsposten. Schnell entwickelt sich die Diskussion zu einem Streit, an dessen Ende wir die Beträge zähneknirschend bezahlen. Wenigstens sind wir am nächsten Tag einen Schritt weiter: Wir treffen uns mit einem Mitarbeiter des Büros und zwei Zollbeamtinnen vor dem Hafentor.

Bei der Hafenpasskontrolle lässt uns der Wärter passieren, während die Damen, die dort täglich ein- und ausgehen, zurückgehalten werden. Sie haben ihre Pässe vergessen. Die ausufernde Bürokratie der Inder schikaniert ihre eigenen Mitarbeiter, dass es uns die Sprache verschlägt. An jeder Schranke und an jedem Tor verlangen sie nach unseren Pässen.

Dann endlich treten wir in die heilige Halle, in der die Yamies noch immer im Holzkäfig seelenruhig vor sich hinschlummern. Verzückt greife ich nach dem Fotoapparat, um das freudige Wiedersehen festzuhalten. Ein Klicken und ein Blitz bestätigen mir die Aufnahme. Die Kamera noch in den Händen haltend, steht plötzlich wie aus dem Nichts ein Aufgeregter vor mir.

»Diese Halle ist ein Sicherheitsbereich. Hier ist Fotografieren strengstens verboten!«, trompetet er mir ins Ohr.

»Entschuldigung, das wusste ich nicht!«, entgegne ich und kann ein Grinsen nur schwer unterdrücken. Dabei lasse ich die Knipse unauffällig in meine Tasche gleiten. Jetzt wird der Aufgeregte noch aufgeregter.

»Geben Sie mir die Kamera!« Ich glaube, ich habe mich verhört. Diese Bürokratiejunkies werden mir langsam zu frech.

»Mir wurde leider kein Blatt mit der Hafenordnung ausgehändigt, und ich kann hier nirgendwo ein Schild entdecken, das mich über Ihre Ge- und Verbote aufklärt«, weise ich meinen Kontrahenten in die Schranken. Unverrichteter Dinge verschwindet er im Büro. Minuten vergehen, dann kommen die übergewichtigen Zolldamen wieder zum Tatort und geben Anweisung, unsere Holzkäfige zu öffnen. Na bitte, geht doch!

Sofort setzen sich zwei Hafenarbeiter in Bewegung und entfernen den Deckel der Bretterverschläge. Dann springt ein Halbstarker erst auf die Außenwand und dann auf meine Topkiste. Ich brauche eine Schrecksekunde, um zu begreifen, was gerade passiert. Sofort schreie ich den Tollkühnen von der Kiste herunter. Daraufhin ermahnt mich der Speditionsmitarbeiter, ich solle mich im Ton mäßigen. Doch ich bin gerade in Fahrt und so prasseln die letzten rügenden Worte auf ihn herab. Immer wieder müssen wir den Jungs Tipps geben, wie sie die Kisten am besten demontieren. Unsere Geduld wurde mit den letzten Zahlungsaufforderungen verrechnet. Das Einzige, was uns hier noch hält, sind die Tore und Schranken des Hafengeländes. Nachdem wir die Krads von den Paletten geschoben haben, werden die Zolldamen aktiv. Sie kontrollieren den Inhalt der Seitenkisten, die Fahrzeuggestellnummer und die Rahmennummer. Es kostet mich meine letzte Beherrschung, der mir zugeteilten Amtsdame zu erklären, dass die Schlüsselnummer meines Kfz-Scheines keine Nummer ist, die am Motorrad zu finden ist. So viel Inkompetenz auf einem Haufen lässt mich einfach verzweifeln. Auch Martin kämpft um die Kontrolle seiner Nerven. Im Gegensatz zu mir musste er jeden Ausrüstungsgegenstand auf dem Boden ausbreiten und spielt jetzt Drei-D-Tetris beim Wiedereinpacken.

Endlich dürfen wir die Krads aus der Halle schieben. Draußen eröffnet uns der Speditionsangestellte, es seien weitere 175 Euro für das andere Motorrad noch nicht gezahlt und hiermit fällig, sonst lasse er uns nicht vom Hof. Außerdem bekomme er persönlich für sein heutiges Engagement noch 130 Euro.

Zwei fauchende Ungeheuer bauen sich vor ihm auf. Mit üblen Beschimpfungen lassen wir ihn unsere Verachtung, Wut und Empörung spüren, doch er lässt sie stoisch über sich ergehen.

Nachdem wir uns etwas beruhigt haben, wiederholt er seine Forderung. Da kommt uns ein Gedanke: Wir erklären ihm, dass wir ihm ja nicht trauen könnten. Woher wüssten wir denn, dass er nicht noch mehr Forderungen stellt, wenn wir ihm das Geld gegeben haben? So erscheint ihm unsere einzige Bedingung logisch: Wir vereinbaren, ihm das Geld erst auf der anderen Seite des Hafentores auszuhändigen.

Unter einem Vorwand verlässt er den Schauplatz und bestellt uns zum Hafentor Nummer eins am Ende des Plattenweges. Nun mutterseelenallein auf den Böcken sitzend, schauen wir uns an. Es gibt insgesamt acht Hafentore, die zwar alle gut bewacht sind, aber vielleicht nicht für alle Verkehrsteilnehmer?

Wir setzen uns in Bewegung und fahren in entgegengesetzter Richtung an Tor Nummer vier vorbei. Ein Schild weist uns daraufhin, dass hier nur Lkws passieren dürfen. Ein Versuch, trotzdem am Pförtner vorbeizukommen, wird zu unserer Enttäuschung vereitelt. Tor fünf ist ausschließlich für Fußgänger bestimmt, und auch hier weist uns der Pförtner in die Schranken. Vor Tor sechs versperrt ein Betonklotz die Weiterfahrt. Unsere Hoffnung schwindet mit jedem weiteren Tor und ich spüre die Anspannung im Körper. Meine Nervosität lässt sich kaum noch kontrollieren.

Tor sieben wirkt verlassen; seine großen Flügel sind mit einer Kette und einem Vorhängeschloss gesichert.

Mist! Nichts zu machen! Vielleicht war unser Gedanke doch zu kühn. Bei so vielen Passkontrollen haben die Inder wohl kaum ein Loch im Maschendrahtzaun übersehen! Wieder kocht Wut in mir hoch. Ich fühle mich ohnmächtig, der Situation ausgeliefert. Korruption und Vetternwirtschaft bestimmen in Indien ebenso den Alltag wie Heilige Kühe, vermüllte Straßen und täglich um ihre Existenz ringende Bettler. Was ist das nur für eine Welt? Seit Tagen kämpfen wir hier in Chennai um unsere Maschinen, um die Weiterfahrt, um die Freiheit, und jetzt trennt uns nur noch so ein verdammtes Hafentor von der Straße! Dort drüben schiebt sich der Verkehr stinkend und lärmend durch die städtische Hauptschlagader und wir sitzen hier fest. Wie gern würde ich jetzt entspannt auf meiner Yamie über kurvenreiche indische Landstraßen cruisen und das bisher als selbstverständlich empfundene Gefühl von Freiheit genießen! Seit wir an der Grenze zu Myanmar abgewiesen wurden und unsere Route nach Süden verlagern mussten, ist unser Zeitplan völlig aus den Fugen geraten.

Unser Abstecher nach Kuala Lumpur hat uns über einen Monat gekostet, und die versprochene Ankunft in der Heimat scheint nun in weite Ferne gerückt. Wir müssen regelrecht durch Indien hetzen, um die verlorenen Wochen aufzuholen. Doch nach den sieben Tagen in Chennai mit all den unfreundlichen Indern hält mich ohnehin nichts mehr in diesem Land.

Ich spüre das unwiderstehliche Verlangen, unserem Kontrahenten doch noch eins auszuwischen. Ungeduldig tuckern wir mit den Krads um einen Häuserblock und nähern uns dem letzten Ausgang. Hoffnung glimmt in mir auf: kein Betonklotz, kein Flügeltor, kein Vorhängeschloss, nur der obligatorische Schlagbaum und ein verwahrlostes Wärterhäuschen.

Kurz vor der Einfahrt halten wir. Das Funkeln in Martins Augen signalisiert Angriffslust. Ein unmerkliches Kopfnicken reicht und wir rollen los. Im nächsten Moment stehen wir vor dem Pförtner an Tor acht. Ein kurzer Check der Hafenpässe genügt, und schon hebt sich der Schlagbaum. Freundlich gibt er uns zu verstehen, dass wir fahren sollen. Verblüfft schauen wir uns an. Das lassen wir uns nicht zweimal sagen! Ein Gruß zum Wachposten, ein Drehen am Gasgriff, eine Kurve nach links, ein Schlenker nach rechts und schon verschluckt uns der Chennaier Verkehrsmoloch.

Geschafft! Wir sind frei! Das Herz hüpft. Wie ein kleiner Junge springe ich auf meiner Yamie hin und her. Ich kann es nicht glauben. Sollten wir der Speditionsfirma doch noch einen Streich gespielt haben? Am liebsten würde ich Schlängellinien fahren, um meiner überschäumenden Freude Ausdruck zu verleihen, doch der enge Verkehr zwingt mich in die knapp bemessene Fahrspur. Stattdessen drängeln und hupen wir uns ungeduldig durch das Chaos aus Blech. Mich beherrscht nur noch ein Gedanke: Ich will dieser Stadt so schnell wie möglich den Rücken kehren.

Teil 3

41. Eine Miezekatze sagt Miau

Langsam nimmt die Dichte des Verkehrs ab. Der Fahrtwind tanzt mir um die Nase, und eine unendliche Leichtigkeit lässt mich schweben. Alles scheint auf einmal so einfach. Ich brauche nur am Gasgriff zu drehen und die Welt liegt mir zu Füßen. Keine Formulare, keine Diskussionen, kein Warten. Die Eisenplatte der Ohnmacht haben wir weggesprengt. Staub wirbelt auf. Die Luft ist trocken und riecht nach Herbst. Kurz dringt mir der Geruch frischgemähten Grases in die Nase, dann dominieren wieder die Abgase der Stahlkolosse vor uns.

Bald cruisen wir allein und unbeschwert auf einer zweispurigen Landstraße nach Norden. Die Umgebung verwandelt sich in karges Ackerland. Brachliegende Terrassenfelder und skurrile Felsformationen bestimmen die Landschaft und zeichnen einen scharfen Gegensatz zum üppigen Urwald Malaysias. Ausgetrocknete Flussbetten durchziehen die Ebene. Die einzige Vegetation besteht aus buschartigen Kakteen und einzelnen Palmen. Neunzig Prozent des Jahresniederschlags kommen von Juni bis September mit dem indischen Monsun, den Rest des Jahres herrscht Trockenheit.

Weite Teile indischer Urlandschaft wurden in den letzten Jahrhunderten durch Menschenhand zerstört; nur ein Fünftel der Fläche ist heute noch bewaldet. Durch die starke landwirtschaftliche Bewässerung sinkt der Grundwasserspiegel stetig. Neben den dadurch resultierenden Trinkwasserproblemen sind mittlerweile über die

Hälfte der bewirtschafteten Flächen von Erosion und Versalzung bedroht.

Dörfer gleiten an uns vorbei; ihr chaotisches Muster ähnelt den mongolischen Ortschaften. Am Straßenrand stehen kreuz und quer abgestellte Fortbewegungsmittel unterschiedlichster Form und Größe. In weitem Abstand zur Straße beginnen dahinter die Häuserzeilen: Schmuddelige Schrauberbuden, verstreut liegende Ersatzteile, Reifen, alte Karosserien und ölgetränkter Boden.

Wir erreichen die Millionenmetropole Hyderabad. Schnell verwandelt sich der Verkehr in eine zähflüssige Masse. Unvorstellbar, wie der Fahrzeugwust um uns herum durch das Nadelöhr des Zentrums passen soll! Ampeln dienen hier nur der Dekoration. Die City beschert uns eine einzige Geduldsübung.

Plötzlich meldet Martin feindlichen Kontakt: Wie wildgewordene Ameisen schlängeln sich Mofafahrer durch alles, was sie als Lücke definieren. Die Berührung mit den Seitenkisten der Maschine lässt sein Nilpferd bedrohlich wanken. Nur mit äußerster Kraftanstrengung schafft er es, die Maschine in der Senkrechten zu halten.

Es wird dunkel. Vorbildlich fahren zumindest die zweispurigen Verkehrsteilnehmer mit Licht. Der einzige Makel besteht in der fehlenden Unterscheidung zwischen Fern- und Abblendlicht. Ein strahlendes Inferno, das man auch Gegenverkehr nennen könnte, zwingt mich, wie ein schüchterner Junge den Blick zu senken und statt des Gasgriffes das Bremspedal zu benutzen. Ich erkenne gerade noch den kleinen Globus, den ich mir als Gimmick aufs Schutzblech des Vorderrades montiert habe. Wie zwei Blinde ohne Krückstock finden wir in Zeitlupe die Ausfallstraße. Als wir auf einem verlassenen Dreschplatz todmüde ins Zelt fallen, umgibt uns bereits tiefe Nacht.

* * *

Der Weg nach Pakistan führt uns mitten durch die Regionen Andhra Pradesh und Telangana in Zentralindien. Von nun an wetteifern die Tagesetappen in der Anzahl der Kilometer.

Auch am Abend des nächsten Tages finden wir mit fortschreitender Dämmerung keinen Rastplatz. Ausgerechnet jetzt erreichen wir ein ausgedehntes Waldareal. In der Hoffnung, irgendwo eine Lichtung oder ein Feld zu finden, fahren wir immer tiefer in den Märchenwald hinein. Kurz vor Mitternacht zwingt uns die Müdigkeit, in einen Waldweg zu biegen, der auf eine kleine Lichtung führt. Trotz der Erschöpfung fällt es mir schwer, ein Auge zuzumachen. In einiger Entfernung höre ich zwei Miezekatzen mit ihrem typischen Jammerkonzert.

Die sind hier aber früh dran, denke ich, während meine Gedanken nach Hause wandern. Früher hatten wir eine Menge Katzen in der Nachbarschaft, die sich im März und April unter meinem Fenster zu ihren philharmonischen Frühjahrskonzerten trafen. Hier musizieren sie schon Anfang Februar.

»Guten Morgen!«, empfängt mich ein gutgelaunter Martin. »Heute muss der Kaffee ausfallen. Der Kocher streikt. Ich glaube, der Säuberungsdraht im Verdampfungsbogen ist festgebrannt.«

Sofort scheint die Morgensonne schwächer auf mein Gemüt.

»Du kannst ja mal dein Glück versuchen. Vielleicht schaffst du es ja, den Kocher zu überreden«, schiebt mir Martin im wahrsten Sinne des Wortes den Schwarzen Peter zu, denn nach jeder Demontage des ADS-Kandidaten sehen die Hände denen von Peter zum Verwechseln ähnlich.

Der Kocher rußt und faucht. Trotz halbstündiger Reparaturversuche bleibt er stur.

»Da ist nichts zu machen. Der Draht sitzt fest. Aber Kaffee ist Pflicht. Wir zelten doch nicht umsonst in einem Forst!«

Hochmotiviert suche ich im Wald nach Brennholz und schaffe mehrere Ladungen zum Frühstücksbuffet. Kurz darauf lodert ein Feuerchen, und mein Kaffee ist gerettet. Geschützt vor der Sonne und vor neugierigen Indern gefällt es uns hier so gut, dass wir beschließen, einen Tag zu pausieren.

Nachts wiegt uns erneut Katzengejammer in den Schlaf, noch lauter als abends zuvor. Am nächsten Morgen satteln wir auf und fahren den Waldweg zurück zur Straße. Nachdem wir einem alten Inder auf seinem von zwei Kühen gezogenen Fuhrwerk die Vorfahrt gewährt haben, biegen wir auf die Straße und wollen ihn überholen. Doch wild gestikulierend gebietet er uns, stehenzubleiben.

Verdutzt über so viel Eigensinn eines ehrwürdig in sich ruhenden Greises stoppen wir die Maschinen. Er bemerkt, dass wir kein Hindi sprechen und deutet aufgeregt auf ein riesiges Schild neben dem Waldweg aus dem wir gerade abgebogen sind. Darauf sehen wir einen Tigerkopf, der die gesamte Tafel füllt und die Aufschrift *Tigerreservat.*

42. Tölpel und Schamanen

Kopfschüttelnd tuckern wir das wie vom Lineal gezogene Asphaltband entlang, bis wir erste Felder erreichen. An einer Bushaltestelle am Waldrand sitzen vier Affen brav nebeneinander, als warteten sie auf den nächsten Bus. Ein Laster hupt bedrohlich von hinten. Motorisierte Zweiräder besitzen im indischen Straßenverkehr den Status von Geächteten. Wir landen fast im Straßengraben, als der Kamikaze-Lkw um Haaresbreite an uns vorbeibraust. Als wir ihm wutentbrannt hinterherschimpfen, entdecken wir hoch oben auf der Abdeckplane der Fracht zwanzig Ziegen, die sich vergnügt meckernd den Fahrtwind um die Nase wehen lassen. Wir haben ja schon höchst merkwürdige Vehikel, Konstrukte, Beladungstechniken und Transportgüter gesehen, aber Ziegen sind ein absolutes Novum.

Gelangweilt folgen wir der kurvenlosen Straße. Die Felder beiderseits der Piste liegen brach. Weit und breit entdecken wir nur verdorrte Pflanzenreste. Der Wind wirbelt den Staub quer über das Asphaltband. Im beigefarbenen Dunst erkennen wir kaum die Kontur des Asphalts. Meine Augen suchen eine Auffälligkeit zum Festhalten. Dann glaube ich, ein schwarzes Pünktchen am Horizont ausfindig gemacht zu haben. Langsam verwandelt sich das Pünktchen in einen Punkt und wankt unmerklich leicht nach links und rechts. Was kann das bloß sein? Ein Lkw wäre schon längst an uns vorbeigebraust, und für eine Menschengestalt ist der Fleck zu groß.

Neugierig tuckern wir näher. Die Abendsonne blendet und lüftet das Geheimnis erst, als wir direkt davor stehen. Wie Kinder hüpfen wir entzückt von den Maschinen, um unseren ersten indischen Elefanten zu begrüßen. Ich krame das letzte halbe Brot aus meiner Kiste, um es dem Star des Abends zugutekommen zu lassen. Der Elefant erkennt sofort, was ich in den Händen halte. Geschickt angelt sein Rüssel nach der Leckerei und lässt sie im Handumdrehen in seinem Maul verschwinden.

Arbeitselefanten sind in Indien keine Seltenheit. Die Besitzer ziehen mit ihnen von Ort zu Ort und erledigen verschiedene Arbeiten.

Leider kommt es dabei immer wieder zu Unfällen, da die Tiere bei nicht artgerechter Behandlung leicht aggressiv werden. Glücklicherweise lässt unser Prachtexemplar jegliche Anzeichen von Aggression vermissen. Im Gegenteil, sein Führer lässt ihn als Dank für den brotigen Leckerbissen noch zwei Kunststückchen vorführen, bevor er wieder aufsteigt und schwankend in der Dämmerung verschwindet.

Mühelos finden wir einen brachliegenden Acker zum Rasten. Zwar pilgert nach dem Abendbrot eine Handvoll Bauern auf der nahen Hauptstraße vorbei, aber keiner zeigt Interesse für uns. Während Martin virtuelle Zeltstangen zersägt, versuche ich darüber hinweg in den Schlaf zu kommen. Doch was war das? Der Schein einer Taschenlampe hat eben die Zeltwand gestreift. Da, wieder! Dann höre ich ein monotones Brummen. Eine Taschenlampe, die brummen kann? Nein! Vielleicht ein Scheinwerfer? Immer wieder huscht der Lichtschein durch das Zelt. Nun gibt es keinen Zweifel mehr: Ein Lkw nähert sich unserer Schlafstätte. Merkwürdig, die Straße befindet sich doch auf der anderen Seite. Der Laster muss quer über die Terrassenfelder holpern!

Das Motorengeräusch wird so laut, dass ich befürchte, das Fahrzeug könnte über unser Zelt fahren. Der Innenraum erstrahlt mittlerweile in hellem Licht. Nachdem das Vehikel neben uns geparkt hat, ertönen Rufe, rau und unfreundlich. Widerwillig krabble ich aus dem Zelt.

Drei stoppelbärtige Männer stehen vor mir und reden auf mich ein. Alkoholgeruch sticht mir in die Nase. Auch ohne ihr lallendes Hindi zu verstehen, begreife ich, dass wir hier nicht willkommen sind. Ich packe mein Diplomatenbesteck aus und versuche mit besänftigender Stimme und beschwichtigenden Gesten auf sie einzuwirken, doch die Grobiane sind offenbar auf Krawall gebürstet. Ihr Anführer winkt heftig in Richtung Straße.

»Tschelo! Tschelo!«, brüllt er mir ins Gesicht.

»Hey, Meister, ich spreche kein Hindi. Wie wär›s mit Englisch?«

Sein Blick bohrt sich in meine Augen. Die Mundwinkel wirken verkrampft.

»Okay, okay, ich finde auch, verbale Kommunikation wird total überbewertet. Du darfst mir auch gern was malen.«

Ich halte ihm aufmunternd einen Bleistift mit Zettel hin, auf dem ich bereits versucht habe, unsere Harmlosigkeit zu skizzieren.

Plötzlich kommt mir der Oberprimat bedrohlich nahe, und noch bevor ich zurückweichen kann, kassiere ich eine saftige Ohrfeige.

»Okay, Jungs, das reicht. Ohrfeigen verteilen darf nur Mama.«

Ich spüre, wie das Adrenalin mir in die Adern schießt. Blitzartig steigt mein Testosteronspiegel, meine Muskeln spannen sich an, und in einem Tunnelblick sehe ich nur noch das unverschämte Rumpelstilzchen vor mir. Ich springe dem selbsternannten Erziehungsberechtigten an den Kragen und bin kurz davor, ihn unangespitzt in den Boden zu rammen. In seinem Schönheitsschlaf gestört, meldet sich nun auch Martins Stimme aus dem Off: »Was ist da draußen eigentlich los? Bleib doch mal ruhig!«

»Ruhigbleiben? Der Möchtegern-Bud-Spencer hier hat mir gerade eine Ohrfeige verpasst!«, bringe ich den Zeltstangensäger empört auf den aktuellen Stand.

Daraufhin steht Martin in Nullkommanichts neben mir. In meinem Kopf wirbeln die Gedanken: Es bringt nichts, den drei Typen hier unsere Wehrhaftigkeit zu demonstrieren, indem wir uns mit ihnen prügeln. Wir versuchen es erneut mit diplomatischen Erklärungen, doch entweder können oder wollen sie uns nicht verstehen. Eine Skizze, mit Strichmännchen auf eine einfache Botschaft reduziert, hätten sogar Außerirdische verstanden. Dummheit, Alkohol und Testosteron ergeben eine explosive Mischung. Die größte Sorge gilt unserer Ausrüstung, denn aus purer Böswilligkeit könnten sie sie stark beschädigen.

Plötzlich dreht sich ihr Anführer um, und alle drei wanken zum Lkw. Einen Moment durchzuckt mich der Gedanke, dass sie jetzt mit ihrem Monstertruck über unser Zelt fahren, doch zum Glück wenden sie und sind so schnell verschwunden, wie sie gekommen sind. Wie hypnotisiert schauen wir uns an. Es bedarf keiner Extraaufforderung: Unverzüglich packen wir unsere sieben Sachen und verschwinden in der Dunkelheit. Die Wahrscheinlichkeit, dass die Raufbolde mit Verstärkung zurückkommen, wollen wir in keiner empirischen Erhebung eintreffen lassen.

Ziellos tuckern wir die Hauptstraße weiter in Richtung Nagpur. Nirgendwo finden wir einen Abzweig oder eine Möglichkeit zum Zelten. Mein Blick fällt auf den Tacho: Dreißig Kilometer quälen wir uns schon durch die Finsternis. Stumpfsinnig starre ich geradeaus. Ein mitternächtlicher Ausflug auf indischen Straßen stand ganz oben auf meinem Wunschzettel. Ich will in meinen Schlafsack! Ich will mich einfach umdrehen und wieder einschlafen! Die Situation erscheint mir surreal. Mein Blick wird weich. Die Rücklichter der Maschine vor mir verschwimmen zu Sechsecken und tanzen vor meinen Augen. Stur halte ich mich am Lenker fest, um nicht von der Maschine zu rutschen. Meine Gedanken sind überall, nur nicht in schwarzer Nacht mitten auf einer mit Schlaglöchern übersäten, gottverlassenen indischen Landstraße. Warum tue ich mir das eigentlich an? Warum irre ich jetzt seit zehn Monaten auf dem Globus umher, kämpfe mich am Arsch der Welt durch trostlose Landschaften, lasse mich von Kindergartenkindern abzocken, von wilden Miezekatzen fast zum Mitternachtsdinner verspeisen und von raufsüchtigen Alkoholprimaten zum Freestyle-Ohrfeiging herausfordern? Wäre ich doch einfach nur zu Hause geblieben!

Ein Ruck hebt mich unsanft aus dem Sattel. Hart lande ich wieder auf der Sitzbank. Überrascht schaue ich zurück und sehe ein überdimensionales Schlagloch in der Dunkelheit verschwinden.

Den Blick von nun an fest auf den tückischen Straßenbelag vor meinem Vorderrad gerichtet, spüre ich die Wirkung des Adrenalins. Sie schwindet mit jedem Kilometer und ich fühle erneut Müdigkeit in mir aufkommen. Alles scheint mir so weit weg. Ich hab das Gefühl zu schweben. Ja, alles fühlt sich so haltlos, so schwammig an. Ich habe wirklich den Eindruck, als wenn ich schwimme. Doch Moment mal, da stimmt doch was nicht. Sofort bin ich wieder wach und kontrolliere meine Maschine. Nein, oh nein! Jetzt bloß nicht das noch!

Ich schließe zu Martin auf, und er bestätigt mir meine Befürchtung: Mein Hinterreifen ist platt wie eine Flunder.

Groll steigt in mir auf. Die indische Gastfreundschaft lässt wirklich stark zu wünschen übrig. Erst das skrupellose Abkassieren der Speditionsfirma in Chennai, dann das absichtliche Zurückhalten von Informationen bei den Behörden, die stets auf ihren Vorteil bedachten Passanten in den Großstädten und die aufdringliche Art der Umherstehenden, wenn wir mit den Motorrädern zum Einkaufen halten, und jetzt auch noch die nächtliche Vertreibung aus Feld und Flur – nein, in diesem Moment kann ich diesem Land und seinen Bewohnern nichts Gutes abgewinnen!

Es kommt mir fast so vor, als wolle Indien uns gegenüber sein schlechtes Gewissen erleichtern, als uns während des Frühstücks am folgenden Morgen ein Turban tragender alter Inder mit weißem Bart einen Besuch abstattet.

In der Hand hält er einen aus Weidenzweigen geflochtenen Vogelkäfig, in dem eine Wachtel aufgeregt hin- und herhüpft. Überaus freundlich gesinnt, beginnt er eine Unterhaltung. Plötzlich präsentiert er uns eine kleine Zirkusvorstellung: Er stellt den Käfig auf den Boden, öffnet das Türchen im Gitter und sofort stolziert die Wachtel heraus und pickt das Grünzeug vor unserem Frühstücksbuffet. Doch mit einer kurzen Handbewegung des Alten verschwindet sie wohlerzogen wieder in ihrer Voliere.

Erstaunt heben wir die Köpfe. Was war das denn gerade, eine dressierte Wachtel? Um unsere Ungläubigkeit zu zerstreuen, vollführt der Inder noch einmal das Kunststück: Türchen auf, Wachtel raus, Handbewegung und die Wachtel marschiert wieder in den Käfig. Begeistert klatschen wir Beifall. Sichtlich geschmeichelt geht unser Zirkuskünstler über zur nächsten Nummer: Er hebt den Käfig bis auf Augenhöhe und gibt einen kurzen Pfiff von sich. Sofort antwortet das Federvieh mit seinem typischen Wachtelruf. Wir fangen an zu lachen. Wieder und immer wieder folgt das Vogelgezwitscher auf den Pfiff des Inders. Es klingt beinahe wie eine Unterhaltung zwischen den beiden.

Zum Abschied schenkt er uns noch drei unbekannte Früchte, worauf wir ihm im Gegenzug etwas von den vor uns ausgebreiteten Frühstücksleckereien anbieten. Danach verschwinden die zwei seltsamen Vögel so schnell, wie sie gekommen sind. In meinem Kopf beginnt es zu rumoren. Rationalisten würden die Reihenfolge der Ereignisse als zufällig beschreiben, doch mir fällt es schwer, sie nicht in Zusammenhang zu bringen: Der alte Mann hat uns mit seiner sorglosen und leichten Art wirklich aufgemuntert.

Noch immer beschäftigen mich diese Gedanken, als wir am Nachmittag in einem Dorf halten, um Gemüse einzukaufen. Für gewöhnlich sammeln sich die Inder um die Maschinen wie Metallspäne um einen Magneten. Im Gegensatz zu China ziehen wir in Indien aber nur männliche Metallspäne an. Die ältesten Mädchen, die ihre Neugier nicht verbergen müssen, zählen gerade einmal zwölf Jahre. Frauen sind nie unter den Umherstehenden. Schon an den vereinzelten Verkaufsständen will kein Gaffer eine meiner Bewegungen verpassen.

Ausländerwatching scheint in ganz Indien ein beliebter Zeitvertreib zu sein. Die Kinder, die sich stets geschickt in die erste Reihe drängeln, muss ich sanft beiseiteschieben, weil sie meine Bewegungsfreiheit einschränken.

Als ich zu den Krads zurückkehre, kann ich nur vermuten, wo sie sich befinden: Eine riesige Menschentraube versperrt mittlerweile die Ortsdurchfahrt. Längst begegnen wir diesem Phänomen mit Gelassenheit. Da alle ihre Aufmerksamkeit auf das Zentrum der Traube gerichtet haben, erlaube ich mir einen Spaß und schleiche mich an die Außenstehenden heran. Mit einem kräftigen Klatscher und einem lauten »Hah!« stieben alle erschreckt auseinander und bilden eine Gasse, die direkt zu den Motorrädern führt. Gelächter erfüllt die Menge.

»Du wirst es nicht glauben, aber wir wurden gerade zum Tee eingeladen!«

»Oh, welchem freundlichen Gastgeber haben wir denn das zu verdanken?«, frage ich amüsiert, während ich das Gemüse verstaue.

»Es ist kein Gastgeber, sondern eine Gastgeberin.«, berichtigt er mich. Verdutzt schaue ich ihn an und suche anschließend den Fehler im Bild.

»Eine Frau?«, vergewissere ich mich. Um uns herum blicke ich ausnahmslos in dunkle Männeraugen. Da schiebt sich vor unseren Maschinen tatsächlich eine Frauengestalt ins Bild. Mit einem in sich ruhendem Blick mustert sie mich von oben bis unten. Dann schaut sie mir fest in die Augen und lässt nicht das kleinste Anzeichen von Schüchternheit erkennen. Ohne es begründen zu können, spüre ich, dass sie eine ungewöhnlich starke Aura umgibt. Während meiner Abwesenheit hat sie zwei Gläser mit indischem Tee herbeigeholt, die sie uns jetzt mit sicherem Lächeln anbietet. Ihr dunkelroter, mit goldenen Sternchen verzierter Sari unterstreicht ihre Souveränität. Kein Mann wagt ihr Einhalt zu gebieten, im Gegenteil, auf einmal wirken die Kerle in ihrer Nähe wie unreife Teenager. Während wir uns den Tee schmecken lassen, ruhen ihre Augen weiter auf uns. Mir ist, als durchdringe sie uns mit ihrem Blick. Ihre Erscheinung hat etwas Schamanenhaftes. Wir bedanken uns bei ihr und machen uns abfahrbereit. Durch einen einzigen Wink ihrerseits bildet sich vor uns eine Gasse. Die eine Hand am Gasgriff und die andere winkend über dem Kopf, verlassen wir das außergewöhnliche Dorf.

»Was denkst du über die Inderin?«, will Martin in der Mittagspause wissen.

»Wahrscheinlich das Gleiche wie du. Die Dame war mir nicht ganz geheuer. Ich fühlte mich irgendwie nackt vor ihr.«

»Ich weiß, was du meinst. Ich hatte sofort das Gefühl, als könne sie meine Gedanken lesen«, bestätigt er mir meinen seltsamen Eindruck.

»Es gibt in Indien eine Bevölkerungsgruppe, die sich noch sehr naturverbunden fühlt und alte Traditionen und Bräuche pflegt. Sie nennen sich Adivasi. Das Ausüben von Schamanismus gehört bei ihnen angeblich noch zum Alltag. Ich hab irgendwann mal was davon gelesen …«

43. Grenzgeschichten

Indien wirkt auf uns wie eine Blackbox. Täglich erleben wir Dinge, die wir gern hinterfragen würden, doch ein Buch mit sieben Siegeln lässt sich nicht im Vorbeifahren öffnen. Ich muss an all die missglückten Versuche denken, bei denen eine Inderin als Fotomotiv herhalten sollte. Während die Männer sich bei den Fotosessions ungefragt vor die Linse schieben, sind Frauen wie vom Erdboden verschluckt, wenn der Fotoapparat ins Spiel kommt. Bitten wir um Erlaubnis, sie fotografieren zu dürfen, hören wir stets ein demonstratives »Nein«. Dabei wären die Inderinnen mit ihren farbenprächtigen Saris das schönste Motiv, das Indien zu bieten hat. So bleibt mir nichts anderes übrig, als die scheuen femininen Wesen in geheimer Mission abzulichten. Doch, mich meinem Ziel schon nahe wähnend, springt im Moment des Auslösens nicht selten ein Wuschelkopf ins Bild und vereitelt so meinen fotoapparativen Anschlag.

Oft leidet das Fotografenherz, wenn wir an einer fotogenen Szene vorbeifahren und nicht halten können.

An einem Fluss führt eine großzügige Treppe mit flachen Stufen ins Wasser. Eine von drei Inderinnen steht mit ihrer Morgenwäsche knietief im Fluss und versucht sich unter ihrem Sari zu waschen. Dabei verheddert sie sich hoffnungslos in der meterlangen Stoffbahn, sodass wir uns beim Vorbeifahren ein Grinsen nicht verkneifen können.

An einem der nächsten Flüsse knien mehrere Frauen an der Uferkante und schrubben Wäsche. Auf der frischgemähten Wiese hinter ihnen liegen fußballfeldgroß saubere Laken, Saris, Hosen, Röcke und andere Kleidungsstücke dicht an dicht zum Trocknen aus. Dieses Motiv will ich mir auf keinen Fall entgehen lassen!

»Hello!«, höre ich zu meiner Rechten.

»Hey, hey Mister!«, ertönt es zur Linken. Die nächste Stadt empfängt uns mit jahrmarktähnlichem Getümmel. Kinder rennen uns hinterher. An einer Hauptkreuzung herrscht dichtes Gedränge. Regeln gibt es nur eine: Das größere Fahrzeug hat Vorfahrt! Trotzdem steht diesmal doch tatsächlich ein Polizist auf der Kreuzung. Als wir ihn passieren, reanimiert ein schriller Pfiff seiner Trillerpfeife meinen schon totgeglaubten Tinnitus. Was will der Ordnungshüter einer nicht vorhandenen Verkehrsordnung uns damit wohl sagen? Vielleicht: Alle Fahrzeuge halt! Ich weiß gar nicht mehr, wer als erster dran war? Oder: Bitte unverzüglich den Kreuzungsbereich räumen! Die heiligen Kühe möchten über die Straße? Oder vielleicht: Oh, was war das denn, ausländische Raumschiffe auf meiner Kreuzung? Jungs, bleibt mal stehen! Ich möchte mitfahren!

Niemand reagiert auf die Pfiffe. Es kommt mir vor, als würde mir ein Fünfjähriger zurufen: »Hey Mister, könnte ich mal Ihren Ausweis sehen?« Die Polizisten diskreditieren sich mit ihren nicht nachvollziehbaren und ohnmächtig wirkenden Armbewegungen selbst.

Im Stadtzentrum krame ich im CD-Regal eines Musikladens nach traditioneller indischer Folklore. Im Fernseher auf dem Tresen läuft ein indisches Musikvideo, das in Qualität und Machart stark an unsere Breitengrade erinnert.

Da steckt garantiert ein westlicher Produzent dahinter, geht es mir durch den Kopf. Der hochprozentige Anteil nackter Haut und die betont erotischen Bewegungen scheinen mir für die indische Öffentlichkeit eindeutig zu freizügig. Dichtgedrängt sitzen Jugendliche vor der Mattscheibe und saugen jedes Bild in sich auf. Auch ältere Geschlechtsgenossen stehen daneben und wirken leicht verunsichert. Erotik und Sexualität finden in Indien hinter verschlossenen Türen statt. Sex vor der Ehe gilt in der stark vom Hinduismus geprägten Gesellschaft als unanständig. In der Regel suchen die Eltern den Partner ihrer Kinder aus. Liebesheiraten nehmen, statistisch gesehen, zwar enorm zu, sind im Gesamtbild aber noch eine zu vernachlässigende Randerscheinung.

Ich verlasse das Geschäft mit zwei MP3-CDs und kümmere mich um mein letztes Anliegen – Pfeffer. In einem Gewürzladen finde ich alles, was ich mir unter Gewürzen vorstellen kann, nur dieses einfache Gewürz nicht. Da hier niemand Englisch spricht, entschließe ich mich für die Nummer mit der Pantomime: Ich tue so, als hätte ich Pfeffer in die Nase bekommen und niese überdeutlich. Alles lacht. Was macht der Ausländer denn nur für komische Sachen? Dann spiele ich einen Essenden, der zu viel Pfeffer gegessen hat und demonstriere die intensive Schärfe des Gewürzes. Mein Minenspiel wird herzhaft beklatscht, schließlich verstanden und als Belohnung bekomme ich sogar hundert Gramm des begehrten Gewürzes geschenkt.

Auf dem Rückweg zu den Krads kämpfe ich mit meiner Orientierung. Zu sehr ähneln sich die unübersichtlichen Straßen. Nur eine Gasse zeigt ein verdächtiges Phänomen: Eine Menschenansammlung versperrt den Durchgang. Nanu, was gibt's denn da zu sehen? Ich kämpfe mich durch die dichtgedrängte Masse. Auf einmal fühlt meine Hand etwas Fellartiges.

Häh? Was ist das denn? Eine heilige Kuh steht mitten im Gedränge und studiert den Inhalt meiner Motorradseitentaschen. Keiner schiebt den Wiederkäuer beiseite oder gebietet ihm Einhalt.

* * *

Die Route führt geradewegs durch Rajasthan, den größten Bundesstaat Indiens. Die Trockenheit, die von Oktober bis Mai dem gesamten Land zu schaffen macht, hält vor allem den Nordwesten Rajasthans fest im Griff. Wir überholen Dromedare, die vor klapprige Fuhrwerke gespannt am Wegesrand stoisch auf ihre Besitzer warten. Ein feiner Sandfilm weht über die Straße. Weit und breit ragen nur verdorrte Büsche und knorrige, laublose Baumstrünke aus dem Sand. Wir stehen vor den Toren der Wüste Thar, der bevölkerungsreichsten Wüste der Erde. In dieser Region haben sich die Bewohner bereits im 14. Jahrhundert der Wasserknappheit gewidmet und künstliche Seen und Kanäle angelegt. Als langfristige Folge liegt die Bevölkerungsdichte Rajasthans heute mit zweihundert Einwohnern pro Quadratkilometer knapp unter der Deutschlands. In den letzten vier Jahrzehnten wurden mit westlichem Ingenieur-Know-how in ganz Indien Hunderte von Staudämmen errichtet, um die Regionen mit Wasser zu versorgen. Dadurch versalzten allerdings die Böden, denn den Flüssen wurde das Wasser abgegraben und es konnte sich nicht mehr genug Grundwasser bilden.

Die letzten Kilometer fließen dahin, dann stehen wir vor der Grenze zu Pakistan.

Am ersten Schlagbaum informiert uns ein Grenzposten, dass der einzig passierbare Grenzübergang für Ausländer zweihundertfünfzig Kilometer weiter nördlich liegt. All unser Bitten und Betteln, für zwei so weitgereiste Motorradnomaden eine Ausnahme zu machen, fällt auf unfruchtbaren Boden. Dumm nur, dass wir die letzten Rupien für Lebensmittel ausgegeben haben und nur noch Benzin für etwa dreißig Kilometer im Tank haben. So halten wir es für sinnvoll, jede Aktivität auf morgen zu verschieben und uns in unmittelbarer Nähe der Grenze ein Rastplätzchen zu suchen.

Hinter einem sichtschützenden Wall finden wir in einem verkehrstoten Winkel eine unscheinbare Feldmulde mit Blick auf die beleuchtete Grenzlinie. Aufgrund des brisanten Standortes zwischen den Fronten bleibt heute Abend unser mitteilungsbedürftiger Kocher ausnahmsweise außer Betrieb. Mucksmäuschenstill verkriechen wir uns beizeiten im Zelt, um einem Konflikt mit einer Grenzpatrouille vorzubeugen.

***

Von einem der Minaretttürme am Stadtrand hören wir am nächsten Morgen das vertraute »Aaaallaah ist weeheg!«

Ich kann mich des Eindrucks nicht erwehren, dass der besonders laute Gesang des Muezzins eher seinem pakistanischen Amtskollegen gilt als dem gläubigen Fußvolk in den Gassen der Grenzstadt. In weiter Ferne höre ich dessen Antwort: »Oh Schreck, oh Schreeheck, Allah ist weeheg!« Wie bei einem Duell zwischen ausgemusterten Chorknaben wetteifern beide um die akustische Vormachtstellung im Niemandsland. Eine Weile singen wir die einprägsamen Zeilen mit und müssen lachen, als einer der beiden plötzlich in sein Megaphon hustet.

Froh, während der Nacht nicht von übereifrigen Grenzern abgeführt worden zu sein, biegen wir, uns bereits in Sicherheit wähnend, auf das zum Schlagbaum führende Asphaltband, als uns just in diesem Moment ein Militärjeep überholt und der Fahrer uns nervös gestikulierend zum Halten nötigt.

Na super, der Tag fängt ja gut an!

Die Soldaten werfen uns vor, einfach mal eben über die grüne Grenze nach Indien gehuscht zu sein. Mit zwei schwerfälligen, vollbepackten Motorrädern? Nachdenken scheint nicht Bestandteil des Verhaltensrepertoires indischer Grenzwächter zu sein. Alles Abstreiten hilft nichts; stattdessen eskortieren uns die Jungs zu ihrem Militärstützpunkt und übergeben die Angelegenheit ihrem Chef.

Diplomatisch geschult, umschifft er jeden unserer verbalen Angriffe und lädt uns überraschend zum Tee ein. Wir bemerken seine Begeisterung für unsere Interkontinentalreise und schalten einen Gang zurück. Interessiert tauschen wir Wissenswertes, bis uns ein Anruf vom Hauptquartier schnell und für indische Verhältnisse auffallend unbürokratisch auf die Straße setzt.

Während sich Martin in einer Bank ein wenig Bargeld erkämpfen will, vertreibe ich mir im gerade entstehenden Menschenauflauf die Zeit, Gesichter zu mustern. Dabei fällt mir auf, dass in dieser Gegend die meisten Inder Turbane tragen und einen grimmigen Gesichtsausdruck aufsetzen. Geduldig lächle ich jeden einzelnen an, bis ich ein Lächeln zurückbekomme. Oft zeigen die Männer eine deutliche Schüchternheit. Doch ein Lächeln wirkt wie Magie. In China und vor allem in Thailand haben uns die Einheimischen das Lächeln beigebracht, und in Indien scheint es an der Zeit, dass wir dieses Geschenk weitergeben.

Ein letztes Mal bewundern wir die bunte Sari-Welt Indiens, ein letztes Mal begleiten uns die »Hellos« und »He, Misters« im indischen Verkehrschaos, ein letztes Mal fahren wir großzügige Schlenker um auf der Fahrbahn parkende Kühe. Hier ein Ausweichmanöver, da eine Vollbremsung, hier ein Hupkonzert, da ein Überholvorgang – plötzlich spüre ich einen Ruck an meiner Maschine.

Nanu, hat da ein Fisch angebissen? Ein Blick über die Schulter lässt mir den Schreck in die Glieder fahren: Der soeben von mir überholte Mofafahrer fährt nicht mehr, er liegt auf dem Asphalt. Wollte der Junge etwa eine Runde als blinder Passagier mitfahren?

Ich helfe ihm auf die Beine und begutachte seine Blessuren. Doch mehr als eine kleine Schürfwunde über der Augenbraue, wo eigentlich der Helm sitzen müsste, ein Kratzer am kleinen Finger, wo normalerweise die Handschuhe schützen sollten und eine Schramme an der Hüfte, wo in der Regel der Nierengurt angelegt wird, kann ich nicht ausmachen. Schnell kleben drei Pflaster aus unserem Aid-Kit auf seinen Wunden. Währenddessen bemerkt Martin meine Verwunderung über den Zwischenfall, denn meines Erachtens nach habe ich beim Überholen genug Sicherheitsabstand gehalten.

»Der hat total geträumt, der Junge! Zuerst hat er sich die Landschaft angeschaut, dann über deinen Motorradlenker gewundert und zum Schluss über den Ausländer hinten dran. Dabei hat er so stark die Lenkung verzogen, dass er mit deiner Gitarre Bekanntschaft schließen musste. Selber schuld. Vielleicht wollte er Gitarre spielen lernen?«

»Sehr witzig. Jetzt hat meine Gitarre den ersten Mofafahrer umgenietet.«

Kurz vor Schließung der Grenze erreichen wir den zweiten Checkpoint. Wir sind die einzigen Ausreisewilligen und werden freundlich, ja sogar herzlich empfangen. Auf dem Innenhof der Grenzanlage steht ein breiter, massiv gebauter Schreibtisch, an dem zwei uniformierte Inder gelangweilt in der Sonne dösen. Als wir um die Ecke rollen, erwachen ihre Körper zu Leben und ihre Mimik hellt sich auf. Mit einem Mal täuschen sie Geschäftigkeit vor.

Während wir die Formalitäten über uns ergehen lassen, verwickeln sie uns in ein Gespräch und bieten uns den köstlichsten indischen Tee an, den wir je haben probieren dürfen. Froh, die Grenze noch pünktlich erreicht zu haben, können wir die willkommene Pause genießen und beantworten gern die altbekannten Fragen.

Nachdem die Grenzer in Erfahrung gebracht haben, mit wem sie es zu tun haben, ändert sich ihr Verhalten uns gegenüber schlagartig und wir werden behandelt wie alte Freunde. Die Pässe liegen längst fertig abgestempelt neben dem Chef, aber niemand unternimmt Anstalten, uns ins Nachbarland zu entlassen.

Als die Sonne schon fast den Horizont berührt, bedanken und verabschieden wir uns und tuckern zur pakistanischen Passabferigung. Dort erwartet uns genau das gleiche Spiel: Die Beamten interessieren sich mehr für die Maschinen und unser Reiselatein als für die Dokumente. Während wir ins Gespräch vertieft ab und an vom Tee kosten, nähert sich ein letzter Passant mit einem Suzuki Vitara. Ein Blick auf das Nummernschild verrät uns seine Nationalität: Lars aus Österreich fährt bereits zum zweiten Mal mit einem Geländewagen dieser Marke über die Kontinente. Der Stolz in seiner Stimme ist nicht zu überhören.

»Dazu braucht man auf jeden Fall ein *Carnet de Passage*«, informiert er uns unaufgefordert.

»Ein was?«, fragt Martin, Unwissenheit vortäuschend. Übermütig knallt Lars sein gelbes Dokument auf die Motorhaube.

»Das ist ein Carnet. Ohne dieses Heftchen geht hier gar nichts«, verkündet er wichtigtuerisch. Amüsiert blättern wir in den Seiten. Lars ist in seinem Element, und so fällt ihm gar nicht auf, dass auch wir mit unseren Fahrzeugen von Land zu Land reisen, das Dokument aber noch nie zu Gesicht bekommen haben.

44. Der sicherste Zeltplatz der Welt

Mit der Dämmerung und dem letzten Tropfen Benzin im Tank rollen wir in der Grenzstadt Lahore auf eine stark frequentierte Tankstelle. Ohne eine pakistanische Rupie in der Tasche erkundigen wir uns beim Personal, ob wir auch mit Master Card bezahlen könnten. Mehrmals bestätigen uns die Tankwarte diese Möglichkeit, um nach dem Tanken festzustellen, dass die Karte doch nicht vom Kassensystem akzeptiert wird. Nachdem wir ihm eingehend versichert haben, den noch schuldigen Betrag später per Post zu schicken, lässt uns der Tankstellenbesitzer vertrauensvoll von dannen ziehen.

Auch in Pakistan sind Menschentrauben um die Yamies ein typisches Phänomen. Den Pakistani fällt es leichter als den Indern, ein Lächeln über die Lippen zu bringen. Sobald wir mit Einheimischen ins Gespräch kommen, mündet es in eine Einladung zum Tee oder zum Essen. Doch wir würden wohl heute noch durch dieses außerordentlich gastfreundliche Land reisen, nähmen wir jede Einladung an.

Quer durch die nach Südwesten keilförmig zulaufende Stromebene der fünf östlichen Induszuflüsse Jhelam, Chanab, Ravi Beas und Satluj entfernen wir uns schnell von der Grenzstadt Lahore und bewegen uns zielsicher auf den Indus zu. Bei einer Rast an einer Tankstelle am Ufer des Ravi hupt ein Lkw-Fahrer mit seinem Laster vorbei und winkt uns begeistert zu. Erst nach hundert Metern Entfernung verebbt das Trompetensignal, und wir ziehen erleichtert die Finger aus den Ohren. Einen Augenblick später fährt derselbe kunterbunte, reichverzierte Truck auf das Gelände der Tankstelle und hält mit einer Vollbremsung direkt vor unseren Krads. Staub wirbelt auf. Langsam verzieht sich der Schleier und die Umrisse einer schlanken Männergestalt in pakistanischer beigefarbener Kleidung werden deutlich.

»Hi, ich bin Shahid. Ich komme aus Faisalabad. Woher kommt ihr?«

Ich zeige auf meinen eingestaubten Reisebegleiter, dann auf mich. »Martin, Rayko. Wir sind aus Deutschland.«

Die buschigen Brauen schieben sich nach oben, während aus seinem Mund ein langes »Oh!« zu hören ist.

Seine Augen funkeln, als er eine Runde um die Maschinen schreitet. Dann erzählt er uns in erstaunlich gutem Englisch über sein Leben, sein Land und seine Landsleute. Shahid liebt das Reisen. Daher hat er sich für das Lkw-Fahren entschieden. Seine Frau und seine zwei Kinder leben in einem Vorort von Faisalabad. Das Einkommen reicht gerade einmal, um alle satt zu bekommen. Der sympathische Pakistani zeigt im Gegensatz zu vielen seiner Landsleute ein außergewöhnlich gutes Allgemeinwissen und berichtet uns von der Entstehung seines noch recht jungen Vaterlandes: Der Name Pakistan steht für die Silben »Pak« (rein) und »Stan« (Land) und bedeutet demnach »Land der Reinen«; außerdem soll er die Anfangsbuchstaben der Landesregionen Punjab, Afghania, Kashmir, Sindh und die letzte Silbe von Belutschistan vereinen. Der Wunsch nach Freiheit und Selbstbestimmung auf dem indischen Subkontinent, der vor allem durch die gewaltfreie Widerstandsbewegung um Mahatma Gandhi 1947 zur Unabhängigkeit von Großbritannien führte, mündete leider auch in die Teilung der Kolonie Britisch-Indien in das säkular geprägte Indien und das islamisch dominierte Pakistan. Seit wir auf pakistanischem Grund unterwegs sind, werden wir auffallend häufig gefragt, wie wir das Land und seine Bewohner finden. Auch Shahid stellt uns diese Frage: »Hey, was haltet ihr von Pakistan? Ist super, oder? Wie findet ihr die Pakistani?«

Martin und ich schauen uns an und geben ihm die gewünschte Bestätigung: »Pakistan ist ein schönes Land, mancherorts nur ein wenig zu staubig.«

Ich versuche auf die Vollbremsung am Anfang unserer Begegnung anzuspielen, aber Shahid scheint diese unterschwellige Art von Humor nicht zu verstehen.

»Sag mal, Shahid, warum fragt uns hier eigentlich jeder, ob wir euer Land und eure Landsleute mögen? Ich kann mich nicht erinnern, in anderen Ländern eine solche Frage gestellt bekommen zu haben. Habt ihr Pakistani ein Identitätsproblem?«

Der Brummiefahrer schaut Martin prüfend an, als wolle er die Seriösität des Fragestellers prüfen. Dann überlegt er einen Moment.

»Die Abspaltung von Indien geschah aus religiösen Gründen. Hindus und Moslems verstanden sich einfach nicht, und daran hat sich bis heute nichts geändert. Damals wurden Millionen Hindus, Muslime und Sikhs vertrieben, wobei über eine Million ums Leben kam.

Die Hindus mussten sich größtenteils in Indien und die Moslems in Pakistan niederlassen. Das neu zusammengewürfelte Volk hatte keine gemeinsame Geschichte und als Vielvölkerstaat auch keine einheitliche Landessprache. In Pakistan werden etwa fünfzig verschiedene Sprachen gesprochen. Auch eine verbindende politisch-patriotisch geprägte Ideologie, aus der ein gemeinsames Kulturbewusstsein erwachsen könnte, ist den Pakistani so abhandengekommen. Staatstragende Völker wie die Punjabi, Paschtunen oder Belutschen haben ihre kulturellen Wurzeln nicht nur in Pakistan, sondern auch auf indischem oder iranischem Staatsgebiet.«

Einen Augenblick unterbricht er seine Ausführungen. Er schaut sich um und vergewissert sich, dass niemand mithört. Dann fährt er in gedämpftem Ton fort.

»Die Kaschmir-Region im nördlichen Pakistan wird bis heute von beiden Staaten beansprucht. Auf diesen Dauerkonflikt ist hier niemand stolz. In der nordwestlichen Grenzregion üben die Taliban einen recht großen Einfluss aus. Terroristische Aktivitäten sind dort keine Seltenheit. Das Land ist durchtränkt von Korruption und Vetternwirtschaft. Pakistan ist seit der Gründung ein politisch sehr instabiles Land. Doch jeder Landsmann möchte natürlich auf sein Land stolz sein. Immerhin sind wir eine Atommacht. Darauf können wir doch stolz sein, oder? Andererseits geben wir pro Jahr nur zwei Prozent des Bruttoinlandsprodukts für Bildung aus. Mehr als die Hälfte der Pakistani sind Analphabeten.«

Das Funkeln in Shahids Augen ist erloschen. Plötzlich fühle ich mich ihm verbunden. Ich kenne diesen Pakistani erst seit einer Viertelstunde, aber mir ist, als wären wir eins. Er hat uns das pakistanische Herz schlagen hören lassen.

»Hey, euer Land ist vom Hindukusch über die Industiefebene bis hin zu den Gebirgen Belutschistans einfach wunderschön! Hier gibt es die intensivste Gastfreundschaft, die wir auf unserer Reise erleben durften. Ihr seid einfach unglaublich warmherzig«, versuche ich seine Argumentation ein wenig ins Gleichgewicht zu bringen. Sofort springt Martin für mich in die Bresche und berichtet von unserem Erlebnis mit dem Tankstellenbesitzer in Lahore.

»Auf solche Charakterzüge deiner Landsleute kannst du stolz sein! Ihr seid reicher, als ihr denkt. Wir lieben es, durch ein so außergewöhnliches Land zu reisen.«

Ich klopfe Shahid freundschaftlich auf die Schulter. Daraufhin fängt er wieder an zu strahlen, bedankt sich dafür, dass wir sein Land bereisen und verabschiedet jeden mit einer herzlichen Umarmung.

Die Suche nach Rastplätzen wird schwerer. Oft ziehen sich hohe Lehmmauern um die Gehöfte. Bewässerungsgräben entlang der Hauptstraße verhindern es, abzubiegen. Es ist bereits dunkel, als wir an diesem Abend immer noch wie Aussätzige die Gegend abklappern. Kurz vor einer Kleinstadt strapaziert eine Polizeikontrolle unsere ohnehin schon gestressten Gemüter.

»Na super! Ihr habt uns gerade noch gefehlt«, entrüstet sich Martin, doch unser Groll verfliegt schnell. Die freundlichen Ordnungshüter zeigen sich ungewohnt hilfsbereit. Sie eskortieren uns mit Blaulicht zu ihrem Stützpunkt. Dort empfängt uns der Polizeichef auf das Herzlichste. Als wäre es das Normalste auf der Welt, bietet er uns einen hervorragenden Platz zum Zelten an: Direkt gegenüber dem Eingang der Polizeiwache kommen wir uns vor wie im Rund einer Zirkusmanege. Sobald die umherstehenden Polizisten sich entfernen, freuen sich die nächsten aus der Baracke Tretenden auf die willkommene Abwechslung.

Statt auf unseren Campingstühlen sitzen wir auf zwei ein wenig zu groß geratenen, groben Holzstühlen. Daneben steht eine Pritsche, auf der die Zirkusbesucher wie die Hühner auf der Stange Platz nehmen. Entweder stecken sie in einer dunkelblauen Polizeijacke, kombiniert mit einer hellbraunen Hose, oder sie tragen die typische pakistanische Herrenbekleidung: ein weites, langes, pastellfarbenes Leinenhemd und eine gleichfarbige, großzügig geschnittene Hose.

Nach langem geselligen Beieinander entlassen uns die Männer in die Nachtruhe. Das Einschlafen fällt uns nicht schwer, denn in dieser Nacht campieren wir auf dem sichersten Zeltplatz der Welt.

Am späten Vormittag des folgenden Tages satteln wir auf und wollen uns von unseren Gönnern verabschieden, doch so einfach kommen wir aus der Nummer nicht raus: Die Jungs bestehen darauf, uns zu eskortieren. Ein Nein würde nach so viel Gastfreundschaft eine grobe Respektlosigkeit bedeuten. Wir willigen ein. Wann haben wir schon mal die Gelegenheit, von der Polizei sicher durch den Verkehr geleitet zu werden?

Anfangs schleichen wir mit dreißig Kilometern pro Stunde über die Landstraße und beginnen uns zu langweilen.

»So geht das nicht«, rufe ich Martin zu, während wir nebeneinander mit hochgeklapptem Visier den Polizisten hinterherzuckeln. »Die haben ziemlich viel Ähnlichkeit mit Helmut und Bruno.«

»Mit wem?«

»Sag bloß, du erinnerst dich nicht mehr an das Polizistenduo aus dem Werner-Klassiker. Ihre Mofas sind nun mal nicht die Schnellsten«, gibt Martin zu bedenken.

»Ich habe aber keine Lust, das ganze Jahr durch Belutschistan zu kutschieren. Ich kläre das mal.«

Mit einem kurzen Drehen am Gasgriff hole ich den Polizeiwagen ein und gebe den Beamten zu verstehen, dass sie doch bitte achtzig Kilometer pro Stunde fahren sollen.

Nachdem wir das Doppelte an Geschwindigkeit erreicht haben, schalten sie das Blaulicht samt Martinshorn ein. Kaum jemand beachtet die Sirene. Erst, wenn die Verkehrsteilnehmer die wild aus dem Fenster fuchtelnden Arme der Ordnungshüter erblicken, halten einige kurz, um unmittelbar danach in unseren Sicherheitsabstand einzuscheren. Verdutzt, teilweise sogar erschrocken über das eigenartige Benehmen der Beamten, fahren manche Autofahrer fast in den Straßengraben. Andere beschweren sich mit Handzeichen, dass sie genötigt werden anzuhalten, während die beiden Motorradfahrer ungesühnt hinter ihnen herfahren dürfen.

Gespannt und Amüsiert beobachten wir die Theatervorstellung von den hinteren Plätzen. Dann überholt der Polizeijeep einen besonders langen Truck, dessen Fahrer partout nicht halten will. Die stark gestikulierenden Arme zeigen keine Wirkung. Parallel auf der Überholspur ist der Polizist so mit dem Querulant beschäftigt, dass er den Monstertruck im Gegenverkehr fast zu spät wahrnimmt. Erst als der Sozius dem Lkw-Fahrer einen Gewehrlauf vor die Nase hält, vollführt dieser eine Vollbremsung und lässt dem Polizeijeep gerade noch ein Nadelöhr, um vor dem entgegenkommenden Laster die Spur zu wechseln. Ein ohrenbetäubendes Hupkonzert des wütend heranschnaubenden Stahlkolosses begleitet die Actionszene. Mit gebührendem Sicherheitsabstand und angehaltenem Atem verfolgen wir die Szene – Hollywood hätte es nicht besser inszenieren können.

Wo sonst in den Städten Menschentrauben signalisieren, wo unsere Maschinen zu finden sind, stehen heute die Polizisten mit geschultertem Gewehr und verscheuchen jeden Interessenten, der sich zu nahe an die Krads wagt. So können wir zu zweit durch die überfüllten Geschäftsstraßen pilgern, ohne uns um die Motorräder Sorgen machen zu müssen. Doch irgendetwas stimmt nicht. Nach den ersten Schaufenstern blicken uns die Passanten scheu, manche sogar erschrocken an und halten auffällig Abstand.

»Die sind ja komisch drauf hier«, wundert sich Martin.

»Ja, als wären wir bis an die Zähne bewaffnet«, ergänze ich.

Plötzlich geht uns ein Licht auf. Synchron schauen wir uns an und werfen einen Blick zurück. Na klar, einer der Polizisten steht mit geschultertem Gewehr zwei Meter hinter uns. Freundlich, bestimmt geben wir ihm zu verstehen, dass wir keinen Leibwächter brauchen.

Zurück bei den Motorrädern, beginnt eine Diskussion über Sinn und Widersinn der polizeilichen Begleitaktion. Wir können uns ohne die selbsternannten Bodyguards einfach nicht mehr frei bewegen. Statt uns Sicherheit und ein schnelleres Vorwärtskommen zu garantieren, verstricken sie uns in gefährliche Situationen und bremsen das Reisetempo. So gestatten wir ihnen nur noch ein letztes Eskortieren zur nächsten Bankfiliale. Dort will ich etwas Geld abheben, doch statt einen Automaten an der Außenfassade der Bank zu suchen, marschiert ein Polizist mit mir und seinem Gewehr in die Bank und platzt in eine Besprechung.

Alles stiebt auseinander und kümmert sich nur noch um mein Geldproblem, das eigentlich gar keines ist. Ein betagter Herr bietet mir seinen Stuhl an und sorgt so für den Tropfen, der das Fass zum Überlaufen bringt. Kommentarlos schreite ich aus dem Konferenzraum und suche mir selbst den Geldautomaten, der sich, wie nicht anders erwartet, an der Außenseite des Bankgebäudes befindet. Als ich die Karte einstecken will, stehen mein Bodyguard und der Bankchef neben mir. Er nimmt mir meine Karte aus der Hand und schiebt sie in den Kartenschacht.

»Danke!«, kommentiere ich die sinnlose Handlung. Plötzlich fragt mich der Banker nach meiner PIN. Ich glaube, ich steh im Wald! Die Jungs haben wohl was Verbotenes geraucht! Kopfschüttelnd kümmere ich mich allein um die Transaktion und stapfe zurück zu den Motorrädern.

»Ist alles okay? Konntest du Geld abheben?«

»Alles in Butter. Ich habe nur ein Problem mit diesen übereifrigen Jungs. Die gehen einfach nicht ab. Lass uns die Kurve kratzen! Mir reicht´s!«

Wir sitzen auf, starten die Maschinen und fahren kommentarlos davon. Im Rückspiegel beobachte ich allgemeine Hektik. Mit Blaulicht heftet sich der Polizeijeep an unsere Fersen, doch die Straße ist so überfüllt mit Fahrzeugen und Personen, dass ein paar Schlenker nach rechts und links und ein wiederholtes Abbiegen ausreichen, um die lästigen Helfer abzuschütteln. Erleichtert atmen wir auf.

45. Sandkasten für große Jungs

Eine warme Brise weht mir um die Nase. Feine Windhosen formen sich zu transparent-beigefarbenen, verspielt auf- und abtanzenden Spiralen. Hellbraune, offenbar tonhaltige Erde bedeckt das um uns liegende Land wie die Grundierung eines Gemäldes. Lehmhütten stehen am Wegesrand. Wo anfangs noch Zäune die Grundstücksgrenzen markierten, durchziehen jetzt unzählige Lehmmauern die Ortschaften. Der ohnehin schon dürftige Pflanzenwuchs wird spärlicher. Bäume suchen wir vergebens. Vereinzelt stehen mickrige hölzerne Gerippe auf den Feldern. An einem besonders knorrigen Exemplar stehen ein Esel und ein Dromedar angebunden. Als wir gemütlich an ihrem Weidegrund vorbeituckern, schauen wir ihnen hinterher – und sie uns.

Die Behausungen der Pakistani passen perfekt in die sandfarbene Landschaft. Die mannshohen geschlossenen Lehmmauern um die Gehöfte dienen hauptsächlich als Wind- und Einbruchsschutz. Der Innenbereich der Höfe bietet den in der Öffentlichkeit vollständig in Schwarz gehüllten Frauen, die außerhalb von ihnen kaum anzutreffen sind, vermutlich ein gewisses Maß an Freizügigkeit und Privatsphäre.

In der Ferne kündigt eine unruhig verlaufende Horizontlinie den Beginn einer Gebirgskette an. Kein Strauch oder Baum, so weit das Auge reicht, kein einsames Pflänzchen am Straßenrand, kein Fleckchen Grün auf den verdorrten Feldern stört das sich langsam formende Bild der Steinwüste. Wir fahren über Brücken, unter denen ausgetrocknete Flussbetten vom einstigen Wasserreichtum der Region künden. Die Fläche Pakistans ist nur noch zu vier Prozent mit Bäumen bedeckt. Früher gab es entlang der Flussläufe Galeriewälder, die einen charmanten Kontrast zur kargen Wüste bildeten, doch nach der Überquerung des Indus suchen wir vergeblich nach baumähnlichen Gebilden oder gar Wald. Der Wind pfeift über die Bergkämme. Eselskarren zuckeln an uns vorbei. Die Piste verengt sich. Kinder spielen am Straßenrand, sitzen reglos vor Dorfbrunnen oder hüten kleine Ziegenherden. Turbantragende Pakistani heben die Hand zum Gruß, wenn wir sie passieren. Oft gestikulieren sie dann mit einem leichten Schwung im Handgelenk eine nach vorn zeigende offene Handfläche, als wollten sie fragen: Wo zum Teufel kommt ihr denn her? Dabei passen ihre unifarbenen weiten Hemden und Hosen in Pastellbraun, Hellgrau oder Beige so stilecht in das Landschaftsbild, als sei die Kleidung aus ihr erschaffen worden.

Wir fahren über einen Pass. Starker Seitenwind weht uns fast von der schmalen Schotterpiste. Entgegenkommende Laster erschweren das Vorankommen, drängen uns fast von der Straße, ohne den Abgrund neben dem Weg ins Kalkül zu ziehen.

Ein Lkw vor mir stoppt abrupt. Überrascht komme ich erst knapp drei Meter hinter ihm zum Stehen. Plötzlich rollt der Kollege wie in Zeitlupe gemütlich im Rückwärtsgang auf mich zu. Der Schreck fährt mir in die Glieder. Panikartig reiße ich den Lenker nach links, um an dem Koloss vorbeizubugsieren, doch dazu ist es schon zu spät. Mein Wüstenschiff schwankt gefährlich und kracht schwerfällig auf die Seite. Hastig versuche ich mich zu befreien, doch mein Bein klemmt unter der Maschine.

»Stopp!«, schreie ich. »Stopp!«

Nichts passiert. Die Wand aus Blech rollt weiter bedrohlich auf mich zu. Das soll es dann also gewesen sein. An einem sonnigen Nachmittag auf einer unwegsamen Schotterpiste durch das gebirgige Belutschistan also wird mir von einem pakistanischen Truckerfahrer, der sich mir noch nicht mal vorgestellt hat und in dessen Führerhaus wieder einmal orientalische Popmusik dröhnt, unspektakulär das Lebenslicht ausgeblasen. Während mir derart sonderbare Gedanken die Gehirnwindungen verstopfen, versuche ich gleichzeitig, mein eingeklemmtes Bein zu befreien. Bei solchen lebenswichtigen Entscheidungen habe ich immerhin noch ein Wörtchen mitzureden. Ein Blick in den Rückspiegel wäre ja schon eine Alternative. Unaufhaltsam schiebt sich der Koloss mit seiner Rückwand über das Vorderrad. Der linke Lkw-Reifen ist nur noch Zentimeter von meiner Yamie entfernt. Noch einmal brülle ich aus Leibeskräften: »Stopp!«

In diesem Moment gelingt es mir, mein Bein zu befreien und ich stolpere nach vorn. Schreiend und gestikulierend gebiete ich dem sorglosen Zeitgenossen, sich in die entgegengesetzte Richtung in Bewegung zu setzen. Verdutzt bleibt er stehen. Na, das ist doch schon mal was! Vor ihm versperrt ein Geröllhaufen die rechte Fahrbahnhälfte; offenbar drohte er darin stecken zu bleiben.

Die Situation noch immer nicht im Ansatz begreifend, weigert er sich, wieder in den Geröllhaufen hineinzufahren. Erst ein Begutachten der Verkehrslage außerhalb seines Diskobunkers bringt ihn zu dem Schluss, dass zwei Meter vorwärts ein akzeptabler Kompromiss wären.

Der Schreck sitzt mir noch immer in den Gliedern, und erst jetzt bemerke ich eine Schürfwunde am Bein. Doch zum Glück ist außer ein paar Kratzern nichts passiert. Auch das Motorrad lässt sich problemlos starten.

Vorbei an Truck und Geröllhaufen kämpfen wir uns Kilometer um Kilometer durch die pakistanische Bergwelt. Ich versuche mich zu beruhigen und auf unseren Job zu konzentrieren, Mensch und Maschine unbeschadet durch diese Verkehrshölle zu bringen.

Die Landschaft aus Wind, Sonne, Sand und Steinen zieht uns magisch in ihren Bann. Hinter jedem Felsvorsprung öffnet sich ein neues atemberaubendes Panorama. Schroffe Felswände steigen unmittelbar neben der Straße gen Himmel, während auf der anderen Seite kleine und große beigefarbene Felsen ungeordnet in der Gegend umherstehen. Dann verwandelt sich das Bild in eine weite Hochebene, aus der wie verkohlt riesige, zipfelmützenähnliche Berghüte emporragen. Dazwischen sucht eine Kuhherde genügsam nach verdorrten Pflanzenresten.

Am Fuß eines besonders großen Felsens halten wir. Nicht lange, und ein Kuhhirte steht neugierig auf dem sandigen Weidegrund neben uns. Nach Bewirtung und Fotoshooting bedankt er sich höflich für Tee und Porträtfoto, ohne dasselbe von mir einzufordern. Er scheint das Verhalten seiner Kühe verinnerlicht zu haben. Langsam trottet er weiter, als gehörten wir wie die Steine selbstverständlich zu seiner Kuhweide.

Mit dem Verlassen der Hochebene kommen wir auf schmale Passstraßen, die uns kaum einen Blick auf das Panorama unter uns riskieren lassen. Die Laster in den Kehren kommen uns gefährlich nahe, und hinter jeder Kurve wartet eine neue Herausforderung. Zur Belohnung erblicken wir am Fuße der Bergkette eine ausgesprochen schöne Landschaft: Die schwarzen Bergkämme im Hintergrund bilden einen bizarren Kontrast zu den gelblich schimmernden, elegant geformten Sanddünen in der Ebene davor. Obwohl die Wüste dem Menschen so lebensfeindlich gesinnt ist, fasziniert und begeistert sie uns jeden Tag aufs Neue.

Vor allem abends, wenn wir zur Ruhe gekommen sind oder morgens, wenn die traditionelle Tasse Kaffee die Handflächen wärmt, spüren wir die Verbundenheit zur Natur, die Einfachheit der Dinge und die Freiheit, alles tun zu können, was uns in den Sinn kommt. Das Leben als ein Geschenk zu sehen, fällt mir nicht immer leicht, aber in diesen magischen Momenten gelingt es mir dafür umso intensiver. Es ist so schön, hier sein zu dürfen und alles um mich herum wahrzunehmen. Der sanfte Wind auf meiner Haut, die morgendlich frische Luft und der weiche Sand unter meinen Füßen lassen alle Gedanken, Sorgen und Wünsche verblassen. Es gibt nur noch das Hier und Jetzt. Mein Blick richtet sich unwillkürlich auf den Horizont.

In der Dämmerung zeichnet der Gebirgskamm gegenüber mit seinen anthrazitfarbenen Felsen eine scharfe dunkle Linie unter das Orangegelb des Abendhimmels. Die Pastelltöne der Umgebung und die vollkommene Schönheit des Panoramas wirken beruhigend auf mein Gemüt. Der Ort kommt mir vor wie ein gewaltiges Energiefeld, dessen sanfte Schwingungen alle Sorgen, Ängste und Ungewissheiten auflösen. Am Ende bleibt die Gewissheit, dass ich mir um nichts Sorgen machen muss, ein Urvertrauen in das Leben.

Sorgen über die Zukunft sind überflüssig und wirken sich kontraproduktiv auf mein Denken und Handeln aus. Ich bin es, der seine Geschicke lenkt. Meist entsteht am Ende dann eine Lebenssituation, die mich nicht hundertprozentig repräsentiert. Wie oft suche ich dann die Ursachen bei anderen, schiebe sie auf die Lebensumstände oder gebe mir erst gar keine Mühe, nach dem Warum zu fragen! Jetzt verstehe ich, dass ich mich dadurch in eine Opferrolle begebe. Doch dieses Verhalten führt zu Ohnmacht und Handlungsunfähigkeit, da ich so nicht mehr in der Lage bin, meine Geschicke selbst zu lenken. Fehlendes Urvertrauen ist der Grundstein allen Übels, denn dadurch entwickeln sich die Dinge nicht so, wie ich es gern hätte.

Wir halten in Quetta, einer kleinen Stadt, um Besorgungen zu machen. Während Martin in einem Kfz-Laden nach luftfilterähnlichen Komponenten sucht, behalte ich die Menschentraube um die Maschinen im Auge. Ausnahmslos blicke ich in windzerzauste, sonnengegerbte Männergesichter. Trotz der dunklen Augen, die mich aus tiefen Höhlen anstarren, spüre ich keine Feindseligkeit, Dominanz oder gar Aggressivität. Trotzdem fehlt etwas, ich fühle es. Eine Kühle umgibt uns. Die raue Witterung der Berge scheint sich auf die menschliche Natur übertragen zu haben. Ich registriere einen unterschwelligen Mangel an Wärme, seit wir in diesem Land unterwegs sind ... Plötzlich fällt es mir ein: Es sind die Frauen. Ja, genau, das muss es sein! Das Fehlen weiblicher Präsenz auf Pakistans Straßen lässt mich einen Hauch sozialer Rohheit spüren.

Nur von weitem erhaschen wir ab und an ein Kopftuch, das kurz darauf um eine Straßenecke huscht oder hinter den Lehmmauern eines Gehöftes verschwindet. Der Zauber der Weiblichkeit bringt einen sozialen Reichtum in den Alltag, der uns erst durch die Abwesenheit des Femininen in der pakistanischen Öffentlichkeit bewusst wird.

Auf einem brachliegenden Feld am Stadtrand lassen Kinder Drachen steigen. Den Blick fest auf ihre Flugobjekte gerichtet, bemerken sie nicht einmal das Knattern unserer Maschinen.

In der Abgelegenheit eines unbewohnten Tals finden wir diesen Abend einen besonders schönen Rastplatz: Eine Lehmhütte ohne Tür und Dach umschließt einen drei Quadratmeter großen Innenraum. In Windeseile bauen wir ein zufällig mitgebrachtes Drei-Quadratmeter-Zelt passgenau in die Nische. Anschließend sitzen wir wie waschechte Pakistani vor unserer Behausung und genießen die warme Luft, die erdigen Pastelltöne und die letzten Strahlen der Abendsonne.

Der Wind peitscht eine leere Plastikflasche über den Vorplatz unseres Domizils und weckt mich aus meinem leichten Schlaf. Noch vor Sonnenaufgang schnappe ich mir die Kamera und setze die Morgenstimmung in Licht und Schatten: Der Horizont färbt sich gelblich-rot und taucht die Umgebung in diffuses Licht. Wie eine samtweiche Bettdecke liegt ein feiner Dunstschleier über der Ebene und schenkt der Erde einen Hauch Feuchtigkeit. Kein Geräusch stört die jungfräuliche Atmosphäre.

Plötzlich zerreißt ein Pfeifen und Fauchen die Stille: Martin kämpft bereits mit dem Kocher, der ihm heute erstaunlich gut gehorcht. Die heiße Tasse Kaffee lässt nicht lange auf sich warten.

Mit der heutigen Etappe verlassen wir das Gebirge und durchqueren eine weite Ebene. Nach einigen Kilometern umgibt uns ein Meer aus Dünen: Weit und breit nur noch gelblich beigefarbener Sand. Die verlockenden Sandformationen lassen unsere Kinderherzen höher schlagen. Ein kurzer Blick der Verständigung, und schon kippen wir seitab in die Dünen.

Wir hatten uns vor der Reise nicht grundlos für Enduros entschieden. In uns schlummerte der Wunsch, einmal offroad in so einem Sandchaos die Sau rauszulassen. Die Motoren heulen auf. Meterhoch spritzen die Sandfontänen. Mit den vollbeladenen Maschinen finden wir allerdings nur schwer das Gleichgewicht im weichen Untergrund und müssen uns mehrmals gegenseitig zu Hilfe kommen, weil sich die Hinterräder durch die Gepäcklast in den Sand gegraben haben. Dann aber jagen wir durch das Auf und Ab der Einöde.

»Juchhu!«, höre ich Martin rufen, bevor erst seine Maschine, dann sein Oberkörper und als Letztes sein Kopf hinter der nächsten Düne verschwindet. Ich drehe am Gas und rase ihm hinterher. Geschickt, schneller als ich, kämpft er sich durch die Wellen aus Sand. Nur ab und an höre ich das Jaulen seiner Maschine, dann wieder ein Ruf der Begeisterung aus der Ferne, gefolgt von einer schwangeren Motorradsilhouette, auf der ein kleiner Junge herumzappelt, um gleich darauf vom nächsten Sandhaufen verschluckt zu werden. Bis zur Erschöpfung vergnügen wir uns in dem größten Sandkasten, in dem wir je spielen durften.

Dann stoppe ich die Maschine und setze ich mich erschöpft auf einen Dünenkamm. Ich halte im Rundblick Ausschau, doch weit und breit ist nichts vom Wüsten-Offroad-Junkie zu sehen.

Nanu, wo issa denn? Unwillkürlich fällt mein Blick auf eine bizarr geformte Düne direkt vor meinen Augen. Ihr scharfer Kamm und die steil abfallende Flanke geben ihr das Aussehen einer Meereswelle kurz vor dem Brechen. Plötzlich erklingt ein lautes »Jaaah!«, und mein Sandkastenspielkamerad schnellt in hohem Bogen über die Bilderbuchdüne, diesmal ohne Motorrad.

Kurz erhasche ich einen Ausdruck der Überraschung in seinem Gesicht, als er noch im Flug die schroff abgehende Seite der Düne bemerkt. Damit hat er nicht gerechnet. Mit strampelnden Beinen, fuchtelnden Armen und einem unfreiwilligen Salto purzelt er, sich mehrmals überschlagend, durch den Sand und kommt erst am Fuße der Düne zum Liegen. Schallendes Gelächter dringt zu mir herauf. Das war wirklich eine reife Vorstellung! Ich klatsche Beifall. Am Ende knirschen die Sandkörner zwischen den Zähnen, die schweißgetränkten T-Shirts kleben am Körper und Sand steckt in jeder Ritze.

46. Auf Kosten des Hauses

Nachdem wir die Ketten geölt und unsere Kleidung vom Sand befreit haben, setzen wir die Tour in westlicher Richtung fort. Bald schmelzen die Sanddünen wie Eis in der Sonne, bis uns nur noch eine wie mit dem Lineal glattgezogene Fläche aus grauem, grobkörnigem Sand umgibt. Die einzige Abwechslung bieten vereinzelt am Wegesrand liegende knorrige, von der Sonne gebleichte Wurzeln in sonderbar geschwungenen Formen. Als gäbe es in der Geometrie keine Kurven, zieht sich das Asphaltband schnurstracks gerade durch die Ebene.

Schnell erfasst mich die allgegenwärtige Monotonie. Lethargisch döse ich vor mich hin, lasse meinen Körper widerstandslos zurückfallen und übergebe mich dem Rhythmus der Maschine. Mir ist es, als führen wir auf der Stelle. Einzig und allein das Tachometer zählt nüchtern die Kilometer. Das Surren des Motors versetzt mich in Trance und lässt mich über die Ebene schweben. Tatsächlich, ich schwebe! Mein Bewusstsein hebt ab, steigt in höhere Sphären und in der sengenden Mittagshitze verformen meine Gedanken sich zu surrealistischen Phantasiegebilden.

Wo bin ich? Überall und nirgends. Die Zeit ist nur eine Illusion. Warum bin ich hier? Ich kann überall sein. Wie irrsinnig, Dimensionen wie Raum und Zeit festzulegen. Nichts ist real. Alles ist eins. Alles ist …

Plötzlich schießt eine Wand aus Bus an mir vorbei und reißt mich aus meiner Traumwelt. Dann hebt mich ein unerwartet starker Luftsog fast aus dem Sattel; ich schaffe gerade noch, den Lenker festzuhalten. Daraufhin probt meine Yamie Schwanensee. Endlich stabilisiert sich die Maschine wieder. Verdattert schaue ich dem Gespenst hinterher. Als das Ungetüm Martin passiert, vollführt er vor mir exakt die gleiche Kür. Mir pocht das Adrenalin in den Adern.

Pakistan ist anders – wunderschön, gastfreundlich, herzlich und mir durch und durch sympathisch, aber der Verkehr ist mörderisch.

Wir schreiben den 1. März 2004. Mit dem Erreichen des Grenzortes Taftan endet unsere Safari. Wir sind glücklich über viele neue Reiseerfahrungen, aber auch froh, der Heimat einen riesigen Schritt nähergekommen zu sein.

Unser fehlendes *Carnet de Passage* beschert uns, wie erwartet, Probleme bei den Grenzformalitäten. Nachdem die Pässe auf pakistanischer Seite abgestempelt wurden, suchen wir die Zollabfertigung. Eine dieser wahllos in den Wüstensand gepflanzten Baracken muss es doch sein! Wir folgen einem Lkw, der durch eine unscheinbare Gasse fährt und tatsächlich das richtige Gebäude anvisiert. Zwei klobige, abgenutzte Schreibtische bilden im einzigen Raum der Behausung eine natürliche Barriere zwischen Zöllner und Grenzpassanten. Die Schreibtischplatte ächzt unter der Last aufgetürmter Registrationsbücher. An der Wand stehen zwei alte klapprige Stühle und ein Aktenschrank aus längst vergangenen Zeiten. Computer suchen wir hier vergeblich. Sie würden ohnehin das nostalgische Ambiente des Interieurs stören. Eine antike, eingestaubte Schreibmaschine thront auf dem Schrank. Durch kleine, verdreckte und mit Fliegengaze verdunkelte Fenster fällt nur wenig Licht in den Raum. Jedes Wort hallt wider von den nackten Wänden. In diesen Gemäuern scheint die Zeit stehengeblieben zu sein

Nach etwas Überzeugungsarbeit klappt der schwerfällige Schreibtischtäter sein Registrationsbuch auf und trägt Zahlen in sorgfältig mit dem Lineal gezogene Tabellen ein. Dann sausen die Stempel in die Fahrzeugscheine.

Wir lassen uns nicht lange bitten, bedanken und verabschieden uns. In wenigen Minuten schließt die Grenze, dann können wir wegen unserer fehlenden Papiere nicht mehr abgeschoben werden.

Auf iranischer Seite heißen uns die Beamten willkommen. Unsere Pässe werden problemlos abgestempelt, doch im Zollgebäude geben sich die Bediensteten penibel: Ohne *Carnet* geht gar nichts. Wir zeigen unsere Fahrzeugscheine, die bei jedem Grenzübertritt mit Stempeln garniert wurden, so können die Grenzer den Weg der Motorräder und unsere Reiseabsicht erkennen. Doch sie zeigen uns die kalte Schulter. Warum einfach, wenn es auch kompliziert geht? Nach langen Diskussionen begeben sich die Beamten erst einmal in ihren Feierabend. Mit ihrer Erlaubnis, auf dem iranischen Grenzgelände campieren zu dürfen, rammen wir mit weit in die abendliche Stille hineinhallenden Hammerschlägen unsere Heringe in den steinharten Wüstenboden und lassen den schönen Tag wohlbehütet ausklingen.

Pünktlich um neun stehen wir am nächsten Morgen im Büro. Die Grenzer verweisen auf ihre Bestimmungen, wir pochen auf die Gültigkeit der Dokumente, bis endlich ein Iraner beherzt zum Telefonhörer greift, um seinen Chef zu kontaktieren. Leider sorgt ein iranischer Feiertag für die fehlende Bereitschaft, das Dienstgespräch anzunehmen. Die Ratlosigkeit in den Gesichtern der Mitarbeiter wirkt auf uns fast schon vertraut, doch wir wissen, dass sich solche Konfliktsituationen mit voranschreitender Tageszeit meist in Wohlgefallen auflösen. Während Martin Desinteresse signalisiert und einen Roman liest, genieße ich den Luxus, einen Schreibtisch nutzen zu können, um meine Tagebuchaufzeichnungen zu vervollständigen. Bald bricht das Eis der dienstlichen Unnahbarkeit, und einer der Wichtigen stellt uns private Fragen.

»Wie lange seid ihr mit euren Motorrädern schon unterwegs?«

»Wir sind vor genau zehn Monaten in Deutschland losgefahren und haben schon viele Länder bereist. Grenzübertritte waren nie ein Problem«, flunkert Martin mit perfektem Mienenspiel. »Sind wir denn die einzigen Motorradfahrer, die euren Grenzübergang nutzen?«, hakt er nach, während das Buch auf seinem Schoß ruht.

»Nein, besonders im Sommer fertigen wir oft Motorradtouristen ab. Aber bisher war niemand so stur wie ihr.«

Der Grenzer grinst ihn schelmisch an, sodass ich seine Zahnlücken zählen kann.

»Ich heiße Ahmed und arbeite schon zehn Jahre an diesem Checkpoint, aber so was wie ihr ist mir noch nie untergekommen! Habt ihr eigentlich Kinder?«

Seine überraschende Frage löst bei Martin einen Hauch Verlegenheit aus. In diesen Breitengraden heiraten die jungen Leute bereits mit zwanzig. Kinderreichtum besitzt in vielen Ländern einen statusartigen Charakter.

»Nein, wir haben beide noch keine. Hast du Kinder?« Auf diese Frage scheint Ahmed nur gewartet zu haben.

»Ja, ich habe zwei Töchter, Samira und Maya. Ich bringe sie jeden

Morgen vor der Arbeit mit meiner Vespa zur Schule, aber heute ist Feiertag. Sie haben schulfrei.« Der Vaterstolz in seiner Stimme ist nicht zu überhören. »Heute begehen die schiitischen Muslime das Aschura-Fest, ein Gedenken an den Märtyrer Husain.« Sein Gebaren vermittelt den Eindruck, als könne er sich nicht vorstellen, dass wir von Husain noch nie etwas gehört haben.

»Warum gedenkt ihr dieser Person?«, schalte ich mich in das Gespräch ein. Ahmed wirkt erstaunt. Er schaut mich an, als wüsste ich nicht, in welcher Himmelsrichtung Mekka liegt.

»Husain ibn Ali? Das ist der Enkel des Propheten Mohammed, der in der Schlacht bei Kerbala 680 gefallen ist! Er gilt seit jeher als Sinnbild des Guten und Gerechten.«

Ich versuche, das Gespräch in eine andere Richtung zu lenken.

»Welche iranischen Feiertage gibt es denn noch?«

»Eine ganze Menge. Wir feiern viele religiöse und kulturelle Feste. Es gibt das Feuerfest und das Wasserfest, wir haben ein Frühlings-, Sommer-, Herbst- und Mittwinterfest, ein Blumen- und Knoblauchfest, wir feiern den Ramadan, den Geburtstag des Propheten Mohamed, ein Opferfest, das Fest des ...«

Ein Klingeln unterbricht seine nicht enden wollende Aufzählung.

»Du hast die Frage falsch gestellt«, wendet Martin sich an mich. »Du hättest fragen sollen, an welchen Tagen im Jahr die Jungs arbeiten müssen, dann wäre die Antwort kürzer gewesen.«

Ahmed legt den Hörer auf.

»Das war der Chef.«

Sein vielsagender Blick lässt uns hoffen. Er nimmt ein leeres Blatt und fordert uns auf, ein Dutzend Nummern aus den Fahrzeugpapieren darauf zu kritzeln. Anschließend fährt er mit uns in die nahe Grenzstadt, klingelt seinen Chef erneut aus dem Bett, der in Unterhosen an der Tür erscheint und ein paar Unterschriften und Stempel auf den Dokumenten verteilt. Dann geleitet uns Ahmed ins Stadtzentrum zu einer Tankstelle.

»Habt ihr genug Benzin in den Tanks?«

Verdutzt schauen wir uns an.

»Nein. Wir haben ja noch nicht einmal Geld tauschen können, um welches zu bezahlen«, erklärt Martin dem sympathischen iranischen Familienvater. Doch irgendwie scheint Ahmed seine Antwort nicht wahrgenommen oder verstanden zu haben.

»Ahmed, wir müssen zuerst Geld tauschen! Wir sind total blank!«, versuche ich einem Missverständnis vorzubeugen. Doch mein Einwand verweht ungehört im Wüstenwind. Der Grenzer greift beherzt nach der Tankpistole und drückt sie mir in die Hand. Überfordert mit der Situation, schaue ich verwundert zu Martin. Der zuckt nur mit den Schultern. Verwirrt füllen wir die Motorradtanks. Daraufhin verschwindet Ahmed mit einer Tankkarte im Kassenhäuschen und bezahlt die soeben entstandene Rechnung. Als er zurückkommt, grinst er über das ganze Gesicht und drückt uns wortlos die Dokumente in die Hand. Verdutzt schauen wir ihn an.

»Thank you!«

»Gute Reise und passt auf euch auf!«

Mit quietschenden Reifen fährt Ahmed vom Tankstellengelände und verschwindet mit seinem Jeep um die nächste Ecke. Noch immer halte ich die Papiere in der Hand, als wüsste ich nicht, wohin damit.

»Hat uns gerade ein Grenzbeamter zwei fette Tankfüllungen Benzin spendiert?«, frage ich Martin.

»Sieht ganz danach aus. Ich glaube, Husain ibn Ali hätte das auch getan. Es lebe Husain! Es lebe Ahmed!«

47. Es begann in den frühen Morgenstunden

Schon am Abend desselben Tages beschert uns der Iran eine erste Polizeikontrolle.

»Passport!«, ertönt es neben meinem Ohr.

»Warum?«, frage ich den Polizisten, der sich augenscheinlich nur für unsere Motorräder interessiert.

»Passport!«, wiederholt er seine Forderung, während er ausgiebig meine Yamie inspiziert. Oh, im Iran gibt's Déjà-vus.

»Warum?«, entgegne ich erneut. Mürrisch stapft er zu Martin und versucht dasselbe bei ihm. Der scheint seinen Vers ebenso gelernt zu haben. Entnervt gibt der Ordnungshüter auf und entlässt uns in den wohlverdienten Feierabend.

Nanu, das war ja einfach! Wo wir früher jeden Kontakt mit der Polizei als lästig empfanden, freuen wir uns mittlerweile auf jede neue Episode mit den Staatsbediensteten.

Sandsteinartige Felsen oder zerklüftete Canyons, graue Hügel oder feinsandige Dünen, scharfkantige Bergkämme oder weite Ebenen, alles flimmert wie im Zeitraffer vorbei. Auf wenigen Kilometern wechselt das Panorama, als wetteiferten die Landstriche um einen Preis. Wir durchstreifen die letzten Ausläufer der Provinz Belutschistan. Dann erreichen wir die Peripherie der Wüstenstadt Bam: vereinzelte Gehöfte mit schiefen Häusern, an denen der Putz bröckelt, stark beschädigte Reihenhäuser denen ganze Wände fehlen, neu errichtete Gebäude mit massiven Rissen in den Fassaden, weite Flächen mit Unmengen an Bauschutt. Häuser wurden offenbar abgerissen und dem Erdboden gleichgemacht. Irgendetwas stimmt hier nicht. Warum räumen die Leute ihre Stadt nicht auf?

Die oberste Etage eines Gebäudekomplexes ist komplett in sich zusammengefallen, während die angrenzenden Mauern noch stehen. Aus anderen eingestürzten Dächern ragen merkwürdig verbogene Betonstahlfragmente gen Himmel. Je weiter wir uns dem Stadtzentrum nähern, desto stärker wird das Bild der Verwüstung. Längsseits der Hauptstraße hausen Obdachlose in Zelten. Die Armut in dieser

Gegend scheint um ein Vielfaches größer als in den Nachbarregionen. Seltsamerweise sehen die Zeltbewohner gar nicht so arm aus. Im Zentrum verschlägt es uns fast die Sprache. Hier steht praktisch nur noch jedes vierte Haus.

»Vielleicht gab es in dieser Gegend bürgerkriegsähnliche Auseinandersetzungen«, versucht Martin einen Erklärungsansatz.

»Dazu fehlen aber Einschusslöcher und Brandspuren an den Häuserwänden«, gebe ich zu bedenken. Dann biegen wir in eine Straße, in der absolut nichts mehr steht. Mir kommt es so vor, als wollten die Einwohner ihre Stadt noch einmal neu bauen. Riesige Schutthaufen, aus denen Stahlträger und Armierungen ragen, lassen Bilder des zerbombten Berlins 1945 aufkommen. Beim Betrachten einer ziehharmonikaartig zusammengedrückten Autokarosserie am Fuße eines Trümmerbergs fällt es mir dann wie Schuppen von den Augen:

»Hier war ein Erdbeben! Ja, das ist es!«

Plötzlich ergeben alle Beobachtungen einen Sinn: Die Risse in den Häuserwänden, die eingestürzten Dächer, die neu anmutenden Bauruinen und die Zelte mit ihren ordentlich gekleideten Bewohnern. Sofort suchen wir das Gespräch mit den Betroffenen, die unsere Vermutung bestätigen.

Auf einem Hügel voller zerbrochener Steine, Putzreste und verschütteter Haushaltsutensilien suchen drei in schwarze Umhänge gehüllte Frauen nach Unversehrtem. Wir lernen die etwa fünfzigjährige Iranerin Soraya kennen. Entgegen dem allgemein schüchternen Verhalten iranischer Frauen in der Öffentlichkeit schaut sie uns während des Gespräches fest in die Augen. Sanft und geduldig ruht ihr Blick auf unseren Gesichtern. Es scheint, als könne sie nichts erschüttern, nicht einmal ein Erdbeben. Während wir neben den Trümmern ihres Hauses stehen, erzählt sie uns in fließendem Englisch gelassen von dem einschneidenden Erlebnis.

»Es begann in den frühen Morgenstunden. Ich wurde durch das klappernde Geschirr in der Küche wach und spürte ein leichtes Zittern. Irgendwo in der Nachbarschaft schrie jemand. Da begriff ich, was vor sich ging und bekam einen gewaltigen Schreck. Plötzlich waren wir hellwach. Mein Mann und ich schnappten uns die Kleidung von den Stuhllehnen und rannten auf die Straße. Zum Glück haben wir nicht gezögert, um noch irgendwas mitzunehmen, denn als wir draußen waren, gab es einen gewaltigen Ruck, der uns von den Füßen riss, und im selben Moment mussten wir mit ansehen, wie unser Haus in sich zusammenfiel. Andere Stadtteile hat es nicht so schwer erwischt, aber hier, im Zentrum, sind viele Gebäude wie Kartenhäuser zusammengefallen. Die traditionelle Bauweise mit Lehmziegeln wurde uns zum Verhängnis. Hier ist nichts erdbebensicher. Obwohl wir wissen, wie man erdbebenfeste Häuser baut, hat keiner das Geld dafür. Nach diesem schrecklichen Erdbeben sind die meisten Familien ruiniert.«

Wie ein dunkler Bilderrahmen umrandet ein schwarzes Kopftuch ihr stolzes Antlitz. Noch immer schaut Soraya uns fest in die Augen, und keine einzige Träne rollt über ihr gutmütiges Gesicht. Aus ihren Worten höre ich eher Dankbarkeit als Trauer.

30.000 Menschen, so erfahren wir, mussten am Morgen des 26. Dezember 2003 in der historischen Stadt Bam ihr Leben lassen. Soraya und ihr Mann haben überlebt. Am Ende des Gespräches darf ich ein Porträtfoto von ihr machen. Das Angebot, ihr das Bild zu schicken, verkneife ich mir. Wo sollte ich es auch hinschicken? Dann wünschen wir ihr und ihrer Familie alles Gute.

Erschüttert fahren wir langsam und schweigsam nebeneinander her. Die kaputte Stadt quillt über vor Eindrücken, Schicksalen und Szenen der Verwüstung. An einem Haus fehlt die komplette Seitenwand, doch der Rest scheint unversehrt, und so erhalten wir unfreiwillig Einblick in das Wohnzimmer einer iranischen Familie, eine Momentaufnahme des Unglückstages.

Bis zur Unkenntlichkeit deformierte Autos säumen die Straßenränder. Auf einer Kreisverkehrsinsel stehen weiße und beigefarbene Zelte. Die Leute bemühen sich, Normalität in ihren Alltag zu bekommen. Neben einer Zeltnotunterkunft wäscht eine junge Frau Wäsche in einer Schüssel. Neugierig treffen sich unsere Blicke. Anders als die meisten Frauen trägt sie kein schwarzes Kopftuch.

»Du trägst ein buntes Kopftuch. Hat das eine bestimmte Bedeutung?«, möchte ich von ihr wissen.

»Ich fühle mich damit wohler. Dieses Kopftuch ist viel farbenfroher. Ich mag keine schwarze Kleidung, und Teheran ist weit weg.«

Außerhalb der Stadt haben Caritas und Samariter riesige Zeltlager errichtet. Große Tanklaster gewährleisten die Versorgung mit

Trinkwasser. Reihen von Lkws mit Lebensmittellieferungen parken auf dem Areal. In dieser Katastrophenregion haben die Hilfsorganisationen erkennbar das Zepter übernommen.

Als wir aus der Stadt fahren, mustern wir aufmerksam jedes einzelne Haus längs der Piste. Wundersamerweise können wir nicht den geringsten Kratzer an Fassaden, Dächern oder Autos ausmachen. Das Epizentrum der Erschütterungen muss unmittelbar in Bam gelegen haben. Außerhalb der Stadt existiert kilometerweit nur unbewohntes Wüstenland. Welche Ironie des Schicksals, dass ausgerechnet dieser winzige Fleck pulsierenden Lebens von einem Erdbeben der Stärke 6,6 auf der Richterskala heimgesucht wurde! Siebzig Prozent der städtischen Bausubstanz wurden zerstört, darunter die zum UNESCO-Weltkulturerbe zählende Zitadelle, bisher als der größte Lehmbau der Welt geltend.

Durch die gute Straßenqualität erreichen wir eine Reisegeschwindigkeit von etwa achtzig Kilometern pro Stunde. Zügig geht es nordwestlich in Richtung Teheran. Die Iraner zeigen sich in jedem Gespräch freundlich. Während einer Mittagspause in Mahan hält neben uns ein Fahrzeug. Ein leicht untersetzter Herr um die sechzig mit graumeliertem Bart und Halbglatze steigt aus seinem Pkw.

»Habt ihr ein Problem?«, will er von uns wissen. Martin und ich schauen uns verständnislos an.

»Wir haben kein Problem. Hast du eins?«, erwidert Martin belustigt.

»Nein. Wo wollt ihr hin?«

»Nach Rafsanjan.«

»Da geht es aber da lang.«, erwidert unser freiwilliger Helfer und deutet auf den gerade passierten Kreisverkehr hinter uns.

»Oh, da hat wohl jemand die Abfahrt verpennt!«, schalte ich mich ein und schenke meinem Reiseführer einen schelmischen Blick. Dann hält ein weiterer Pkw neben mir. Der Fahrer kurbelt die Fensterscheibe herunter.

»Habt ihr ein Problem?«

»Wir haben kein Problem. Hast du eins?«, ahme ich amüsiert Martins Antwort nach.

»Nein. Wo wollt ihr hin?«

Auch der zweite Komödiant steigt aus seinem Pkw. Mitten im Gespräch klingelt sein Handy. Da sein Englisch zu wünschen übriglässt, erklärt er Martin, sein Bruder sei gerade am Telefon, der fließend Englisch spräche und drückt ihm unaufgefordert das Handy ans Ohr. Nach kurzem Smalltalk mit einer Stimme aus dem Telefon reicht Martin das Gerät an mich weiter.

Ali wohnt in Rafsanjan und hat sechs Jahre in London verbracht, erfahre ich aus dem kleinem Lautsprecher an meinem Ohr. Er hat zwei kleine Söhne, die noch nicht zur Schule gehen. Wenn wir in seine Stadt kommen, sollten wir ihn unbedingt besuchen!

Dankend reiche ich das Handy an dessen Besitzer weiter. Dieser schreibt uns die Adresse seines Bruders auf und lädt uns zum Whiskytrinken zu sich nach Hause ein. Mit der Erklärung, dass wir ja auf zwei und nicht auf vier Rädern unterwegs seien, findet Martin eine plausible Entschuldigung. Dann sucht der gastfreundliche Iraner im Kofferraum nach einer großen Plastiktüte mit Pistazien und reicht sie uns zum Abschied. Verblüfft bedanken wir uns und stehen kurz darauf wieder allein am Straßenrand.

»Hey, ein Hoch auf die Iraner!«, rufe ich dem sich entfernenden Pkw hinterher und halte zur Untermauerung meiner Parole die Pistazientüte gen Himmel. »Whisky?«, rufe ich Martin zu. »Wird Alkoholkonsum im Iran nicht mit Gefängnis bestraft?«

»Lieber hacke hinter Gittern, als um jeden Tropfen zittern!«

»Oh, ein Poet in Motorradstiefeln! Lieber sternhagelvoll und Pulle leer als falschfahren nach dem Kreisverkehr.«

Meine Anspielung ignorierend, wendet Martin und tuckert langsam zur Weggabelung.

»Übrigens wäre ich dafür, zu lautes Schnarchen und falsch Abbiegen trotz Landkarte auf dem Tankrucksack ebenso unter Strafe zu stellen. Wie wär›s mit fünfzig Peitschenhieben?«, rufe ich dem flüchtigen Reisepoeten hinterher.

* * *

Auf der Strecke von Südindien in den Iran hat sich vieles verändert. Deutlich spürbar nähern wir uns mit großen Schritten Europa. Der Bildungsgrad der Einheimischen ist höher als in den angrenzenden Staaten. Mit nur vierzehn Prozent Analphabetentum steht der Iran deutlich besser da als sein Nachbar Pakistan. Interessanterweise gibt es hier mehr Studentinnen als Studenten, was neben dem selbstbewussten öffentlichen Auftreten der Frauen auf eine leise, sanfte Revolution des weiblichen Geschlechts schließen lässt. Viele Iraner tragen Kleidung nach westlich orientiertem Modeansatz; Jeans, T-Shirts und Basecaps sind unter der männlichen Bevölkerung keine Seltenheit. Schaufenster aus Glas prägen das Straßenbild. Die für Asien so typischen Menschentrauben um unsere Vehikel haben wir mit dem Grenzübertritt hinter uns gelassen, und der Verkehr verläuft zunehmend in geordneten Fahrzeugspuren. Die unverbindlichen weißen Asphaltverzierungen haben sich plötzlich wieder in sinnvolle Fahrbahnmarkierungen verwandelt. Nach Laos, Thailand, Malaysia, Indien und Pakistan müssen wir uns nach knapp drei Monaten wieder an Rechtsverkehr gewöhnen. Doch der deutlichste Gruß an Europa steht auf unseren Tachos: Fünfunddreißigtausend Kilometer liegen nun hinter uns. Angesichts dieser Dimension scheint der restliche Weg nur noch ein Katzensprung.

48. Walli

In den nächsten Tagen wird es merklich kühler. Nach langer Zeit kramen wir aus den Tiefen der Kleiderkisten die Pullover hervor, ohne uns in diesem Moment vorstellen zu können, welche Witterungsverhältnisse uns in den kommenden Wochen erwarten werden.

»Platt wie eine Flunder«, kommentiert Martin eines Morgens ein altbekanntes Schwimmen meiner Maschine auf dem Weg von unserer Raststatt zum *Highway to Teheran*. Doch diesmal diagnostizieren wir mehr als einen defekten Schlauch: Seit Kilometern haben sich anfänglich winzige Schlitze neben den Reifennoppen zu mittlerweile ernstzunehmenden Profilrissen entwickelt. Da sich die Risse nun schon bis zur Innenseite des Mantels ziehen, steht nach dem Schlauchwechsel fest: Ich brauche einen neuen Hinterreifen! Schon in Indien und Pakistan hatten wir versucht, das Unmögliche möglich zu machen, doch in einer Welt aus Mofas und Vespas sind 17 Zoll große Motorradreifen nur auf Fotos erhältlich. Obwohl uns im iranischen Straßenverkehr nur motorisierte Zweiräder bis zu 250 Kubikzentimeter begegnen, besteht hier, in der Nähe zur Türkei, bestimmt der Hauch einer Möglichkeit, dieses essentielle Problem zu lösen.

Routiniert wechseln wir den defekten Schlauch und gondeln Augenblicke später wieder über hochwertigen persischen Asphalt. Der Iran besitzt weltweit die größten Erdgas- und viertgrößten Erdölvorkommen. Das erklärt die außerordentlich gute Beschaffenheit der Straßen. Auch die von Ahmed bezahlte Tankrechnung scheint uns vor diesem Hintergrund plausibler, denn in Persien kostet der Liter Benzin nur magere sechs Cent. Damit kann sich das Land die Goldmedaille im eurasischen Spritpreisranking umhängen.

In Gedanken rechne ich mir die noch verbleibenden Kilometer nach Deutschland zusammen. Seit der Abfahrt aus Chennai sind wir zügig vorangekommen und konnten unseren Rückstand etwas aufholen. Sollte uns der desolate Hinterreifen nun doch einen Strich durch die Rechnung machen? Was, wenn er noch vor Teheran die Hufe hochreißt? Was, wenn wir in der Hauptstadt keinen Siebzehnzöller auftreiben? Unruhig sitze ich im Motorradsattel. Auf einmal wird mir bewusst, dass ich mich nicht auf den Augenblick konzentriere und mir wird klar, warum ich abschweife, weshalb ich mich sorge und wieso ich nicht im Gleichgewicht bin: Es sind die Erwartungen künftiger Ereignisse. Es sind die Pläne, die wir schmieden. Wir sagen uns mit ihnen unsere eigene Zukunft voraus und sind dann enttäuscht, wenn diese nicht wunschgemäß eintritt. Warum werde ich nervös beim Gedanken an morgen? Weil ich kein Vertrauen in die Zukunft habe. Ich fürchte, nicht das zu bekommen, was ich haben will. Dabei wäre Urvertrauen der Schlüssel für innere Zufriedenheit. Aber wir alle leben mit der ständigen Angst, nicht das zu bekommen, was uns unserer Meinung nach zusteht. Wir bewerten, beurteilen, ziehen aus unseren Urteilen Schlüsse und entfernen uns auf diese Weise Stück für Stück von dem, was ist. Wir entscheiden uns für ein Leben in Angst. Dabei haben wir in jedem Moment die Wahl. Beschließe ich, alles vorurteilslos auf mich zukommen zu lassen, keine Erwartungen zu nähren und mich voller Liebe der Zukunft anzuvertrauen, bin ich souverän in meiner inneren Mitte und nichts kann mich mehr aus der Bahn drängen ...

Sofort spüre ich, wie sich die Umklammerung löst. Ich entspanne mich und komme wieder an in der Realität. Eigenartigerweise befinde ich mich noch immer in derselben Situation: Ich sitze auf meiner Maschine und schwebe über das Asphaltband, das sich durch die Einöde zieht. Doch ich sehe die Dinge nun mit anderen Augen. Einzig und allein durch die Änderung meiner Sichtweise hat sich mein Gefühlszustand schlagartig gewandelt. Ich fühle mich gut und weiß, dass sich alles zum Guten wenden wird. Eine bemerkenswerte Erfahrung und Erkenntnis, und eine wirksame Medizin bei zukünftigen Verkrampfungen.

Die zweispurige Wüstenstraße verwandelt sich in eine vierspurige Trasse, um kurz vor der Hauptstadt in eine Autobahn zu münden. Graue Betonklötze gehen in lückenlose triste Häuserzeilen über. Geschmückt mit hässlichen Strommasten entlang der Strecke, vermitteln sie einen ersten Eindruck von Teheran. Wandfarbe scheint in diesen Breitengraden ebenso Mangelware wie überdimensionale Motorradreifen. Auch mitten in der Stadt gibt es neben weißen oder beigefarbenen Fassaden unzählige Häuser in Grau oder in Schmutzig. Wir fragen uns von Kfz-Läden über Zweiradzubehörgeschäfte zu

Schrauberbuden durch, doch nirgendwo finden wir das begehrte Ersatzteil. Während unserer verzweifelten Suche hat sich wieder einmal eine Menschentraube um die Krads gebildet. Jeder weiß mittlerweile Bescheid: Die Jungs brauchen einen Reifen! Jeder hat einen Rat für uns, doch keiner kann uns weiterhelfen.

»Verdammter Mist!«, echauffiert sich Martin. »Diese Stadt ist doppelt so groß wie Berlin und vertreibt keine Motorradreifen? Das gibt‘s doch gar nicht!«

»Denk ans Alphabet! Na, welcher Buchstabe kommt als nächstes?«, versuche ich ihn aufzumuntern.

»P wie Planlosigkeit. Durch die Berge mit diesem desolaten Schlappen, das kann nicht gut gehen!«

»Ich fürchte, wir haben keine andere Wahl.«

»Ich weiß, wo ihr einen Reifen für eure Maschinen bekommt.«

Wir blicken auf. Ein hochgewachsener Iraner mit unverkennbar türkischem Einschlag steht neben uns. Sein nach hinten gekämmtes gegeltes Haar erinnert an die Wachsfiguren von Madame Tussaud. Ein Goldkettchen prankt auf seiner Brust. Es glänzt in der Sonne und zeichnet einen starken Kontrast zum schwarzen T-Shirt. Zigarettenqualm nebelt uns ein.

»Einen Siebzehnzöller?«, frage ich ihn ungläubig.

Er verdreht die Augen. »Ja, natürlich. Kommt!«

Lässig schwingt er sich auf sein Mofa und saust in der Erwartung, dass wir ihm folgen, davon. Immer noch unschlüssig, ob Mofa-James-Dean verstanden hat, was wir suchen, schmeißen wir unsere Traktoren an und tuckern hinterher. Auf einem verwinkelten Hinterhof zwischen Reifenstapeln, Autokarossen und Ersatzteilen stehen tatsächlich ein paar große Maschinen. Ölverschmierte braungebrannte Kerle in Latzhosen lungern um eine zum Stehtisch umfunktionierte Tonne herum. Auf der Suche nach dem Hoffnungsträger betreten wir eine Baracke, die als Schrauberbude und Kfz-Laden zugleich fungiert. Auf einem schmierigen Verkaufstresen liegen bereits zwei Motorradreifen, die unserem Beuteschema entsprechen. Mit glänzenden Augen studieren wir die Eckdaten: Leider sind die Reifen zu groß. Doch der pfiffige Iraner huscht ins Nebengebäude und buddelt sich durch seinen Warenbestand. Kurz darauf betritt er triumphierend die Arena, fixiert mich mit seinem Blick und knallt lässig einen dritten Reifen auf die Theke.

»Bingo! Das issa!«, rufe ich Martin zu, während ich mit James Dean und Reifen-Izgür High-Five abklatsche.

Natürlich sind wir noch längst nicht raus aus der Nummer. Auf dem Hof hat sich unsere Anwesenheit herumgesprochen, und so stehen mehrere kleine und große James Deans erwartungsvoll um die Yamies und wollen mehr über Deutschland, das Motorradreisen und die große weite Welt erfahren.

Schnell schmilzt ihre Coolness und die warmherzige iranische Gastfreundschaft gewinnt die Oberhand. Während ich zufrieden den Reifen auf meiner Toppkiste verstaue, beantwortet Martin alle Fragen. Doch mit der Abenddämmerung sehen wir uns gezwungen, das Feld zu räumen. Dankend, lachend und schulterklopfend schaukeln wir aus dem Biker-Eldorado zur Hauptstraße und werden sofort von der aus der Stadt rollenden Blechlawine mitgerissen.

* * *

Schneebedeckte Bergkämme zu beiden Seiten der Straße geben uns einen Vorgeschmack auf das vor uns liegende Gebirge. Der zunehmende Transitverkehr strapaziert unsere Nerven. Seit dem Verlassen der iranischen Hauptstadt weht uns ein eisiger Nordostwind um die Ohren. So kalt war es schon lange nicht mehr. Dick eingepackt, zählen wir die Kilometer auf dem Tacho. Nur ein Blick auf die erhabenen Berghänge in der Ferne lässt mich kurz die Kälte vergessen.

In Qazvin nutzen wir den Aufenthalt in einem Internetcafé, um unsere Gliedmaßen wieder auf Betriebstemperatur zu bringen. Danach kümmert sich Martin um eine Reparatur seines maroden Schuhwerks. Derweil statte ich dem Gemüsehändler um die Ecke einen Besuch ab: Tomaten, Kartoffeln und Karotten, aber auch Gewürze, Brot und Eier wechseln den Besitzer. Die umgerechneten 50 Cent, die der Verkäufer von mir fordert, zaubern mir ein Fragezeichen auf die Stirn.

Angesichts der prall gefüllten Einkaufstüte hat der Junge doch bestimmt das Komma um eine Stelle nach links wandern lassen. Verwirrt trete ich auf die Straße und schaue skeptisch auf die zerknitterten Geldscheine in meiner Hand. Langsam bemerke ich im

Augenwinkel, wie es um mich herum dunkler geworden ist. Nanu? Abenddämmerung zur Mittagszeit? Verwundert blicke ich auf und schaue auf eine undurchdringliche Wand aus schwarzen Umhängen. Eine etwa dreißigköpfige Frauengruppe steht mitten auf der Straße und versperrt die Durchfahrt. Bis auf ihre Gesichter lassen sie nichts von ihrer Weiblichkeit erkennen. Als sie meine Verblüffung bemerken, lacht und kichert alles durcheinander. Ich hatte meine Yamie unbemerkt vor einem religiösen Mädcheninternat geparkt! Die schwarzen Umhänge und Kopftücher deuten auf eine engere Auslegung der gesetzlichen Verhüllungspflicht. Während wir im südlichen Landesteil bis auf wenige Ausnahmen nur schwarze Schleier entdecken konnten, tragen die Frauen in Teheran häufig auch farbige oder gar bunte Kopftücher.

Wir verlassen die Hauptstadt nach Westen. Karge Landschaften und vereinzelte graue Gehöfte am Straßenrand bieten wenig Sehenswertes. Während eines Tankstopps in einer Kleinstadt zählen wir die Kilometer auf der vor uns ausgebreiteten Landkarte.

»Habt ihr ein Problem?«

»Nein, alles ist okay«, erwidere ich. Vielleicht ist die Frage auch nur eine Floskel und bildet schlicht den Einstieg in ein Gespräch. Erst im Nachhinein wird mir bewusst, dass wir gerade auf Deutsch angesprochen wurden. Walli, ein älterer Iraner mit schütterem Haar und grauer Strickjacke, hat in den sechziger Jahren in Deutschland gearbeitet. Das Gespräch mündet in eine Einladung zum Mittagessen.

Trotz der Spontaneität ihres Mannes begrüßt uns seine Frau auf das Herzlichste. Sie trägt ein blaugemustertes, mit Blumen verziertes Kleid und ein halbtransparentes weißes Kopftuch. Der schwarze Umhang und das dazugehörige gleichfarbige Tuch hängen wie ein ungeliebtes Accessoire einsam und verlassen im Flur. Während sich seine Frau in der Küche zu schaffen macht, sitzen wir bereits am Mittagstisch und löchern unseren Gastgeber mit Fragen.

»Früher war alles einfacher«, erklärt Walli. »Heute wird unser Land von konservativen religiösen Führern regiert, die nur ihren persönlichen Vorteil im Blick haben. Alle Reformbemühungen wurden ausgebremst. Politische und wirtschaftliche Spitzenpositionen dürfen nur Leute bekleiden, die stark religiös und moralisch geprägt sind. Dadurch vergeudet der Staat sein intellektuelles Potential. Dringend benötigte Fachkräfte suchen sich im Ausland bessere Jobs. Oppositionelle werden hier verfolgt, eingesperrt und hingerichtet.«

Obwohl niemand außer uns sein Deutsch verstehen kann, beugt er sich nach vorn und spricht mit gedämpfter Stimme weiter.

»Die amtierende Regierung hat noch nie eine Schule von innen gesehen. So mündet die fehlende Bildung reihenweise in sinnlose Erlasse. Das Tragen der Kopftücher ist eine dieser dummen Vorschriften. Und es gibt hier übermäßig harte Strafen für Vergehen, die im Westen noch nicht mal als Kavaliersdelikt durchgehen würden. Fast die ganze iranische Bevölkerung bekennt sich zum Islam. Die Religion durchdringt jede soziale Schicht, bis in kleinste Alltagsabläufe. Ein Abfall vom Glauben, ja sogar schon Gotteslästerung, steht unter Todesstrafe! Ebenso werden Fremdgehen, Drogendelikte oder homosexuelle Handlungen mit dem Tod bestraft. Es ist leider wahr: Der Iran ist im Verhältnis zu seinen Einwohnern weltweit der Staat mit den meisten Hinrichtungen.«

Mit einem Seufzer lehnt er sich zurück. Die Enttäuschung über die Verhältnisse in seinem Land sitzt tief. Die warmherzige Art der Iraner steht im krassen Gegensatz zur harten Hand, mit der die Bevölkerung eingeschüchtert wird. Die Engstirnigkeit, mit der unter dem Deckmantel von Religion hier sinnlose Gesetze erlassen werden, tut mir so weh, dass ich am liebsten aufschreien möchte.

Es klingelt an der Tür. Noch bevor Wallis Schwiegertochter alle begrüßt, landet auch ihr Umhang samt Kopftuch mit elanvollem Schwung am Garderobenhaken und eine attraktive junge Frau in Jeans und T-Shirt kommt zum Vorschein.

Dann wird der Tisch gedeckt. Es gibt gebratene Nudeln, Reis mit Hühnerfleisch, Gemüse und eine Art Joghurtsauce, dazu ein Stück Fladenbrot und ein Glas Jasmin-Tee. Nach dem Essen zaubert unser Gastgeber wie aus dem Nichts drei Bierflaschen auf den Tisch. Uns läuft das Wasser im Munde zusammen. Der Genuss eines Feierabendbieres hat sich während der Reise zu einem geschätzten Ritual entwickelt, und mit dem Eintauchen in den Orient haben wir monatelang darauf verzichtet.

Amüsiert studiert der Iraner unsere Mimik. Die Überraschung steht uns in die Gesichter geschrieben. Anschließend kramt Walli das Familienalbum aus dem Schrank. Stolz kommentiert er alte Schwarz-Weiß-Fotos aus seiner Deutschlandzeit.

»Meine erste große Liebe habe ich damals in Hamburg kennengelernt. Da, das ist sie, Anneliese.«

Sein Finger deutet auf eine zierliche Blondine, die Arm in Arm vor einem Denkmal mit einem jungen attraktiven Perser steht. Sie muss ihm damals mächtig den Kopf verdreht haben, denn die Wehmut in seiner Stimme ist nicht zu überhören.

49. Schneeballschlacht und Sonnenbad

Gern hätten wir die Wärme und Gemütlichkeit des Wohnzimmers der iranischen Familie noch länger gegen unser Nomadenleben eingetauscht, doch ein innerer Ruf zieht uns stetig nach Westen. Wir wissen, wir müssen so zügig wie möglich durch das vor uns liegende Armenische Hochland, denn die Temperaturen nähern sich bereits dem Nullpunkt.

Abends rasten wir auf einer Obstplantage an einem Berghang. Mit einer kräftigen Mahlzeit entfachen wir unser inneres Kraftwerk. Je mehr wir abends essen, desto weniger frieren wir in den frühen Morgenstunden.

Ein leises Geräusch weckt mich am folgenden Morgen. Regnet es? Ist das ein Trippeln oder ein Rieseln? Neugierig blinzle ich aus dem kleinen Zeltfenster.

»Ach du Scheiße! Es schneit! Na, herzlichen Glückwunsch zum Winteranfang!«

Hastig reißt Martin die Reisverschlüsse auf und starrt schockiert auf die weiße Pracht: Eine lückenlose Schneelandschaft zieht sich die Berghänge hinauf.

»Na, Schneeballschlacht gefällig?«

Zielsicher kracht ein eilig zusammengekratzter Schneeball Martin in den Nacken.

»Ha! Volltreffer! He, wo willst du hin? Ich hab doch gerade erst angefangen. Spielverderber!«

Nur mit Unterwäsche und T-Shirt bekleidet, treibt mich die Kälte schnell zurück ins Zelt. Als ich hineinschlüpfe, drückt mir mein Widersacher mit voller Wucht einen Schneeball ins Gesicht.

»So! Jetzt können wir frühstücken!«

Zum Glück lässt uns der Kocher nicht im Stich. Ich stakse zum Motorrad und ziehe eine PET-Flasche aus der Seitentasche.

»Verdammter Mist! Die sind gefroren!«

»Was soll's? Dann kannst du immerhin noch zwischen Eistee und Eiscafé wählen!«

»Kommt nicht in Frage. Ohne Kaffee fahre ich keinen Meter.«

Mühsam klopfen wir Eisbrocken aus den Flaschenhälsen. Während wir uns die Hände an den Trinkpötten wärmen, schleicht die Starre langsam aus den vereisten Motorradstiefeln.

Honig aus dem Glas und erobert die Oberfläche der Butterbrote. Die Rückfahrt durch die Plantage zur Hauptstraße gleicht einer Rutschpartie. Der griffige Asphalt der Transitstrecke lässt uns aufatmen. Hier hat sich noch keine Schneedecke festgefahren. Mit klammen Fingern zittern wir dem Grenzort Bazargan entgegen. Vor unseren Augen erheben sich majestätisch die schneebedeckten Berggipfel der Dreitausender des Ararat-Hochlandes. Langsam kriecht die Kälte unter die Motorradkleidung. Feine Schneeflocken trommeln gegen mein Visier. Noch haben wir Halt auf dem freien Straßenbelag, doch bald verwandelt sich der Rieselschnee in Schneetreiben, und die nächste Pass-Überquerung avanciert zu einem Balanceakt: Wie auf rohen Eiern rollen wir kilometerweit über festgefahrenen Schnee. In kürzer werdenden Abständen wische ich mir den Schnee vom Visier. Jedes Ein- und Ausatmen lässt die Plastikscheibe vor meinen Augen beschlagen, doch mit hochgeschobenem Visier schneidet mir sofort eisige Luft ins Gesicht. Lkws vor, hinter und neben uns hupen ungeduldig und machen uns den Platz auf der Rodelbahn streitig.

Erstaunt erfahren wir am Checkpoint, dass die freundlichen Grenzbeamten des iranisch-pakistanischen Grenzübergangs unser Erscheinen bereits telefonisch angekündigt haben. Niemand beanstandet die lückenhaften Fahrzeugpapiere. Nach einigen Irrgängen zwischen verschiedenen Büros landen die Ausreisestempel unproblematisch in den Dokumenten. Trotz der widrigen Witterungsbedingungen freuen wir uns, im Länderhopping der Heimat ein Feld nähergekommen zu sein.

Nachdem wir die eingeschneiten Motorräder von ihren weißen Mänteln befreit haben, rollen wir der untergehenden Sonne entgegen. In der Abenddämmerung erhebt sich weit entfernt ein besonders hoher Berg. Die gleichmäßig geformte Kuppel des Ararat verrät seinen vulkanischen Ursprung. Mit 5.137 Metern ist er der höchste Berg der Türkei, doch nicht nur das: Laut Genesis, dem ersten Buch des Alten Testaments, soll, nachdem das Wasser der Sintflut zurückgewichen war, nahe seinem Gipfel die Arche Noah gestrandet sein. Verfechter dieser Theorie suchen seit Jahrzehnten im Ararat-

Hochland nach stichhaltigen Beweisen und erklären jede Gesteinsformation, die im Ansatz dem Grundriss eines Schiffsrumpfes ähnelt, zum Artefakt des biblischen Holzdampfers.

Nach dem Verlassen der Stadt Dogubayazit driften wir nach Süden. Das mediterrane Klima der türkischen Riviera zieht uns an. Strahlend blauer Himmel und Sonnenschein lassen uns einen Augenblick die klirrende Kälte und die widrigen Straßenverhältnisse vergessen. Wie gebannt schauen wir auf das Panorama einer ausgedehnten Hochebene, die von einer homogenen Schneeschicht bedeckt ist. Kein Baum unterbricht den in der Sonne leuchtenden weißen Teppich. Die graue Straße schlängelt sich durch die weiße Ebene wie ein Geschenkband um ein Präsent.

Halbrunde Bergkuppen am Horizont vermitteln den Eindruck, als könnte man auf ihnen herumhopsen wie auf einer überdimensionalen Hüpfburg. Gemütlich gleiten wir in die Winterlandschaft, lassen uns in die Kurven fallen und atmen die kalte, klare Luft. Ich spüre, wie die Lebensgeister in mir erwachen. Es macht wieder Spaß, Motorrad zu fahren. An einem besonders schönen Aussichtspunkt halten wir und starten eine Fotosession. In Schlängellinie stapfe ich über die unversehrte, weiße Fläche der Hochebene und lasse mich rücklinks in den Schnee fallen. Plötzlich saust ein Schneeball auf mich zu und verfehlt mich nur knapp. Batsch! Der Zweite hat gesessen! Ich spüre kalten Matsch an meinem Ohr.

»Hiermit erkläre ich die erste Schneeballschlacht um das Armenische Hochland für eröffnet!«, rufe ich in Richtung Frontlinie. Schweres Artilleriefeuer trifft die zwei gegnerischen Panzer, die unbeteiligt auf dem Asphalt parken. Dahinter sucht der Angreifer Deckung. Unter Schneeballdauerfeuer durchbreche ich die feindlichen Linien und mache Jagd auf den flüchtenden Freischärler. Auf dem in der Sonne glitzernden Schlachtfeld erwische ich den Aggressor von hinten und versorge ihn mit weißem Schießpulver. Dann toben wir noch eine Weile durch das Schneeparadies, bis wir lachend, erschöpft und nach Luft schnappend zu den Motorrädern zurückstapfen. Als ich mich auf den Sattel schwingen will, bemerke ich, dass er bereits besetzt ist. Während unseres Fronteinsatzes hat sich unbemerkt ein blinder Schneemann auf meinem Sitz niedergelassen.

»Wo ist dein Problem?«, fragt er mich.

»Ich habe kein Problem. Es sitzt nur ungewöhnlich viel Schnee auf meinem Motorrad. Tut mir Leid, das geht nicht. Wir können keinen Schneemann mit nach Hause nehmen. Abgesehen vom Transport würden wir an der nächsten Grenze Probleme bei der Passabfertigung bekommen.« Ich setze den blinden Passagier behutsam an den Straßenrand.

»Ich habe das Recht auf einen Asylantrag in Deutschland!«, protestiert er und fuchtelt mit seinen Ärmchen. Aus Mitleid bastle ich ihm noch einen besonders langen, weit ausgestreckten Arm, sodass ihm das Trampen leichter fällt.

Nach drei frostigen Nächten im Zelt beschließen wir am nächsten Abend, ein Hotelzimmer zu buchen, doch leider gibt es in der einzigen Absteige weit und breit nur unbeheizte Zimmer. Sinnigerweise steht auf dem Flur ein kleiner Ofen, der aber erst nach mehrmaliger Aufforderung vom Hotelier notdürftig mit Pappe und einigen Plastikabfällen gefüttert wird. Brennmaterial scheint in der baumlosen Gegend Mangelware. Die dürftige Wärme reicht gerade, um unsere Hände etwas zu wärmen. Zu müde für weitere Protestaktionen verkriechen wir uns mürrisch und enttäuscht in den Schlafsäcken.

Die kahlen Berghänge und weiten Schneeflächen, die spärliche Besiedlung und die permanenten Minustemperaturen verwandeln meine anfängliche Begeisterung für das Schneeparadies der Osttürkei bald in ein freudloses, in sich gekehrtes Dahinbibbern.

Mit dem Erreichen des Vansees weitet sich die Landschaft. Wie hypnotisiert kleben meine Blicke an der Gebirgskette, die sich am Ufer des größten Sees der Türkei entlangzieht. Da der Abfluss des Gebirgssees durch einen Vulkan versperrt wird, hat er keinen natürlichen Abfluss und reguliert sich allein durch Verdunstung. Mittlerweile entspricht die Wasserfläche dem Siebenfachen des Bodensees. Durch das stark alkalische, salzige Wasser bleibt der See ganzjährig eisfrei. Außerdem lebt nur eine einzige Fischart in Mündungsnähe der Zuflüsse.

Kurz vor Bitlis rauschen Düsenjäger dicht über unseren Köpfen durch die Canyons und erinnern uns daran, dass wir in der Nähe der irakischen und syrischen Grenze durch kurdisches Konfliktgebiet reisen. Die PKK, in Deutschland als Terrororganisation gelistet, kämpft seit den siebziger Jahren für ein unabhängiges Kurdistan.

Mit unzähligen Anschlägen sorgt die Untergrundbewegung bis heute für Schlagzeilen. Beim Betrachten der trostlosen Berghänge fällt es mir schwer, nachzuvollziehen, warum so viel Zündstoff in dieser politisch verzwickten Angelegenheit steckt.

Die lückenlose Schneedecke bekommt allmählich Risse, die sich schnell in große Fetzen verwandeln, bis am Ende nur noch schmutzige Schneereste an die weiße Pracht erinnern. Wir sind bereits eine Woche bei Temperaturen unter dem Gefrierpunkt unterwegs und müssen uns förmlich zwingen, weiter durch diese eiskalte, marsähnliche Wüstenlandschaft zu reisen.

Endlich erreichen wir die Randausläufer des Hochlandes; es geht bergab, und plötzlich durchbrechen wir eine unsichtbare Wand aus warmer Luft. Mein Herz macht einen Hüpfer. Sofort erwachen meine Sinne und katapultieren mich zurück in die Gegenwart. Unmittelbar darauf durchfahren wir eine zweite, noch wärmere Luftschicht, und je tiefer es hinuntergeht, umso wärmer wird der Fahrtwind. Auf einer Distanz von knapp drei Kilometern steigt die Temperatur um zwanzig Grad! Fast hektisch suchen wir nach einem Rastplatz und liegen kurz darauf ausgestreckt im Gras. Wir haben es geschafft! Wir haben den Winter abgehängt! Nun kann der Sommer kommen! Erleichtert breiten wir die Karte aus und zählen die vor uns liegenden Kilometer bis zur Mittelmeerküste.

Gutgelaunt tuckern wir durch die langgezogenen Ortschaften. Auf dem Bürgersteig vor einer gutbesuchten Teestube sitzen etwa ein Dutzend Männer auf kleinen Hockern und plaudern angeregt. In Hemd, Pullover und blaue, graue und schwarze Sakkos gekleidet, vermitteln sie einen Eindruck von Seriösität und Gemütlichkeit. Als wir vorbeifahren, nicken sie uns anerkennend zu.

Auf dem schlanken Minarettturm einer nahgelegenen Moschee beginnt ein Muezzin seinen Gesang. Im Gegensatz zu seinen indischen, pakistanischen und iranischen Amtskollegen erklingt der Gebetsaufruf ausgesprochen melodiös.

In den kleinen Ortschaften bevölkern ausschließlich Männer mit graumelierten Dreitagebärten die Teestuben und Bistros. Alte Frauen mit Kopftuch tragen Einkaufstüten spazieren. Fliegende Händler bieten auf klapprigen Verkaufskarren Ware feil. Das konservative Gesicht der Osttürkei bildet einen scharfen Kontrast zu weiter westlich gelegenen Metropolen wie Ankara, Antalya oder Istanbul.

Mit dem Erreichen der Küstenmetropole Mersin tauchen wir in ein Labyrinth aus geweißten Wohnblöcken und Wolkenkratzern. Dazwischen blinzelt das türkisfarbene Wasser des Mittelmeeres. Die palmengesäumte Strandpromenade erinnert mich ein wenig an Florida: Riesige, glattgeleckte Hotelkomplexe mit Poolanlage direkt neben dem Wasser vermitteln bereits einen Hauch westlicher Dekadenz.

Betört durch das mediterrane Klima gleiten wir wie benommen dahin. Die Kilometer schmelzen wie Schokolade in der Sonne. Entweder nutzen wir die Fahrpausen für ein Schwätzchen mit einem Teestubenbesitzer oder wir liegen faul am Strand und lassen uns die Sonne auf den Bauch brutzeln. Warum fahren wir nicht einmal rund ums Mittelmeer? Wie ein türkisfarbener Magnet lässt uns die Küste nicht mehr los. In einem Kiefernhain hoch über der Brandung finden wir an einer Steilküste einen Rastplatz. Mit Isomatte, Schreibblock und Musikplayer bewaffnet spaziere ich den Pfad hinunter zum Meer. Ich nutze die flachen, ergonomisch günstig geformten Felsen als Sonnenliege. Nirgendwo entdecke ich ein Anzeichen von Zivilisation. Der weite Blick auf das Meer lässt meinen Gedanken Flügel wachsen. Wie von selbst fließen die Worte auf das Papier. In der Ferne blöken Schafe, dann dringt der schrille Pfiff des Schäfers an mein Ohr. Hunde bellen. Eine Möwe kreischt am Himmel, als wollte sie mir den Platz am Meer streitig machen. Das Plätschern der Wellen, die leichte Meeresbrise und die Wärme der Sonnenstrahlen versetzen mich in einen Zustand von Glückseligkeit. In meiner Brust schlagen zwei Herzen: Einerseits genieße ich die Urlaubsatmosphäre in vollen Zügen, andererseits drängt mein nomadisches Ich zur Weiterfahrt. Das Verharren an einem Ort fühlt sich an wie Luftanhalten. Schon nach kurzer Zeit habe ich das Gefühl, zu platzen. Martin geht es ähnlich. Auch er fühlt schon wieder Unruhe und tauscht die Sonnenbank lieber gegen den Motorradsattel.

Die restlichen Kilometer schrumpfen auf ein überschaubares Maß. In Fingerspannen messen wir die letzten Abschnitte auf der Europakarte. Aus dieser Perspektive scheint unser Ziel schon greifbar nahe, und doch liegen noch Hunderte von Kilometern vor uns. Statt die restlichen Wochen der Reise zu genießen, spüre ich ein unterschwelliges Brodeln. Die Ungeduld, noch mehr als ein Dutzend Tagesetappen über mich ergehen lassen zu müssen und die

Ungewissheit, ob die Zeit ausreichen wird, pünktlich anzukommen, verdichten sich zu einem subtilen Unbehagen. Natürlich können wir unsere selbstgesetzte Zeitvorgabe aufheben und verträumt dahingondeln, doch die Freundinnen wie versprochen pünktlich wieder in die Arme zu schließen und das runde Ankunftsdatum 1. Mai 2004 entfachen unseren Ehrgeiz.

Dicht am Hang schlängelt sich das schmale Asphaltband um die Berge. Der auffrischende Wind peitscht die Wellen gegen die Brandung und malt zarte weiße Streifen auf das türkisfarbene Wasser. Aufgefädelt wie Perlen auf einer Schnur schimmern die Fischerdörfer entlang des Küstenstreifens bis zum Horizont. Im Dunkelgrün der bewaldeten Berghänge blinken ab und an Sonnenstrahlen auf den Scheiben langer Gewächshäuser. Dann passieren wir einen verträumten Küstenort. Gerade noch verging die Zeit wie im Flug, hier scheint sie stehengeblieben: Fischerboote liegen verlassen am steinigen Ufer, das schief hängende Schild eines Kaufmannsladens quietscht im Wind. Menschenleere Gassen, halbverfallene Hütten und vom Wind über die Straße gewehter Abfall. Das Meer, die warme Brise, das einsame Dorf und das Hügelpanorama sind genau der richtige Ort, um die Seele baumeln zu lassen, geht es mir durch den Kopf, als wir um einen Felsvorsprung biegen. Urplötzlich, als hätte eine Riesenhand die Luft aus den Bergketten gelassen, weichen die Hügel einer weit ins Landesinnere reichenden Ebene. Die kurvige Küstenstraße verwandelt sich in eine gerade, vierspurige Trasse mit Mittelstreifen. Häuserblockzeilen stehen Spalier. Bettenburgen versperren die Sicht auf das Wasser. Geschäfte, Supermärkte, Einkaufspassagen kündigen das Stadtzentrum einer Touristenhochburg an. Neben den Flaniermeilen machen sich Bars, Cafés und Restaurants gegenseitig den Platz an der Sonne streitig.

Ohne den Blick auf die Landkarte begreife ich, dass wir uns schon im Anflug auf Alanya befinden. Urlaub an der Türkischen Riviera erfreut sich besonders bei den Deutschen wachsender Beliebtheit. Schaufenster werben mit eleganter europäischer Mode. Nur ein schmaler Bürgersteig trennt uns von den Glasfronten. Amüsiert betrachte ich darin unsere Spiegelbilder, während wir langsam vorbeifahren. Bataillone von Sonnenbrillen gegen Kopftuchbrigaden, cool abschätzende Blicke gegen gastfreundliches Lächeln, Jeans, T-Shirts und Slim-Fit gegen Strickjacken, Röcke und verstaubte Sakkos: Die

Türkei, ein Land im Umbruch, versucht den Spagat zwischen konservativen Werten und liberalem Denken. Hier prallen morgenländische und abendländische Lebensphilosophien ungeschminkt aufeinander.

50. Tor zu einer anderen Welt

»Poah! Guckst du hier, alles Dreck! Musst du machen sauber!« Ein Schuhputzjunge baut sich vor mir auf und deutet empört auf meine Motorradstiefel.

»Nein, die bleiben so, wie sie sind«, antworte ich bestimmt, aber mit einem Schmunzeln auf den Lippen.

»Aber wo du kommen her? Schuhe schmutzig!«

»Aus Deutschland.«

»Aus Deutschland? Also arbeiten in Deutschland? Deutschland viel Geld haben. Aber alles viel Dreck. Was du arbeiten?« Wieder gilt sein Fingerzeig meinem Schuhwerk.

»Wenn du die anfassen, gleich haben zwei Ohren lang bis Schuhe«, erwidere ich und lasse ihn stehen.

Die Geschäftstüchtigkeit des Bengels erschreckt und belustigt mich zugleich. Für ihn ist Dreck gleich Dreck. Leider kann er russischen Motorradstiefelschmutz nicht von chinesischem oder indischem unterscheiden und erst recht nicht wertschätzen, sonst würde er ehrfürchtig erstarren und nicht einmal wagen, diese Unikate anzufassen.

Wie in sich selbst verliebt, präsentiert uns die Küstenstraße ein Bilderbuchpanorama nach dem anderen, bevor sie uns in die Bergregion verabschiedet. Um nicht noch einmal vor übereifrigen Schuhputzern in Erklärungsnot zu geraten, biegen wir vor dem nächsten Touristenzentrum nach Norden und durchqueren Zentralanatolien. Ländliche Hügel, Olivenplantagen und einzelne Bergseen ziehen an uns vorbei. Vogelgezwitscher erklingt und erste Frühblüher leuchten auf den Wiesen. In wenigen Wochen wird ein Blumenteppich die Wiesen abseits der Straße in ein Farbenmeer tauchen. Die türkische Flora gilt als besonders artenreich: Von über neuntausend Pflanzenarten sind ein Drittel endemisch, kommen also nur in Anatolien bzw. in Ostthrakien vor, dem Landesteil westlich des Bosporus.

Wir fahren durch ein von bewaldeten Erhebungen eingeschlossenes Tal und beschließen, in einem versteckten Dorf einen Zwischenstopp einzulegen. Nachdem ich im Fotoladen einen Film abgegeben habe, nutze ich die Gelegenheit, beim Schuster um die Ecke ein paar türkische Lire loszuwerden. Die Sohlen meiner Stiefel zeigen eine beunruhigende Bereitschaft, sich vom Rest zu verabschieden.

Spärlich fällt Licht durch kleine schmutzige Kellerfenster. In den Regalen türmen sich alte und neue Schuhe. In einigen stecken Stützschuhe, anderen fehlt die Sohle. Überall auf dem Boden liegt Werkzeug. Dazwischen stapeln sich Gummimatten, Filzrollen und Lederbahnen. Auf einem Hocker thront eine überdimensionale, in die Jahre gekommene Nähmaschine. Ein Elektroofen russischen Fabrikats und vier alte Holzstühle an der Wand vervollständigen das Interieur. In der hintersten Ecke erhellt der Schein einer Werktischlampe ein runzliges, gutmütiges Gesicht. Neugierig über die Nickelbrille aufblickend, mustert mich ein anatolisches Augenpaar. Die vor Schmutz starrende Lederschürze des Schusters umspannt ein beachtliches Wohlstandsgewölbe. Auf seinem Schoß warten gerade ein Paar türkische Damenschuhe auf ihre Maniküre.

Als der Meister meine Stiefel erblickt, geht ein Leuchten durch seine Augen. Ohne einen Versuch der Verständigung schnappt er sich die Problemtreter, sucht noch einmal meinen einverständigen Blick und sticht beherzt in das dicke Stiefelleder. Es fühlt sich an wie ein Stich ins Herz. Bedeutet es doch das Ende wohlig trockener Füße bei Regenwetter. Noch kreisen meine Gedanken um das Schicksal meines Schuhwerks, da höre ich schon ein Plumpsen, und der erste Stiefel steht wieder einsatzbereit neben meinem Fuß, der vorübergehend in einem Badelatschen ein zu Hause gefunden hat. Das zweite Plumpsen lässt nicht lange auf sich warten. Daraufhin mache ich den Schuster zum dreifachen Millionär. Die türkische Inflation erkenne ich leicht an den sechs bis sieben Nullen auf den abgegriffenen Geldscheinen. Zwar ist die Staatsverschuldung in den letzten Jahren wieder rückläufig und die Inflation ausgebremst, aber eine neue türkische Banknotenserie wäre längst überfällig.

Dann schreite ich zum nächsten Laden. Als ich zur Tür hereinschneie, sehe ich den Verkäufer über die Theke gebeugt. Tief versunken im Betrachten unserer Reisefotos fragt er mich beiläufig, wo dies oder jenes entstanden sei. Das Foto hier sei mir aber gut gelungen! Und ein anderes sei wahrscheinlich an der Türkischen Riviera geknipst worden? Fassungslosigkeit umschreibt meine Gesichtszüge. Der Begriff »Privatsphäre« scheint den Sprung über den Bosporus nicht geschafft zu haben, denn auch bei intensivem Studieren seiner Mimik ist nicht einmal der Anflug eines schlechten Gewissens zu erkennen. Erst, als ich die Fotos durchschaue und ihn auf Entwicklerflecken auf einigen Bildern hinweise, wird er nervös und wechselt geschickt das Thema.

Draußen dröhnt ein Lkw vorbei. Als er mich neben meiner Maschine aus dem Laden treten sieht, schickt er einen ohrenbetäubenden Gruß in die Gasse, die das Geräusch ungünstiger Weise wie ein überdimensionales Megaphon verstärkt. Mich haut es fast aus den generalüberholten Stiefeln. Den asiatischen Truckerfahrern das Hupen als Lärmbelästigung oder gar als akustische Umweltverschmutzung zu verkaufen, gleicht dem Versuch, einem türkischen Fotoverkäufer Privatsphäre als ein grundlegendes Menschenrecht zu deklarieren.

Selten werden wir mit Hilfe der Hupe auf Gefahrensituationen aufmerksam gemacht. Meist bedienen sich die Lkw-Fahrer des Signalhorns eher, um ihrer Freude Ausdruck zu verleihen, soeben einem Ausländer auf einem außerirdisch anmutenden Motorrad begegnet zu sein. Auch heute werden wir von allen Seiten zugedröhnt. Dem anstrengenden Verhalten können wir nur noch mit Humor begegnen. Ob auf Kreuzungen oder Rastplätzen, an Bahnübergängen oder während des Überholens, freudig drücken wir auf die Hupen, sobald wir von einem Krachmacher dazu aufgefordert werden. An Ampelkreuzungen warten wir mit Beginn der Grünphase so lange, bis der Erste hinter uns loshupt, dann stimmen wir freudig ein und setzen uns in Bewegung. Eine weiße Limousine hinter mir zeigt ein besonders auffälliges Gebaren. Nach rekordverdächtigem Getröte fährt ihr Insasse abwechselnd neben Martin und mir, während er wild mit den Armen fuchtelt. Doch unsere Ignoranz führt zu keinem Ergebnis. Der Nervi lässt sich einfach nicht abschütteln. Ungelenk winkt er mit einer Polizistenmütze aus dem Beifahrerfenster. Ach so, der Junge spielt Freizeitpolizist! Doch seit wann genügt die Kopfbedeckung eines Beamten als Ausweis? Wir fahren unbeirrt weiter. Irgendwann überholt er uns mit quietschenden Reifen, um hundert Meter vor uns eine Vollbremsung hinzulegen. Abermals fahren wir unbeeindruckt an ihm vorbei. Ein Blick in den Rückspiegel zeigt ihn wütend telefonieren, um vermutlich eine Straßensperre zu organisieren.

Endlich kehrt wieder Ruhe ein. Wir genießen die letzten kleinen Verbindungswege, bis wir auf eine große Transitstrecke biegen.

Der Verkehr verdichtet sich. Aus einer schüchternen Landstraße ist eine vierspurige Schnellstraße mit beleuchtetem Mittelstreifen geworden. Geschwungene Berghänge, gespickt mit Wohnblöcken und Hochhäusern, begleiten uns zu beiden Seiten. Die Zufahrten spucken nicht enden wollende Blechlawinen auf die Hauptstraße.

Nur zufällig erhaschen wir noch flüchtige interessierte Blicke aus den Augenwinkeln der Beifahrer, während moderne Limousinen verschiedener westlicher Marken an uns vorbeisausen. Der letzte Atemzug Asiens verliert sich im Sog der Metropole. Kein gemütlich dahinzuckelnder Eselskarren nötigt uns zum Überholen, kein lebensmüder Fußgänger springt gedankenversunken auf die Fahrbahn, selbst die Huperei der Asiaten löst sich in Luft auf. Wie ein riesiger Strudel saugt uns das Nadelöhr des Bosporus an, als lauere dahinter ein nimmersattes Monster.

Die Besiedlung nimmt zu, bis auf den Hügeln vor uns kein freies Grundstück mehr zwischen den Betonklötzen zu entdecken ist. Gigantische, professionell in Szene gesetzte Werbetafeln verkünden das Tor zu einer anderen Welt. Unsere Reisegeschwindigkeit von etwa achtzig Stundenkilometern sicherte uns in Asien stets den ersten Platz auf dem Siegertreppchen, doch ab sofort gelten wir als Verkehrshindernis. Plötzlich gewinnen Rückspiegel und Schulterblick wieder an Bedeutung. Die Piste umschreibt großzügige Kurven. Ein Hügel auf der linken Seite, dann eine Erhebung rechts, eine Werbetafel mit Bier aus grünen Flaschen, dann noch eine für eine dunkle Limonade, danach eine letzte Biegung und majestätisch liegt sie endlich vor uns – die Brücke über den Bosporus, die Verbindung zwischen zwei Welten, der Übergang vom Morgen- zum Abendland.

Zwei riesige Pylone aus Stahl halten ein im Bogen gespanntes sechsspuriges Asphaltband, auf dem sich allerlei Verkehr tummelt. Die Meerenge zwischen Schwarzem und Marmara-Meer, einem Binnenmeer des Mittelmeers, bildet mit einer Gesamtlänge von dreißig Kilometern einen natürlichen Korridor zwischen Europa und Asien. Ehrfürchtig erhaschen wir ein paar Blicke nach unten auf die sich zwischen den Hügeln durchschlängelnde Wasserstraße: Segelboote, Ausflugsdampfer und Luxusliner, aber auch Tanker, Containerschiffe und Kreuzfahrtriesen drücken sich durch den Flaschenhals und erwecken aus 64 Metern Höhe den Eindruck, als veranstalteten Ameisen aus Blech und Stahl ein Wettschwimmen.

Begeistert genieße ich noch einen Augenblick die Aussicht, bevor uns der Highway wie ein riesiger Magnet weiter in Richtung Zentrum zieht.

Dickbäuchige Moscheen, schlanke Minaretttürme, monumentale Paläste, orientalische Basare, geschäftige Einkaufspassagen, von Tauben bevölkerte Plätze, verschlungene Gassen und überfüllte Teestuben gleiten wie im Zeitraffer an uns vorbei. Mitten im Gewimmel suchen wir uns eine einladend aussehende Teestube, setzen uns davor und trinken gemütlich türkischen Tee. Fremder Gewürzduft dringt mir in die Nase; dabei weht mir eine frische Meeresbrise entgegen, und beides vermengt sich mit dem beißenden Geruch stinkender Autoabgase. Eine Taube flattert aufgeregt über unsere Köpfe und lässt sich gurrend auf der nächsten Dachrinne nieder. Über der Teestube streitet sich lauthals ein Pärchen. Ein nicht enden wollender türkischer Wortschwall dringt an unsere Ohren. In einiger Entfernung hören wir die Rufe der Marktschreier eines Basares. Dazu mischt sich Muezzingesang und das notorische Hupen der Autos.

Die chronisch verstopften Straßen Istanbuls vernichten unsere Hoffnung, je wieder aus diesem chaotischen Labyrinth herauszufinden. Auf dem Großen Basar lassen wir uns von der orientalischen Stimmung mitreißen und feilschen bis aufs Blut um jeden Artikel, auch wenn wir eigentlich gar nichts kaufen wollen. Je größer unser Desinteresse, desto günstiger der ausgehandelte Preis. Meist erhalten wir den besten Preisnachlass, wenn wir uns einfach umdrehen und gehen.

Die Zehn-Millionen-Metropole Istanbul verbindet nicht nur zwei Kontinente – sie bildet ein Kettenglied zwischen Christentum und Islam, zwischen östlicher und westlicher Lebensphilosophie, zwischen abend- und morgenländischer Kultur. Zu den ethnischen Minderheiten zählen Kurden, Armenier, Griechen, Aramäer, Russen, Chinesen und Bosporus-Deutsche.[1] Unter den über zweitausendfünfhundert Moscheen der Stadt gilt die Hagia Sophia vor allem wegen ihrer einzigartigen Kuppel als die bedeutendste und bekannteste. Durch die geographische Nähe zur nordanatolischen Verwerfung, die einige Kilometer südlich der Stadt durch das Marmara-Meer verläuft, wird Istanbul regelmäßig von Erdbeben heimgesucht. Geologen

1 Deutsche Familien, die sich bereits vor dem 20. Jahrhundert im früheren Konstantinopel ansiedelten.

prognostizieren ein unmittelbar bevorstehendes Beben der Stärke Sieben auf der Richterskala. Unwillkürlich muss ich an die vielen freundlichen Gesichter auf den Straßen denken. Wie lebt es sich mit einer solchen Bedrohung? Dann fallen mir die gewagten Bauwerke ein. Würde die Kuppel der Hagia Sophia ein so starkes Beben überstehen? Schaffen die Hängebrücken über den Bosporus es, die extremen Schwingungen abzufangen? Und was geschieht mit einer Nahverkehrsröhre auf dem Grund der Meerenge? Die Bilder der zerstörten Stadt Bam gehen mir durch den Kopf. Eine solche Katastrophe in einer Millionenmetropole übersteigt meine Vorstellungskraft. Der untergehenden Sonne folgend drücken wir uns mit den Fahrzeugkolonnen aus der City, doch nur zögerlich weicht das Häusermeer ländlicher Idylle.

Ein letztes Mal weckt uns der melodiöse Muezzingesang der Moschee eines nahen Dorfes. Dann sitzen wir ungewöhnlich früh auf den Maschinen, um die zusammengeschmolzenen Kilometer auf türkischem Boden an einem Tag zu absolvieren. Kleider mit deutlichem Dekolleté, Passanten mit europäischen Gesichtszügen und die weniger werdenden Kopftücher charakterisieren den westlichen Zipfel der Türkei, der bis zum Bosporus nur drei Prozent der Gesamtfläche des Landes ausmacht.

51. Frühling in Griechenland

Am türkisch-griechischen Grenzübergang spüre ich plötzlich eine unbändige Vorfreude, denn mit dem nächsten Reiseland ist unser Ziel schon fast zum Greifen nahe. Langsam rollen wir vor den Schalter der Zollabfertigung. Ein mürrischer Beamter will den Inhalt meiner Kisten kontrollieren, doch für diese ungeliebte Maßnahme habe ich vorgesorgt. Neugierig öffnet der Grenzer den Deckel. Um nicht auf die dumme Idee zu kommen, meine gesamte Ausrüstung auf den Kopf zu stellen, habe ich zur Begrüßung die dreckige Unterwäsche gleich zuoberst positioniert. Nur mit Daumen und Zeigefinger agierend, legt der Schnüffler einige Kleidungsstücke beiseite, dann schließt er angewidert die vor sich hin müffelnde Box. Nur schwer gelingt es mir, ein Lächeln zu unterdrücken. Eins zu null für mich!

Doch der Übereifrige gibt noch nicht auf. Gezielt lenke ich seine Aufmerksamkeit auf die ähnlich präparierten Seitentaschen mit den zwei Tankkanistern in der Hoffnung, seine Geduld so überzustrapazieren. Absichtlich bewahre ich für eventuelle Langfinger stets meine deutlich verdreckten Taschentücher ganz oben in ihnen auf. Natürlich zieht er beim Durchwühlen der Schmuggelware ein besonders schmutziges Exemplar heraus. Der Ekel steht ihm ins Gesicht geschrieben. Zwei zu null für Deutschland!

In der zweiten Halbzeit wendet sich der Grenzer dem ahnungslosen Martin zu. Leider hatte dieser in seiner Sorglosigkeit ein Präparieren des Gepäcks nicht für nötig befunden. Tollwütig wühlt sich der Beamte durch das von Martin in elf Monaten zur Perfektion gebrachte Drei-D-Tetris. Dann darf er den Inhalt aller drei Kisten wieder in den Urzustand bringen.

Wir haben sie nicht vermisst, aber sie hat uns endlich wieder: Die Europäische Union empfängt uns mit makellosem Asphalt, hochpolierten Luxuslimousinen, desinteressierten Verkehrsrowdys und leuchtend weißen Fahrbahnmarkierungen. Überfüllte Supermärkte mit saftigen Preisen locken uns mit schwindelerregender Leichtigkeit den letzten Zaster aus der Tasche. In der Sonne funkelnde

Kirchturmspitzen erinnern uns daran, dass sich mit dem Eintritt in die Europäische Union auch ein Wechsel des allgemein vorherrschenden Glaubens vollzogen hat. Hier, in Griechenland, regiert jetzt einzig und allein das zur Staatsreligion erhobene griechisch-orthodoxe Christentum. Wir vermissen die charakteristischen Muezzingesänge des Ostens.

Der griechische Frühling zaubert uns gute Laune in die Gesichter. Überall summt und schwirrt es. Auf einer Blumenwiese stürzen sich Insekten gierig auf Schneeglöckchen, Krokusse und Gänseblümchen. Vogelgezwitscher umgarnt uns. Am Himmel kreisen Greifvögel, den Blick konzentriert auf den Boden gerichtet. Die langersehnten ersten Sonnenstrahlen kitzeln meine Nasenspitze und erwärmen das morgendlich frische Lüftchen. Bäume, außer sich vor Freude, schlagen aus. Zartes, unschuldiges Grün quillt aus jeder Knospe. Die blütenschwangeren Obstbäume säumen den Rand des Feldweges, der uns zur nahen Landstraße bringt. Entspannt tuckern wir die einsamen Küstenstraßen entlang. Griechenland ist dünn besiedelt: Wo in China hinter jedem Busch oder Baum ein Chinese unvorhergesehen auf die Straße springen kann und sich zwischen Peking und Shanghai eine Millionenstadt an die andere reiht, würden in Griechenland alle Einwohner zusammen eine Stadt gerade einmal so groß wie Paris bevölkern.

Um die Mittagszeit wirken die Fischerdörfer wie ausgestorben. Leuchtend weiße Häuser vor wolkenlosem Himmel erinnern an die griechische Nationalflagge. Weitläufige Felder gleiten an uns vorbei. In den Vorgärten der Gehöfte zupfen tief nach unten gebeugte Großmütter zwischen den militärisch in Reih und Glied stehenden Frühblühern Unkraut. Störche begrüßen uns mit Schnabelgeklapper, wenn wir an Ampelkreuzungen warten. Ab und zu ernten wir noch einen aufgerichteten Daumen, wenn bei langem Rot die Blicke der Autofahrer an den Globen auf unseren Vorderradschutzblechen hängenbleiben. Motorräder rasen an uns vorbei. Ihre kraftvollen Motoren lassen unsere in Asien so außergewöhnlich anmutenden Maschinen in Bedeutungslosigkeit versinken. Unsere dreckigen Vehikel und unsere abgeranzte Kleidung passen nicht ins gepflegte öffentliche Bild.

Während wir vormittags über Landstraßen kurven, sorgen abends Autobahnen und Schnellstraßen für die gewünschte Kilometerzahl der Tagesetappe. Nach Thessaloniki, Kozani und Ioannina verschlägt es uns in die kleine Hafenstadt Igoumenitsa. Da unser Dampfer nach Brindisi erst um Mitternacht ablegt, genießen wir den rostfarbenen Sonnenuntergang und brutzeln uns auf der Kaimauer ein schmackhaftes Abendessen. Menschentrauben bilden sich in diesen Breitengraden nur noch, wenn Superstars wie Michael Jackson vorbeischauen. Nicht ein neugieriger Grieche stattet den beiden merkwürdigen Gestalten am Ende der Mole einen Besuch ab. Lässig baumeln zwei paar Beine die von Algen besiedelte Kaimauer herab, und letzte Sonnenstrahlen tauchen zwei braungebrannte, stopplige Gesichter in goldgelbes Licht. Mit den Bierflaschen in der Hand könnten sie einem unaufmerksamen Beobachter fast wie Landstreicher anmuten. Es bedarf eines zweiten Blickes, um die geballte Reiseerfahrung, die unstillbare Abenteuerlust, die Neugier nach fremden Ländern, aber auch die tiefe Sehnsucht nach der Heimat in ihren Blicken zu erkennen.

Da! Da drüben liegt Italien! Knorrige Olivenbäume am Straßenrand, Vespafahrer im Feierabendverkehr, verwinkelte Gassen mit zeternden Balkondamen und italienisches Marktgeschrei formieren sich vor meinem geistigen Auge, während sich mein Blick am Horizont festkrallt. Na klar, nach Griechenland folgt der italienische Stiefel, doch momentan fällt es meiner Vorstellungskraft schwer, mit dieser geographisch nachvollziehbaren Tatsache wirklich Schritt zu halten. Meine Gedanken schwirren noch in der iranischen Wüste und in der verschneiten Bergwelt der Osttürkei umher. Dann rauschen sie plötzlich aus der Vergangenheit an mir vorbei, lassen die Gegenwart links liegen und beschäftigen sich mit dem, was mich in naher Zukunft erwartet. Eine Punktlandung lässt sich nur schwer kalkulieren. Nur noch wenige Tage trennen uns vom 1. Mai. Doch bevor wir auf die Zielgerade biegen, warten noch einige zeitraubende Hindernisse auf uns. Erneute, größer werdende Risse im Reifenprofil fordern einen eventuellen Reifenwechsel kurz vor dem Finale. Auch das Kettenspannen ist mittlerweile ein Krimi, denn die ausgeleierten Kettenglieder haben sich auf den letzten kilometerintensiven Etappen so stark geweitet, dass wir ein Wechsel an beiden Maschinen einplanen müssen. Außerdem will ich noch das von langer Hand geplante

Geburtstagsgeschenk für Gianna organisieren, da sie die nächsten Tage noch vor unserer Ankunft in Deutschland Geburtstag haben wird.

Mit einem Mal übermannt mich ein Gefühl, das ich in den letzten Monaten oft unterdrücken konnte, doch jetzt bricht es sich mit aller Inbrunst Bahn. Tränen laufen mir über die Wangen. Das Verlangen nach einem Wiedersehen mit Gianna und die Ungewissheit über den Fortbestand unserer Beziehung schnüren mir die Kehle zu. Andererseits fühle ich eine unterschwellige Euphorie, weil wir uns in ein paar Tagen endlich wieder in die Arme schließen können. Sicher hat die lange Zeit der Trennung einen Keil zwischen uns getrieben, aber kein Grund der Welt erscheint mir in diesem Moment groß genug, um künftig getrennte Wege zu gehen ...

»Töööht!«

Das Signalhorn der einlaufenden Fähre beendet meine Gefühlsduselei. Es mahnt zur Eile. Unauffällig wische ich mir übers Gesicht, um die verräterischen Spuren zu vertuschen. Hastig packen wir das improvisierte Küchenstudio zusammen, um uns in die Warteschlange vor dem Terminal einzureihen.

Schnell werden die Lichter der Küste kleiner, bis die Dunkelheit sie verschluckt. Die Fähre braucht nur wenige Stunden, um die Straße von Otranto zu passieren, welche die Adria vom Ionischen Meer trennt. Leider blickt die Meerenge auf eine wenig ruhmreiche Vergangenheit zurück: In den beiden Weltkriegen wurden durch U-Boot-Blockaden in der einundsiebzig Kilometer langen Passage viele Schiffe versenkt. Da die Wasserstraße die kürzeste Verbindung zwischen Griechenland und Italien darstellt und es hier keine gefährliche Strömung gibt, gilt die Strecke auch als beliebte Flüchtlingsroute. Gerade erst im Januar dieses Jahres sind zwanzig Menschen in einem Schlauchboot umgekommen. Ich empfinde Trauer um diese Menschen, obwohl ich natürlich niemanden von ihnen gekannt habe, geschweige denn weiß, woher sie stammten. Aber es sind Personen, mit denen mich etwas nur schwer in Worte zu Fassendes verbindet. Warum gibt es zwischen uns so große Unterschiede, dass die einen eine solche Seestrecke komfortabel und entspannt auf einem großen, sicheren Schiff zurücklegen, während die anderen im schwankenden Schlauchboot frierend um ihr Leben bangen müssen?

Mit Blick auf den klaren Nachthimmel verschwimmen meine Gedanken, bis ich mich im Wirrwarr der Milchstraße verliere. Die

Distanzen zwischen den Sternen erscheinen mir plötzlich so unbegreifbar weit, dass mir die nun fast vollständig zurückgelegte Strecke Berlin – Shanghai – Berlin fast wie ein Katzensprung vorkommt. Wir brauchen ein ganzes Jahr für das bisschen Entfernung und kommen uns so ungeheuer wichtig dabei vor. Zum Glück genügt ein Blick auf den Sternenhimmel, um mich wieder ganz klein zu fühlen.

52. Land unter

»Salve, signiori! Colazione? Cappuccino? Prego!«

Ein leicht untersetzter, gutmütig dreinschauender Italiener mit umgebundener Küchenschürze und Lappen in der Hand steht vor uns und deutet mit ausgebreiteten Armen auf ein zartgebautes Tischchen mit zwei Stühlen vor seinem Café.

Noch müde von der nächtlichen Überfahrt, mustern wir die Szenerie. Nur spärlich fällt Licht in die Gasse inmitten der Altstadt von Brindisi. Weiße Fassaden stehen sich dicht gegenüber und vermitteln den Eindruck, sich im hinteren Teil zu berühren. Mit Wäsche geschmückte Balkone, unverputzte Leitungen und üppig bepflanzte Blumenkästen an den Balkonen sind uns ausreichender Beweis: Wir sind in Italien!

»Salve! Molte grazie, signiore!«, kommentiere ich die Einladung. Wer kann nach elf Monaten Instantkaffee zu einem original italienischen Cappuccino in einem original italienischen Café in einer original italienischen Altstadtgasse schon nein sagen? Sofort verfällt unser Gastgeber in einen nicht enden wollenden Wortschwall: »Oh siete tedschi! Deutschland gut. BMW, Mercedes gut. Hier kommen und setzen! Da dove venite? Ah siete colle moto. Da Germania a Brindisi? Grande! Veramente grande!«[1]

Er lächelt und schaut uns zufrieden über seine ein wenig zu klein geratenen Brillengläser an. Bereitwillig packen wir unser etwas eingerostetes Italienisch aus.

»Signiore, ha anche panini per la colazione?«,[2] erkundigt sich Martin.

»Abbiamo panini con formaggio e prosciutto.«[3] Dann singt er uns seine Getränkeliste vor: »Cappuccino, espresso, cafè e latte, latte macchiato. Abbiamo anche birra. Volete birra? Una grande birra tedesca he?«

---

1 Woher kommen Sie? Ah, Sie sind mit dem Motorrad hier. Von Deutschland nach Brindisi? Großartig! Wirklich großartig!

2 Haben Sie auch Brötchen zum Frühstück?

3 Wir haben Brötchen mit Käse und Schinken.

»Scusi, ma ci siamo in moto«,[4] bremse ich lachend seinen Enthusiasmus. Als der kellnernde Caféchef die Bestellung bringt, geht der Singsang von vorn los: »Ecco ci qua, panini è cappuccini! Quanto tempo siete per strada? Volete andare in Grecia, he? Però Brindisi è più bella …«

Der Dialog verwandelt sich in einen nicht enden wollenden Monolog. Entzückt lauschen wir den melodiösen Wortgirlanden und genießen die Sprache, den Cappuccino und das erste Frühstück auf italienischem Boden.

Die sonntägliche Genügsamkeit der Passanten überträgt sich auf unsere Gemüter. Mit Sonnenschein, milden Temperaturen und überschaubaren zweitausend Kilometern vor den Reifen steigt unser Stimmungsbarometer. Außerdem hat sich für die kommenden Tage ein Botschafter des uns bald entgegenfahrenden Empfangskomitees angekündigt. Doch bevor wir uns mit unserem Freund Sören treffen, bleibt noch Zeit.

Gemütlich rutschen wir vom Stiefelabsatz in Richtung Bari. Neben Alltagsarbeiten erledigen wir endlich die längst überfällige Wartung der Maschinen. In Putignano finde ich nach mehreren Anläufen endlich einen Schneider, der bereit ist, aus dem mitgebrachten indischen Stoff einen Sari mit Rock und Bluse zu schneidern. Kleidergröße und Fotos meiner Freundin müssen genügen, um das Geburtstagsgeschenk anzufertigen. Mir kommen Zweifel, ob mit so dürftigen Informationen überhaupt ein passgenaues Kleidungsstück herzustellen ist, doch die sympathische übereifrige Art des Tapferen Schneiderleins lässt meine anfängliche Skepsis weichen.

Nachdem wir Schnitt, Formen und Details besprochen haben, halte ich nach drei Tagen tatsächlich die gewünschten Kleidungsstücke in den Händen. Zufrieden trete ich aus der Schneiderei auf die lichterfüllte Piazza. Tauben gurren um mich herum, doch es scheint, dass sie sich nur für italienische Mode und Brotkrümel auf dem Pflaster interessieren. Zumindest würdigen sie das lilafarbene indische Gewand keines Blickes.

Im Gegenverkehr des Stadtzentrums ragt eine markante Motorradsilhouette aus dem Meer der italienischen Vespas und Mofas.

»Das kann nur eine Varadero sein«, rufe ich Martin zu.

---

4 Wir haben auch Bier. Wollen Sie Bier? Ein großes deutsches Bier? Entschuldigen Sie, aber wir sind mit dem Motorrad hier.

»Mich wundert, dass er nicht schon in Shanghai an Norberts Hoteltür geklopft hat, um zu fragen, ob er uns abholen soll«, bemerkt Martin schelmisch.

Wir grinsen uns an und freuen uns über das Wiedersehen: Sören, der Urheber unserer Internetseite[5], hat sich extra Urlaub genommen, um uns die letzten Kilometer Gesellschaft zu leisten. Mit der herzlichen Begrüßung wird uns klar, dass der gewohnte Reisealltag und somit der größte Teil der Reise bereits hinter uns liegen. Nichts Fremdländisches erfordert mehr Improvisation. Das Besorgen von Bargeld, Sprit oder Lebensmitteln, in Asien oft eine Mammutaufgabe, schrumpft zur Nebensächlichkeit.

Es gibt eine Menge zu erzählen. Natürlich hat Sören aufmerksam unsere Reiseberichte per Mail gelesen und ist über das meiste Reiselatein schon informiert. Leider zwingt uns ein einsetzender Nieselregen, der sich schnell in einen Dauerregen verwandelt, zur vorgezogenen Zeltplatzsuche. Am Fuße eines abschüssigen Feldhains vor einem Pappelwäldchen gehen wir sichtgeschützt vor Anker und vergessen im Gespräch über Freunde, Reiseerlebnisse und Internetseitenprogrammierung das nasskalte Wetter. Nur ab und zu schlüpft unbemerkt eine dunkle Gestalt durch den Schlitz des Zelteingangs, um im nahen Wäldchen seine Notdurft zu verrichten. Die vorangeschrittene Dämmerung verschluckt alle Details der düsteren Umgebung. Trotzdem entgeht uns nicht, dass sich durch den stärker werdenden Regen im Wäldchen eine große Pfütze gebildet hat.

»Ich wäre beinahe baden gegangen. Der ganze Wald ist eine einzige Teichlandschaft. Woher kommt nur das ganze Wasser? Das kann doch nicht alles vom Regen kommen, der den Hang runterfließt«, kommentiere ich meinen letzten Toilettengang.

»Wer redet denn von Wasser?«, entgegnet Sören. »Bei eurem Bierkonsum ist das doch kein Wunder!«

Lachend widmen wir uns erneut der ins Stocken geratenen Unterhaltung und vergessen die Apokalypse jenseits der Zeltwand.

»Weit müssen wir zum Pieseln nicht mehr gehen. Der halbe Feldweg steht auch schon unter Wasser. Ich schlage vor, wir rationieren das Bier.« witzelt Sören nach einem erneuten Austreten.

» … und die Grenzer haben euch einfach nach China einreisen lassen?«

---

5 www.lomo-expedition.de.

Stolz erzählt Martin die spektakulärste Episode der Reise und verliert sich in Details.

»... als die Moppeds endlich auf chinesischem Boden standen, war ich so glücklich, ich hätte den Mongolen umarmen können. Der hat sich ...«

»Moment mal, sei mal still!«, unterbreche ich seinen Wortdurchfall.

»Gluck, gluck.«

Erstaunt schauen wir uns an.

»Gluck, gluck.«

»Ich glaub mein Schwein pfeift«, ruft Martin. »Das Vorzelt steht unter Wasser!«

Fassungslos stieben wir aus unserer Hafenkneipe und begutachten die Misere. Auch Sörens Behausung meldet Land unter. Hastig packen wir alle wichtigen Ausrüstungsgegenstände in die wasserdichten Bags und ziehen Kisten, Reifen und Küchenutensilien aus dem Nass. Im strömenden Regen schleppen wir alles durch das triefende Gras den Hang hinauf. Dabei können wir nur notdürftig die Sachen abdecken, um sie vor Feuchtigkeit zu schützen. Dann reißen wir überstürzt die Zelte ab und suchen weiter oben am Hang eine ebene Stelle. Als die Zelte wieder aufgebaut und die Gepäckstücke verstaut sind, stehen wir durchnässt im Regen und schlagen uns für die spontane Hand-in-Hand-Aktion zufrieden auf die Schultern.

»Ach, du Scheiße!«, entfleucht es Martin. »Die Moppeds!«

Wir waren bis jetzt so mit dem Retten der Ausrüstung beschäftigt, dass keiner an die Maschinen gedacht hat. Rennend und rutschend erreichen wir die Wasserkante.

»Da! Da stehn sie!«, ruft Sören und leuchtet mit seiner Stirnlampe auf eine blinkende Stelle nahe dem Waldrand. Das Wasser steht bereits bei allen drei Motorrädern bis knapp unter den Vergaser. Uns bleibt nichts übrig, als Stiefel und Hosen auszuziehen und mit vereinter Kraft ein Krad nach dem anderen aus seinem Amphibiendasein zu befreien. Zum Glück war der Boden noch nicht aufgeweicht. So freuen wir uns trotz des unfreiwilligen Bades, die fahrbaren Untersätze unversehrt umsiedeln zu können.

Am nächsten Morgen begrüßt uns ein wolkenloser Himmel. Bevor wir die Frühstückszeremonie einleiten, gilt unser Interesse dem

Landschaftsbild einige Höhenmeter tiefer: Die Wasserkante steht unverändert mitten auf unserem ehemaligen Privatzeltplatz. Nun wird uns schnell klar, woher nachts die Unmengen an Wasser gekommen sind: In einiger Entfernung entdecken wir ein unscheinbar dahinplätscherndes Flüsschen, das sich gut versteckt hinter dem Pappelwäldchen entlangschlängelt. Durch den Dauerregen muss es kurzzeitig angeschwollen und über die Ufer getreten sein.

Statt die Ausrüstung zum Trocknen auf der Wiese auszubreiten, entscheiden wir uns für die Weiterfahrt. Doch leider zieht sich bald der Himmel zu und verwandelt sich in einen dunklen Wolkenteppich, bis mir bei einer Pause abermals eine kompakte Ansammlung von H2O-Molekülen auf die Glatze pitscht.

Nein, nicht schon wieder! Zügig verwandeln sich die vereinzelten Wettervorboten zu einem Regenszenario. Es wird merklich kälter. Missgelaunt fahren wir durch das schöne Apulien. An einem langgezogenen Bergmassiv in der Ferne klebt ein großer weißer Fleck. Beim Näherkommen erkennen wir eine Stadt, die auf engstem Raum auf den Felsen gebaut wurde. Die oberste Ebene hängt bereits im Wolkennebel. Olivenplantagen und Weinhänge liegen im nasskalten Dunst. Schlamm spritzt aus den Pfützen, wenn die notorisch zu schnell fahrenden Lkw-Fahrer durch die engen Gassen brausen.

Von der sonst so eleganten italienischen Mode sehen wir heute nicht viel. Die feinen Blusen und Sakkos haben sich in graue und schwarze Regenmäntel verwandelt. Die Sonnenbrillen liegen zu Hause auf den Kommoden. Stattdessen springen bunte Regenschirme oder rote, gelbe und blaue Gummistiefel über Pfützen. Sonst wirkt die Gegend wie ausgestorben.

Das Tröpfeln auf die Zeltplane lässt auch am nächsten Morgen alle Hoffnung versiegen, das Feuchtbiotop in den Kisten und Taschen trockenzulegen. Trotzdem satteln wir auf, um dieser Waschküche so schnell wie möglich zu entfliehen.

Am Abend des vierten Regentages sind unsere Gemüter so aufgeweicht, dass niemand etwas gegen ein Hotel einwenden kann, doch Martin findet eine Alternative, die uns reizvoller erscheint als die vier Wände eines Hotelzimmers. Im Schutz der Dämmerung sucht er die Einfahrt einer kilometerlangen Baustelle neben der Straße.

Der fertiggestellte, aber noch abgesperrte Doppelfahrstreifen einer nagelneuen Autobahn verschwindet irgendwann in einem ebenso fertigen Tunnel, um kurz darauf wieder aufzutauchen. Plötzlich leuchtet das Bremslicht der Maschine vor mir. Vorsichtig bugsiert Martin seinen Traktor einen steilen, matschigen Sandweg hinunter, der auf den Asphalt der zukünftigen Trasse führt. Noch ein kurzer Dreh am Gasgriff und schon verschluckt ihn der Schlund des Tunnels. Ohne Verwendung eines einzigen Herings stehen unmittelbar darauf zwei Tunnelzelte an drei triefenden Motorrädern in einem Autobahntunnel.

»So ungestört, ruhig und trocken habe ich schon lange keine Nacht mehr verbracht!«, eröffne ich das Frühstücksgespräch am nächsten Morgen.

»Bei deinem Tunnelblick letzten Abend ist es erstaunlich, dass du schon wach bist«, entgegnet Martin.

»Ja, so viel Alkohol ist gar nicht gut! Ich habe doch tatsächlich geträumt, wir übernachten in einem Tunnel«, meldet sich Sören.

Das folgende Gespräch dreht sich um unsere originelle Übernachtungsstätte und mündet in die Geschäftsidee, stillgelegte Autobahntunnel in Hotels oder Campingplätze umzuwandeln.

53. Happy birthday!

Endlich zeigt Italien sich wieder versöhnlich. Zwar weht noch ein empfindlich kaltes Lüftchen, doch die zaghaften blauen Flecken zwischen den Wolkenmassen werden größer, bis am Nachmittag wieder die ersten Sonnenbrillenitaliener aus den Gassen der Kleinstädte hervorquellen.

Wir verlassen die Abruzzen und durchfahren Latium und Umbrien. Dann kündigen die Verkehrsschilder schon Florenz, Pisa und Livorno an. Saftig grüne Wiesen ziehen sich die Hänge der Hügel hinauf, auf denen weitverstreute weiße Farbtupfer ab und an ein »Mähä!« von sich geben, um sich unmittelbar darauf wieder dem Gras unter ihren Hufen zuzuwenden. Besonders hübsch sind die häufig im Zickzack zu den Hügelkuppen verlaufenden Feldwege, meist gesäumt von den für die Toskana so typischen Säulenzypressen. Sie führen oft zu Gehöften, die mit ihrem beigefarbenem Mauerwerk und ihren Terrakottadächern das toskanische Ambiente vervollständigen.

Auf einem Felsplateau liegt Pitigliano. Wie zu einem Fahnenappell dicht an dicht bis an die Klippen gedrängt, stehen die mittelalterlichen Häuser in ihrem sandsteinfarbenen Gewand und lassen zwischen sich kaum Platz für die kleinen Wege und Gassen. Über den Dächern thront ein rechteckiger, mit zwei sich verjüngenden Absätzen konstruierter Kirchturm.

Auf der Küstenstraße hinter Pisa weiden sich unsere Augen an der Geometrie der Terrassenlandschaften, und einen Augenblick lang erinnert mich das Panorama an die chinesische Bergwelt. Doch Strohhüte und Traktorkamikaze suchen wir in der Toskana vergeblich, und auf den Hängen wird kein Reis angebaut, sondern Wein.

Wir passieren Ligurien mit seiner Hauptstadt Genua und rutschen den nordwestlichen Ausläufer der Apenninen hinunter in die vierhundert Kilometer lange Po-Ebene. Niedrige Bergkämme verwandeln sich in sanftes Hügelland, bis die vor uns liegende Ebene, glattgezogen wie mit dem Lineal, keine einzige Erhebung mehr erkennen lässt. Die Po-Ebene gilt als bevölkerungsreichste und fruchtbarste Region Italiens. Neben dem Anbau von Mais, Weizen, Wein und Zuckerrüben hat vor allem in der Gegend um Piemont der Anbau von Reis eine jahrhundertelange Tradition.

Rechtecke brachliegenden Ackerlandes begleiten uns beiderseits der Straße. Linienförmig sich durch die Landschaft ziehende Erdwälle dienen als Feldbegrenzungen, und schmale Kanäle entlang der Feldränder sind Bestandteil eines ausgeklügelten Bewässerungssystems. Trotz des mit bloßem Auge nicht zu erkennenden Gefälles sind hier, im Flachland von Piemont, geschickt Terrassenlandschaften angelegt worden. Jedes Reisfeld hat ein eigenes Höhenniveau und ermöglicht nach Aussaat der vorgekeimten Reiskörner im Mai durch das minimale Gefälle der verschiedenen Ebenen ein Fluten der Felder. Kilometerlang erstreckt sich das Reisanbaugebiet nach Norden und deckt ein Drittel des europäischen Reisbedarfs. Leider kommen wir einen Monat zu früh, um die faszinierende künstliche Seenlandschaft bewundern zu können.

* * *

Im bläulichen Dunst mit dem Blau des Himmels verschwimmend, erheben sich am Horizont bereits majestätisch die Alpen. In den kommenden zwei Tage werden sich unsere Wege trennen: Während Martin und Sören allein die Alpenüberquerung in Angriff nehmen, statte ich Gianna einen kurzen Besuch ab. Anlässlich ihres Geburtstags will ich es mir nicht nehmen lassen, sie zu überraschen.

Nachdem ich mich von den Jungs verabschiedet habe, fahre ich allein durch die Reisfelder. Plötzlich spüre ich einen Kloß im Hals und Gedanken wirbeln mir durch den Kopf. Ein Jahr, ein ganzes, unendlich langes Jahr, konnte ich Gianna nicht in die Arme schließen. Unser Kontakt hat sich ausschließlich auf Emails und sporadische Telefonate beschränkt. Dabei war die Kommunikation zwischen uns stets das Bindemittel, das die Entfernung zwischen Deutschland und Italien überbrückte. Konnten wir dann nach Wochen der Trennung endlich wieder zusammen sein, feierten wir mit Freunden Partys, unternahmen Wanderungen durch die Alpen oder fuhren mit dem Motorrad an die Ostsee. Würden wir einfach da weitermachen können, wo wir vor einem Jahr aufgehört hatten? Ich wünschte, die Beziehung hätte ein Jahr lang nur stillgestanden, aber in Wahrheit hat sich in der Zwischenzeit viel verändert. Was ist, wenn wir uns so weit voneinander entfernt haben, dass wir es nicht mehr schaffen, wieder zueinander zu finden?

Ein Gefühlscocktail braut sich in mir zusammen. Einerseits spüre ich Nervosität und Unsicherheit, andererseits fühle ich Stolz, es bis hierher geschafft zu haben und Vorfreude, die Heimat, die Familie und die Freunde wiederzusehen. Jede Straße, jede Ortschaft kommt mir vertraut vor. Mir ist, als hätte ich die Gegend nie verlassen. Vielleicht gibt es ja gar keine Zeit und keinen Raum? Reiseerlebnisse schießen mir durch den Kopf. Eben waren wir noch in Shanghai. Gerade haben wir Weihnachten am thailändischen Strand verbracht. Dann kommen mir die letzten Tage in der Wüste und der Wintereinbruch in der Osttürkei in den Sinn. Wie auf einer Leinwand, auf die mehrere Filme zugleich projiziert werden, erscheint mir alles bisher Erlebte plötzlich wie ein großes Ganzes. Die Vergangenheit ist Erinnerung und die Zukunft Vorstellung. Alles, was zählt, alles was ist, ist Gegenwart, das Hier und Jetzt. Dabei spielt der Raum keine Rolle. Alles läuft in meinem Geist ab, im Nirgendwo. Räumlich kann ich den Geist nicht definieren. Er ist einfach da.

Als wäre ich gestern das letzte Mal hier gewesen, finde ich den Weg zu Giannas Wohnung wie im Schlaf. Nichts hat sich hier verändert. Heute ist Sonntag, und in den frühen Morgenstunden wirkt die Stadt träge und müde. Es fühlt sich komisch an, wieder hier zu sein. Während ich sonst immer aus Berlin anreise, komme ich heute zur Abwechslung mal aus Shanghai vorbei.

Ich klingle. Nichts rührt sich. Sie wird doch nicht etwa noch schlafen? Da habe ich einmal den Äquator abgefahren, nur, um pünktlich zu ihrem Geburtstag wieder hier zu sein und sie verschläft meine Ankunft? Ich klingle ein zweites Mal. Alles bleibt still. Vielleicht ist sie bei ihren Eltern oder sogar verreist? Plötzlich höre ich ein Geräusch, und kurz darauf öffnet sich ein Fenster im ersten Stock. Ein mir allzu vertrauter schwarzer Wuschelkopf lehnt sich aus dem Fenster.

»Salve signorina! Ist jemand zu Hause?«, frage ich und grinse über das ganze Gesicht.

Sie hält vor Überraschung die Hand vor den Mund, sodass ich nur einen erstickten Schrei höre. Kurz darauf trampelt sie die Treppen hinunter, reißt die Tür auf und wirft sich mir in die Arme.

»Buon compleanno a té! Herzlichen Glückwunsch zum Geburtstag«, begrüße ich sie und drücke sie an mich.

Wie lange habe ich auf diesen Moment gewartet! Wie oft habe ich mir vorgestellt, sie endlich wieder umarmen zu können! Wie sehr habe ich dieses Gefühl vermisst, sie so nah bei mir zu spüren! Reglos stehen wir da, als würden wir für einen Fotografen Modell stehen. Der Duft ihrer Haare, ihr schlanker Körper, ihre warme Haut, dies alles kommt mir so unendlich vertraut vor. Es ist, als würde die Zeit stehenbleiben.

Als wir uns nach Unzeiten aus der Umarmung lösen, spüre ich, wie mir das Herz bis zum Hals schlägt. Warum bin ich so aufgeregt? Die Szene erinnert mich an einen Liebesfilm der sechziger Jahre.

Das Gespräch zwischen uns kommt nur langsam in Gang. Trotz der Wiedersehensfreude spüre ich eine Distanz. Sie ist immer noch sauer, dass ich sie ein Jahr alleingelassen habe. Das muss sie mir natürlich demonstrieren.

Auch die nächsten Tage umgibt uns eine merkwürdige Kühle. Am liebsten würde ich die letzten 365 Tage überspringen, doch nun steht die Reise wie eine unsichtbare Wand zwischen uns.

Die kurze Auszeit vergeht wie im Flug. Am Morgen des 30. Aprils sitze ich früh auf meiner gepackten Yamic, und schon wieder muss ich Gianna Lebewohl sagen. Doch unsere Beziehung war seit jeher von Begrüßungen und Verabschiedungen geprägt.

54. Und die ganze Strecke mit dem Motorrad

Schweren Herzens nehme ich den letzten Teil der Reise in Angriff. Heute steht die längste Etappe auf dem Programm. Da wir unbedingt morgen, am 1. Mai 2004, in die heimatlichen Gefilde einfallen wollen, muss ich die Alpenüberquerung bis heute Abend geschafft haben. Wie gern wäre ich über einen der vielen kurvenreichen Alpenpässe getourt! Doch so bleibt mir nichts anderes übrig, als achthundert Kilometer über die Brennerautobahn zu heizen.

Parallel zur Kulisse des Hochgebirges verläuft die Autobahn am nördlichen Rand der Po-Ebene in Richtung Osten. Wie so oft, staut sich der morgendliche Rush-Hour-Verkehr auf der Tangentiale um Mailand. Dann surrt meine Maschine wieder wie ein Bienchen. Monoton zählt der Tacho die Kilometer. Langeweile schleicht sich in mein Gemüt. Nur der Blick nach links auf den Vorhang der imposanten Alpen sorgt kurzzeitig für Abwechslung.

Nach Verona rückt die Gebirgswand bedrohlich näher. Ich schaffe gerade mal noch, »Sesam öffne dich!« zu sagen und schon verschluckt mich die Bergwelt. Schneebedeckte Gipfel und Kämme lassen meinen Blick ehrfürchtig steil nach oben wandern. Die hart gepolsterte Sitzbank malträtiert meine Gesäßmuskeln. Von einer auf die andere Backe rutschend gedulde ich mich, bis der Tachometer endlich vierhundert Kilometer anzeigt.

Mit Cappuccino und Butterbrot bewaffnet, versinke ich im hohen Gras einer Wiese unweit der Tankstelle und versuche die Gedanken beiseitezuschieben. Doch mit Gewalt schleichen sie sich wieder und wieder durch die Hintertür. Ich schaffe es nicht, den Augenblick auf mich wirken zu lassen. Während sich das Vogelgezwitscher über mir mit dem Glockengebimmel grasender Kühe und dem Geräusch vorbeirasender Trucks mischt, drängen mehr und mehr Gedanken in mein Bewusstsein. Wie die Kugel in einem Flipperautomaten springt mein Verstand von einem zum anderen. Ich spüre, wie mich die unerwartet kühle Begegnung mit Gianna zermürbt. Andererseits ist morgen unsere LoMo-Expedition zu Ende. Ich kann mir beim besten

Willen nicht vorstellen, wie die Zeit danach aussehen wird. Wie wird es sich anfühlen, wieder daheim zu sein?

Leitplanken und Fahrstreifen fließen an mir vorbei. Ständig wechselt das Panorama. Die weiten Täler Südtirols verengen sich zu schmalen Schluchten, bis ein Tunnel für Szenenwechsel sorgt. Der Highway mäandert durch eine canyonartige Landschaft, schmiegt sich kilometerlang an überdachte Felswände und folgt dann einem Flusslauf in der Talmitte. Nach Bozen verwandeln sich die Weinberge in Almen, Apfelplantagen und langgezogenen Ortschaften. Höher und höher ragen die Felsen der Dolomiten und übertreffen einander an Schönheit und Perfektion. Ehrfürchtig betrachte ich die Giganten der Bergwelt. Einen Augenblick lang gibt es nur dieses Panorama, doch kurz darauf haben sie mich wieder, meine Gedanken.

Plötzlich saust ein quadratisches blaues Schild an mir vorbei. Im Augenwinkel erhasche ich gerade noch die weißen Buchstaben im gelben Sternenring: *Bundesrepublik Deutschland.*

Mein Herz hüpft. Gutgelaunt drehe ich am Gasgriff, klopfe mir auf die Schulter und beglückwünsche mich, wieder daheim zu sein. Übermütig setze ich zum Überholvorgang an. Zu sehr mit mir beschäftigt, achte ich nicht darauf, wie ein winziger weißer Punkt im Rückspiegel auffallend schnell größer wird. Erst, als sich die Umrisse einer Limousine abzeichnen und ich die schnaubenden Nüstern einer BMW-Front erkenne, widme ich dem Spiegel mehr Aufmerksamkeit. Der Drängler klebt an meinem Heck, als hätte sich sein Kühlergrill an meinem Gepäckträger verhakt. Die Lichthupe blinkt nervös wie eine defekte Weihnachtsbaumbeleuchtung. Früher hätte mich das aufgeregt. Ich hätte geschimpft und geflucht über diesen Hirn-im-Fuß-Idioten. Doch nach dem außergewöhnlichen Jahr, Tausende Kilometer weit weg von der Heimat, empfinde ich die Provokation als Geste eines Landsmannes, der mir einen Willkommen-zu-Hause-Gruß übermittelt. Ich lächle. Ja, das ist Deutschland! Wie habe ich all das vermisst! Es ist einfach schön, wieder hier zu sein!

Das Erkunden des asiatischen Kontinents hat bei Martin und mir Spuren hinterlassen. Die Fahrphilosophie der Asiaten unterscheidet sich grundlegend zu der in unseren Breitengraden. Während wir Europäer uns auf das Ziel fokussieren, konzentrieren sie sich einzig und allein auf den Weg. Anders ausgedrückt, spielt die Komponente Zeit in fernöstlichen Gefilden eine untergeordnete Rolle. In der westlichen Hemisphäre prägt sie unseren Alltag so stark, dass wir uns kaum vorstellen können, dass es anders sein könnte. In China oder Indien sind durchschnittliche Fahrgeschwindigkeiten um die dreißig bis fünfzig Stundenkilometer keine Seltenheit. Uns blieb gar keine Wahl: Wollten wir durch Asien heil wieder nach Europa gelangen, mussten wir den asiatischen Denkansatz der entschleunigten Fortbewegung übernehmen. Doch jetzt gelingt es mir nicht, wieder auf Europäisch zu schalten. Meine entspannten achtzig Kilometer pro Stunde avancieren zur Verkehrsbehinderung.

Bei der nächsten Tankpause lasse ich mir Zeit. Glückselig lausche ich den Gesprächen um mich herum, während die Tanksäulenanzeige unbeirrt die mir noch verbliebenen Euros aus der Tasche zählt. Die Leute gehen in gewohnter Manier ihrem Alltag nach. Alles wirkt so natürlich auf mich, als wäre ich nie weg gewesen. Niemand interessiert sich für mich. Keiner hat auch nur den blassesten Schimmer, wo ich herkomme. Gedankenversunken überreiche ich dem Tankwart an der Kasse meine EC-Karte.

»Da haben Sie heute ja bestes Motorradwetter erwischt. Donnerwetter! Und die ganze Strecke mit dem Motorrad!«

Verdutzt schaue ich ihn an. Dann geht mein prüfender Blick zur Yamie. Doch die steht hinter einem Pfeiler und kann unmöglich von ihm gesehen worden sein.

»Wie meinen Sie das, die ganze Strecke?«, frage ich ungläubig. Woher will der Kerl wissen, dass ich aus Shanghai komme?

»Na, hier steht doch Landkreis Dahme Spreewald!« Er deutet auf die Sparkassenfilialaufschrift meiner EC-Karte. »Das ist doch bei Berlin, richtig?«

Mir klappt die Kinnlade runter. Was soll ich darauf nur antworten? Meine Brust schwillt vor Stolz. Vielsagend grinse ich ihn an.

»Ja! Wir Biker sind halt hart im Nehmen und fahren die ganze Strecke mit dem Motorrad!«

Langsam schreite ich zurück zur Maschine und bekomme das Grinsen nicht aus dem Gesicht. Beschwingt lasse ich mich in den Sattel fallen. Ich fahre nicht, nein, ich schwebe. Besser hätte mir der Tankwart unsere außergewöhnliche Leistung nicht vor Augen führen können. Ich freue mich riesig über die hinter uns liegenden 44.000 Kilometer. Doch noch sind wir nicht am Ziel.

55. Motten im Licht

Unweit von Hof versuche ich, in der Dämmerung der Wegbeschreibung zum Rastplatz zu folgen, doch die Jungs haben sich verdammt gut versteckt. Das Trauma eines aus dem Gebüsch springenden Chinesen, der uns den ganzen Abend Gesellschaft leistet, sitzt tief. Daher nehme ich das Versteckspiel als Nebenwirkung der Chinareise in Kauf.

Kurz vor Mitternacht treffe ich auf dem Privatcampingplatz der drei Gefährten ein. Christian, der Bruder von Martin, hat es sich nicht nehmen lassen, uns als nunmehr zweiter Botschafter des morgigen Empfangskomitees mehrere hundert Kilometer entgegenzufahren. Vielleicht erhoffen sich die beiden Freunde, noch ein Stück LoMo-Expeditionsgeist miterleben zu können.

Wie nicht anders zu erwarten, herrscht bereits ausgiebige Feierlaune. Ein Blick ins Rund genügt: Die zahlreichen leeren umherliegenden Bierflaschen haben die Jungs sicher nicht in einer abendlichen Altstoffaktion gesammelt. Wir erzählen, scherzen, lachen und stoßen unzählige Male auf die LoMo-Expedition an. Es tut gut, wieder mit Freunden einen Abend zu verbringen. Während die drei Tenöre weit nach Mitternacht ihr Schnarchkonzert einüben, sitze ich allein auf der Wiese.

Die Fahrt über die Alpen war anstrengend. Trotzdem empfinde ich Dankbarkeit für die unvergesslichen Eindrücke und kleinen Erlebnisse, die eine solche Tour mit sich bringt. Dann wandern meine Gedanken zur Ziellinie. Wie viele Freunde werden uns morgen begrüßen? Durch die letzten Berichte müsste es sich bereits herumgesprochen haben, dass wir pünktlich zum *Tag der Arbeit* wieder vor der Haustür stehen. Vor meinem geistigen Auge entsteht ein herzliches Wiedersehensszenario: Umarmungen, Gelächter, Freudentränen und jede Menge Geschnatter. Doch die LoMo-Expedition war immer für Überraschungen gut, und so soll auch der letzte Tag nicht ganz nach Plan verlaufen.

Nebel zieht auf und benetzt das Gras. Die Tautropfen an den

Spitzen der Grashalme spiegeln das Mondlicht. Über mir funkelt ein helles Sternenmeer. Hunde bellen in der Ferne. Von weitem höre ich das Rauschen der Autobahn. Sonst ist es still. Ich lausche in die Dunkelheit, rieche und schmecke die frische Abendluft und spüre die Kühle der Nacht im Gesicht.

Der 1. Mai empfängt uns mit strahlendem Sonnenschein. In Feiertagslaune sitzen wir beim Frühstück und plaudern über gemeinsame Erlebnisse weit zurückliegender Motorradtouren. Während wir das Zelt abbauen und die Motorräder bepacken, fällt mir plötzlich ein, dass jede der routinierten Handlungen zum letzten Mal vonstattengeht, und ein Lächeln huscht über mein Gesicht. Betont langsam packe ich die Kisten und Taschen und genieße noch einmal jeden einzelnen Handgriff.

Dann gleiten wir durch den Frühling. Die Natur um uns herum erinnert mich an die Abfahrt vor einem Jahr: Butterblumen und erster Klatschmohn schmücken die Feldhaine. Dann und wann tauchen wir in ein gelbes Blütenmeer, das nach Raps duftet. Kirchturmspitzen, eingebettet in Teppiche aus roten Dächern, grüßen aus der Ferne. Strahlend weiße Fahrbahnmarkierungen halten den Verkehr in deutscher Ordnung. Kein Auto tanzt aus der Reihe. An Ampeln wartet jeder Verkehrsteilnehmer brav auf Dunkelgrün, bis er Gas gibt. Die interessierten Blicke der Passanten werden seltener. Motorräder gehören in Deutschland zum Alltag, doch vollbepackt, kistenbestückt und verziert mit zahlreichen Länderaufklebern verführen unsere Vehikel den einen oder anderen doch zu einem flüchtigen Schulterblick. Als wir nach einem Zwischenstopp an einer Tankstelle wieder aufsitzen, bemerke ich, wie der Sozius eines Pkws neben mir jeden meiner Handgriffe mit größtem Interesse verfolgt.

An ihm scheint ein kleiner Inder verlorengegangen zu sein, geht es mir durch den Kopf. Dann klappe ich den Seitenständer ein, nehme, wie bei jedem Startvorgang, das kurze Batteriekabel mit dem überdimensionalen Kabelschuh in die Hand und führe es langsam zu dem damals vor knapp einem Jahr in der Ukraine reparierten Starterrelais. Amüsiert schaue ich noch einmal zu meinem Zaungast und lächle ihm zu. Ein besonders schöner Funkenflug, verbunden mit einem Aufheulen meiner Yamie, zaubert ihm einen Ausdruck des Erstaunens ins Gesicht. Ich ergötze mich kurz an seiner heruntergeklappten Kinnlade, grüße ihn zum Abschied wie ein Easy Rider und drehe am Gas.

»Mit der Nummer schaffen wir es bestimmt ins Fernsehen«, rufe ich an der nächsten Kreuzung Martin zu.

»Bestimmt. Scheint das Einzige zu sein, was die sensationsverwöhnten Deutschen noch vom Hocker reißt«, erwidert er grinsend, bevor er sich wieder in Bewegung setzt.

Mit dem Durchqueren des Vogtlandes streifen wir den westlichsten Ausläufer des Erzgebirges und rutschen immer tiefer ins Flachland. Eine Weile heftet sich noch der sächsische Dialekt an unsere Fersen, bis uns endlich das Markenzeichen der heimatlichen Gefilde beidseits der Straße begleitet: Kiefernwälder, märkische Heide und märkischer Sand fließen an uns vorbei. Das Kopfsteinpflaster der ersten brandenburgischen Dörfer testet noch einmal gnadenlos das unverwüstbare Trägersystem der Maschinen.

Bei Jüterbog kommen uns zwei merkwürdig gestikulierende Gestalten entgegen. Uwe und Steve wollten unsere Verspätung nicht länger in Kauf nehmen und haben beschlossen, uns ebenfalls entgegenzufahren. Die herzliche Begrüßung tut gut. Besonders das Urgestein Uwe hat uns als Antwort auf unsere Reiseberichte mit seinen enthusiastischen Emails oft aus der Ferne motiviert. Egal, an welchem Ort wir gerade steckten oder mit welchen Herausforderungen wir rangen – die Emails der Freunde gaben uns die Kraft, um weiterzufahren.

Ein letztes Mal lasse ich mich genüsslich in die Kurven fallen, ein letztes Mal spüre ich den Fahrtwind um die Nase, ein letztes Mal lasse ich den Geist der LoMo-Expedition in mein Bewusstsein. Unwillkürlich muss ich an das Abschiedsfoto vor meiner Wohnung vor einem Jahr denken. Es bereitete mir ein warmes Gefühl, zu wissen, dass so viele Menschen an unserer Tour Anteil nahmen. Die Vorstellung, all die Freunde in ein paar Minuten wiederzusehen, erzeugt ein Kribbeln in meinem Bauch. Ich spüre das Vibrieren der Maschine und fühle die Kraft des Motors während der Beschleunigung. Noch nie hat sich das Motorradfahren so gut angefühlt. Die letzten Kilometer spulen sich ab wie das Ende einer Filmrolle.

Erinnerungen schleichen sich durch die Hintertür: Die herzliche Verabschiedung vor der Abfahrt, die schier endlosen Birkenwälder

Sibiriens, die nervenzerfetzende Einreise nach China, der Unfall kurz vor Shanghai, der Besuch auf der *Border* in Malaysia, das Ringen um unsere Maschinen mit dem indischen Zoll, der Wintereinbruch in der Osttürkei und das sehnsüchtig erwartete Wiedersehen mit mit Gianna, alles läuft wie im Zeitraffer vor meinem inneren Auge ab.

Endlich ist es soweit: Wir überqueren eine Kreuzung, nehmen eine Kurve, biegen um die letzte Ecke, und … ?

Nichts! Absolut nichts und niemand! Der Treffpunkt liegt einsam und verlassen da. Es ist bereits dunkel. Im Schein der Laterne vor meiner Haustür kreisen die Motten. Erschöpft stellen wir die Maschinen auf die Seitenständer.

Ein Pkw biegt um die Ecke und blendet uns mit seinen Scheinwerfern. Einen winzigen Moment flammt ein Hoffnungsschimmer in mir auf. Ich spüre den Wunsch, dass er doch halten und wenigstens ein paar Freunde aussteigen lassen möge. Doch das Auto rauscht an uns vorbei, dann ist es wieder still. Die Nachtfalter sind das einzige, was in der Szenerie für Bewegung sorgt. Vielleicht hat unsere zweistündige Verspätung für Verwirrung gesorgt, sodass alle den Treffpunkt verlassen haben, bevor wir angekommen sind. Dennoch wollen wir diesen Moment festhalten. Die Blitze unserer Kameras lassen die weiße Häuserwand und die Schatten der Balkone für Sekundenbruchteile scharf hervortreten, dann hüllt sich die Umgebung wieder in Dämmerlicht und drückt dem letzten Moment der LoMo-Expedition einen Stempel der Bedeutungslosigkeit auf.

56. Cessy

Unwillkürlich spüre ich einen Hauch Enttäuschung. Hätten wir die Freunde genauer informieren sollen, wann wir am Abend eintrudeln? Doch wer konnte das schon so genau wissen? Auf einmal empfinde ich nur noch Leere; alles fühlt sich plötzlich sinnlos und überflüssig an. Seit 365 Tagen gab es stets etwas zu tun, haben wir uns nach einem Plan gerichtet, hatten wir ein klares Ziel vor Augen. Es gab nicht den geringsten Zweifel an der Sinnhaftigkeit dessen, was wir taten. Wir fühlten uns jederzeit ausgefüllt, beschäftigt und abends erschöpft von dem ereignisreichen Tag. Alles, womit wir uns tagein, tagaus befassten, konzentrierte sich auf ein Ziel, auf einen Punkt, auf diesen Moment: anzukommen, wo wir exakt vor einem Jahr losgefahren sind. Doch was ist das für ein Triumph, ohne die Pauken und Trompeten der Freunde zu hören, ohne die herzlichen, innigen Umarmungen der Lieben zu spüren, ohne sich von der überschwänglichen Freude eines Begrüßungskomitees anstecken zu lassen? Mit diesen Gedanken begreife ich, dass die Reise seit den ersten Vorbereitungen und vor allem mit dem Tag der Abfahrt von unseren Familien und Freunden getragen wurde. Die Menschen erst, die in Gedanken stets mit uns waren, mitfieberten und Interesse zeigten, haben der LoMo-Expedition Leben eingehaucht.

Nanu, was war das? Einen Augenblick glaube ich in Steves Mundwinkel ein Schmunzeln erkannt zu haben, doch unter seinem Jethelm sind die dunklen Gesichtszüge nur schwer auszumachen. Auch Uwe scheint mir eine Idee zu gutgelaunt. Vielleicht schwelgt er immer noch in seiner Begeisterung für die Motorradreise. Doch unsere Enttäuschung kann ihnen nur schwer entgangen sein. Plötzlich bedeuten beide uns, wieder aufzusitzen.

»Warum?«, frage ich Uwe.

»Ja, was habt ihr vor?«, will Martin wissen.

»Na, auf jeden Fall mehr als ihr beiden für den Rest des Abends! Oder wollt ihr gleich zur nächsten Tour aufbrechen?«

Kleine Falten um die Augenwinkel verraten unmissverständlich das Grinsen unter dem Bügel seines Helms. Doch es gelingt mir nicht, seine Heiterkeit zu deuten. Stumm folgen wir den Jungs die Hauptstraße hinunter. Wahrscheinlich haben sie unsere Enttäuschung bemerkt und wollen den Abend mit uns in einer Bar bei einem Feierabendbierchen ausklingen lassen, geht es mir durch den Kopf.

»Wo zum Teufel steckt eigentlich Henning?«, rufe ich Martin an der nächsten Ampel zu. Sein energieloses Schulterzucken bestätigt mir meine Vermutung: Auch er hat schon längst abgeschaltet. Das war's also mit der großen LoMo-Expedition: Einfach die letzten Kilometer abspulen und sang- und klanglos nach Hause fahren, kein High-Five, keine Rückenklopfer, keine Freudentränen, kein personengefülltes Abschiedsfoto. Ich habe den Eindruck, als wären wir ein Jahr umsonst unterwegs gewesen. Und das Bierchen mit unseren treuen Wegbegleitern, wird mich vermutlich nur noch mehr in eine lähmende Melancholie stürzen. Was gibt es jetzt noch zu tun? Weder Martin noch ich haben an die Zeit danach gedacht. Warum auch? Die Jungs werden morgen wieder ihrem Schreibtischjob nachgehen und auf den Freitagnachmittag warten. Wenigstens haben sie eine Aufgabe. Ihre Arbeit lenkt sie von der Frage ab, die mich zunehmend beschäftigt: Was mache ich hier? Warum bin ich hier? Ich bemerke, dass mir der Sinn meines Tuns mit dem Ende der Reise aus den Fingern gleitet. Ein großes, schwarzes Loch öffnet sich vor meinen Füßen und verschlingt alles um mich herum. Ich verliere die Orientierung und drohe ins Bodenlose zu fallen. Oft hatte ich mir unterwegs den Tag der Ankunft in den buntesten Farben ausgemalt – feiernd, triumphierend und alle im Freudentaumel. Doch nun ist alles anders gekommen. Ich verspüre den Wunsch, nur noch allein zu sein. Ja, ich würde tatsächlich einfach gern wieder losfahren und mit Martin an einem Waldrand einen versteckten Platz zum Übernachten suchen. Uns hat die abendliche Rast am Busen der Natur immer ein bisschen Sicherheit bedeutet, ein Stück Zuhause, ein Hauch Normalität inmitten der Fremde. Wir haben uns so an das moderne Nomadenleben gewöhnt, dass es uns schwerfällt, den Film einfach anzuhalten.

Die Ampel schaltet auf Grün und sorgt für ein charakteristisches Aufheulen der Zweiradmotoren, bevor die Eskorte knatternd die Kreuzung passiert. Um die Enttäuschung über die ausgefallene

Begrüßungsparty erträglich werden zu lassen, versuche ich die Situation einfach zu akzeptieren, wie sie ist. Trotzdem beschäftigt mich eine Ungereimtheit: Wenn auch keiner der Freunde länger am Treffpunkt warten wollte, hätte es sich unser bester Freund Henning garantiert nicht nehmen lassen, uns mit Pauken und Trompeten zu begrüßen.

»Der wäre mit `ner Flasche kühlem Blonden auf dem Bordstein eingepennt, bis wir ihn überfahren hätten«, bemerke ich an Martin gewandt. Auf einmal klickt ein Relais in meinem Kopf. Wir schauen uns an. Auch bei ihm scheint etwas eingerastet zu sein. In diesem Moment begreifen wir, wohin die Fahrt geht. Die Richtung, welche die Jungs eingeschlagen haben, ist der Weg zum Haus von Sabrina und Henning. Na klar doch! Dass wir darauf nicht gekommen sind! Während wir unsere Hinterteile auf den Yamies breitgesessen und ungeduldig die Kilometer gezählt haben, werden sich die Freunde zu einer ersten Flasche Bier am Lagerfeuer überredet haben. Ich spüre, wie sich in mir eine Woge der Euphorie auftürmt. Mit einem Mal ist alle Trübsal dahin. Ich fiebere, ich koche. Die Emotionen schäumen über. Es ist nur eine Vermutung, aber eine logische. Mir schlägt das Herz bis zum Hals. Mit ungeheurer Intensität registriere ich jede kleinste Sinneswahrnehmung. Ich fühle die Vertrautheit mit meiner Maschine, die Verbundenheit zu diesem Kraftmonster aus Blech und Stahl. Ich spüre die schwere, klebende Motorradkombi am Körper. Der Jethelm drückt und meine Glieder schreien nach Erholung. Doch all dies nehme ich wahr, ohne es als unangenehm zu empfinden.

Mittlerweile liegt ein schwerer dunkler Mantel über der Siedlung. Hier und da blitzen die Lichter der Straßenbeleuchtung stecknadelkopfgroß zwischen den sich unmerklich bewegenden Zweigen der Nadelbäume hervor. Wie ein stummer Wächter, dem nicht die kleinste Bewegung entgeht, steht die einzige Laterne am Wegesrand und taucht die Gasse mit ihrem fahlen Licht in einen diffusen Schein.

Tief atme ich den Duft frischer Mahd. Der kühle Fahrtwind geht mir unter die Kleidung. Hundegebell schlägt uns entgegen, als wir uns dem Eingangstor nähern. Mein Herz macht einen Hüpfer.

Cessy! Aunja! Hastig parken wir die Yamies neben dem Zaun. Dann gibt es kein Halten mehr. Jegliche Vorsicht vor zwei wehrhaften Kaukasen, die uns ein Jahr lang nicht mehr beschnüffelt haben, ist völlig unbegründet. Wir verschwinden in einem Knäuel aus wedelnden Schwänzen, wuscheligem Fell und schlabbernden Hundeschnauzen. Grinsend stehen Sabrina, Henning und all die anderen Freunde daneben und amüsieren sich über das Gedrücke und Gequietsche. Dann beruhigen sich die Vierbeiner langsam. Die Umarmungen mit den Freunden sind so intensiv wie nie. Dann ist unser Freund Henning an der Reihe.

»Müssen wir erst so lange von zu Hause wegbleiben, um von euch so herzlich begrüßt zu werden?«, frage ich scherzhaft und genieße dabei den intensiven Blick zwischen zwei Freunden. Der anschließende plakative, stets eine Idee zu starke Begrüßungsschlag auf den Rücken lässt mich nach Luft schnappen. Wenigstens weiß danach jeder, dass sich soeben zwei richtige Männer begrüßt haben!

Wie damals bei der Abfahrt verwandeln sich meine Augen in ein Feuchtbiotop. Ein Schwarm Schmetterlinge tobt in Düsenjägerformation durch meinen Bauch. Ich bin nervös, aufgeregt. Mir ist mulmig und kribbelig. Ich fühle die Sympathie und Dankbarkeit den Freunden gegenüber, die Freude und den Stolz, es geschafft, und die Zufriedenheit und Genugtuung, einen großen Traum in ein erreichtes Ziel verwandelt zu haben. Alles fühlt sich plötzlich richtig an.

»Prost! Auf die LoMo-Expedition!«, höre ich Henning in die Runde rufen.

»Prost!«

Die kühle herbe Flüssigkeit rinnt mir die Kehle hinunter und entfaltet ihre belohnende Wirkung. Ich könnte heulen vor Glück, aber meine gesellschaftliche Konditionierung veranlasst mich dazu, gegen die Tränen anzukämpfen. Das Kribbeln im Bauch will einfach nicht nachlassen. Martin wirkt ähnlich aufgelöst, doch im Gegensatz zu mir kann er seine Gefühle besser überspielen. Sind wir glücklicherweise während der Reise von Krankheiten verschont geblieben, hat es ihn im finalen Moment doch noch erwischt: Ein akuter Wortdurchfall zeigt besorgniserregende Symptome. Er plappert wie aufgezogen. Nicht einmal an den Satzenden lässt ihn die Erkrankung Luft holen. Die Sätze überschlagen sich und purzeln ungeordnet vor die Ohren seiner Zuhörer. Trotzdem klebt jeder ihm an den Lippen, als würden wir morgen gleich wieder losfahren. Eine gesunde Portion Stolz durchdringt seine Stimme. Besonders die Schilderungen der Polizei-Episoden heben seine Schultern um ein paar Zentimeter.

Auch ihm gegenüber empfinde ich Dankbarkeit. Ich glaube, es gibt der Freunde nicht viele, mit denen ich eine solche Tour unternehmen würde. Wenn es darauf ankam, haben wir stets zusammengehalten. Jederzeit konnte ich mich auf den Kerl verlassen und würde mich jemand fragen, ob ich noch einmal mit ihm auf Reisen gehen würde, wäre ich um die Antwort nicht verlegen.

Wir sind angekommen! Die Reise ist zu Ende! Wir haben es geschafft! Es gelingt mir kaum, unseren Triumph zu begreifen. Zu sehr hat mich die Gefühlsachterbahn der letzten Augenblicke durcheinandergeschüttelt. Ich flüchte in den hinteren Teil des Gartens, wo mich Dunkelheit und Stille umgeben. Immer noch jagen die Bilder der Reise durch mein Gehirn. Plötzlich schiebt sich ein Hundekopf von hinten zwischen meine Beine.

»Cessy!«

Diese Hündin war mir schon früher unheimlich. Oft, wenn meine Laune unter Normalnull fiel und ich gedankenversunken auf der Eingangstreppe saß, legte sich behutsam ihr Hundekopf auf meine Schulter, als wollte sie mir zu verstehen geben: Kopf hoch! Das wird schon wieder! Gemeinsam sitzen wir auf dem Rasen und starren ins Nichts der Dunkelheit. Dann lässt sie ein Fiepen hören und legt mir abermals ihre warme Hundeschnauze auf die Schulter. Es fühlt sich an wie: Hab dich vermisst. Schön, dass du wieder da bist.

Ich genieße den Moment und lasse die Eindrücke des Wiedersehens auf mich wirken. Wie schön ist es, Eltern zu haben, die an einen glauben, Freunde, die einen unterstützen und einen Reisegefährten, der alle Eigenschaften in sich vereint, um ein solches Vorhaben zu rocken. In diesem Moment empfinde ich tiefe Dankbarkeit all jenen gegenüber, die das komplizierte Getriebe unserer Expedition wie kleine und große Zahnräder zum Laufen gebracht haben. Der Erfolg lässt mich fliegen und vermittelt mir ein unendliches Gefühl der Macht, alles in meinem Leben erreichen zu können. Jetzt weiß ich: Wenn es etwas gibt, was eine Person stark und selbstbewusst werden lässt, dann ist es der Erfolg.

Danksagung

Eine außergewöhnliche Reise liegt hinter uns. Martin und ich durften unzählige wundervolle Momente erleben und viele sympathische Menschen kennenlernen. Wir empfinden tiefe Dankbarkeit allen Personen gegenüber, die uns den Weg bereitet bzw. uns ein Stück des Weges begleitet haben. Ohne den Anspruch auf Vollständigkeit versuche ich an dieser Stelle unseren Dank in Worte zu fassen:

Wir danken meiner Mutter, die die Packtaschen passgerecht genäht und meinem Vater, der das Gepäckträgersystem der Maschinen gebaut hat. Beide Arbeiten bewiesen solide Qualität und haben uns gute Dienste erwiesen.

Dank gilt unserem Admin Sören, der während der Reise die Internetseite *www.lomo-expedition.de* programmiert und gepflegt hat.

Ein Dankeschön geht an Sabrina und Henning, die in einem wichtigen Augenblick an den richtigen Fäden gezogen haben.

Vielen Dank an Gianna, die wichtige Pakete geschickt und entgegengenommen und außerdem unsere Internetseite ins Italienische übersetzt hat.

Danke, Norbert! Du warst zur richtigen Zeit am richtigen Ort. Der Zwischenstopp in Shanghai war ein belohnender Urlaub für uns.

Wir bedanken uns bei Uwe. Deine Anteilnahme und Begeisterung hat uns jedes Mal ein Stück vorwärtsgeschubst.

Ein herzliches Dankeschön geht an Alexej, Tanja und Sascha, Silke und Gilbert, Anton und Anika, Tsen und seine Familie, Albrecht, Roland und Heiko, Lien, Thomas und Christin und die anderen Studenten der Tongji-University, Adelay und Jo, Walli, Conny S. und René K., Klaus S. (Abgefahren), Sven P., Christof R., Gina K. und all die anderen, die nicht namentlich erwähnt sind. Ohne euch wären wir nicht 44.000 Kilometer weit gekommen!